日本人的文化认同

日本人の文化的アイデンティティ

彭曦 著

南京大学出版社

目 录

序章 透视日本人和日本文化 …………………………………………… 1

第一章 日本人的起源和上古日本 ……………………………………… 21
 第一节 日本列岛与日本人 ………………………………………… 21
 第二节 中国史书中的倭国 ………………………………………… 30
 第三节 《古事记》与《日本书纪》中的上古日本 ………………… 37

第二章 日语与汉语的交融 ……………………………………………… 50
 第一节 汉语的传入以及与日语的融合 …………………………… 50
 第二节 汉学在日本的传播 ………………………………………… 59
 第三节 汉语对近现代日语的影响 ………………………………… 72

第三章 "神国"观的出现与神儒关系论 ………………………………… 84
 第一节 "神国"观的出现 …………………………………………… 84
 第二节 朱子学者的神儒融合论 …………………………………… 91
 第三节 阳明学者的神儒融合论 …………………………………… 101
 第四节 古学者的"华夷"观 ………………………………………… 112

第四章 "神国"观的发展与变迁 ………………………………………… 123
 第一节 国学的草创期——从契冲到荷田春满、贺茂真渊 ……… 123

第二节　国学的发展期——本居宣长 ……………………… 131
　　　第三节　国学的成熟期——平田笃胤 ……………………… 141
　　　第四节　近代"神国"观的复活 …………………………… 150

第五章　去汉字化运动及其挫折 ………………………………… 162
　　　第一节　幕末以来的去汉字化主张 ………………………… 163
　　　第二节　限制与松绑 ………………………………………… 175
　　　第三节　去不掉的汉字 ……………………………………… 181

第六章　从"脱亚""兴亚"到"超越近代" ………………… 190
　　　第一节　福泽谕吉的"脱亚论" …………………………… 190
　　　第二节　"兴亚论"诸像 …………………………………… 200
　　　第三节　"超越近代"论诸像 ……………………………… 216

第七章　对普适性的追求 ………………………………………… 230
　　　第一节　坂口安吾的"堕落论" …………………………… 230
　　　第二节　丸山真男对"超国家主义"的批判 ……………… 238
　　　第三节　加藤周一的"创造的希望" ……………………… 245

第八章　对文化特殊性的探求 …………………………………… 253
　　　第一节　现代日本各界的尊皇论与日本民族优越论 ……… 253
　　　第二节　津田左右吉的尊皇论 ……………………………… 265
　　　第三节　铃木大拙的"东洋的特色"论 …………………… 273
　　　第四节　梅原猛的"水稻文明"论 ………………………… 280

终章　摇摆于"中心"与"周边"之间 ………………………… 288

主要参考文献 ……………………………………………………… 298

后　记 ……………………………………………………………… 311

序章　透视日本人和日本文化

一、日本文化论的特征及问题

在进入正题之前,想先说几个体现日本人的文化认同特征的事例。

首先是"令和"年号的选定。2019年4月30日,明仁天皇在日本宪政史上首次生前退位,皇太子德仁次日继位,年号由"平成"改为"令和"。新年号在皇位更替一个月前的4月1日公布,其选定过程以及结果不仅在日本国内,而且在国际社会,特别是在中国引起了强烈关注。年号制度源于中国,日本自645年(大化元年)效仿中国开始使用年号,截至"平成"共使用过248个年号。年号通常用两个汉字表示,由4个字组成的年号仅有4个。在明治时期以前,改元的情况主要有以下四种:(1) 天皇即位或者将军上任,(2) 出现祥瑞,(3) 祈求消除自然灾害或者平息战乱,(4) 祈求"甲子""辛酉"等年份不要出现动乱。新年号通常由学识渊博的人提出建议,经过朝臣的审议,最终由天皇通过诏书发布。室町时代,幕府有权参与年号的制定。江户时代,发布年号事先要得到幕府的认可。从明治时期开始,改为一世一元,也就是只有在新天皇即位时才改元。年号作为政治权力对时间的支配的符号,在日常生活中无处不见。用作年号的汉字必须寓意吉祥、格调高雅,因此大多出自中国古代经典。从出典频度来看,10次以上的有《周易》(28次)、《文选》(18次)、《尚书》(17次)、《后汉书》(13次)、《汉书》(12次)。从汉字的使用情况来看,特定的汉字被反复使用,248个年号只使用过73个汉字,使用最多的是"永"(29次),其次是"天"和"元"(各27次),其余10次以上的有"治""和""应"等18个汉字。这种通过年号强化帝王统治权威的做法在世界各国早已取消,唯独位于东亚的发达资本主义国家日本依然保持着这一"传统"。

根据日本 1979 年颁布的《年号法》,年号由政令发布。这意味着内阁拥有年号的决定权,而首相作为内阁之长,其意愿自然具有举足轻重的作用。时任首相的安倍晋三是一个民族主义倾向极为强烈的自民党政治家,他在新年号公布当日的发言中表示:"我国正迎来历史上的重大转折,但无论时代如何变迁,日本的价值永远不会褪色。因此,我们决定依据国书来选定新年号,这在历史上是首次。"①所谓"国书"是指出自日本人之手的书籍。具体来说,新年号"令和"依据的是《万叶集》第 5 卷《梅花歌》32 首的汉文序言,从"时初春令月,气淑风和"这句中选择了"令和"二字,其推荐人为日本国文学大家中西进。不过,中国网民很快就在中国的典籍中找到了许多"令和"的用例,其中最早的用例被认为是西汉张衡的《归田赋》,该赋文中有"于是仲春令月,时和气清"的语句。要弘扬日本的传统,就得继续使用年号。为了彰显日本民族的特色,安倍一改年号依据中国典籍的做法,但又不宜用假名或者罗马字母表示年号,只能使用汉字。既然使用汉字,就很难找到之前完全没有用例的日本独创的词语。安倍原本想以这种方式来彰显日本的特色,结果却再次证明了要从日本文化中剔除中国元素是何等困难。

其次,日本的首相、外相等会在各种外交场合强调日本崇尚普遍价值。例如,2017 年 4 月 29 日,首相安倍晋三在英国伦敦演讲时表示:"自由、民主、人权、法治这些普遍价值是英国乃至世界和平与繁荣的基石。我们七国集团共同拥有这些价值。无论过去、现在还是将来,我们都肩负着维护世界和平与繁荣、引领国际秩序的重任。"②2022 年 5 月 20 日,外务大臣林芳正在美国哥伦比亚大学演讲时称:"国际秩序的基础必须是自由、民主主义、人权、法治等普世价值。这些价值是战后日本一直拥护的,也是今天日本得到

---

① 安倍内阁总理大臣记者会 https://www.kantei.go.jp/jp/98_abe/statement/2019/040/singengou.html,2023 年 9 月阅览。

② 内外记者会 https://warp.ndl.go.jp/info:ndljp/pid/10992693/cache.kantei.go.jp/jp/97_abe/statement/2017/0429kaiken.html,2023 年 9 月阅览。

'信赖'的基础。"①2022年6月10日,首相岸田文雄在新加坡举行的亚洲安全保障会议上发表基调演讲,强调"任何一个国家的安全都不能仅靠一个国家来保护。正因如此,我国以日美同盟为基轴,推进与共享普遍价值的有志国家的多层次安全保障合作"②。岸田文雄2023年1月13日还在美国霍普金斯大学演讲时表示"自由、民主主义的价值观已经成为日本国民认同感的一部分"③。

从上面的例子可以看出,日本现代主流话语在国家定位方面有一个明显的特征,那就是文化特殊主义和政治经济普遍主义的共存。前者可以叫作民族主义或者地域主义,后者可以叫作西化主义,这种双重文化结构是日本历史上两次文明开化的结果。日本历史上有两次文明开化,第一次是在公元7到9世纪,通过遣使隋唐向中国全面学习典章制度和文化,建立了中央集权的律令国家,同时也通过中国接受了印度的佛教文化,这些为日本社会文化的发展奠定了基础。遣唐使停止派遣之后,日本与中国的交流主要靠商人和僧人来进行。尽管人员的往来比之前减少了,但日本人仍然可以通过汉籍继续从中国文化中摄取养分。总的来说,日本在7世纪初至19世纪末的大约1300年的时间里一直积极向中国学习。如果说日本的第一次文明开化是通过摄取中华文化实现的,那么第二次文明开化则是通过引进西方文化实现的。在19世纪末到20世纪初,日本通过明治维新积极引进西方的科技,并全面效仿西方的政治经济体制,在较短时间内实现了工业化,成为发达资本主义国家。战后,日本在美国的主导下进行了所谓的"民主化改造",出现了对美国的"一边倒"现象。日本在第一次文明开化时摄取的中国文化与第二次文明开化时引入的欧美文化之间存在原理上的差异。钱穆曾经说过:"西方文化比较重要的是宗教与科学,而中国文化比较重要

---

① 林芳正外务大臣基调演讲 https://www.mofa.go.jp/mofaj/fp/pp/page3_003325.html,2023年9月阅览。
② 岸田首相在香格里拉对话(亚洲安全保障会议)上的主题演讲 https://www.kantei.go.jp/jp/101_kishida/statement/2022/0610speech.html,2023年9月阅览。
③ 岸田首相在约翰·霍普金斯大学高级国际关系研究生院的演讲 https://www.kantei.go.jp/jp/101_kishida/statement/2023/0113speech.html,2023年9月阅览。

的是道德与艺术。这是双方文化体系结构的不同。"①这句话简洁地总结了东西方文化原理上的差异。通常情况下,日本能够将这两种文化融合在一起,不必纠结于某一文化元素来自何方。但在发生对外战争或者经济文化摩擦时,常常会出现混乱,因为要根据不同需要在两种逻辑之间来回切换。例如,太平洋战争爆发后,首相东条英机发表演讲,声称要"使大东亚各国家及各民族各得其所,确立以帝国为核心的基于道义的共存共荣秩序"②,其方针当中包含亚洲主义和西化主义这样两种不同的逻辑。对美开战,建设以日本为首的所谓"大东亚共荣圈",这是亚洲主义的逻辑。而之所以要"以帝国为核心",是因为日本国力强大,而国力强大很显然是明治以来西化的结果。20世纪80年代,日美贸易摩擦激化,美国要求日本开放大米等农产品市场时,日本强调水稻文化是日本文化的基础。小泉纯一郎担任首相期间多次参拜靖国神社,当遭到中国强烈谴责时,他主张日本有"死者成佛"的文化习俗,③反过来指责中国反对其参拜靖国神社是不尊重日本文化。这些都是以文化特殊主义对抗普遍主义的例子。而在批判东亚其他国家时,如上所述,日本又往往标榜普遍主义,如此来回切换,或许能解一时之急,但也容易给文化认同带来混乱。

日本人的民族意识萌发于7世纪初,遣隋使携带的国书中有"日出处天子"这样的表述。但日本人开始关注身份认同问题,要等到13世纪后半叶遭到元军侵犯的时候。当时日本处于镰仓幕府时代,已经大权旁落的天皇以及朝臣通过祈祷元军败退来显示存在感。14世纪南北朝时期,南朝朝臣北畠亲房撰写《神皇正统记》,通过宣扬"神国"观来激励南朝天皇励精图治,挽回颓势。江户时代,朱子学成为官学,崇尚汉学成为社会上的一般风气,日本特有的文化受到轻视。对此,国学家本居宣长等试图通过研究日本古典来探寻日本古代的精神文化,以消除汉文化的影响。明治维新后,日本出

---

① (电子版)钱穆:《从中国历史来看中国民族性及中国文化》,香港中文大学,2009年,5"中国人的文化结构"。

② 东条英机:《面对大东亚战争——东条英机首相演说集》,(东京)改造社,1942年,第5页。

③ "有人对将甲级战犯供奉(在靖国神社)提出疑问,然而对死者进行平等吊唁,这是日本传统的文化习俗",《读卖新闻》2004年1月6日。

现了一段欧化时期,被称为"鹿鸣馆时代"。但不久之后,出现了对欧化主义的反思与批判。太平洋战争爆发后,"超越近代"论成了日本对外侵略战争的理论支柱,该理论主张以日本传统精神文化克服欧化主义所带来的各种矛盾。截至1945年日本战败,对日本文化特殊性加以肯定的论调一直构成日本文化论的主流。战败以后大约十年间,对日本文化特殊性的批判成了日本文化论的基调,但随着战后日本经济社会的发展,否定性言论逐渐减少,而肯定性言论相应增加。① 战后日本文化论的内容涉及日本的历史、社会、经济、文学、艺术、习俗等诸多领域,在形式上既有严谨的学术探讨,也有基于个人体验的随感,其种类繁多,以至于被称为"大众消费品"②。

文化人类学家杉本良夫和罗斯·摩尔在《日本人论之方程式》一书中,在对战后40年日本国内外的日本文化论进行梳理的基础上,指出其中存在两种倾向,一是认为日本文化同质性高且重视和谐,二是主张日本文化具有特殊性。他们将其代表性观点整理成以下七点:

(1) 对集团的忠诚构成日本人的核心价值观,日本人服从集团会带来特殊的心理满足感;

(2) 日本人重视集团内部的和谐,为了维持这种和谐,愿意接受并支持身份等级关系;

(3) 日本人与自己集团或组织的上司或下属关系密切,构成纵向的忠诚关系;

(4) 得益于强调社会和谐与一体感的价值观,日本实业界和政界领导人能够比较容易地团结国民,而国民的团结又给日本带来了高速经济增长;

(5) 与其他国家相比,日本在文化、语言、人种上的同质性非常高;

(6) 日本社会具有一种封闭性,排斥外国人;

(7) 日本经济高速增长背后隐藏着特殊的秘密,要解开这个秘密,就必须了解日本社会在微观层面上是如何发挥作用的。③

---

① 参见青木保《"日本文化论"的转型——战后日本的文化与认同》(东京中央公论社,1990年)。

② 参见别府春海《作为意识形态的日本文化论》(东京思想科学社,1987年)。

③ 杉本良夫、罗斯·摩尔:《日本人论之方程式》,(东京)筑摩学艺文库,1995年,第84—85页。

杉本良夫和罗斯·摩尔将中根千枝的《纵向社会的人际关系》(讲谈社,1976年)、土居健郎的《"依赖"的结构》(1971年)、傅高义的《日本第一》(1973年)、赖肖尔的《日本人》(1978年)作为体现上述问题的典型著作,认为他们的日本文化论在方法上存在以下五个问题：

(1) 将个人见闻一般化；

(2) 以日语的独特表达方式为论据；

(3) 在性质不同的样本之间进行比较；

(4) 强调日本人的独特感性；

(5) 将欧美视为一个整体与日本进行对照。[①]

杉本良夫和罗斯·摩尔对战后日本文化论的立场设定和论述方法进行了犀利的批判,指出了以往日本文化论的虚构性和狭隘性。他们为了克服以往日本文化论的这些问题,试图通过多元阶层模型来建构日本文化论的新范式。但遗憾的是,他们只提出了与论争对手相反的观点。例如,与集团主义相对立的个人主义、与重视情感化人际关系相对立的功利主义、与家族国家相对立的监视社会。[②] 由于他们否定了将个人体验和日语的独特表达等作为论据的做法,也就是否定从个别到一般的归纳法,只好通过四个虚构人物来进行阶层分析。[③] 但这样做在方法论上不仅没有突破,反而有所倒退。

二、文化认同的视角

要摆脱上述由确认偏误(Confirmation Bias)带来的结论的倾向性,以及由拒绝归纳法所导致的罗列现象做法之间的非建设性的循环,需要开拓新的思路。笔者认为追溯日本文化的形成与发展过程,来探寻日本人进行自我定位即文化认同的逻辑方式,更容易把握日本文化的本质特征,可以避免被纷繁复杂的文化现象所迷惑。据笔者了解,由于研究者的立场以及资料等方面的制约,目前还没有人对此问题进行系统研究。

在探讨文化认同(Cultural Identity)这个问题之前,有必要先明确"文

---

① 前引杉本良夫、罗斯·摩尔《日本人论之方程式》,第158—164页。
② 同上书,第11章"颠倒日本人论"。
③ 同上书,第13章"多元阶层模式下的日本截面"。

化"的含义。《辞海》对文化的解释是:"广义指人类社会在社会实践过程中所获得的物质、精神的生产能力和创造的物质、精神财富的总和。狭义指精神生产的能力和精神产品,包括一切社会意识形式:自然科学、技术科学、社会意识形态。"①广义的文化与表示人类进步状态的"文明"大致相当。对于文化的定义以及文化与文明的关系,比较文明学家伊东俊太郎有过精辟论述,他把"与自然存在的事物相对的、由人类创造出来的事物"看作广义的文化,而把一定社会集团生活的核心部分即"生活习俗、观念形态、价值情感"这些看作狭义的文化,并把"制度、组织、装置"这些集团生活的外围称为文明。② 因此在他看来,哲学、宗教、艺术等属于文化,而科学技术、经济组织、法律体系等则属于文明。他把文明比作人类生活的硬件,而把文化比喻成软件,认为两者既相互影响又各自独立。也就是说,在某个地区的文化背景下形成的"文明"可以从原来的"文化"中分离出来,转移到文化背景不同的其他地区。文化呈现"向心"的倾向,而文明则呈现"离心"的倾向。他举例说,从幕末到明治时代,日本摄取了许多欧美文明,但日本文化的传统并没有因此而消失;反之,战后美国的一些企业采用了日本企业的经营方法,也并不意味着那些企业就完全接受了日本文化。③ 伊东的这种观点能比较清晰地说明不同文化圈之间的相互交流、相互影响的问题。

接下来想明确"认同"(Identity, Identification,也被译为"自居作用")这一概念的形成过程。最早把"认同"用作心理学专业术语的是弗洛伊德。他认为完整的人格由本我、自我和超我构成,本我只追求欲望的满足,超我受到道德规范的制约,自我则处于本我和超我之间。他认为超我源自一种转换,即把儿童最早期对对象的投入转换为认同行为,并用它来取代俄狄浦斯情结(Oedipus Complex)。④ 在他看来,"认同是与客体产生情感联系的

---

① 夏征农、陈至立主编:《辞海》(第六版),上海辞书出版社,2009年,第2379页。
② 伊东俊太郎编著:《写给比较文明学的学习者》,(东京)世界思想社,1997年,第6页。
③ 同上书,第8—9页。
④ 西格蒙德·弗洛伊德著,徐胤译:《自我与本我》,天津人民出版社,2020年,第五章"自我的依赖关系"。

一种原始形式;其次,在某种回归形式下,它变成了某个由力比多联结的客体的替代。也就是说,通过内摄,客体进入到自我中。"[1]对于"内摄",弗洛伊德解释说"因为呈现的客体是自我的快乐源泉,所以会把这些客体都吸收到自体,也就是说,'内摄'他们。……而另一方面,它也会把令自己不愉快的东西统统都排出去"[2]。因此,弗洛伊德所理解的认同,呈现双向性,即由内而外的认同和由外而内的认同。拉普朗什和彭大历斯(Laplanche and Pontalis)也按照弗洛伊德的理解,将认同分为"异体倾向向心认同"和"自体倾向离心认同"。前者是指主体认同自体对他人的认同,而后者则是主体认同他人对自己的认同。[3] 海曼(Heimann)将前者称为"投射性认同"(Projective Identification),将后者称为"内摄性认同"(Introjective Identification),并认为"内摄性认同中主体的自我变得像客体;投射性认同中,客体的自我变得像主体"[4]。也就是说,投射性认同是指个体将自己的内在心理状态、情感或特征投射到外部客体(他人或物体)上,并与之产生认同的过程。这意味着个体将自己的内部体验或特征看作外部客体的一部分,从而与之产生共鸣或认同感。内摄性认同是指个体将外部客体的特征或体验内化为自己的一部分,并与之产生认同的过程。个体通过内摄性认同将外部客体的特征或体验融入自己的内在心理世界中,使其成为自己的一部分。我们可以通过以下通俗的例子来进一步理解这两种认同。一个人羡慕"高富帅"或者"白富美",并努力模仿他们的行为、穿着、言谈举止等。这时,这个人将自己的某种渴望或理想状态(如成为高富帅或白富美)投射到所羡慕的对象上,认为这个对象就是自己所希望成为的样子,并与之产生共鸣或认同感,这就是投射性认同。经过一段时间的模仿,这个人觉得自己也具备了高富帅或白富美的特征,甚至觉得自己超越了之前羡慕的对象。此时,这个人将高富帅或白富美的特征内化为自己的一部分,这就是内摄性认同。另外,沙夫还用这两种认同模式对团体和社区,以及艺术和媒体的认

---

[1] 转引自沙夫著,闻锦玉等译《投射性认同与内摄性认同》(中国轻工业出版社,2011年),第49页。
[2] 同上。
[3] 同上书,第47页。
[4] 同上书,第47—48页。

同状况进行了分析,对弗洛伊德的认同理论在文化认同方面的运用做了有益的尝试。

与此相关,弗洛伊德还曾撰写论文《论自恋:一篇导论》,专门对"自恋"(Narzisstnus)与认同的关系进行了探讨。他认为"自恋并非一种性倒错,而是一种出于自我保存本能的利己性(或称为利己主义)的力比多的补充物"①。在他看来,不仅性倒错者,正常人在成长过程中也会产生自大、全能和有魔力的想法。因此,他指出自恋往往伴随妄想痴呆症(Paraphrenia)患者的两种根本特征,即自大狂(Megalomania)和从外在世界即人和事物身上转移他们的兴趣。弗洛伊德指出:"他(妄想痴呆患者)一方面从记忆中撷取假想客体来取代真实客体,或是将假想客体与真实客体混合,另一方面,他已然放弃了自发的以维持与这些客体的连结为目标的运动活动(Motoractivity)。"②在弗洛伊德看来,自恋和自大妄想是密切相关的心理现象,因为自恋是一种个体对自我过度投入和过度关注的心理状态,自恋者通常对自己的能力和魅力过分自信,并且渴望得到他人的崇拜和赞赏;而自大妄想则是自恋的一种表现形式,自大妄想者常常认为自己拥有特殊的能力、地位或权力,并且经常表现出对他人的轻视和鄙视。总的来说,弗洛伊德认为自恋和自大妄想是一种心理防御机制,但这种机制过度发展或持续存在可能会对个体的心理健康和社交功能产生负面影响。卡尔·洛维特曾经指出,日本人依据"神国"来主张日本的优越性是一种"日本式的自恋"③,或许就受到了弗洛伊德的影响。

此外,美国著名精神科医生埃里克森(Erik H. Erikson,1902—1994)建立了通过可观察的参照物来确认认同结构的方法,并将之系统化,使"认同"这个术语得到了广泛认可。埃里克森长着金色头发和碧绿眼睛,他的母亲是犹太人,而他的父亲则是德国的一名医生。他一直为自己与父亲在外貌上没有相似之处而感到烦恼。实际上,他的生父与他母亲没有正式结婚,但

---

① 约瑟夫·桑德勒等著,陈小燕译:《弗洛伊德的〈论自恋:一篇导论〉》,化学工业出版社,2018年,第17页。
② 前引约瑟夫·桑德勒等著,陈小燕译《弗洛伊德的〈论自恋:一篇导论〉》,第18页。
③ 卡尔·洛维特著,柴田治三郎译:《欧洲的虚无主义》,(东京)筑摩书房,1974年,第115页。

他的母亲始终没有把真相告诉他。自己的身世一直是埃里克森心中的疑问,困扰了他的一生,这也是他建构自我认同理论,提出著名的人格发展学说的动力。① 埃里克森认为认同是"一种熟悉自己的感觉,一种了解自己未来目标的感觉,一种从他所信赖的人那里获得他期待的认可的内在自信"②。简而言之,自我认同就是一个人心中对于自己是谁、应该做什么这些问题的认知。他将人生分为以下八个阶段,即(1)口唇-感官期(2)肌肉-肛门期(3)运动-生殖期(4)潜伏期(5)青春期(6)成年早期(7)成年中期(8)成熟晚期,③并认为在以上各个阶段都会出现认同危机(Identity Crisis),若处理不好,会导致一种周期性的愤怒和焦虑,这种情绪会引起强迫性的自我意志或者夸大的自我压抑。埃里克森在长期的临床诊断过程中发现患者在青少年时代都有过精神创伤,因此他非常重视一个人青少年时代的经历对身份认同的影响。他认为"大凡青少年时期身份认同的形成比较顺利的人,他们的心理发展都能够贯穿整个成人阶段,达到最终的整合。他们几乎都拥有一些自己的原则,这些原则产生自不断变化的经验,在本质上是不容易被改变的"④。基于这样的认识,他提出了以下解决方案:"只有逐渐增长的自我同一性——建立在个体于每个重要的童年时刻获得的社会和文化经验之基础上——才能保证在人类生活中的周期性平衡。当无法实现同一性,整合陷入绝望和厌恶,繁衍陷入停滞,亲密陷入孤独,自我陷入混乱时,大量相关的婴儿期恐惧就会出现。只有同一性能安全地固定在文化特性的'遗产'上,个体才能达到有效的社会心理平衡。"⑤埃里克森的"认同"理论后来被运用到心理学、社会学等领域,引申出对区域、社会、民族、文化、政治、国家等的认同概念。据统计,从20世纪60年代至21世纪前十年,以

---

① 参见弗里德曼著,铃木真理子、三宅季子译《埃里克森的人生:身份的探索者》上下,(〈东京〉新曜社,2003年)。
② Erik H. Erikson, *Identity and Life Cycle*, New York: Norton, 1959, p.118.
③ Erik H. Erikson, *Childhood and Society*, The Hogarth Press, 1965, p.245. 中译本有高丹妮、李妮译《童年与社会》(世界图书出版公司,2017年)。
④ (电子版)爱利克·埃里克森著,罗山、刘雅澜译:《洞见与责任》,世界图书出版有限公司,2017年,第三章"当今时代的身份认同和迁移"。
⑤ (电子版)爱利克·埃里克森著,高丹妮、李妮译:《童年与社会》,世界图书出版公司,2017年,第11章"结论:摆脱焦虑"。

identity为关键词的英文期刊论文、专著、学位论文的数量多达16.19万项。[①]

关于"文化认同",《大辞海》中列出了两种解释,一种是"肯定的文化价值判断",另一种是"人对文化的一种认知和归属心理"。具体来说,前者"指文化群体或文化成员承认群内新文化或群外异文化因素的价值效用符合传统文化价值标准的认可态度与方式,表现为对一种文化价值认识的自觉或觉醒",后者"是一种个体被群体的文化影响的感觉,指人们分享共同的文化模式如信仰、规范、习俗等,并对这种文化模式产生共同的心理情感与自发行为"[②]。文化认同涵盖社会价值规范认同、宗教信仰认同、风俗习惯认同、语言认同、艺术认同等方面。第一种解释大致基于对文化的狭义理解,第二种解释则是基于对文化的广义理解,本书更倾向于后者,因此本书所讨论的"文化认同"与对区域、社会、民族、国家等的认同往往是紧密相关或者相互包含的。如果说身份认同直接影响到一个人的身心健康的话,那么文化认同则与一个国家和民族的凝聚力以及对外意识紧密相关,这个问题在世界各地都受到普遍关注。例如,黛博拉·席德克劳特(Deborah J. Schildkraut)分析了美国人的民族认同意识的各种调查结果,指出美国大量接受移民,带来了突出的身份认同问题,美国人对该国政治制度和政治行为的信任程度会受到其出生地和族群差异的影响。[③] 洛朗·利卡塔(Laurent Licata)等则通过对欧洲国家的移民政策进行研究,指出社会认同是一把双刃剑,一方面认同一个社会群体是分享共同规范和价值观、团结和集体行动的先决条件,另一方面群体内认同往往伴随着偏见和歧视,他们认为欧洲国家对移民的偏见有可能引发社会和政治上的反应。[④] 日本不像欧美那样大

[①] Seth J. Schwartz, (Ed.), (2011), *Handbook of Identity Theory and Research*, London: Springer, p.2.

[②] 夏征农、陈至立主编,徐庆凯编《大辞海》"文化、新闻出版卷",上海辞书出版社,2013年,第7页。

[③] Deborah J. Schildkraut, "National Identity in the United States," Seth J. Schwartz, (Ed.), (2011), *Handbook of Identity Theory and Research*, London: Springer, pp.845-866.

[④] Laurent Licata, Margarita Sanchez-Mazas, and Eva G. T. Green, "Identity, Immigration, and Prejudice in Europe: A Recognition Approach," Seth J. Schwartz, (Ed.), (2011), *Handbook of Identity Theory and Research*, London: Springer, pp.845-866.

量接收移民,其国民的同质性要比欧美高出很多,这使得日本人对文化认同问题更为热衷。正如加藤周一所说,"日本民族以往未能从其他民族的眼中看出自己的形象,因为不曾有哪个民族对日本进行过观察"[①],因此日本人要通过自问自答的方式来不断确认日本民族的特征,特别是文化特征。"什么是日本人?"这个问题可以看作"日本文化有何特征?"的另一种表述,也是日本文化论的核心课题之一。

日本列岛南部气候温暖湿润,在上古时代不从事粮食生产,通过狩猎、捕捞、采集就可以获取食物,因此绳文时代持续的时间长,文明化进程相对缓慢,没有形成独自的文字。上古时代的记忆呈缺失状态,记载在《古事记》和《日本书纪》中的神话(以下简称"记纪神话")作为对日本上古时代的想象,在日本人的文化认同中所起的作用十分重要。日本民族在古坟时代基本形成,之后直至近代没有出现大规模人口移动,一直保持较高的稳定性。因此,在日本历史上,作为文化集合体的民族与作为统治机构的国家往往是重叠的。亨廷顿在《文明的冲突与世界秩序的重建》中将日本文明视为一个独立的文明,但这是少数意见。著名文化人类学家石田英一郎曾经指出"从世界史的角度来看,日本是从亚洲高度文明的周边转向了西洋文明的边境"[②],此话简要地道出了日本文明针对中国文明以及西洋文明的周边性。日本的两次文明开化,对缩小与文明中心的差距起到了十分积极的作用,但有时这也会使一些日本人丧失文化自信。从认同理论来看,如果说基于记纪神话的日本国家民族观体现了日本人的自恋、自大心理的话,那么效仿文明中心就是"投射性认同",而将文明中心的某些特征吸收到自己的内在世界就是"内摄性认同"。前者的典型代表有遣隋使、遣唐使、明治初年的岩仓使节团,后者的典型代表有江户时代的儒者山鹿素行的"中朝"观、太平洋战争爆发前后的"超越近代"论。可以说,自恋、投射性认同和内摄性认同是贯穿于日本人的文化认同历史的三条主线。本书将对日本人的文化认同的形成基础、各个时代的代表人物的主张观点进行实证分析,以透视日本人和日

---

① 加藤周一著,彭曦、邬晓研译:《何谓日本人》,南京大学出版社,2008年,第4页。
② 石田英一郎:《东西抄——日本、西洋、人间》,(东京)筑摩书房,1965年,第46页。

本文化的本质特征。

三、本书的主要内容

基于以上对日本文化的基本特征以及认同理论的理解与认识，本书将结合日本人文化认同的形成与变迁的历史情境来探讨其形成原理和特点。本书的主要内容如下：

第一章"日本人的起源和上古日本"分别从科学、史学以及神话的角度探讨日本人的起源和上古日本的基本情况。第一节分析日本列岛气候环境与历史文化发展的关系。日本列岛与东亚大陆以及朝鲜半岛的距离适中，既不影响与大陆及朝鲜半岛的交流，又能维持日本的独立性。另外，日本列岛山多平地少的地形有利于分权体制，而不利于集权体制。人类学研究显示，绳文人是从亚洲更新世人类进化而来，他们主要靠狩猎采集生活，弥生人主要从中国大陆经由朝鲜半岛迁徙到日本，他们主要以种植水稻为生。弥生人与绳文人融合，形成了现代日本人的祖先。第二节指出中国史书中关于倭国的记载最早出现在《山海经》之中，但内容相当简略。之后的史书中关于日本的记载同样简略且断断续续，从中国史书的记载只能零星了解上古日本的一些情况。日本在1世纪初就向中国历代王朝派遣使者，并接受册封，这说明当时日本人尚未形成明确的民族意识。第三节对日本方面的资料《古事记》和《日本书纪》中的神话以及关于中日交流方面的记载进行了分析，指出日本从7世纪初开始萌发了将中国视为他者的意识，也就是开始产生了自我意识。《古事记》和《日本书纪》的开头部分都收录了日本的创世神话。两书为了将天皇统治正统化，将天皇描述成天照大神的后裔，这种不需要事实依据的虚构故事长期以来被民族主义者当作确认日本民族认同的法宝。两书中还有关于日本与中国以及朝鲜半岛的人员、文化以及生产技术的交流情况的记载，这些记载可以与人类学研究成果以及中国史书中的记载形成印证关系。不过，从整体上来说，日本民族早期记忆呈缺失状态，这给日本人的民族文化认同造成了极大困扰。

第二章"日语与汉语的交融"对日本人借助汉字发明假名，汉学在日本的传播渗透状况，以及汉语对近现代日语的影响进行分析探讨，确认了汉语对日本人语言生活的深远影响。第一节指出日语中的表音符号平假名和片假名是从汉字的部首和偏旁演变而成的。另外,日本还在此基础上发明了训读法。这种方法不仅可以用来读汉语词,还可以用来读写汉文。训读法为日本人通过汉籍从中国摄取文化养分创造了语言方面的条件。第二节从各个时代的各级学校的讲授内容、藏书情况、历史人物的汉学素养等方面对汉学在日本的传播状况进行确认。第三节指出传入日本的汉籍除了经史子集,还有汉译西书。在19世纪末大规模直接向西方学习之前,汉译西书一直是日本人摄取西学的主要渠道。此外,用汉字表示的概念体系也构成日本人思维的基本框架,近代日本人直接摄取西学时,汉字术语以及汉文发挥了重要作用。在现代日语中,汉语词的占比依然超过半数,特别是基本概念术语大多用汉语词表示。

第三章"'神国'观的出现与神儒关系论"对"神国"观的出现与演变,以及江户时代儒者对神儒关系的论述进行分析探讨。第一节指出8世纪初编纂的《古事记》《日本书纪》将神代与天皇之世直接联系起来,其主要目的是强调天皇统治的正统性。不过,记纪神话被用于将日本与其他国家区分开来,要等到13世纪下半叶元军入侵日本的时候。14世纪南北朝时期,南朝朝臣北畠亲房为了主张南朝的正统性,撰写《神皇正统记》讲述皇权的起源和历代天皇的事迹,以激励南朝天皇重整天下。室町时代的神官卜部兼俱创设了"卜部神道",主张日本是"神国",反对神道与佛教融合。第二节对朱子学派的藤原惺窝、林罗山和山崎闇斋的神儒融合论进行分析。藤原是日本朱子学派的开创者,他认为日本的神道与尧舜之道只是名称不同,两者在本质上其实是相同的。林罗山及其子孙数代担任幕府文教顾问,其观点主张在江户时代产生了相当大的影响。林罗山既推崇儒学,也兼顾神道。他认为朝鲜的檀君传说是"怪诞之说",却对神武天皇的事迹不加怀疑,主张神武天皇是吴太伯之后,采取了与现实相妥协的态度。山崎闇斋提出"妙契"论,认为神道与儒教诞生在不同国度,但其本质相同,巧妙契合了。第三节对阳明学派的中江藤树、熊泽蕃山、赖山阳的神儒融合论进行分析,指出他们与朱子学者一样也是主张神儒融合。在中江的话语中,"神道"与"天道"是儒道的同义词,他主张皇上帝创造了天地,天地创造了人类,父母孕育了子女,采取的是一元化的世界观。他将神道融入儒道,用儒道中的"知仁勇"来解释象征天皇统治正统性的"三种神器"镜玉剑。他对中国怀有强烈憧憬，存在将中国理想化的倾向。熊泽蕃山秉持"知行合一"的态度积极推动藩政改革，他同样以"知仁勇"解释三种神器。但他意识到了在接受儒道时应该保持日本人的主体性，主张神道只是从儒道借用了概念，日本在借用这些概念之前已经具备其内容。赖山阳的《日本外史》对后世产生了极大的影响，他主张从政治制度是否合理、是否仁义的角度看待天皇亲政的正统性。他对神道持否定态度，认为元军入侵日本时击退元军的不是天皇祈求来的"神风"。不过，他也用儒学的概念解释三种神器，也主张日本只是从中国借用了相关概念，而且说儒学是"彼来而贡之"，以这种方式来消除自卑感和负债感。第四节对古学派的山鹿素行、荻生徂徕和太宰春台的国家民族观进行论述。山鹿将华夷观念颠倒过来，将日本称为"中朝""中华""中国"，而将中国称为"异朝"。他基于记纪神话，将日本视为世界的中心，将中国和朝鲜视为日本的周边国家，把其他国家归为"四夷八蛮"。荻生依照中国式单姓以"物茂卿"自称，他崇尚中华文化，期待通过德川将军实现"先王孔子之道"。他对一般意义上的神道进行了彻底否定，同时又称日本绝非外国可及，似乎存在自相矛盾之处。但这是他的一种处身之术，而不是原则上的冲突。太宰也同样非常推崇中国的"圣人之道"，他以中华为标准看待日本的信仰、习俗、文学以及统治体制，对日本的"夷狄之俗"进行了无情的批判。

第四章"'神国'观的发展与变迁"对江户时代到近代的"神国"观的发展与变迁进行梳理分析。第一节对契冲以及草创期的国学家荷田春满和贺茂真渊的观点进行论述。契冲以歌学作为连接神儒佛三道的纬线，为国学的发展创造了条件。荷田在契冲开创的文献学的基础上举起了国学的旗帜，他将日本视为优于万国的"神国"，主张通过研究日本的古语来再现皇国之学的原貌。但他依然沿用了以"知仁勇"解释"三种神器"的神儒融合的方法。贺茂对《万叶集》等和歌以及《源氏物语》等物语进行了考证，试图通过研究日本的古典来再现未受外来文化影响的原初的日本文化。他在对儒者进行反批判时，指出儒学的理念与现实之间存在落差，试图以此否定儒学本身的意义。他还试图通过指出儒学概念缺乏具体性而否定一切概念化思维，甚至还将人类与其他动物的差异相对化，从而将日本与中国在文明化进程上的差异相对化，以消除日本在文化上的劣势，陷入了反智主义。第二节对本居宣长的观点进行分析。本居将贺茂研究和歌和物语的方法运用到

《古事记》的研究,拓宽了国学的范围。本居的世界观完全基于记纪神话,他认为日本是万国的宗主国,对外来文化采取一概排斥的态度,并据此主张对外侵略扩张。他在主张日本的优越性时,无法进行具体论证,因此提出了以无胜有的不可知论。他主张人类的智慧渺小,不足以认识天地之理。本居作为社会和经济地位低下的町人,对现实生活中的矛盾有相当直观的感受,但他对社会矛盾的根源缺乏最基本的认识。他反复强调的"守本分"与他极力反对的"三纲五常"并无二致,他的"神国"观是缓解被压迫感的一种精神上的自我安慰。第三节对平田笃胤的观点进行分析。平田将日本神话绝对化,以日本为中心来解释世界以及宇宙的存在,主张日本是万国的宗主国,天皇不仅是日本的,同时也是世界的君主,其思维远远超出了正常人的范围。平田立足于神秘主义立场极力排斥以儒佛为代表的外来文化。与之前的国学家相比,平田的民族主义思想更加极端和狭隘。第四节对国学思想对幕末的"尊皇攘夷"运动以及明治政权的影响进行分析,指出这种尊皇观念与日本近代以来的对外侵略扩张政策结合起来,成为军国主义的精神支柱。在此基础上,还对学者、官员、文人、记者等纷纷绞尽脑汁从各种角度穿凿附会解释日本之所以是"神国"的言论进行批判。

第五章"去汉字化运动及其挫折"对近代以来日本去汉字化运动及其受挫过程进行实证分析。第一节指出中国在鸦片战争中的失败,使日本人对中国的向往骤然减弱,甚至有人认为使用汉字是中国近代化进程缓慢的原因,去汉字化成为一种时代趋势。当时出现了以外语替代日语、以罗马字替代汉字和假名、全部使用平假名或者片假名、限制汉字数量等具体方案,不过只有限制汉字数量的政策付诸实施了。持去汉字化主张的人因为对中国文化的轻视而夸大了汉字的不便,而忽略了汉字、汉文化对日语以及日本文化的深层影响。第二节以"汉字表"的制定以及修订过程为线索对汉字政策经历的两次重要转变进行梳理分析,特别对日本战败后是否废除汉字的问题,美国占领军与日本方面的攻守过程进行具体分析。美国教育使节团将汉字视为使日本走上军国主义道路的原因之一,认为汉字学习构成学生的重负,小学毕业都不能轻松阅读报纸杂志,无法理解时事问题,不具备作为民主主义公民的语言能力,导致话语权被统治阶级所垄断,军国主义在日本得以横行。在战败前,日本人的去汉字化运动在整体上呈扩大趋势,但真正面临汉字被美军强行废除的局面时,日本人又趋向于保留汉字。第三节对国立研究所在1948年实施的"日本人的读写能力调查"进行分析。调查结果显示,日本人的读写能力高于占领军预估的水平。因此,调查报告建议改进汉字的使用方法,实际上不赞成废除汉字。所谓《旧金山和约》签订后,日本获得独立,国语改革成为日本的内政问题。国语审议会在审议过程中,对汉字在传承日本文化传统,以及在推动日本近代化方面做出的重要贡献给予了肯定,达成了不强制限制汉字使用的共识。

第六章"从'脱亚''兴亚'到'超越近代'"以日本对于亚洲和欧美的认识为线索,对三种社会思潮的变迁进行梳理分析。第一节对福泽谕吉的"脱亚"论进行探讨,指出福泽受天赋人权思想的影响,主张个人的平等,并试图以这种平等观念看待国与国之间的关系。为了使日本尽快从半开化状态进入文明状态,福泽对以神儒佛为代表的日本传统观念进行了批判,对于基于记纪神话的"神国"观持否定态度。然而,当日本逐渐摆脱沦为殖民地的危机之后,他转向了尊皇主义。朝鲜"甲申政变"之后,福泽提出了"脱亚"论,主张不必因为日本与中国、朝鲜在地理上和文化上相近而特别予以同情,可以效仿列强以武力进行压制。"脱亚"论的提出意味着福泽放弃了启蒙时期的国家平等观。此外,福泽的"脱亚"论同时还呈现亚洲主义的一面,即主张以日本为东亚盟主,以中国和朝鲜作为缓冲地带抵制西洋列强。

第二节对冈仓天心、内田良平和三木清的"兴亚"论进行论述。冈仓是美术教育家,他强调亚洲的一体性、卓越性,但他对亚洲共性的论述十分空泛,缺乏说服力。他通过美术研究以及游历世界的见闻,形成了日本文化相对于欧美文化的独立意识,进而将这种意识扩大到政治层面。他不是从帝国主义扩张的角度,而是从人种对立的角度来看待欧美列强对亚洲的侵略,但他自己肯定日本对朝鲜以及中国东北的殖民统治,因此他的亚洲一体论更多是针对欧美"离间计"的对策。内田是右翼活动家,他认为亚细亚是日本古名"苇原"的讹音,并据此主张亚洲原本属于日本。他称日本拥有世界上最古老的文明,普及日本文明可以拯救世界。在他的话语中,亚洲主义完全是帝国主义的同义语,是他对日本在亚洲的侵略扩张以及与欧美列强争夺殖民地的行径的拙劣掩饰。三木是哲学家,他充分肯定外国文化对日本文化所产生的积极影响,主张通过摄取消化外来文化来创造新的日本文化。

他认为东洋人本主义具有重视共同体、人伦关系以及生活与文化的融合等特征。他曾经受到马克思主义的影响,他作为近卫文麿的所谓智囊团"昭和研究会"的核心成员提出了所谓"东亚协同体"的构想,其目的之一是借助近卫的政治影响力实施日本国内的变革。他从东西方文明史的角度对日本统一东亚,进而统一世界的必然性进行了论述。他的文化哲学与"东亚协同体"论之间存在逻辑上的跳跃,这源于他对日本侵华战争的本质缺乏深入思考。

第三节对"超越近代"论的变迁进行分析,列举的人物有日本浪漫派的龟井胜一郎,京都学派的西谷启治、西田几多郎、田边元,以及文学评论家竹内好。龟井以浪漫派特有的方式对西洋文化给日本带来的危害进行了控诉,主张使用器械容易使人成为其奴隶,对现代文明采取了敌视态度。京都学派的西谷运用精致的哲学理论将日本的对外侵略战争正当化,主张从"无"的立场消除西洋文明给日本带来的危害。但他同时又主张在日本的主导下建设"大东亚共荣圈"。而之所以要以日本为盟主,是因为日本国力强大。而日本国力强大,显然是近代化的结果。因此,西谷的主张中同时包含反近代和肯定近代的相互矛盾的逻辑。但这些观点并非西谷首创,在京都学派创始人西田及其继承人田边那里已经成形,西谷只不过扮演了京都学派发言人的角色。竹内在哲学家杜威和罗素的启发下,关注中国民族主义的勃兴对中国近现代史的推动作用,认为日本由于明治以来推行欧化政策,致使日本民族丧失主体性,最终给日本带来了战败的惨祸。他希望形成新的主体性来完成"超越近代"论遗留下来的课题。他认为日本发动的战争既是对亚洲其他国家的侵略战争,同时又是帝国主义国家之间的战争。他将这种特性称为战争的"双重性"或者"两个侧面",对前一个侧面表示否定,对后一个侧面部分加以肯定,认为这体现了日本人对于亚洲主体性的追求。他将东京审判描述成以一元化的西洋文明观审判日本从西洋摄取的西洋文明这样一幅滑稽的对立构图,以否定其审判的合法性。他不赞同以人种以及文化特征作为亚洲的共性,认为只有在与欧洲对抗的意义上亚洲才能成为亚洲,也就是亚洲只有在抵抗欧洲时才是亚洲。他研究并向日本读者译介鲁迅,就是为了从鲁迅那里获取"抵抗"的精神。但他始终没有对日本主体性的内容进行论述。

第七章"对普适性的追求"对无赖派小说家坂口安吾、日本政治思想史学者丸山真男、评论家加藤周一的日本文化观进行分析。第一节的分析对象坂口从小性格叛逆，以落伍者自称，文学创作成为他人生的唯一寄托。但在战败以前，他的文学创作并不顺利。这种曲折的经历使他对人生、对社会有更多的思考。他敢于直面残酷的现实生活，在绝望的孤独中追求救赎，这种态度构成坂口的文学观乃至人生观的基础。他立足于现实生活思考文化问题，认为德国建筑家陶特所推崇的所谓日本传统文化的美好事物与自己无关，而对于陶特所厌恶的现代市井生活却感到亲切。他主张根据"生活的需要"来对文化进行取舍，而不是以是否为日本固有作为判断文化优劣的标准。战败以后，坂口发表了《堕落论》及其续篇，对日本战败表示欢迎，认为这是日本获得新生的良机。他对以农村文化为代表的日本传统文化以及以天皇制为象征的日本传统支配体制进行了批判，其目的在于使被颠倒的价值体系回归正轨，使被扼杀的人性获得新生。他不是以复古的形式，而是以自甘堕落的形式批判现实。第二节的分析对象丸山早期关注江户时代朱子学思维的瓦解过程，致力于探寻日本近代性的源泉。他认为朱子学思维的最大特点在于将人类社会的规范与自然规律进行类比，两者之间没有明确的界限，而是存在某种共通性。丸山认为以这种思维方式无法形成独立于人类价值的对纯粹外在自然的科学客观的认识。战败之后，丸山从军队复员，撰写了长篇论文《超国家主义的逻辑与心理》，对日本迅速走上近代化道路却又未能真正成为近代国家的深层原因进行了分析，这成为他一生的课题。丸山先后还用"原型""古层"以及"执拗的低音"来分析造成这种现象的深层原因。第三节的分析对象加藤周一原本是学医出身，战败后不久作为医生参加过广岛原子弹爆炸受害状况调查，亲身感受到了战争带来的惨祸。1946年，他指出天皇制是日本发动侵略战争的原因，主张废除天皇制。20世纪50年代初，他留学欧洲，数年后回国时提出了"混合文化论"。他主张日本既有古老而美丽的传统文化，又吸收了充满活力的现代工业文化，这两种元素相互渗透，构成了独特的日本文化。他将这种文化称为"混合文化"。混合文化与一般的对外文化交流不同之处在于它是向国外寻求本国文化所缺乏的基本原理。加藤看重的是某种文化给日本带来的结果，而不是文化的源头。他是站在世界主义的，而不是狭隘的日本主义的立场看待日本文化。

第八章"对文化特殊性的探求"对现代的尊皇论以及日本文化特殊论进行分析。第一节分析战败以后"神国"观的变化，在新宪法下天皇成了日本国民统合的象征，但尊皇依然是保守势力的核心价值观。以天皇制为前提的"家族国家"论主张日本是"单一民族"，这种论调被用来解释日本战后经济腾飞的原因，并被用作应对日美贸易摩擦、是否接受难民以及非专业型劳工等对外关系的基本逻辑。第二节的分析对象津田曾经因为反对将记纪神话视为史实，在战争期间遭到极右学者的攻击以及军国主义政府的压制。但他在战败后主张尊皇，为天皇开脱战争责任。他在日本战败前对中国思想宗教进行过系统研究，其目的在于撇清日本文化与中国文化的关系，以突显日本文化的特殊性，最终消除中国人对日本文化的轻蔑，以削弱中国人的抗战意识。津田反对通过历史研究探索历史发展的规律，反对历史唯物主义，并基于这样的立场对近代文明展开了批判。他认为近代机械文明使人与机械的地位颠倒，并且损毁了日本人的审美感受。第三节的分析对象铃木大拙曾经在美国从事东洋学书籍的编译工作十几年，一生致力于向西方传播禅宗，与鲁迅、泰戈尔、荣格、海德格尔有过交往。他在旅居美国期间，经历了基督徒对日本佛教的误解与诋毁。他希望以现代的方式弘扬佛教。铃木认为日本佛教兼具印度的直觉力和中国的实证心理，并以日本灵性为中枢将之重新组合发挥作用。他将以禅宗为代表的东洋思维的"不二性"与西洋的二分法思维进行对比，认为前者擅长从整体上把握事物，而后者擅长把握事物的构成要素。铃木希望以东洋思维克服西洋思维所带来的弊端。第四节的分析对象梅原猛原本专攻欧洲哲学，后来致力于探讨日本人的精神世界，他认为欧洲哲学不关注和平问题，并忽视科学技术对自然环境的破坏，主张以佛教的"共生"思想来克服这些弊端。他以东方主义、日本主义者自称，强调日本固有文化针对外来文化的独立性。

终章"摇摆于'中心'与'周边'之间"综合以上总论及分论的内容，借助弗洛伊德的精神分析以及埃里克森的认同理论，从文化认同的角度对日本人文化认同的范式进行分析和总括。

在术语方面，为了保持论者的语境，有时会在相同意义上使用西洋与欧美、东洋与亚洲、儒教与儒道或儒学、国家与民族、文化与文明等概念。

第一章 日本人的起源和上古日本

本章将先说明日本列岛的地理环境特征及其对日本历史文化的影响,再综合近现代人类学的研究成果,科学客观地分析日本人起源的问题。然后,将分别依据中日两国的史料来分析上古日本的状况。中国史料是研究古代日本历史最重要的外部资料之一,例如《魏志·倭人传》详细记载了倭国与三国时代魏国之间的交往,以及倭国的政治制度、社会风俗等方面的情况。日本方面的史料《古事记》和《日本书纪》虽然有神话传说和史实混淆的问题,但也能在一定程度上弥补中国史料中关于古代日本的记载较为简略的不足。综合运用人类学研究成果、中日双方史料,可以从多个角度和层次再现日本民族的起源和上古日本的概貌,以阐明日本文化的形成基础。

第一节 日本列岛与日本人

一、日本列岛的风土

佐原真曾根据民主德国科学院《世界史》(1977年)的年表整理过一张"世界各地域文明发展状态"图,该图将古代文明的发展分为三个阶段,即食料采集阶段、农耕社会的成立、王权的出现。[1] 西亚地区在公元前1万年至公元前8000年之间,就开始了大麦、豆类等作物的种植,以及山羊、绵羊、牛、猪等动物的驯养。这是人类历史上出现最早的农业生产活动。印度次大陆在公元前7000年左右也开始了小麦和大麦的栽培。中国的长江流域

---

[1] 佐原真:《日本人的诞生》,大系日本历史1,(东京)小学馆,1987年。

在公元前6200年左右出现了稻米种植。埃及在公元前6000年左右在尼罗河岸建立了较大规模的农业社会。虽然各地农业的起源时间有所差异,但总体来说,从公元前1万年到公元前4000年之间,是农业社会的兴起和发展时期。而日本列岛虽然在绳文时代出现了根茎类和杂粮类的农作物,但直到公元前5世纪进入弥生时代后才开始种植水稻。如果以王权的形成为衡量标准,可以看到美索不达米亚在公元前3300年左右建立了最古老的城邦国家,埃及在公元前3100年左右实现了上下埃及的统一,建立了法老王朝。中国的黄河流域在公元前1600年左右建立了殷商王朝,印度次大陆在公元前1500年进入了吠陀时代。而日本的王权则是在2世纪末至3世纪初期才形成的。这一时期,在大阪平野和大和盆地等地,一些强大的豪族联合起来建立了大和政权,大和政权的首领被称为"王"或"大王"。总之,可以说,从世界文明史的角度来看,日本的文明化进程相对缓慢,而这一点与日本列岛的自然环境有着密切的关系。日本列岛位于欧亚大陆东端,呈南北狭长形,由四个较大的岛及其周边3千多个小岛构成。其自然环境主要有以下几个特点:

第一,日本列岛是黑潮和千岛海流的交汇处。黑潮也叫日本海流,从菲律宾以东出发,经过台湾岛和石垣岛进入东海,然后向东北沿着大陆架流动,到达房总半岛附近后向东流入太平洋。黑潮的水温和盐分都很高,夏季可达30℃,冬季也有20℃左右。黑潮携带了各种热带生物。千岛海流是一条寒流,从千岛群岛南下到日本列岛东部。千岛海流的水温较低,但含有丰富的营养盐。千岛海流促进了植物和浮游动物的大量繁殖。黑潮和千岛海流在日本东北部海域交汇,交汇处鱼群大量聚集。受黑潮影响,日本南部地区气候温暖湿润,适合亚热带植物的生长,以及野生动物生息繁衍。松岛义章、前田保夫通过分析海底堆积物中的微化石,揭示了绳文时代自然环境的变化状况。八千年前后是树木种类交替分界期,那之前以落叶林的榉树类为主,之后照叶林的橡树类以及温带林冷杉、松树、红山树、杉树等开始增加。从六千年前后起,落叶林的榉树类被照叶林的橡树类取代。[①] 橡树类

---

① 参见前田保夫《绳文的海和森林》(〈东京〉仓树书房,1980年)及松岛义章、前田保夫《史前时代的自然环境:绳文时代的自然史》(〈东京〉美术,1985年)。

的果实橡子营养丰富,主要含有碳水化合物、蛋白质、脂肪、膳食纤维等营养元素。但因为橡子中含有单宁,生吃会引起消化不良和肠胃不适,加热处理或用水浸泡后食用,单宁会被分解,更容易食用,绳文陶器被认为是用于加工橡子的工具。在日本东北山村等不适合种植水稻的地区,直到20世纪初,橡子还是一种重要食物。另外,茂密森林中的各种动物也是绳文人的重要食物源。有了橡子等果实、各种猎物和河海丰富的渔业资源,绳文人不必从事农业生产也能轻松获得食物。这是以狩猎采集为主要生产方式的绳文时代持续1万多年的自然环境方面的原因。也就是说,大自然的恩惠反而成为日本文明化进程缓慢的原因。

另外,黑潮很有可能还是上古日本列岛重要的海上通道。2019年夏天,日本国立科学博物馆成功实施了"彻底再现三万年前的航海实验"。该实验尽可能按照当时的技术条件进行,用于航海的木船和木桨是按照考古发掘的实物复制的,航海不使用任何动力。实验小组由四名男性和一名女性组成,他们没有携带地图、指南针、计时器以及任何通信设备。实验小组7月7日下午划着木船从中国台湾台东县出发,历时45小时10分,于7月9日中午前抵达与那国岛。与那国岛位于冲绳列岛最南端,往北大小岛屿相连,可以比较容易进入日本列岛。① 因此,日本列岛的南方系族群很有可能就是顺着黑潮漂流至日本列岛的。

第二,日本列岛与东亚大陆以及朝鲜半岛的距离适中。日本列岛位于亚欧大陆的东部,主要由北海道、本州、四国、九州四个大岛和周围的3700多个小岛组成。日本列岛的东侧和南侧为太平洋,西侧为东海,西北侧为日本海。日本列岛在地质学上是欧亚大陆板块下的太平洋板块和菲律宾海板块下沉过程中形成的。日本列岛在约2300万年前至约530万年前从欧亚大陆分离,形成了日本海。在距今两三万年前的冰河期,海面高度比现在大约低100米,九州岛与朝鲜半岛之间的朝鲜海峡狭窄。即便现在,九州岛与

---

① (日本)国立科学博物馆"彻底再现三万年前的航海实验 2016—2019",https://www.kahaku.go.jp/research/activities/special/koukai/,2023年9月阅览。该实验的英语论文"Palaeolithic Seafaring in East Asia: Testing the Bamboo Raft Hypothesis"发表在英国考古学杂志 Antiquity 2019年12月10日网页版上,《自然》杂志也对该实验进行了介绍。

朝鲜半岛南端相距大约200公里,与中国东南沿海地区相距也不过500公里左右,这样的阻隔即使在航海技术不发达的上古时代也并非不可跨越。如后文所述,大陆的稻作农耕民是日本人祖先的主要构成部分之一。据《后汉书》记载,早在57年(建武中元二年)倭国就向中国派遣使者,后来倭五王接受中国历代帝王的册封,遣隋使、遣唐使更是中日交流史上的佳话。另一方面,大海也能构成一道天然屏障,使日本列岛保持一定的独立性。总之,日本列岛与朝鲜半岛以及中国大陆之间数百公里的海域既不影响交流,同时又可以使日本不至于完全被外来文化同化,而是能在吸收外来文化的同时在一定程度上保持其本土文化。丸山真男将由日本列岛的地理特征所导致的日本部分接受中国文化的影响的方式形象地比喻成"漏雨型",并将此与朝鲜全面接受中国文化的方式称为"洪水型"进行过对比①。

第三,日本列岛山多平地少。日本列岛的山地占国土面积的73%,关东和关西平原是两处比较开阔的地方。虽然这两个地方被称为平原,但都能看到远处的山峰,这与大陆一望无际的平原相去甚远。在历史上,日本的首都基本上定在关西,而关东则是武家的根据地。山地构成了阻碍不同地区之间交流的屏障,这种地形对于分权有利,对于集权不利。日本的政治统一进程比较缓慢,即便统一之后,各地豪族也一直保持了强大的势力,中央集权的律令制实际上只持续了400年左右,而地方分权的封建制则持续了800年左右,这样的历史发展进程在一定程度上与日本列岛的地形地貌特征有关。

二、近代以来的日本人起源观

本书旨在探讨日本人的文化认同问题,其中所论及的"日本人"特指历史文化意义上的日本人。为此,我们首先要明确"人种""民族""国家"这几个概念及其相互关系。《辞海》对"人种"的定义是:"亦称'族群'。在体质形态上具有某些共同遗传特征(如肤色、发形、眼色、血型等)的人群。也可当作一个在同一种群内基因结构上有所区别的生息在一起的群体"②。人类

---

① 丸山真男:《丸山真男集》第12卷,(东京)岩波书店,1996年,第141—142页。
② 前引《辞海》(第六版),第1888页。

学大致将人类分为三种,黄种人、白人、黑人三大人种。民族是指"人类社会共同体形式之一。是在一定历史阶段形成的有共同语言、共同地域、共同经济生活和表现为共同文化特点基础上的共同心理素质的稳定的共同体。基本要素包括语言、地域(聚居地)、生产方式、文化传统和价值观念等同一性。伴随着国家权力结构的出现而形成,是人类社会进入阶级社会的产物"[1]。人种相近有利于形成民族,但人种并不是构成民族的必要条件;而国家是指"世界上各个有疆域、人民、独立地位和主权的不同于地区的政治实体"[2]。也就是说,人种、民族和国家分别是生物、文化、政治意义上的概念,从概念的外延来看,人种最狭窄,国家最广泛,民族则介于两者之间。

在实际生活中,一个民族可以包括多个人种,一个国家可以包括多个民族。例如,日本史书中记载的虾夷、土蜘蛛、熊袭、隼人和所谓"天孙"后裔是不同人种,他们是日本民族最早的成员;古代从朝鲜半岛以及中国大陆迁徙到日本列岛的所谓"渡来人"在人种上分别属于汉人或者朝鲜人,当他们逐步融入当地社会,失去故乡的记忆之后,也成为日本民族的一部分;而像著名日本文学研究学者唐纳德·基恩(1922—2018年)这样新近加入日本国籍的人,虽然他们是日本国民,但这种情形不在本书探讨的范围内。在此,对关于日本民族源流的人类学研究成果进行梳理,是为了明确日本民族是由哪些人种构成以及这些人种是如何融合成日本民族的。在日本,运用科学的方法对日本人的起源问题进行研究开始于幕府末期,150年来出现了诸多学说,这些学说大致可以分为交替说、混血说、变形说三类。

首先是交替说,这种学说主张日本列岛的原住民被外来人种替代了。持这类学说的人在原住民的认定上存在分歧,西博尔德父子、小金井良精等人认为原住民是阿伊努人,而莫尔斯、坪井正五郎等人则认为不是阿伊努人,两派之间展开了激烈的论争。老西博尔德(Philipp Franz Von Siebold,1796—1866)于1823年以荷兰商馆的医生的身份到日本,共生活了七年。回国后,他撰写了《日本》一书,该书中有对日本人种问题的论述。他认为石器时代日本列岛上居住的是阿伊努人,但到了弥生时代,阿伊努人被外来人

---

[1] 前引《辞海》(第六版),第1583页。
[2] 前引《辞海》(第六版),第805页。

种驱逐了。① 老西博尔德在研究日本人种时,运用了人类学以及考古学的方法,他提出的"阿伊努人原住民说"对后来的日本人起源研究产生了极大影响。后来他的次子小西博尔德(Heinrich von Siebold,1852—1908)明治初年以奥地利外交官的身份到日本,他利用绳纹陶器等当时最新的考古发现成果,对他父亲的学说做了进一步补充。② 1877年,美国动物学家莫尔斯(Edward Sylvester Morse,1838—1925)作为东京大学外籍教师到日本,他从横滨乘火车前往东京,在途经大森时,铁路旁泥土中的贝壳引起了他的注意,他意识到了那是古人留下的生活垃圾。次年秋天,他带领学生到大森贝冢进行调查,发现了陶器以及与鹿骨、野猪骨混杂在一起的人骨。他认为大森贝冢的居民有食人习俗,并且会制作陶器,这些特征都与阿伊努人不同,于是提出了"前阿伊努人说"。1886年,日本人类学会成立,日本人起源研究成为一个热门话题。人类学会创始人之一、东京帝国大学教授坪井正五郎认为石器时代日本列岛的主要原住民并非阿伊努人,而是阿伊努传说中矮小的克罗波科尔(Koropok-un-guru)人,他们与因纽特人有亲缘关系。③ 小金井良精受西博尔德的"阿伊努原住民说"影响,对坪井学说进行了批判,他通过对北海道阿伊努人与石器时代贝冢的人骨的测定,认为石器时代的原住民就是阿伊努人,④他的观点得到了较多支持。中桥孝博认为,人种交替说是基于外来人种驱逐原住民的模式,这种模式受到了天孙降临神话以及白人在美洲澳洲驱逐原住民的历史的影响。⑤

其次是混血说,这种学说主张日本人的祖先是由日本列岛原住民和外来人种混血形成的,最早提出这种学说的是德国医学家贝尔兹(Erwin von Baelz,1849—1913)。他1876年作为东京大学外籍教师到日本,在该校任

---

① 参见吴秀三《西博尔德先生生平及功业》(〈东京〉吐凤堂书店,1926年,第561—577页)"著作《日本》的梗概",以及吴秀三译注《西博尔德日本交通贸易史》(〈东京〉骏南社,1929年,第340—377页)第13章"论日本人(人种)的祖先"。

② 参见清野谦次《太平洋的民族文化交流》(〈东京〉创元社,1944年)第六章"大西博尔德的《日本》与西博尔德的阿伊努研究"。

③ 坪井正五郎:《人类学丛话》,(东京)博文馆,1907年,第162—172页。

④ 参见小金井良精《日本石器时代的居民》(〈东京〉春阳堂,1904年)。

⑤ 参见(电子版)中桥孝博《日本人的起源——从人类诞生到绳文弥生》(〈东京〉讲谈社文库,2019年)第四章"日本人起源论争论史"。

教25年。贝尔兹对一万名日本人的外貌进行测定,于1883年出版了《日本人的体质》一书。贝尔兹不像以往的人类学家那样只关注日本原住民人种,他对外来人种也进行了探讨。他将日本人分为以下三种类型,即(1)阿伊努型,(2)满洲、朝鲜型,(3)马来、蒙古型。阿伊努型是原住民;满洲、朝鲜型主要从朝鲜半岛渡海到九州,分布在九州和本州南部,身材高大,头宽脸长,也叫"长州型",他们是征服者;马来、蒙古型则从南方顺着黑潮漂流到九州,他们身材矮小,面部扁平,眼睛小而单眼皮,也叫"萨摩型",他们是被征服者。贝尔兹认为这三人种混血形成了日本民族。后来,考古学家鸟居龙藏和京都帝国大学教授清野谦次进一步发展了混血说。鸟居认为日本人的祖先是从朝鲜半岛渡海而至的通古斯族人。之后,将铜铎传入日本列岛的中国西南地区的苗族(印度支那族)人、从菲律宾经由台湾渡海到九州南部的隼人,以及汉族人先后进入日本列岛,他们相互混血形成了日本民族。也就是说,鸟居认为现代日本人是由五种人种混血而成的。清野谦次则通过对古代遗骨的大量分析,认为洪积世时日本列岛还是无人岛,新石器时代才有人类出现,后来与大陆系人种和南亚系人种混血,并且不断适应环境自然进化,形成了日本人的祖先。[①] 战后,人类学家金关丈夫在山口县土井浜遗址发现了绳文时代晚期的渡来人遗骨,认为渡来民对西部日本的人种有影响,这一观点被称为"渡来说"。[②] 埴原和郎的"双重结构"说是混血说的集大成。埴原认为日本列岛最早的居民是从东南亚迁徙而至的,绳文人是他们的后裔。弥生时代又有大量移民从东北亚流入日本列岛,这两种不同系列的人种在日本列岛通婚融合,成为现代日本人的祖先。埴原运用统计和计算机模拟实验法推算出弥生时代的渡来人可能达到百万,他认为日本不同地区的人种和文化差异是由各地通婚融合程度的不同造成的。[③]

第三是变形说,这种学说主张不同时代的人种特征上的差异是由环境

[①] 清野谦次:《日本原人的研究》,(东京)冈书院,1925年。例如,主张与南亚系人种混血的依据有吉胡贝冢的拔齿以及国府的牙齿人工变形的习俗;主张与大陆系人种混血的依据有古坟时代关于归化人的记录等。该书第二章第三节还将对清野学说与日本对外侵略扩张政策之间的关联进行了论述。

[②] 金关丈夫:《日本民族的起源》,(东京)法政大学出版局,1976年。

[③] 埴原和郎编:《日本人的起源 增补》,(东京)朝日新闻社,1994年。

以及生活方式的变化造成的。人类学家长谷部言人认为,石器时代人并非与现代日本人无关的先住民。他通过观察骨骼形态和功能之间的关系,并从进化论的角度解释它们如何随时间和地域而变化,提出了"变形说"。长谷部认为,在从原人到新人的进化过程中,咀嚼器官的退化最为明显。这是由于随着生产力的发展,使用颌骨的场合减少了,这同时还导致了面部和头盖骨整体形态的变化。因此,从绳文人到古坟人之间的巨大形态变化可以通过生产力的发展来解释,而无需假设异族混血的影响。长谷部认为,日本人也像世界其他地方的人类一样,从亚洲更新世人类进化到日本石器时代人,然后随着生活的变化而变成弥生人、古坟时代人,最终成为现代日本人。① 国立科学博物馆的铃木尚也支持这种观点。他通过对日本人骨骼形态的历史变迁进行研究,发现这些变化并不是由于与外来人种的混合,而是由于生活方式的改变导致的微小进化。他特别对弥生时代和明治维新时期进行了对比分析,认为这些变化与水稻种植、西方文化的传入等因素有关。此外,他还研究了德川幕府将军家族的遗骨,发现他们由于生活条件优越和近亲结婚,形成了独特的面部特征。基于这些例证,铃木提出了"小进化论",即日本人是自古就居住在这片土地上的原住民,他们不断适应环境,最终形成了现代日本人的样貌。②

三、关于日本人起源的最新研究成果

上述体质人类学(Physical Anthropology)所使用的手工测量法其实并不十分准确。例如,人骨形状是确定人种差异的重要数据,但考古出土的人骨可能不完整,需要拼接。拼接时使用黏合剂会导致尺寸变大。现在,可以用立体扫描仪扫描骨骼,然后通过软件擦去黏合部分,再使用3D打印机打印误差非常小的标本。自20世纪70年代起,人类学研究开始应用线粒体

---

① 长谷部言人:《先史学研究》,(东京)大冈山书店,1927年,第128—148页。
② 铃木尚:《日本民族的由来》,图说日本文化地理大系第18卷,(东京)小学馆,1963年,第95—98页。除了上述三类观点,江上波夫的"骑马民族说"也值得一提。江上认为东北亚的骑马民族先是在4世纪初经由朝鲜侵入北九州,然后在4世纪末5世纪初征服畿内,建立了日本古代国家(江上波夫:《骑马民族国家——日本古代史研究》,(东京)中公新书,1984年)。

DNA分析技术。① 通过解析线粒体DNA,可以了解不同人群之间的遗传差异,推断人类的迁徙历史和族群之间的关系。在90年代,使用激光读取有机碱排序方法得以普及,但非常耗时且成本高。近年来,出现了序列发生器,可以简便精确地分析化石人骨,把握不同人种的混血程度。此外,使用加速器质谱法可以通过微量样本非常准确地进行年代测定。筱田谦一称智人大约在四万年前进入日本列岛。由于日本列岛是火山地区,土壤呈酸性,人骨容易腐蚀。尽管绳文时代和弥生时代的累计人口约为2000万人,但保存在日本全国大学和博物馆中的人骨数量仅数千体,人骨的保存率非常低。此外,保存下来的人骨主要集中在特定地区,如关东以北的太平洋海岸和北部九州地区。这些人骨被视为研究日本人起源和形成的重要资料,因为从这些人骨中提取的线粒体DNA可以提供有关系谱、血缘和群体之间关系的信息。

研究发现,与绳文人有一定亲缘关系的现代日本人包括日本列岛的阿伊努人、琉球人、本土日本人以及朝鲜半岛、台湾岛、沿海州和卡姆恰卡的土著居民,汉族人与绳文人之间没有亲缘关系。这表明在早期扩散过程中,沿海地区的定居群体成为绳文人的母体,这些群体沿着东亚海岸线向北扩散,定居在从台湾岛附近到卡姆恰卡半岛的广阔沿海地区。弥生人可以分为三个主要的亚群:渡来系弥生人、西北九州弥生人和南九州弥生人。这些亚群之间存在着显著的形态和遗传差异,这表明他们可能来自不同的地区或族群。渡来系弥生人是最早到达日本的迁徙民,他们主要分布在北部九州地区。他们的遗传特征与中国和朝鲜半岛的人群相似,这个群体最初可能是从中国江南地区出发,经过朝鲜半岛,最终到达日本列岛。因此,日本人的起源可以追溯到大陆的稻作农耕民。绳文人和弥生人的融合过程是一个漫长的历史过程,从北部九州地区开始,逐渐向东北和东部扩散。在混合的过程中,绳文人和弥生人的基因发生了交换,形成了新的混合基因。这些混合基因在现代日本人中广泛分布,形成了现代日本人的基因特征。在绳文人和弥生人融合的过程中,弥生人的农耕技术和文化逐渐传播到日本列岛的

---

① 以下部分主要依据筱田谦一《新版 日本人的祖先——DNA揭示多元结构》(〈东京〉NHK出版,2019年)。

各个地区,促进了日本社会的发展和进步。同时,绳文人的狩猎采集技术和文化也对弥生人的生活方式产生了影响。一般认为六世纪前后,日本的人种结构基本上稳定下来了。总之,最新人类学研究也证实了日本人是由多个人种融合形成的。

第二节　中国史书中的倭国

一、与倭国相关记载的特点

关于倭国的记载最早见于《山海经》之中,但其内容相当简略,只提到"盖国在巨燕南、倭北。倭属燕"[①]。《山海经》的成书年代不详,一般认为主要部分成书于战国时期,《海内经》则在西汉初期完成。在东汉时期,王充的《论衡》中有"周时天下太平,越裳献白雉,倭人贡鬯草"[②]的记载。这表明一世纪前后,倭国已经与中国有往来。

记载了上古日本的中国史书主要有《汉书》(班固撰,成书于78年前后)、《三国志》(陈寿撰,成书于280—289年)、《后汉书》(范晔撰,成书于432年前后)、《宋书》(沈约撰,成书于488年)等。这些史书关于日本的记载有三个特点:首先,这些记载不连贯。《汉书》和《三国志》的间隔为200多年,《三国志》和《后汉书》以及《宋书》的间隔分别为140至200年左右,这些记载断断续续,无法完整再现倭国从小国分立走向统一的过程。其次,这些记载对倭国不够重视。以内容最为详细的《三国志》"魏书"为例,该书共30卷,前29卷都是关于帝王将相的记载,第30卷才涉及域外的内容。第30卷由乌丸、鲜卑、东夷三个部分构成,其中东夷包括夫余、高句丽、东沃沮、挹娄、濊、韩、倭。也就是说,"倭人传"列在《三国志》"魏书"的最后。再以《后汉书》为例,该书共90卷,"倭人传"收录于第85卷"东夷列传"的最后,第86—90卷分别是南蛮、西羌、西域、南匈奴、乌桓鲜卑的列传。第三,这些记载多数是转录的信息。《魏志·倭人传》的内容比较具体,是因为当时太守弓遵派遣建忠校尉梯俊等奉诏书印绶出使倭国,带回了相关信息,其他史书多摘自《魏志·倭人传》,致使相隔百年的记载大同小异。例如,《后汉书》卷

---

① 《山海经》"海北北经"第13。
② 王充《论衡》卷8。

85"东夷列传第 75"当中关于倭国 683 字的记载,完全摘自《魏志·倭人传》。也就是说,150 年后的史书中关于倭国的信息几乎没有更新。之后,要等到隋朝使者裴世清 608 年出使日本,中国史书才重新直接从日本获得信息。

二、倭国的风土人情与统治形态

接下来将基于中国史书中关于倭国的记载,对世纪初至 6 世纪末的日本,也就是弥生时代后半期以及古坟时代日本的基本状况进行梳理。

《魏志·倭人传》列出了当时与魏国有交往的 31 国的名称,其中对 8 国的"户数里数"进行了记载。具体来说,对马国千余户,一支(壹支国)4 千余户,末卢国 4 千余户,伊都国也有千余户,奴国 2 万户,不弥国 4 千余户,投马国 5 万余户,邪马台①国 7 万余户,"其余旁国远绝,不可得详"②。这里列出的 8 国的人口合计为 15.4 万户,按一家 4 口计算,已经相当于小山修三推算出的弥生时代日本全国人口。③ 当时魏国的户数总共才 66.3 万多户④,这样看来倭国的户数远远超出其生产力发展水平。另外,按照《魏志·倭人传》中所记载的方位和里数,邪马台国位于九州南面的大海之中,一般认为这种情况是当时地理知识的欠缺所造成的。例如,汪向荣指出:"从中国人对日本列岛的地理知识,一贯认为东西长于南北的情况看来,很可能有九十度的误差;里数、日程虽然也有可能有出入,但不会很大。"⑤但冈田英弘则认为那是陈寿"对'现在的帝室'在政治上予以考虑"⑥,也就是为了讨好晋帝而有意夸大了。因为司马懿曾在辽东讨伐公孙渊,"乌丸鲜卑

---

① 《三国志》"倭人传"中写成"邪马壹",日本史学界一般认为"邪马壹"是"邪马台"之误,因为"壹"与"台"的繁体"臺"相似。"邪马台"是「やまと」音译,即"大和"。

② "倭人传"是《三国志》"魏书·乌丸鲜卑东夷传"的最后部分的内容。本书依照日本学界惯例,将"魏书·乌丸鲜卑东夷传"简称为《魏志·倭人传》,本节与 3 世纪倭国的相关记载,未特别加注处皆引自该部分。

③ 小山修三推测弥生时代日本全国人口约为 60 万,古坟时代约为 540 万(前引埴原和郎《日本人的起源》,218 页)。

④ 据梁方仲统计,魏国户数为 663,423 户,口数为 4,432,881 人。梁方仲编著:《中国历代户口、田地、田赋统计》,中华书局,2008 年,第 56 页。

⑤ 汪向荣等编:《中日关系史资料汇编》,中华书局,1984 年,第 10 页。

⑥ 森浩一编:《读倭人传》,(东京)中央公论社,1982 年,第 12 页。

东夷传"所记载的范围正是当时的晋朝开国皇帝的建功立业之地。在冈田看来,"邪马台国距离越远,实力越是强大,就越能体现晋朝皇帝的伟大"。[①]

在中日学界,邪马台国普遍被认为是大和政权的前身。然而,从《魏志·倭人传》的记载无法确定其地理位置,邪马台国所在地因此成为一个谜团。关于这个问题,主要有两种观点:一种认为在近畿,一种认为在九州。早在18世纪上半叶,新井白石就提出了九州说,而本居宣长则持畿内说。目前,九州说认为邪马台国位于佐贺县吉野里,而畿内说则认为位于奈良县缠向,在这两处都发现了2—3世纪的大规模遗址。

九州说的依据主要有两点:第一是吉野里遗址与《魏志·倭人传》中的记载即"居处宫室楼观,城栅严设"十分吻合。该遗址从1989年开始发掘,发现了内外两条沟渠,其中内沟渠一角有长方形的6根支柱建筑,外沟渠长达1公里;第二是从内外渠之间墓地中发掘出了大量铜剑、铁剑、玉器等,铁剑是邪马台国实现统一的最有利条件。

畿内说的依据主要有三点:第一是规模大。缠向遗址从1971年开始进行考古发掘调查,规模东西2.5公里,南北2公里,有6处居住群,附近还有多处古坟。第二是大约三成陶器是其他地区款式,如东海、北陆、山阴、大阪湾、濑户内、九州等,这意味着缠向曾经有过统治广大区域的政权。第三是近畿地区出土铜镜数量多。《魏志·倭人传》记载景初二年[②](238年)魏明帝曹睿曾赐予倭女王卑弥呼"铜镜百枚",并表示所赐物品"悉可以示汝国中人,使知国家哀汝"。卑弥呼本身就是"事鬼道,能惑众"的具有女巫性质的统治者,这些铜镜很可能用来强化她的权威。如果畿内说成立,意味着邪马台国是大和政权,[③]而且该政权在3世纪上半叶就已出现。然而历史学界一般认为大和政权成立于4世纪上半叶,约1个世纪的误差无法解释。总

[①] 森浩一编:《读倭人传》,(东京)中央公论社,1982年,第12页。
[②] 原文为"景初二年",汪向荣认为是"景初三年"之误,参见前引汪向荣《中日关系史资料汇编》第19页。
[③] 津田左右吉认为记纪神话中的神武东征纯属虚构,而笠原一男则认为那有可能反映了天皇家势力从九州向大和转移的过程。参见笠原一男《日本史研究》(〈东京〉山川出版社,1990年)第39页。

之,九州说与畿内说论争至今难分胜负。①

通过《魏志·倭人传》,我们可以了解3世纪日本的社会发展状况和民间习俗。当时倭人"种禾稻、纻麻,蚕桑,缉绩,出细纻、缣绵。其地无牛马虎豹羊鹊。兵用矛、楯、木弓。木弓短下长上,竹箭或铁镞或骨镞",由此可知倭国当时已经进入农业社会,并开始使用铁器,②同时依旧在使用前一时代的竹箭和骨镞。书中记载,因为对马国、一支国(壹支国)是朝鲜半岛与九州岛之间的小岛,"耕田犹不足食,亦南北市籴",也就是粮食不能自给,需要到南面或者北面购买。这反过来说明其他国家有可以用于交易的余粮。后段提到"国国有市,交易有无,使大倭监之",说明当时交易已经制度化了。

在末卢国,人们"好捕鱼鳆,水无深浅,皆沉没取之"。后段也有"今倭水人好沉没捕鱼蛤",但没有提及是否使用工具。潜水捕鱼者有文身习俗,"文身亦以厌大鱼水禽,后稍以为饰。诸国文身各异,或左或右,或大或小,尊卑有差"。这说明文身不仅有"厌大鱼水禽"这种驱邪作用,还有"稍以为饰"的装饰性,以及区分"尊卑"的标识性,这表明当时人们的社会意识已经比较发达。此外,《魏志·倭人传》称文身这种习俗是从中国会稽传入的。关于倭人与会稽人的关系,在其他史料中也有记载。③ 这一记载说明会稽是渡来人的来源地之一。

就服装而言,"男子皆露紒,以木绵招头。其衣横幅,但结束相连,略无缝。妇人被发屈紒,作衣如单被,穿其中央,贯头衣之。""紒"是发结的意思,男子不戴帽子,用木绵带子扎在头上。他们衣服宽松,只是连在一起,并未怎么缝合。妇人或披发或将头发卷起。衣服像在被单中间挖个洞,把头伸进去穿在身上。总体来说,当时的服饰还比较简陋。

就食品而言,倭人"耕田"种植水稻,"冬夏食生菜",丧事时"不食肉",这说明平时食肉。前面提到倭人善于捕鱼,说明他们爱吃鱼贝类,吃饭时用"手食"。"人性嗜酒","有姜、橘、椒、蘘荷,不知以为滋味",还不太会使用调味食品。

---

① 关于两学说的论争,可参见汪向荣《邪马台国》(中国社会科学出版社,1982年)。
② 1986年,在佐贺县吉野里出土了大量的铁镞、铁剑。
③ 《晋书》倭人传称"自谓太伯之后。"《梁书》"倭传"称"倭者,自云太伯之后。"

就居住而言,"有屋室,父母兄弟卧息异处",说明过的是定居生活,宗族尊卑有序,家庭以及家族已经形成了一定的社会规范。当时是一夫多妻制,"国大人皆四、五妇,下户或二、三妇"。一般人死后埋葬时"有棺无椁,封土作冢",而卑弥呼死后"大作冢,径百余步,殉葬者奴婢百余人","已葬,举家诣水中澡浴,以如练沐"。这是一种除灾去邪的祓除习俗。

根据《魏志·倭人传》和《后汉书》"东夷列传",我们可以了解2世纪后半叶日本的社会发展状况。这些记载称"其国本亦以男子为王,住七八十年,倭国乱,相攻伐历年,乃共立一女子为王,名曰卑弥呼,事鬼道,能惑众"。"东夷列传"基本摘自前者的表述,只是将时间限定为"桓灵间",也就是146—189年前后。从这些记载可以看出,2世纪后半叶日本尚处于国家形成阶段,没有形成统一王权,卑弥呼是经历战乱之后由各小国共同拥立的女王。卑弥呼之前"本亦以男子为王",之后"更立男王,国中不服……复立卑弥呼宗女壹与"为王,"国中遂定",说明女王的威望要高于男王。尽管如此,但毕竟出现了男王,或许可以认为当时日本列岛处于从母系社会向父系社会的过渡期。

卑弥呼的威望源自她"事鬼道"的神秘力量。尽管《魏志·倭人传》中没有对女王"事鬼道"的情形进行具体描述,但我们可以推测女王至少使用了两种方式,即铜镜和占卜。如前所述,魏明帝曾经赐予倭女王"铜镜百枚",至今日本已出土过两枚铸有"景初三年"的铜镜,一枚是1951年在大阪府泉北郡信太村,另一枚是1973年在岛根县云南市神原神社古坟。这种铜质"三角缘神兽镜"上铸有许多神兽,很有可能是祭祀时的一种道具。日本古代有镜子信仰,"八尺镜"是"三种神器"之一。2014年初,京都国立博物馆用3D打印机制作了从爱知县犬山市东之宫古坟出土的"三角缘神兽镜"复制品,将光线投影到墙壁,光线反射到镜面时,能显示出铜镜背面的图案,①显得十分神秘。另外,"其俗举事行来,有所云为,辄灼骨而卜,以占吉凶,先告所卜,其辞如令龟法,视火坼占兆",这说明倭国当时流行占卜。日本各地的贝冢出土了许多骨角器和动物骨头,也是上述记载的佐证。中国从商朝

---

① "卑弥呼的镜子是魔镜——3D打印机复原",《日本经济新闻》2014年1月29日。

就盛行用龟甲和兽骨占卜,这种习俗很有可能是从中国传入日本的。

卑弥呼"自为王以来,少有见者",她很有可能是通过这种方式来提高自己的神秘性和权威。另外,由"自女王国以北,特置一大率,检察诸国,诸国畏惮之"可以看出,卑弥呼能对诸国进行有效的统治,她自己的"居处宫室楼观,城栅严设,常有人持兵守卫",说明她拥有强大的军事实力。另外,"其犯法,轻者没其妻子,重者灭其门户。及宗族尊卑,各有差序,足相臣服,收租赋",说明当时已经建立了比较系统的刑罚以及税收制度。这与卑弥呼有魏国这个大国作后盾也有关系。总之,可以说卑弥呼是通过宗教的神秘力量和军事实力来维护其统治的。至少从5世纪初开始,王位主要传承男系,既有兄传弟,也有父传子,父传子的方式要等到壬申之乱(672年)以后才固定下来。另外,王权主要靠军事实力而不是宗教的神秘力量来维持,下文中将要提及的倭五王的例子就能充分说明这一点。

三、作为封国的倭国

成书于78年前后的《汉书》"地理志"称"乐浪海中有倭人,分为百余国,以岁时来献见云"①,乐浪郡设于汉武帝时的公元前108年,可知《汉书》所记载的是公元前后的状况。当时日本已经进入弥生时代,随着农业生产力的发展开始形成部落国家。如前所述,《魏志·倭人传》记载:景初二年(238年),魏王封卑弥呼为"亲魏倭王",授以金印紫绶,还赐予了各种物品,其中包括铜镜。魏王表示"汝所在逾远,乃遣使贡献,是汝之忠孝,我甚哀汝",让"其绥抚种人,勉为孝顺",为此"悉可以示汝国中人,使知国家哀汝,故郑重赐汝好物也"。正始元年(240年),太守弓遵遣建中校尉梯儁等奉诏书、印绶出使倭国,将印绶、诏书以及礼物授予倭王。《后汉书》"东夷列传"记载:"建武中元二年(57年),倭奴国奉贡朝贺,使人自称大夫,倭国之极南界也。光武赐以印绶。"②从这些记载可知,倭国在世纪之初就遣使朝贡,并接受中国帝王的册封。不过,《后汉书》由南北朝宋国范晔所撰,并不是同时代的文献,且书中关于倭国概貌的描述多摘自《三国志》。也因此,其可信性曾经受

---

① 《汉书》卷28下"地理志 燕地"。
② 《后汉书》卷85"东夷列传"第75。

到质疑。1784年,在位于九州博多湾的志贺岛上,一个叫甚兵卫的农民在修整水渠时挖出了一枚刻有"汉委奴国王"的蛇钮金印(厚8毫米,边长2.3毫米的正方形)。史学家三宅米吉在1892年主张"委"是"倭"之省略,并由此判断金印就是《后汉书》中所记载的光武帝所赐"印绶"。但也有人认为那是江户时代儒学者伪造的,其中主要理由便是汉朝授予周边国家国王的印绶中没有以蛇为钮的。然而,1956年在昆明石寨山遗址发现蛇钮金印"滇王之印",之后主张"汉委奴国王"蛇钮金印属于伪造的理由不攻自破,《后汉书》相关记载的可信性也得到了印证。

据安本美典考证,《晋书》《宋书》等史书中共有26次关于倭五王即赞、珍(在《宋书》《梁书》为"弥")、济、兴、武的记载,在日本这五王一般分别对应仁德或应神、反正、允恭、安康、雄略五天皇。倭五王在413年至502年之间曾13次向南朝派遣使者或者接受册封。[①] 421年(永初二年),赞到南北朝的宋朝贡,宋高祖刘裕称"倭赞万里修贡,远诚宜甄,可赐除授"[②],这里的"除授"就是册封的意思。《宋书》中没有提及赞的册封请求,也没有记载册封的名称,但从前后文来看,应该是宋高祖答应赞的请求,封他为安东将军和倭王。赞死后,其弟珍即位。425年(元嘉二年),珍进贡时"自称使持节、都督倭、百济、新罗、任那、秦韩、慕韩六国诸军事,安东大将军,倭国王,表求除正"[③],向宋提出多项册封要求。结果,宋文帝刘义隆只答应后面两个要求,封他为安东将军和倭国王。之后,珍之子济分别于443年(元嘉二十年)、451年(元嘉二十八年),济之子兴以及兴之弟武分别于462年(大明六年)、476年(升明二年)朝贡,他们都效仿珍,以朝鲜半岛南部六国的最高军事长官以及倭国王自称。济以及兴与珍一样,都只被封为安东将军和倭国王,但武所提出的要求全部被答应了,或许是因为武的上表文写得情真意切。武在致宋顺帝刘准的表文中称倭国为宋之"封国",先是讲述自祖先"祢"("珍"之笔误)以来如何为了扩大中国皇帝的疆土而征服东西日本,并渡海到朝鲜半岛征战。然后,他解释之所以未能如期朝贡,是因为高句丽无

---

① 参见安本美典《倭国五王之谜》((东京)讲谈社,1981年)第17—22页"中国文献中有关倭国五王的记载"。

② 《宋书》卷97列传第57"夷蛮"。

③ 同上。

道,试图吞并百济,掠夺残杀边民,路途受阻的缘故。他表示父王济、兄兴本欲举兵讨伐,但功未成而身先死。现在,他将全力以赴实现父兄的遗愿。最后,表示自己以及臣下希望得到顺帝的册封。武在479年(建元元年)还被南齐封为镇东大将军,502年(天监元年)被梁封为征东大将军。从上述事例可以清楚地看出:倭国并不是强有力的中央集权国家,因此与中国历代王朝建立外交关系并接受册封不仅可以强化自己的统治,获得统治的正统性,而且还可以学习中国先进的体制和生产技术。而册封对于宗主国而言则是扩大自身影响力的一种方式。例如,《魏志·倭人传》记载,魏王称日本遣使进贡是因为"忠孝",对此"我甚哀汝",显示出的是一种长者风范;宋高祖刘裕之所以表示"可赐除授",是因为"倭赞万里修贡,远诚宜甄"[1]。宗主国君主为了表示对朝贡者的鼓励,所赐财物的价值往往远高于贡品。例如,238年(景初二年)卑弥呼遣使的贡品是"男生口四人、女生口六人,班布二匹二丈",而魏王的赐品是"绛地交龙锦五匹、绛地绉粟罽十张、蒨绛五十匹、绀青五十匹"以及"绀地句文锦三匹、细班华罽五张、白绢五十匹、金八两、五尺刀二口、铜镜百枚、真珠、铅丹各五十斤"[2]。可见对于倭国而言,接受册封还可以获得实实在在的经济利益。

第三节 《古事记》与《日本书纪》中的上古日本

一、《古事记》与《日本书纪》的形成背景

通过上述人类学的研究成果以及中国史书中关于倭国的记载,我们可以对上古日本的状况有一个初步的了解。但是,中国史书中关于日本的记载非常简略,而且在近代以前,一般人不太容易接触到这些记载,更别说了解近代以来的人类学研究成果了。因此,在日本人起源这个问题上,最有影响力的还是8世纪初成书的《古事记》(712年)和《日本书纪》(720年)。《古事记》分上中下3卷,上卷为神话,中卷和下卷为神武天皇至推古天皇的记录。《日本书纪》共30卷,前两卷为神代,从第3卷起为神武天皇至持统天皇的记录。

---

[1] 《宋书》卷97列传第57"夷蛮"。
[2] 《三国志》"魏书·乌丸鲜卑东夷传"。

神话是古人对自然现象和社会生活所做的解释和想象,并不需要以事实为依据。世界各民族基本上都有自己的神话,也不乏君权神授说。例如中国古代帝王被称为"天子",那是指"受天命而立",并非字面上的天神之子的意思。在欧洲中世纪的君权神授说当中,君主也不过被视为上帝的使者。然而,像记纪神话这样将天皇说成创造神的后裔,将超现实的神话与现实政治完全对接起来的情形恐怕属于例外。这或许与日本没有固有的文字,神话成形晚有关。与此相比,古希腊神话在公元前8世纪就记载在《荷马史诗》当中,中国神话则记载在成书于公元前4世纪至公元3世纪成书的《左传》《山海经》《淮南子》当中。另外,日本的统一政权出现得相当晚,在统一政权形成之前的小国分立状态下,容易出现多种说法。

《古事记》的编者太安万侣在序言中讲述了该书形成的过程,先是天武天皇(631?—686)让稗田阿礼诵习各种素材。"天皇诏之,朕闻诸家之所赍,帝纪及本辞,既违正实,多加虚伪,当今之时,不改其失,未经几年,其旨欲灭,斯乃邦家之经纬,王化之鸿基焉。故惟撰录帝纪,讨核旧辞,削伪定实,欲流后叶。时有舍人,姓稗田名阿礼,年是廿八,为人聪明,度目诵口,拂耳勒心。即敕语阿礼,令诵习帝皇日继,及先代旧辞。"这段话说明了天武天皇让稗田阿礼诵习史料的缘由及经过。接着,元明天皇(661—721年)让太安万侣"撰录"稗田阿礼所诵习的内容,"和铜四年九月十八日,诏臣安万侣,撰录稗田阿礼所诵之敕语旧辞,以献上者"。

这里有三点比较重要,一是天武天皇明确认识到正史作为"邦家之经纬,王化之鸿基",具有极其重要的意义,二是天武天皇命令对素材进行"削伪定实"的处理,三是元明天皇是女帝。天武天皇即位前是天智天皇的弟弟大海人皇子,他曾被天智天皇立为"皇太弟"。然而,天智天皇在671年表示要让自己的儿子大友皇子继承皇位。大海人皇子对此不满,但他为了保身,请求出家,并前往吉野山隐居。672年1月,天智天皇去世,24岁的大友皇子即位成为弘文天皇。大海人皇子立即起兵,经过半年多的战斗,大海人皇子击败了弘文天皇,并迫使弘文天皇自尽。673年,大海人皇子在飞鸟净御原宫即位成为天武天皇。天武天皇进行了一系列政治改革,如制定八色姓,修改冠位制度等,进一步强化了中央集权制。很显然,对于天武天皇来说,修史是强化统治的重要手段。而且,他是通过非正常手段夺取了皇位,因此"削伪定实"实际上意味着对历史做出有利于自己的解释。686年天武天皇去世时,草壁皇子才3岁,天武天皇的皇后即位成为持统天皇,以待草壁皇子成年。但草壁皇子早逝,未能即位。其皇子15岁成年之后,持统天皇将皇位移交,草壁皇子之子即位成为文武天皇。707年,文武天皇去世,当时其皇子才7岁,文武天皇之母即位成为元明天皇,之后元明天皇之女即位成为元正天皇,以备皇位交替。724年,文武天皇的皇子即元明天皇的皇孙即位成为圣武天皇。也就是说,在8世纪初,出现了两次外祖母将皇位传承给外孙的情况。这种现实政治的状况与记纪神话的天孙降临的情节设定之间的对应关系,自然引起了历史学家的关注,上山春平认为当时皇位的继承与藤原不比等的权术有关,①因为藤原不比等的女儿宫子成为文武天皇的皇后,她生下的皇子后来成为圣武天皇,宫子的异母妹妹光明子又成为圣武天皇的皇后。梅原猛也支持上山的观点。② 可以说,记纪神话带有浓厚的政治色彩。

二、记纪神话的特点

《古事记》和《日本书纪》所记载的神话在神的名称以及故事细节上有若干出入,但主要情节相同,其内容大致如下:

天地开辟以后,高天原的神世七代中有男神伊邪那岐神(伊奘诺尊)和其妹伊邪那美神(伊奘冉尊)。这兄妹两神降临到淤能碁吕岛,竖起天之御柱,建造八寻殿,并绕柱子调情,兄从左绕,妹从右绕,妹唱兄和,然后成婚,伊邪那美神先是生下14个岛屿,又生了35个神。在生下火神火之夜艺速男神时,下阴被炙伤,不久死去。伊邪那岐神追至黄泉国,不顾伊邪那美神的劝阻进入殿中,看到了伊邪那美神的腐烂之躯,身上有八柱雷神缠绕。伊邪那岐神惊慌而逃。伊邪那美神说"汝之状者甚辱妾",于是命令黄泉丑女追捕其夫,然后又让八雷神率千五百黄泉军追赶。伊邪那岐神逃到黄泉比良坂时,用当地所产的三个桃子才将黄泉之军击退。随后伊邪那美自己追

---

① 参见上山春平《众神的体系》(〈东京〉中公新书,1972年)。
② 参见梅原猛《众神的发配》(收录于《梅原猛著作集》8,集英社,1981年)。

来,伊邪那岐神用大石头将比良坂挡住,才得以逃脱。

伊邪那岐神为了消除晦气,到筑紫的阿波岐原去禊祓,他扔弃器物、衣服,以及清洗身体时又有众神诞生。最后在清洗左右眼时诞生了太阳女神天照大神、月神月读命,清洗鼻子时诞生了建速须佐之男命。伊邪那岐神大喜,取下颈项上的勾玉所串之颈珠赐予天照大神,命令她统治高天原,让月读命、建速须佐之男命分别统治夜原和海原。但建速须佐之男命以"欲往母亲所居"黄泉国为由而不从父命。伊邪那岐神大怒,将其驱逐,自己坐镇淡海多贺。

建速须佐之男命说要去黄泉国,临行要与姐姐天照大神辞行,天照大神认为弟弟"必不存善心,将是欲夺我国"。建速须佐之男命表示绝无异心,并留在高天原不肯离去。他还"坏田埂,埋沟渠"。一次,天照大神去机织坊命令天女织缝神衣,建速须佐之男命爬上屋顶,弄出一个洞来,并从洞口扔下天斑马之皮。织女受惊,被梭子刺中阴部而亡。天照大神惊恐,躲到天石屋里不敢出来,高天原和苇原中国因此陷入一片黑暗之中,恶神群集,灾祸相继发生。八百万神想出了各种办法,好不容易让天照大神从天岩屋中出来,重新照耀了天地。

天照大神委派太子去统治苇原中国,太子从天而降,在天之浮桥上看到苇原中国"有骚乱之相",回去请示天照大神。于是,天照大神相继委派天菩比神、天若日子去平定,但他们都依附大国主神,不再听从天照大神的命令。天若日子因为射死了天照大神派去传递命令的神鸟,而被高木神射死。之后,天照大神又把建御雷神派往苇原中国。建御雷神逼迫大国主神隐退,苇原中国由此平定。之后,天照大神再次派太子去统治,但太子建议让其子迩迩艺命承担此任。于是,迩迩艺命受命从天而降,统治苇原中国。之后,天照大神赐予迩迩艺命以八尺琼勾玉、八尺镜、天丛云剑(草薙剑)(即所谓"三种神器")。179 万 2470 多年之后,迩迩艺命的玄孙从九州的日向出发东征,平定大和,并于公元前 660 年在橿原宫即位,成为第一代天皇神武天皇,他在位 75 年,享年 127 岁。

记纪神话将创造神与天皇直接对接的做法遭到了历史学家的质疑,那珂通世早在 1897 年就指出"《日本书纪》所记载的上代年月是后世推算出来的,从推古天皇的时候往前推 1200 多年,是依据了谶纬家的辛酉革命说,这既不符合事实,也没有依据传说"①,津田左右吉也曾在20世纪二三十年代指出记纪的目的在于"讲述上古皇室的由来及其权威的发展状态。那至少在1个世纪以上的漫长时间里,被多次润色或者改写才成为记纪现在的内容。因此,我们不能承认那些故事是对历史事实的记录"②。井上光贞认为天皇试图以此证明"自己的君临不是偶然的,而是理所当然的"③。其实,统治者在进行权力博弈时,为了证明自己的非凡性、自身行为的正统性而编造一些故事,这在中日历史上极为常见。例如:隋文帝杨坚出生时"紫气充庭",出生后更是奇特,其母吕氏抱他时"忽见头上角出,遍体鳞起。……额上有五柱入顶,目光外射,有文在手曰'王'"④。明太祖朱元璋之母"陈氏方娠,梦神授药一丸,置掌中有光,吞之,寤,口余香气。及产,红光满室。自是,夜数有光起,邻里望见,惊以为火,辄奔救,至则无有"⑤。丰臣秀吉掌握天下之后,也编造了"母吞日轮生我,我乃日轮之子"的故事。⑥ 可以说,用来树立权威的天孙降临的神话,在本质上与这些故事没有丝毫区别。

三、《古事记》与《日本书纪》中的"归化人"

如前所述,绳文时代之后的弥生时代是以水稻种植为主要生产方式,而水稻种植技术是由来自大陆和朝鲜半岛的迁徙民带到日本的,这些迁徙民被称作"渡来人"或者"归化人"。笔者从《古事记》《日本书纪》两书中检索出了与渡来人相关的记载14条,其中应神朝7条、雄略朝4条、推古朝3条。《古事记》和《日本书纪》是按照天皇在位的顺序排列的。在日本应神天皇和雄略天皇一般分别对应《宋书》中记载的倭王赞和倭王武,前者活跃的时期大概是3世纪末至4世纪初,后者大约是5世纪后半叶,推古天皇的在位期间为6世纪末至7世纪20年代。从这些记载我们可以看出以下几个方面的情况。

---

① 那珂通世:《上世年纪考》,(东京)养德社,1948年,第35页。
② 津田左右吉:《津田左右吉全集》第1卷,岩波书店,1962年,第314—315页。
③ 井上光贞:《日本的历史1 从神话到历史》,(东京)中央公论社,1965年,第3页。
④ 《隋书》卷1帝纪第1高祖上。
⑤ 《明史》卷1本纪第1太祖1。
⑥ 井口丑二编著:《丰臣秀吉言行录》,(东京)内外出版协会,1910年,第2页。

首先,曾有大批大陆以及朝鲜半岛人迁徙至日本。例如:《古事记》"应神天皇"条记载"新罗人参渡来,是以建内宿祢命引率,为役之堤池而作百济池。"建内宿祢也可以写成武内宿祢,相传是侍奉大和政权初期的景行、成务、仲哀、应神、仁德5朝共244年的人物,他带领新罗渡来人修建了百济池。又如《古事记》"雄略天皇"条记载"此时吴人参渡来,其吴人安置于吴原,故号其地谓吴原也。"渡来吴人居住的地区被命名为吴原,可见人口达到了一定规模。《日本书纪》"应神天皇"条中有多项记载,例如"(十四年)是岁,弓月君自百济来归,因以奏之曰'臣领己国之人夫百廿县而归化,然因新罗人之拒,皆留加罗国。'爰遣葛城袭津彦,而召弓月之人夫于加罗"。又如"廿年秋九月,倭汉直祖阿知使主,其子都加使主,并率己之党类十七县而来归焉"。弓月君相传是秦氏之祖,自称秦始皇的后裔;阿知使主被认为是东汉氏之祖,自称汉灵帝的后裔。弓月君率领120县人口迁徙至日本,阿知使主率领17县人口迁徙至日本,这些具体数字未必可信,但可以想象迁徙者人数众多。再如"卅九年春二月,百济直支王,遣其妹新齐都媛以令仕。爰新齐都媛,率七妇女而来归焉",这是说百济王直支王的妹妹新齐都媛率领7名妇女迁徙到日本。又如《日本书纪》"钦明天皇"条记载,"(元年)二月,百济人己知部投化。置倭国添上郡山村,今山村己知部之先也。八月……召集秦人、汉人等诸蕃投化者,安置国郡,编贯户籍。秦人户数总七千五十三户,以大藏掾为秦伴造。"这是说百济人己知部迁徙至日本,居住在添上郡,是山村己知部之祖。将秦汉渡来人安置于国郡,其中秦人户数共有7千53户,他们负责管理朝廷的仓库。

其次,以汉字、汉籍为代表的汉文化以及各种生产技术传入日本。例如,《古事记》"应神天皇"条记载"百济国主照古王,以牡马壹定、牝马壹定,付阿知吉师以贡上。亦贡上横刀及大镜。又科赐百济国,'若有贤人者,贡上'。故受命以贡上人,名和迩吉师,即论语十卷,千字文一卷并十一卷,付是人即贡进。又贡上手人韩锻,名卓素,亦吴服西素二人也。又秦造之祖,汉直之祖,及知酿酒人,名仁番,亦名须须许理等参渡来也。故是须须许理,酿大御酒以献。"这段记载的大意是,百济的照古王委派阿知吉师献上公马和母马各一匹,以及横刀和大镜,阿知吉师就是阿直史等先祖。应神天皇希望百济向日本派遣贤人,于是和迩吉师带去了《论语》和《千字文》,迩吉师就是文首的祖先。擅长锻冶的卓素和擅长吴服制作的西素也被派往日本。此外，秦造、汉直的祖先，以及擅长酿酒的仁番（又名须须许理）也迁徙到日本。

《日本书纪》"应神天皇"条也有多项记载，例如"十四年春二月，百济王贡缝衣工女，曰真毛津，是今来目衣缝之始祖也"，这是说缝衣工真毛津被百济王派到日本，成为来目衣缝的祖先；又如"十五年秋八月壬戌朔丁卯，百济王遣阿直岐，贡良马二匹。即养于轻坂上厩，因以阿直岐令掌饲，故号其养马之处曰厩坂也。阿直岐，亦能读经典，即太子菟道稚郎子师焉。于是天皇问阿直岐曰'如胜汝博士，亦有耶。'对曰'有王仁者，是秀也。'时遣上毛野君祖荒田别，巫别于百济，仍征王仁也。其阿直岐者，阿直岐史之始祖也。"这段的大意是百济王派遣阿直岐送来两匹良马，阿直岐还擅长经典，他担任太子菟道稚郎子的老师。他还向应神天皇推荐了学者王仁。又如"卅七年春二月戊午朔，遣阿知使主，都加使主于吴，令求缝工女。爰阿知使主等，渡高丽国，欲达于吴。则至高丽，更不知道路，乞知道者于高丽。高丽王，乃副久礼波，久礼志二人为导者，由是得通吴。吴王于是与工女兄媛、弟媛、吴织、穴织四妇女。"这段的大意是，应神天皇派阿知使主前往吴国去招募缝衣工女。阿知使主等人费尽周折终于到达吴国，吴王将4名缝衣工女派往日本。再如"（卅一年春二月）是月，阿知使主等自吴至筑紫，时胸形大神乞工女等，故以兄媛奉于胸形大神，是则今在筑紫国御使君之祖也。既而率其三妇女，以至津国及于武库而天皇崩之，不及。即献于大鹪鹩尊。是女人等之后，今吴衣缝，蚊屋衣缝是也。"这一段是说阿知使主等人将名叫兄媛的缝衣工女送给了胸形大神，兄媛后来成为筑紫国的御使君的祖先。其他3名缝衣工女到达津国和武库时，应神天皇已经去世了，她们最终被送给大鹪鹩尊，成为吴衣缝和蚊屋衣缝的祖先。

《日本书纪》"雄略天皇"条有3条记载，例如"十年秋九月乙酉朔戊子，身狭村主青将吴所献二鹅，到于筑紫。是鹅，为水间君犬所啮死。"这段的大意是，身狭村主青将吴国送来的2只鹅送到筑紫，但鹅被水间君的狗咬死了。身狭村主青自称孙权的后人。又如"（十一年）秋七月，有从百济国逃化来者，自称名曰贵信，又称贵信吴国人也。磐余吴琴弹壃手屋形麻吕等，是其后也"，这是说吴国人贵信迁徙至日本。再如"十四年春正月丙寅朔戊寅，身狭村主青等共吴国使，将吴所献手末才伎、汉织、吴织及衣缝兄媛、弟媛等,泊于住吉津。是月,为吴客道,通矶齿津路,名吴坂。三月,命臣、连迎吴使,即安置吴人于桧隈野,因名吴原。以衣缝兄媛奉大三轮神,以弟媛为汉衣缝部也。汉织、吴织、衣缝,是飞鸟衣缝部、伊势衣缝之先也",这段是说身狭村主青等人协助吴国使接待吴国派到日本的手末才伎、汉织、吴织、衣缝兄媛、弟媛等人,吴人经过的地方被称为吴坂,安置吴国人的地方被称为吴原。汉织和吴织这些缝衣工女是飞鸟衣缝部和伊势衣缝部的祖先。

《日本书纪》"推古天皇"条中也有3条记载,例如"五月戊午朔丁卯,高丽僧慧慈归化,则皇太子师之。是岁,百济僧慧聪来之。此两僧弘演佛教,并为三宝之栋梁",这一段是说高丽僧慧慈来到日本,担任皇太子的老师,同年百济僧慧聪也来到日本,两人为弘扬佛教发挥了重要作用。又如"(十年)冬十月,百济僧观勒来之,仍贡历本及天文地理书并遁甲方术之书也。是时,选书生三四人以俾学习于观勒矣。阳胡史祖玉陈习历法。大友村主高聪学天文遁甲,山背臣日立学方术,皆学以成业。闰十月乙亥朔己丑,高丽僧僧隆、云聪共来归",这一段是说百济僧观勒到日本,带去了历书、天文地理书以及遁甲方术的书籍,朝廷选派三四名书生学习这些知识。此外,高丽的僧隆和云聪也一起到日本。再如"(二十年)又百济人味摩之归化,曰'学于吴,得伎乐舞。'则安置樱井而集少年令习伎乐舞。于是,真野首弟子,新汉齐文二人习之传其舞,此今大市首、辟田首等祖也",这一段是说百济人味摩之带来了吴国的伎乐舞蹈,并组织少年学习。伎乐舞的传承者真野首弟子和新汉齐文两人是大市首、辟田首等祖的祖先。

从记纪的以上记载可以看出上古日本时代大陆和朝鲜渡来人的一些情况,这些渡来人给日本带去了汉字以及儒教、佛教、伎乐舞蹈等文化,还有纺织、缝制、家禽养殖等各种生产技术,为日本的社会文化以及生产力的发展做出了重要贡献。

四、民族意识的萌发

在倭武王之后,关于倭国遣使进贡的记载在中国史书中消失了约一百年。然而,在7世纪初,倭国又开始出现在中国的史书中。当时,倭国与隋朝依然保持着册封国与宗主国的关系,但民族意识逐渐开始觉醒。关于遣隋使,《隋书》记载了4次,分别是在600年(开皇二十年)和607

年、608年、610年（大业三、四年、六年），而《日本书纪》则只记载了3次，分别是在607年、608年、614年（推古朝十五年、十六年、二十二年）。也就是说，607年和608年两次在中日双方都有记载，而600年和610年两次只有《隋书》记载，614年一次只有《日本书纪》记载。尽管隋朝前后不到40年，但由于它是经历了南北朝约170年的分裂局面之后的统一王朝，使得一时国势强盛。与此同时，日本也处于大和政权实现统一时期，确立了世袭王制，并开始重视古代国家制度的建设。因此，日本频繁向中国遣使。通过《隋书》和《日本书纪》关于遣隋使的记载，我们可以在一定程度上了解两国之间的交流对大和政权制度建设以及日本民族意识形成所产生的影响。

《隋书》中的"倭国传"收录于列传第48的最后部分，前面是琉球。该传不算标点共有1297字，分为三个部分。第一部分共243字，从"倭国在百济新罗东南"到"自魏至于齐梁，代与中国相通"，介绍了倭国的概貌，其内容基本上摘自《魏志·倭人传》。第二部分共710字，从"开皇二十年"到"恒通使往来"，记载了600年遣使以及从使者那里所了解的倭国风俗。第三部分共344字，从"大业三年"到最后，记载了607年的遣使以及608年裴世清回访倭国的情况。值得注意的是，第二部分和第三部分与《日本书纪》的相关记载有些出入，其中包含一些关键问题。下面我们将对这些问题进行论述。

据《隋书》记载，600年（开皇二十年，推古朝八年），倭王向隋朝派遣使者，隋文帝杨坚"令所司访其风俗"。使者说："倭王以天为兄，以日为弟，天未明时出听政，跏趺坐，日出便停理务，云委我弟。"对此，文帝认为"此太无义理，于是训令改之。"接下来，该部分对倭国的王妻、后宫人数、太子姓名、冠位十二阶、军尼人数及其职能、服饰、仪仗、人口规模、刑法、巫术、捕鱼方式、殡葬、特产等方面的情况进行了说明。我们可以将此部分理解为隋朝官吏当时从遣隋使那里了解到的倭国的情况。但这里显然存在几个费解的问题：首先，《日本书纪》中没有600年遣使的记载。这或许是因为隋文帝对倭国的评价过于严苛，《日本书纪》因此刻意忽略了。其次，在《日本书纪》当中，当时在位的是女帝推古天皇（592—628年在位），而在《隋书》中倭王显然是男性，不仅说"王妻号鸡弥"，还具体提供了"后宫有女六七百人"这些信息。关于这一点,或许不排除一种极端情况,即推古天皇以及圣德太子都是虚构的。再次,关于"冠位十二阶"的实施时间,两书的记载存在不一致之处。在《日本书纪》中,"冠位十二阶"从604年1月(推古朝十一年十二月)开始实施,而在《隋书》中则记载于600年(开皇二十年)条中。关于当时倭国情况的介绍以"使者言"开头,其内容依次为:先介绍倭王,再介绍王妻和后宫,最后提及内宫的"冠位十二阶"制度。因此,一般认为《隋书》中关于"冠位十二阶"的信息源自600年的遣隋使。然而,这样解读会出现遣隋使向隋朝介绍尚未发生的事情这样的矛盾。而且,在介绍倭王时所说的"以天为兄,以日为弟"的说法惹怒了隋帝,川本芳昭认为那样的话作为天子的隋帝就成了倭王的侄子辈了。[①]另外,"天未明时出听政,跏跌坐,日出便停理务,云委我弟"这种基于原始信仰的政权运作方式,与以儒家的道德规范即德、仁、礼、义、智、信按大小分出12个等级,分别用浓淡不同的紫、青、赤、黄、白这些颜色的帽子来表示官位等级的系统官僚制度之间,显然存在原理上的差异。两者并存不太符合情理。因此,我们不妨推测:在600年至607年之间,还有一次遣隋使的活动。600年的遣隋使在受到隋帝的训斥后,倭国认识到了与隋朝之间的巨大差距。于是,倭王借鉴隋朝的经验,出台了"冠位十二阶"制度,将官僚制度系统化。同时,倭国还制定了融合儒教(如第一条"以和为贵")和佛教(如第二条"笃信三宝")思想的《宪法十七条》作为贵族和官吏的道德准则。此后的遣隋使向隋朝介绍了这些制度建设的成果。这样解读,既可以避免时间上的错位,也更便于我们理解日本是在与中国的交往过程中逐渐形成国家民族意识的。

关于607年(大业三年,推古朝十五年)的遣使,《隋书》"倭人传"的主要内容包括:(1)遣使的目的,(2)倭王国书中的内容以及隋炀帝对该国书的态度,(3)裴世清回访倭国并与倭王相见;而《日本书纪》"推古朝条"的主要内容有:(1)小野妹子出使,并陪同裴世清回访,(2)小野妹子上奏称隋帝国书在百济被夺,群臣建议处之以流刑,天皇将之赦免,(3)裴世清在大和政权宣旨,并未与天皇相见。由此可知,607年先是小野妹子出使隋朝,随

[①] 川本芳昭:《围绕隋书倭国传和日本书纪推古朝的记述——遣隋使备忘录》,九州大学大学院人文科学研究院《史渊》(2004年3月),第54页。

后裴世清回访倭国,608年小野妹子再陪送裴世清回国,这些情况在《隋书》以及《日本书纪》中的记载是一致的。下面让我们来特别看一看与"国书"以及裴世清宣旨相关的内容。

《隋书》记载遣隋使所持国书中称"日出处天子至书日没处天子无恙"。也就是说,倭国接受隋文帝的训令,不再坚持"以天为兄,以日为弟"这种基于原始信仰的说法,却与隋帝一样以天子自称。这里的"日出处"的说法被认为是"日本"这一国号的原型。① 即便如此,隋炀帝依然不能接受,甚至可以说非常愤怒,表示"蛮夷书有无礼者,勿复以闻。"

《日本书纪》记载小野妹子回国后称自己在"参还之时,唐帝以书授臣,然经过百济国之日,百济人探以掠取,是以不得上。"当时,群臣商议说:"夫使人虽死之,不失旨,是使矣,何怠之失大国之书哉,则坐流刑",要求严厉追究小野妹子的责任。但"时天皇敕之曰:'妹子虽有失书之罪,辄不可罪,其大国客等闻之,亦不良,乃赦之不坐也'。"天皇以消息传出会影响国家声誉为由,没有对小野妹子丢失国书之过进行处罚。江户时代的国学家本居宣长认为,小野妹子说丢失国书完全是托辞,很有可能是因为隋炀帝的国书中有蔑视日本的内容,要是如实上奏,必将引起日本朝野上下的愤慨,因此编出了国书在百济被人掠取的谎言。② 也就是说,推古天皇以及圣德太子体察到了小野妹子的苦心,不想让更多人知道国书的内容,因而对小野妹子加以保护。

隋炀帝在608年派裴世清出使倭国。吉田孝认为,当时隋朝与高句丽处于战争状态,因而重视与倭国的关系。③ 裴世清抵达日本之后受到了最高规格的接待,但两书之间有很大的温度差。《隋书》记载,倭王"遣小德阿辈台,从数百人,设仪仗,鸣鼓角来迎。后十日,又遣大礼哥多毗,从二百余骑郊劳。"随后,裴世清在都城与倭王相见,"其王与清相见,大悦,曰:'我闻海西有大隋,礼义之国,故遣朝贡。我夷人僻在海隅,不闻礼义,是以稽留境

---

① 《旧唐书》"日本传"称"以其国在日边,故以日本为名。或曰:倭国自恶其名不雅,改为日本"。

② 高须芳次郎编:《大日本诏敕谨解》第5"政治经济篇",(东京)日本精神协会,1934年,第22页。

③ 吉田孝:《日本的诞生》,(东京)岩波新书,1997年,第90页。

内,不即相见。今故清道饰馆,以待大使,冀闻大国惟新之化。'清答曰:'皇帝德并二仪,泽流四海,以王慕化,故遣行人来此宣谕。'既而引清就馆。"也就是说,倭王虽然在之前的国书中以"天子"自称,希望得到隋朝的尊重与认可,但并没有因此夜郎自大,而是采取了十分谦恭的态度。裴世清回国时,倭王又设宴送行,并"复令使者随清来贡方物"。

但在《日本书纪》中,事情的经过则大不相同。裴世清进入京城时,"遣饰骑七十五匹而迎唐客於海石榴市衢",然后"召唐客于朝庭,令奏使旨",也就是在朝廷举行宣旨仪式。当时裴世清将"大唐之国信物置于庭中。时,使主裴世清亲持书两度再拜,言上使旨而立之",并没有与倭王见面。《日本书纪》只详细摘录了隋炀帝国书,其中有这样的内容:"皇帝问倭皇。……知皇介居海表,抚宁民庶,境内安乐,风俗融和,深气至诚,远修朝贡,丹款之美,朕有嘉焉。"此后,小野妹子再次出使隋朝,倭王在国书中以"东天皇"自称,并称隋帝为"西皇帝"。也就是说,在《日本书纪》中,"倭王"成了"倭皇""天皇",总之称呼中有个"皇"字。川本芳昭认为,由于上一年隋炀帝对倭王国书中的"日出处天子至书日没处天子无恙"的措辞感到不悦,并训令"勿复以闻",因此他不可能在致倭王的国书中以"皇"相称,川本认为"皇"字是《日本书纪》编者擅自加上去的。① 此外,从对裴世清在日本所受礼遇的不同记载,也可以看出两国的不同态度和立场。《隋书》作为隋朝的正史,详细描述了裴世清与倭王的见面过程,体现了隋朝使者在日本受到的特别待遇。而《日本书纪》作为日本的正史,却对此只字不提,表明日本方面有意忽略天皇谦恭款待隋使这一事实。

应该说,《隋书》比《日本书纪》更具可信度。首先,《隋书》是唐代魏征主持编撰的正史,是新政权对被推翻的前朝历史的评述,一般不会夸大或美化前朝帝王,而《日本书纪》是天皇为了巩固自身统治的合法性而编纂的编年体史料,容易出现忽略或删除对自己不利内容的情况。其次,《隋书》成书于636年(贞观十年),距离所记载事件发生时间不过30年左右,而且当时唐朝官制完备,有专门机构负责保存档案资料,信息来源较为可靠。《日本书纪》则完成于720年,比《隋书》晚了近80年。从《古事记》的序言也可以看

---

① 前引川本芳昭论文,《史渊》(2004年3月),第54页。

出,在7世纪初,大和政权还没有熟练掌握汉文的官僚,也没有专门负责存留档案的部门。另外,有充分的证据显示《日本书纪》的撰写者手头有《隋书》《山海经》等中国文献,[①]而且在参考时出于树立天皇权威的目的,对其内容进行了取舍或者篡改。在修史过程中基于特定目的对史实进行取舍或篡改,在"倭国"之外新造出"日本",在"倭国王"或者"大王"之外新造出"天皇"这些新名词,这些做法都体现了日本人国家民族意识的觉醒。从《隋书》中载倭王向裴世清所言"我闻海西有大隋,礼义之国,故遣朝贡",以及《日本书纪》中隋炀帝国书中所言"远修朝贡"可以看出,遣隋使在两国看来是朝贡使,但日本方面在朝贡或者后来修史时萌发了希望对等交流的意识,这与5世纪时倭五王主动要求册封的做法已经大不相同。

以上综合运用人类学研究成果和中日双方的史料,从多个角度再现了日本民族的起源以及上古日本的状况,阐明了日本人的文化认同的形成基础,以及日本人的民族意识萌发的过程。由于以狩猎采摘为主要生产方式的绳文时代一直持续到公元前3世纪,日本的文明化进程与文明古国之间存在数千年的差距。日本从绳文时代进入水稻种植的弥生时代,那不是绳文时代生产力发展的自然结果,而是由渡来人传播的生产技术带来的突变。事实上,日本民族主要是由绳文人与渡来的弥生人融合而成的。这种族群间的融合一直持续到4—5世纪。在统一国家的统治形态形成之前,倭王积极接受中国历代王朝的册封。直到7世纪初的推古朝时期,日本人才在与隋朝的交往过程中萌发了民族意识。当时,《古事记》和《日本书纪》尚未问世。有关上古时代记忆的缺失以及民族意识萌发的迟缓,这种状态一直以来都给日本人的文化认同带来困扰。下面,我们将从另一个角度即作为民族文化载体的语言文字入手,来探讨日本人的文化认同问题。

---

① 津田左右吉曾经指出《日本书纪》神代纪开头部分与《淮南子》、雄略天皇遗诏与隋高祖遗诏雷同的问题(津田左右吉:《古事记与日本书纪研究》,〈东京〉岩波书店,1924年,第108页),其对应部分如下:在《日本书纪》中为"清阳者薄靡而为天,重浊者淹滞而为地、精妙之合搏易、重浊之凝竭难",在《山海经》中为"清阳者薄靡而为天,重浊者凝滞而为地,清妙之合专易,重浊之凝竭难"。雄略天皇遗诏共316字(不算标点),其中188字重复,重复率近60%,重复部分句子顺序完全相同,改动的只有官职、人名等专有名词。另外,神功皇后多处引用了《魏志·倭人传》中的内容。

第二章　日语与汉语的交融

如前所述，日本的文明化进程相对迟缓，日本若要完全依靠自身发展，将难以弥补与世界其他文明的差距。因此，积极摄取外来文化成为日本文化的一大特征。日本从中国摄取文化的时间跨度长，涉及领域广，日本从中国摄取的文化对其自身文化的形成与发展产生了极其深远的影响。中国文化之所以能在日本广泛传播，与日本人巧妙地克服了两国间的语言障碍不无关系。众所周知，日本历史上没有形成固有的文字[①]，直至汉字传入后才有了文字记载，平假名和片假名这些日本特有的表音符号是从汉字的部首或偏旁演变而成的。时至今日，日本人经常使用的汉字即"常用汉字"有2136个。虽然世界上没有完全孤立发展的语言，但像日本人这样借助汉语形成自己语言的情况并不多见。本章对汉字在日本的传播渗透以及汉字融入日语的机制进行梳理分析。

第一节　汉语的传入以及与日语的融合

一、汉语的传入

日本没有固有的文字，在汉字传入之前，人们只能以口耳相传的方式进行交流。汉字传入日本的确切时间难以考证，不过早在1世纪前后，日本就

---

① 卜部怀贤在《释日本纪》(成书于1274—1301年)中主张汉字在应神天皇(《古事记》《日本书纪》中所记载的5世纪前后的第15代天皇)时代传入日本，那之前日本人使用过固有的"神代文字"。江户时代国学家平田笃胤以及鹤峰戊申也试图证明日本有过古有的文字"日文"以及"天名地镇"，但这些说法都没有充分的依据。

开始向中国派遣使者。如果这些使者中没有人懂汉语,想要与中国历代王朝进行有效的沟通显然是相当困难的。因此,久保天随称《魏志·倭人传》中所记载的卑弥呼时代"毫无疑问已经在使用汉字"[①]。此外,4世纪中叶出现的大和政权实施了部民制,其中职业集团被称为"品部",王仁以及阿知使主的子孙所属的"史部"就是担任文书记录的部民。这大概是因为学习汉字对于土著日本人来说难度太大。

随着时间的推移,部分土著日本人逐渐掌握汉文,并在公用书面语中广泛应用。一般认为6世纪的《帝纪》《旧辞》出自土著日本人之手。佛教于6世纪中叶通过朝鲜半岛传入日本,成为"镇护国家"的宗教。当时,所有佛经均用汉文译成,因此熟练掌握汉文也是理解佛教教义必不可少的条件。从7世纪初到9世纪末,日本持续向中国派遣使者以及留学生、留学僧,不遗余力地全方位摄取中国文化。一些有留学经历的人,如高僧最澄、空海、僧旻,以及留学生南渊请安、吉备真备等具有极高的汉学素养。640年南渊请安回国后,曾向中大兄皇子(后来的天智天皇)、中臣镰足(后来的藤原镰足)讲授汉学。[②] 自8世纪初,日本人开始用汉文撰写史书,例如《古事记》(712年)以及日本的正史"六国史"即《日本书纪》(720年)、《续日本纪》(797年)、《日本后纪》(840年)、《续日本后纪》(869年)、《文德实录》(879年)、《三代实录》(901年)等。小岛宪之指出:"《日本书纪》采用了拟似汉文体,即模仿汉文的文体。这种文体在各个卷中各不相同,甚至在同一卷中,由于引用文献的不同,文体也会有所变化。既有四六文体,也有引用汉籍文献的文体,还有个别语序不同的和文体等,可以说是一种拟似汉文体。"[③]《日本书纪》的多处文本取自中国典籍(参见本书第49页注①)。之所以出现这种情况,大概是因为《日本书纪》的编纂者希望以非常正式的汉文来体现正史的权威,但又担心措辞不当,因为他们的汉文还没有达到炉火纯青的程度。

在日本的上层阶级中,汉学得到了广泛传播。在天武天皇时期,设在京城的"大学"以及各地的"国学"在这一过程中起到了十分重要的作用。当时

---

① 久保天随:《日本汉学史》,(东京)早稻田大学出版部,1905年,第10页。
② 《日本书纪》皇极三年正月乙亥朔条。
③ 谷川士清:《日本书纪通证》一,(东京)临川书店,1978年,第6页、小岛宪之"解题"。

实施的《大宝律令》是以唐朝的《永徽律令》和《永徽疏》为蓝本,因此学制也依照唐朝的规定。大学由"大学寮"负责管理,而大学寮隶属式部省。大学招收五位以上以及东西史部年龄为 13—16 岁的聪慧子弟,设有经学、书学、算学三科,经学生 400 人,书学生若干人,算学生 30 人。其中经学又称"明经道",学生学习《周易》《尚书》《礼记》《毛诗》《春秋》《左传》《孝经》七经,要求至少精通其中两种。另外,学生还需要学习《孝经》和《论语》。大学以旬试和年试的方式对学生的学业进行考核。旬试每旬进行一次,以明经道为例,博士会让学生朗读或讲解经典的内容,然后让学生作文。作文篇幅读经者千字以内,讲经者 2 千字以内。年试会出 8 道题目,6 道合格为上,4 道合格为中,3 道合格为下。其他学科的考试也相似。如果学生年试多次为"下",或者在入学 9 年内无法通过考试,就会被退学。完成学业后,大学生可以参加由式部省举行的"寮试"。寮试分为秀才、明经、进士、明法四种。"秀才"要求学生博览群书,才智出众;"明经"要求学生精通七经中的两种,"进士"要求学生精通《文选》《尔雅》;"明法"要求学生精通律令。寮试卯时开始举行,考试时间为一天。"秀才"考试包括"方策"题 2 道;"明经"考试包括《周礼》《左传》《毛诗》题各 4 道,以及《孝经》《论语》题各 3 道;"进士"考试包括时务对策题 2 道,另外还需要背诵《文选》7 处和《尔雅》3 处。"明法"考试包括"律"题 7 道、"令"题 3 道。考试成绩优异者可以获得叙位,其中"秀才"上等叙正八位上,中上叙正八位下;"明经"上等叙正八位下,中上等叙从八位下;"进士"甲等叙从八位下,乙等叙大初位上;"明法"甲等叙大初位上,乙等叙大初位下。获得叙位者可担任官职。[①] 成书于 827 年的汉诗文集《经国集》中的"对策"就是名副其实的考试对策,其中收录了这样的内容:

> 问:杀无道以就有道,仲尼之所轻;制刑辟以节放恣,帝舜之所重。大圣同致,所立殊途。垂教之旨,贞而言之。
>
> 对:窃以诛恶之义,先圣垂典;戮逆之旨,后哲宣轨。所以无为轩帝,动三战之迹,有道周王,示二叔之放。则知凶必殛,邪必正者也。但宣父乌杀之试欲行,偃草之德是既权教,重华节恣之制乃

---

① 前引久保天随《日本汉学史》,第 25—28 页。

敬,丕天之法此亦将谋。两圣所立,殊途以同归;二训攸述,异言而混志。谨对。①

问答中出现了孔子、舜、黄帝、周王这些中国的历史人物,其他问答也有类似之处。也就是说,如果对中国历史以及儒学等缺乏深入系统的了解,就很难回答好这类问题。

然而,到了平安时代末期,官职被以藤原家族为代表的门阀贵族所垄断,再加上劝学田制度的瓦解,大学寮因为没有经费保障而走向衰退,1177年发生火灾之后大学寮关闭。先后持续了约400年的大学寮对汉学在日本的传播起到了极大的促进作用。

此外,日本还有60余所国学,每所国学的学生人数在20人至50人之间。这些学校招收郡司13—16岁的子弟,名额多余时允许平民子弟入学,但实际入学的平民子弟极少。国学生也有考试,先由国使考核,及第者随朝廷官员到京师接受式部的考试,称为"省试",及第者可以升入大学学习。②尽管7—12世纪日本的学制效仿唐制,但并没有发展为科举制度,这主要是因为藤原家族等门阀贵族势力过于强大的缘故。

在推崇汉文化的背景下,写汉诗逐渐成为上层阶级和僧侣之间的时尚。8世纪中叶,第一部汉诗集《怀风藻》(751年)问世,该诗集收录了近江朝至天平胜宝三年的80多年间皇族、贵族、僧人64人的120篇汉诗。到了平安时代,又出现了三部敕撰汉诗文集,即《凌云集》(814年)、《文华秀丽集》(818年)和《经国集》(827年)。《凌云集》按照官位从高到低的顺序收录了23人的90首汉诗,其中嵯峨天皇的作品就有22首;《文华秀丽集》收录了26人的148首汉诗,编纂时将所收录作品分为游览、宴集、饯别、咏史等11个类别;《经国集》共有20卷,收录了707年至编纂当时178人的赋17首、诗917首、序51篇、对策38篇。这些诗文集收录的都是王公贵族的作品,可知汉诗成为上层阶级不可或缺的修养。

平安中期的10世纪30年代,源顺编纂的辞典《倭名类聚抄》问世。这

---

① 《经国集》卷20。
② 前引久保天随《日本汉学史》,第25—28页。

里说的"倭名",是指在倭国使用的用汉字表示的名词。该辞典有 10 卷本和 20 卷本两种,一般认为 20 卷本是后来增补而成的。10 卷本有 24 部 148 门,20 卷本有 32 部门 249 门,内容涵盖天文地理、动植物、亲属、身体、车船、日常用品等方面,这部词典成为日本人学习汉语的重要工具书。

二、假名的发明

然而,对于日本人来说,汉语是一门难以掌握的外语。这是因为汉字数量庞大,需要耗费大量的时间和精力去学习。这使得汉语的传播范围被限定在王公贵族以及官吏层面。此外,日语的元音数量比较少,这使得日本人听说汉语比起读写更加困难。因此,日本人的语言生活迫切需要一种更加简便的文字体系,于是假名应运而生。

实际上,表音也是汉字非常重要的功能之一。众所周知,汉字的结构和造字法被总结为六种,形声字便是其中之一。形声字由形旁和声旁构成,形旁表示字的意思或者类属,而声旁则表示字的发音。《魏志·倭人传》记载的景初二年出使魏国的大夫"难升米"、次使"都市牛利",以及当时倭女王"卑弥呼"以及"邪马台"等国名地名,都是用表音汉字表示的。在学习汉语的过程中,日本人自然也掌握了汉字的表音功能。例如,在 5 世纪的稻荷山古坟中出土的铁剑铭文上有"獲加多支鹵大王"字样,其中的"獲加多支鹵"被解读为「わかたける」。这种仅仅表示发音而不表示意思的汉字在日语中被称为"真假名"。通过利用汉字的表音功能,日本人便可以书写日语了。最初,他们使用比较常用的汉字来表示不太常用汉字的读音,以及日语口语的发音。随着时间的推移,用于标音的汉字逐渐固定下来了。大野透将假名的变迁分为古层、中间层和新层三个阶段。古层假名主要使用推古朝以前传入的吴音,中间层在原来吴音的基础上增加了部分初唐时期的北方音,新层则主要使用 8 世纪前半叶的长安音。[①] 大野认为,在 6 世纪末至 7 世纪初的推古时期,常用的表音汉字有 65 个,因此常用或准常用的假名体系的

[①] 大野透:《万叶假名的研究》,第三章"假名的变迁",(东京)明治书院,1962 年,第 59—68 页。

基础在推古时期基本已经确立了。①

在真假名出现之前,日本人虽然可以用汉字书写,但一般难以进行复杂的语言交流。关于这一点,《古事记》序是这样描述的:"上古之时,言意并朴,敷文构句,于字即难。已因训述者,词不逮心,全以音连者,事趣更长。"这段话的大意是,日本古代语言和内容都相当简朴,难以用文字表达。想依照汉字训读法来书写,但词不达意;如果完全用汉字音表达日语口语,句子则会变得十分冗长。因此,在《古事记》问世之前,往事主要通过口诵相传,稗田阿礼就因为"为人聪明,度目诵口,拂耳勒心"而受命"诵习帝皇日继及先代旧辞"。他采取了"或一句之中交用音训,或一事之内全以训录"的方式,用汉文进行表述,用汉字音表示专有名词以及歌谣,《万叶集》也沿用了这种方式。这与《魏志·倭人传》表示日本人名官职名的方式是相通的。我们来看一下《古事记》开头部分伊邪那岐和伊邪那美男女两神绕柱倾诉爱情的场面:

> 伊邪那岐命诏:"然者,吾与汝行回,逢是天之御柱而,为<u>美斗能麻具波比</u>"。……约竟以回时,伊邪那美命先言"<u>阿那迩夜志爱袁登古袁</u>",后伊邪那岐命言"<u>阿那迩夜志爱袁登卖袁</u>"。

男女两神"伊邪那岐命"和"伊邪那美命"的名字是音译,用日语分别读成「いざなぎ」和「いざなみ」。由于是音译,用来表音的汉字并不固定。在《日本书纪》中,它们分别写成"伊弉诺"和"伊弉冉"。引文下划线部分是用汉字音表示的日语口语。例如,"美斗能麻具波比"读作「みとのまぐはい」,表示"交媾","阿那迩夜志爱袁登古袁"读作「あなにやしえをとこを」,意为"啊,真是美男子","阿那迩夜志爱袁登卖袁"读作「あなにやしえをとめを」,意为"啊,真是美女"。这种表意和表音相结合的方式确立了克服日语在文字表记上的先天不足的大方向。之后,《日本书纪》(720年)等史书沿袭了这种混合使用汉字表意表音功能的表达方式,而《万叶集》(8世纪中

---

① 大野透:《万叶假名的研究》,第三章"假名的变迁",(东京)明治书院,1962年,第81页。

叶)则将用汉字音表示和歌的方式发展到了极致。例如,序章中提及的年号"令和"的出典《梅花歌》32首的第一首原文为"武都纪多知,波流能吉多良婆,可久斯许曾,乌梅乎乎利都都,多努之歧乎倍米"(大贰纪卿作),对应的平假名为"むつきたち、はるのきたらば、かくしこそ、うめををりつつ、たぬしきをへめ",其大意为:进入正月,便迎来了春天,年年如此,不妨摘下梅花,尽情享受快乐。杨烈将之译为"正月立春来,如斯快乐哉,折梅寻乐去,乐极不生哀。"[①]如果说《古事记》《日本书纪》等史书的汉字音读使用的完全是汉字音的话,那么《万叶集》除了汉字音之外,还使用了像「八间迹(ヤマト)」这样的日语音,使其表现方式变得更加丰富。《万叶集》所使用的表音汉字"真假名"也被称为"万叶假名"。到了9世纪末,从真假名的草书体演化出平假名,从汉字的部首又演化出片假名。女性多用平假名,而男性多用片假名。学者和僧侣在阅读汉籍、佛典时,需要一种用于注音和表示句子结构以及用言活用的工具,片假名就起到了这样的作用。总之,平假名和片假名的出现使得日语口语的表记变得十分简便,同时也使日语的言文一致成为可能。可以说,以《古事记》为代表的汉文体和以《万叶集》代表的和文体是7—9世纪日本的两种典型表记形态。两种形态各有利弊:汉文言简意赅,但学习难度大;和文适合表达细腻情感,但要用来表现抽象概念却十分困难。因此,日语没有朝着在原有框架内运用自身的语言要素来丰富其表现力这一方向发展,而是致力于消化吸收汉字,并使之融入日语当中。

三、汉语与日语的交融

日语和汉语是两种语言结构完全不同的语言。日语属于乌拉尔阿尔泰语系,是一种黏着语。黏着语通过将具有实质意义的单词或词干与具有语法功能的要素逐一结合,以显示其在句子中的语法角色以及与其他单词的关系。汉语则属于印藏语系,是一种孤立语。孤立语的单词仅具有实质意义,它们以孤立的方式连接起来构成句子,语法功能主要通过词序来实现。土井忠生曾指出:"汉语与日语在语言上存在根本差异,但日本又不得不模

---

① 《万叶集》上册,杨烈译,湖南人民出版社,1984年,第178页。

仿汉语的规范,这给日本人带来了异常的痛苦和混乱。"①具体来说,首先,汉语是单音节词,一个音节表示一个词。而且,汉语中的同音字会以不同声调表示不同意思,因此音节较多。而日语是多音节词,一个词由多个音节组成,而日语中的音节数量比汉语少很多。因此,大量吸收汉语,同音词的数量就会增加,很多词会难以分辨,导致对文字的依赖增加。此外,汉语和日语的语序完全相同的情况极少。然而,日本人最终克服了日语与汉语在文字、词法以及句法上的各种差异,借助汉字创造了日本文字,这主要得益于日本人发明了用日语读汉字词以及汉文的独特方法。

学习外语的第一步是掌握外语的发音,接下来才是掌握词汇,进而读写文章。想必日本人最初也是按汉语的发音来学习汉语,但这种方法难度很大。因此,日本人发明了语词的音读法和训读法。所谓音读法是指日式汉语发音法,按照发音原来的使用地区和传入日本的先后,音读又分为吴音、汉音和唐音。训读法是指根据汉字所表达的意义,使用日语发音的方法。一般情况下,单个汉字使用训读法,词组使用音读法。例如「山」的训读为「やま」,「川」的训读为「かわ」,「山川」作为一个词的音读为「さんせん」。

训读法除了用于读汉字词语,还可以用来读解汉文。一般来说,日本人解读汉文时,会先把句子分割成有意义的单位,然后按照汉文句式转换成日语句式,有些书上会加上标点或者表示阅读顺序的数字以帮助理解(请参见下页中图)。例如,西大本寺《金光明最胜王经》中的"国中诸树林,先生甘美果,由斯皆损灭,苦涩无滋味"在平安初期被训读为「国の中の諸の樹林,先に生ひし甘美の果を,由て斯に皆損滅して,苦渋して無む滋味」。② 汉文训读实际上是一种翻译,但与其他语言之间的翻译相比,训读要简便很多。在翻译过程中,只需加上表示词语之间关系或者句子成分的助词,再根据句子意思加上助动词即可,无需变更词语本身。熟练者甚至意识不到翻译的过程。反过来按照日语的意思写汉文也是一样的。正如松村明所指出的,"训读法固定下来之后,将日语转换为一定的汉文,或者将汉文转换为一定

---

① 大野晋、土井忠生等:《日本语的历史》,(东京)至文堂,1957年,第60—61页。
② 松村明:《国语史的概说》,(东京)秀英出版,1990年,第123页。

的日文会变得非常容易"①，这样一来，训读成为一种程式化的汉日互译法，即使不会说汉语，也可以自由自在地解读或者撰写汉文。就连带有强烈民族主义倾向的芳贺矢一也不得不承认，"不论是从词汇还是从语法的角度来看，中国文化逐渐融入我国，与我国汉学和佛教形成了密不可分的关系，这是明显的历史事实。"②可以说日语中的汉字音读法和训读法，以及汉文训读法的运用，为日本吸收中国文化创造了语言条件，解决了日语借用汉语时的词汇和语法问题。

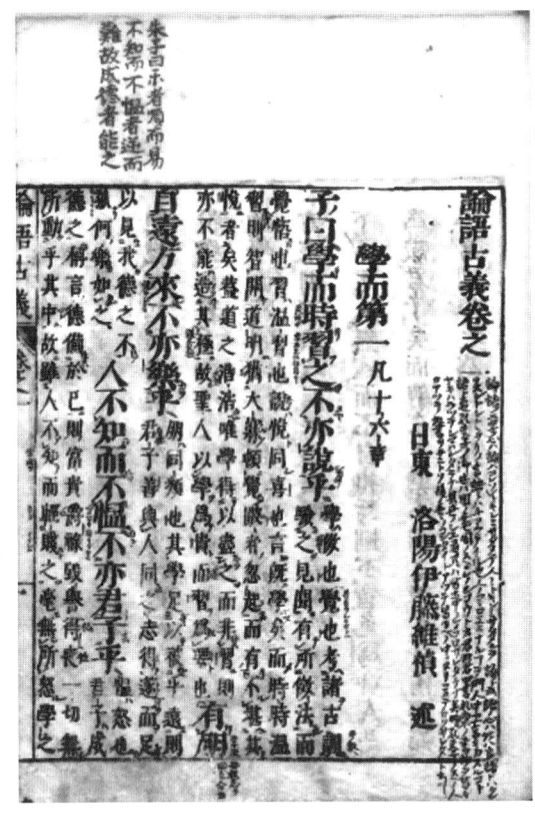

总之，日本人凭借独特的汉字词读法和汉文阅读方法，不仅可以自由地从汉语中借用词汇，弥补了日语本身缺乏固有文字的不足，而且还能轻松阅读和撰写汉文。这完美地克服了日语和汉语之间语系不同的障碍，实现了两种语言的深度融合。在这种语言环境下，正式文书如法律条文和正史使用汉文，而日记、书信、记录等则使用变体汉文或者和汉混合文，日常生活中则使用平假名文。这种文体多样化的共存局面持续了一千多年。直到明治初期推行言文一致运动之后，书面语和口语才逐渐趋于统一。

伊藤仁斋《论语古义》，汉字之间的"一、二、三"表示阅读的顺序，片假名表示用言的活用性或者格助词。

---

① 松村明：《国语史的概说》，（东京）秀英出版，1990年，第124页。
② 芳贺矢一：《国文学历代选》"序论"，（东京）文会堂书店，1920年，第184页。

第二节　汉学在日本的传播

一、传统汉籍

894年,菅原道真以唐朝政局不稳为由建议停止向唐朝派遣使者。他的建议被朝廷采纳,持续了近300年的遣唐使因此终止。之后千余年,日本一直没有向中国大规模派遣过使节团,两国间的官方往来几乎断绝,两国间的交流主要依靠僧侣和贸易商人来进行。因此,有人认为汉学在镰仓幕府、室町幕府以及战国时代走向衰退,到江户幕府时代朱子学成为官学后才重新迎来繁荣期。然而,遣唐使终止之后,汉学在日本不但没有衰退,反而传播越来越广泛,渗透也越来越深。自7世纪初以来,日本形成了主要通过汉籍从中国摄取文化养分以推动日本文明化进程的基本格局。例如,入宋禅僧俊芿在宋旅居12年,他1211年返回日本时带回了2千余卷书籍,其中大部分为佛经,也包括儒道汉籍256卷。[①] 又如花园上皇的《花园院御记》中也有多处关于汉籍的记载,例如元应元年(1319年)闰7月20日条有"今夜资朝公时等,于御堂殿上局谈《论语》,僧等济济交之,朕窃立闻之"[②],这表明他对朝臣与禅僧关于《论语》的讨论十分感兴趣;元亨二年(1322年)7月25日条有"谈《尚书》,人数同先夕"[③],可见院厅举办汉籍读书会的频次很高。再如室町幕府的创始人足利尊氏在家训《等持院殿遗告》中称"文武两道如车轮,一轮缺则不度人"[④],室町幕府第八代将军足利义政从宝德三年(1449年)开始,就一直听儒者清原业忠讲授《论语》,至少持续了两年。[⑤]

日本汉籍大致可以分为两类,一类是从中国进口的原版,另一类是日本的翻印版。尽管日本汉籍的数量无法精确统计,但我们可以通过几个事例来推测汉籍在日本的传播情况。

首先,我们来看一看宫内厅图书寮的藏书。图书寮最早是根据《大宝律

---

① 郑彭年:《日本中国文化摄取史》,杭州大学出版社,1999年,第129页。
② 《花园院御记》。
③ 同上。
④ 《等持院殿御遗书》,同文馆编辑局编:《日本教育文库 家训篇》,(东京)同文馆,1910年。
⑤ 中原康富:《康富记》宝德三年。

令》(701年)设立的,该机构是负责管理朝廷的图书、文书、佛像和文具类事务的部门,隶属八省之一的中务省。然而,随着时代的推移,朝廷的图书移交御所文库管理,公文由壬生家和中原家管理,图书寮则以制造纸墨笔等为主,其职责范围逐渐缩小。到了明治时期,从京都运到东京的书籍先是被集中到侍讲局(给明治天皇进讲的部门),1884年才移交宫内省图书寮统一保管。此后,朝臣、武家、学者等捐赠的书籍以及内阁文库收集的旧幕府各文库的书籍陆续移交到图书寮。到了1949年,图书寮与负责皇室陵墓的诸陵寮合并为宫内厅书陵部。据2014年底的数据显示,图书寮的藏书量为33.7万册,大约7万种。① 其中汉籍在图书寮藏书中所占比例不清楚,但从宫内厅书陵部编《图书寮典籍解题 汉籍篇》(1970年)可以看出汉籍数量十分可观。该解题将汉籍分为哲学、文学、语言学、史学、地志、类书丛书、佛书、医书八类,下面我们先看一看其中"文学"类的情况。

图书寮所藏文学类汉籍册数

分 类		册数（中国版）	册数（朝鲜版）
诗文集	别集类	3841	272
	总集类	2721	124
	诗文评尺牍类	181	9
词曲戏曲小说		336	20
随笔		6	0
合 计		7085	425

笔者根据宫内厅书陵部编《图书寮典籍解题 汉籍篇》(1970年)整理而成。

"文学"类汉籍共有552种,7510册,其中从中国进口的原版7085册,朝鲜刊行版425册。"文学"类汉籍分为三大类:(1)诗文集(2)词曲戏曲小说(3)随笔,其中占比最多的"诗文集"又可细分为别集类、总集类、诗文评尺牍类。别集类按作者区分,如《李太白集》《杜工部集》;总集类按时代或体裁区分,如《唐诗选》《唐宋八大家文抄》。这些诗文集种类齐全,涵盖了战国

---

① 杉本眉子:"宫内厅书陵部的古籍资料——保存与公开",《情报的科学与技术》2015年第65卷第4号,第164—168页。

时代至明朝的主要作家的作品,且重要作品一般有多种版本,如李白诗集有7种,杜甫诗集有13种。

此外,汉籍中还有哲学类的经书、诸子百家,以及史学类的正史、编年记事、别史、杂史等。藏书中的珍本、善本的数量也相当可观,如唐代抄本有《胜鬘宝窟》等,奈良时代抄本有《妙法莲华经》(1轴)等,平安时代的抄本有诸葛亮《出师表》(1轴)、姚思廉《陈书列传》(2轴)、许敬宗等《文馆词林》等。此外,宋元版的汉籍比例也相当高,这从另一个侧面说明遣唐使废止之后,汉籍依然大量传入日本,日本摄取汉文化的力度并没有减弱。解题还对藏书中的注音标点以及藏书印等信息进行了详细描述。如《史记正义》(130卷,43册)是三种注释的合刻本,该书由室町时代后期的朝臣三条西实隆(1455—1537)从1510年(永正七年)起花费8年时间抄写彭寅翁本而成。其子邀请精通汉文的"纪传家"公条加了最新式朱点和注音,解题编者认为该书"即便从训点史上来看也极其重要。"[1]德川家康将该书转让给了直系的尾张、纪伊、水户的所谓"御三家",图书寮的藏书来自尾张家。[2] 这些信息为我们了解近代以前日本人读解汉文,以及汉籍在日本传播的状况提供了重要线索。

位于现今横滨市的金泽文库也藏有大量汉籍。该文库1275年前后由镰仓幕府第二任执权北条义时之孙北条实时创设,书籍当初属于北条家族的私人收藏,其中包括《群书治要》《春秋经传集解》《令义解》等汉籍。镰仓幕府瓦解后,该文库的藏书被移交给北条家族宗祠称名寺保管。然而,由于失去靠山的支持,该文库的藏书大量散佚,其中相当部分落入德川家康之手。如今,金泽文库的藏书分别藏于神奈川县立金泽文库、宫内厅书陵部以及国立公文书馆内阁文库。根据1939年编撰的《金泽文库图书目录》,金泽文库共有2万余册古书。在已整理的8千多册当中,汉籍共199种1038册,其中包括大量珍本,例如宋版《周易正义》5册、《尚书正义》17册、《毛诗正义》17册、《礼记正义》2册、《春秋经传集解》15册、《论语注疏》10册、《群

---

[1] 宫内厅书陵部编:《图书寮典籍解题 汉籍篇》,(东京)大藏省印刷,1960年,第126页。

[2] 同上。

书治要》50卷等。①

足利学校是日本中世纪文教事业的代表性例子之一,有一种说法认为其创始人为平安初期的诗人小野篁(802—852年)。到15世纪中叶,该校已经具备一定规模。1439年(永享十一年),关东管领上杉宪实祖聘请镰仓圆觉寺快元和尚担任该校庠主,并且向该校捐赠宋版《五经注疏》等珍本。16世纪中叶,僧人九华任庠主期间,该校迎来全盛期,学生人数达到3千人。17世纪初,德川家康对庠主元佶赏识有加,给该校赠送图书两百余部和木制活字数十万个,并拨款修缮校舍。该校一直存续到明治维新之后的1872年。之后,其藏书先后移交给栃木县、足利市保管,现存共计1万5427册。其中珍本576册,包括宋版《尚书正义》8册、《毛诗注疏》30册、《礼记正义》31册、《春秋左氏传注疏》25册、《周易注疏》13册,以及一些元明刊本。②

江户幕府成立以后,汉学在日本的传播范围更广,影响也更加深远。讲授汉学的机构除了由幕府设立的昌平坂学问所,还有260多所藩校,400多所乡学,以及1万5千所寺子屋。③ 例如,位于现京都的淀藩明亲馆就使用了30余种汉籍教材,包括《三字经》《孝经》《四书》《五经》《小学》《世说》《蒙求》《孔子家语》《贞观政要》《国语》《春秋左氏传》《十八史略》《八大家文》《史记》《汉书》《资治通鉴》《朱子类语》等,④其他学校的情况也大致相似。这些汉籍被广泛用作教材,表明它们在当时已经相当普及。很显然,中国历代刊行的经史子集以及佛典等各类书籍基本上都传入了日本,而且日本还现存一些在中国已经散佚的版本。

二、汉译西书

除了传统的经史子集,明清的汉译西书从江户中期开始也陆续传入日

---

① 关靖:《金泽文库图书目录》,(东京)严松堂书店,1939年。
② 足利学校遗迹图书馆编:《足利学校沿革志》,(足利)足利学校遗迹图书馆,1917年。
③ 笠原一男:《详说日本史》,(东京)山川出版,1977年,第294页。关于江户时代教育状况的数据参见日本文部省总务局编《日本教育史资料》((东京)临川书店,1969—1970年)第1—9卷。
④ 文部省总务局:《日本教育史资料》卷1"诸藩之部",(东京)临川书店,1969年,第2页。

本,对幕末日本的社会文化转型产生了极其深远的影响。为了说明这个问题,首先有必要对中国摄取西学的过程和状况进行简单梳理。其过程大致可分为三个阶段:明末清初、19世纪初和鸦片战争后至甲午战争前。第一阶段主要依靠来华耶稣会士,第二阶段主要依靠以南洋为据点的新教传教士。到了第三阶段,摄取渠道呈多样化趋势,既有像林则徐、魏源这样的士大夫,也有江南制造局翻译馆等洋务运动期间设立的翻译机构,还有传教士在华创办的印书机构。

利玛窦等耶稣会士自1582年来华后,为了顺利传教并取得中国人的信任,用汉语撰写了《畸人十篇》等西学著作,制作了《万国舆图》,还与徐光启合译了《几何原本》等书。随后,龙华民、艾儒略、汤若望、南怀仁等耶稣会士也沿袭了利玛窦的这种传教方式。与此同时,明朝中期以后,由于生产技术和商业经济的空前发展,社会结构和心理也发生了变化,为西学在中国的传播提供了合适的土壤。王阳明曾主张"士商农工四民异业而同道",因为"士以修治,农以具养,工以利器,商以通货,各就其资之所近,力之所及者而业焉,以求尽其心"。[①] 这种务实的风气催生了人们对西方自然科学和人文地理知识的旺盛需求。例如,明末大统历法疏漏,徐光启等人主张西学"可以补益王化"[②],推荐传教士协助修订历法。此外,明末清初战事频繁,由传教士传入的火器制造技术也备受关注。[③] 清军入关后,一开始延续了明末对待传教士的态度。但经历17世纪60年代的历法之争之后,反对基督教的势力逐渐占据优势,康熙在位时期的礼仪之争进一步扩大了这种趋势,雍正在继位后的次年即1723年,朝廷采取了严厉的禁教措施,在全国范围内驱逐传教士。此举重创了天主教在中国的传教活动,[④] 也意味着第一次西学

---

① 王阳明:《节庵方公墓表乙酉》,见1673年(康熙十二年)刊《王阳明先生全集》卷10。

② 关于徐光启的西学"补益王化"论,参见周杰《"事天之学"如何"补益王化"?——从〈辩学章疏〉透视徐光启的基督教信仰》,《华北水利水电学院学报(社科版)》,2008年第6期。

③ 汤若望的《火攻挈要》对西方火器制造技术进行了详细描述,参见黄兴涛、王国荣编《明清之际西学文本——50种重要文献汇编》第4册(中华书局,2013年)。

④ 参见宝成关《西方文化与中国社会——西学东渐史论》第三章(吉林教育出版社,1994年)。

热潮告一段落。

从 16 后半叶到 18 世纪初,流传的汉文西书数量难以精确统计。梁启超认为"中外学者合译或分撰的书籍,不下百数十种"[①],而宝成关称 1685 年以后来华的 12 名法国耶稣会士的汉文译著共计 61 种。[②] 此外,黄兴涛和王国荣编著的《明清之际西学文本——50 种重要文献汇编》共收录了 50 种文献,约两千页。例如,其中艾儒略的《西学凡》(1623 年)将西学分为文、理、医、法、教、道六科,黄兴涛认为这种学科分类法"反映了欧洲当时典型的、极具影响力的一种学术教育体系,尤其是集中体现了中世纪晚期教会教育的学术结构和宗旨"[③]。至于西方传教士与华人合作翻译的成果,黄兴涛认为,"明清之际至清中叶以前,西方传教士与华人配合所创译的各类新名词,如果包括人名、地名、国家名称等在内,恐不下千余。其中,除人名地名和部分宗教名词音译词占的比重较大外,学科名词则大多采用意译的办法,流传下来的不少。"[④]可以说,汉文西书在这一阶段的传播促进了具有中国特色的新学和概念体系的初步形成。

在第二阶段即 19 世纪初,新教传教士如马礼逊、麦都思、雅裨理等以南洋为据点传教。他们和明末清初的耶稣会士一样,非常重视翻译出版在传教中的作用,熊月之称新教传教士 1811 年至 1842 年在马六甲、新加坡、澳门以及广州刊行了 138 种汉文西书。[⑤] 1842 年《南京条约》签订以后,传教士纷纷进入租借地香港以及广州、上海、厦门等通商口岸。1843 年至 1860 年传教士在中国出版的汉文书刊共计 433 种,[⑥]传播范围和速度远超明末

---

① 梁启超:《中国近三百年学术史》,见《梁启超全集》第 8 册,北京出版社,1999 年,第 4432 页。

② 尚智丛称明末在华传教士有 25 人,清初在华耶稣会士 45—50 人,多明我会、圣方济各会等教会的传教士大约 43 人,其中多人参与西学的东传。参见尚智丛《传教士与西学东渐》(山西教育出版社,2008 年)第 34 页。另外,关于耶稣会士的在华活动情况,可参见费赖之著,梅乘骐、梅乘骏译《明清间在华耶稣会士列传(1552—1773)》(天主教上海教区光启社,1997 年)。

③ 黄兴涛:"明清之际西学的再认识",黄兴涛、王国荣编《明清之际西学文本——50 种重要文献汇编》第 1 册,中华书局,2013 年,第 7 页。

④ 同上书,第 17 页。

⑤ 熊月之:《西学东渐与晚清社会》,上海人民出版社,1995 年,第 102 页。

⑥ 同上书,第 148—213 页。

清初。

鸦片战争后,一些觉醒的士大夫意识到中国不能继续故步自封,他们开始学习世界地理历史以及西方科技方面的知识,并编译著作向世人宣传,其中代表性著作有林则徐的《四洲志》、徐继畬的《瀛环志略》、魏源的《海国图志》等。在19世纪60年代至90年代的洋务运动时期,京师同文馆和江南制造局翻译馆成为翻译西书的主要据点,其中京师同文馆翻译了26种,江南制造局翻译了160种,①译书内容涵盖国际知识、科学知识、语言类工具书等几个方面。此外,传教士创办的出版机构广学会在1888年至1898年翻译了56种西书。②1897年,上海的鸿文书局刊行了《西学富强丛书》,该书收录了1833年以来的80余种西书,共计300余册。这些西书被分为算学、重学、电学、化学、声学、光学、天文学、地理学、史学、公法学、矿学、汽机学、工艺学、兵政学、枪炮学这样15个门类。与明末清初的第一阶段相比,《西学富强丛书》的分类更细,知识更先进更全面,概念术语也更系统。可以说,该书代表了第三阶段的成果。

1549年,耶稣会士沙勿略(Francis Xavier,1506—1552年)抵达日本开始传教。在短短一年左右的时间内,沙勿略就成功吸引了大约1千名信徒。随后,托雷斯(Cosme de Torres,1497—1570年)以九州为据点继续传教。得益于室町幕府第13代将军足利义辉以及织田信长的支持,教会势力迅速扩大。到了1584年,日本的基督教信徒已经增长到数十万人,其中大名就有十多人。织田信长的后继者丰臣秀吉起初对基督教持容忍态度,但很快就将基督教视为自己实现霸业的障碍。1596年,丰臣秀吉下令处死26名传教士和信徒。江户幕府成立后,德川家康继承了丰臣秀吉的禁教政策,并在1613年在全国发布"禁教令"。到了1633年,幕府开始实施锁国政策,最终只允许新教国家荷兰商人在长崎出岛与日本开展贸易,同时保持与清朝的民间商业往来,这种状态一直持续到日本国门被美国舰队司令佩里打开的1854年。

从沙勿略开始在日本传教,到德川家康颁布禁教令,基督教在日本的传

---

① 熊月之:《西学东渐与晚清社会》,上海人民出版社,1995年,第322页,200页。
② 同上书,第564—566页。

播只持续了60多年,不及在中国传教时间的一半。16世纪中叶至17世纪初,日本没有出现自己翻译的西书,日本的第一部西书是成书于1659年的自然科学书《乾坤辩说》,该书是由葡萄牙人泽野宗庵(Ferreira)编述,向井玄升用日语改写的。中日两国之间之所以存在这样的差异,固然是因为当时日本处于战国时代,缺乏稳定的社会环境,但传教士将日本视为中国的周边国家,没有在日本特别投入精力翻译西书,这恐怕才是最主要的原因。例如,沙勿略曾经表示:"若中国人真心归化,日本人抛弃自中国传去之异说,自不难也。"①他认为只要让中国人信教,日本人便会效仿。16世纪末17世纪初,部分汉译西书传入日本,②但随着锁国政策的实施,汉译西书遭到禁止。江户中期,气候异常导致农作物歉收,物价上涨和幕府大量铸造劣币引发通货膨胀,这些原因导致民众生活陷入困境,幕府的财政状况也日益恶化。为了改变这种局面,第八代将军德川吉宗在享保年间(1716—1736年)实施了大规模改革,其中积极摄取西学便是改革的一个重要环节。自此以后,汉译西书以及荷兰语原书逐渐传入日本,1854年开国之后其数量大幅增加。

据王晓秋统计,从1840年鸦片战争爆发至日本开国后不久的1855年之间,中国商船运往日本的汉文书籍达3407种,③虽然无法确切知道其中汉译西书的比例,但通过其他史料不难推测其在日本流传的情况。例如,《西洋学家译述目录》(1852年)收录了1744年至1852年日本刊行的470种西书,④其中包括箕作阮甫翻刻的《海国图志》⑤以及多个版本的《万国全图》。此外,明治维新前斋藤正谦编《铁研斋辖轩书目》收录了约60种西书,其中包括艾儒略的《职方外纪》和南怀仁的《坤舆外纪》。在这两部书的解题

---

① 转引自徐宗泽《中国天主教传教史概论》(土山湾印书馆,1938年),第165—166页。
② 关于汉文西书的传入情况,可参见大庭修著,戚印平等译《江户时代中国典籍流播日本之研究》第一章第四节"禁书与书籍的检查"(杭州大学出版社,1998年)。
③ 王晓秋:《近代中日文化交流史》,中华书局,1992年,第21页。
④ "西洋学家译述目录",国书刊行会编:《文明源流丛书》第3,(东京)图书出版协会,1914年。
⑤ 关于《海国图志》在日本的传播状况,参见严绍璗、源了圆主编《中日文化交流史大系3思想卷》第12章"幕末日本通过中国对'西洋'的学习——以接受《海国图志》为中心"(浙江人民出版社,1996年)。

部分,编者称"此书世多有之,故不须余缕述"①,这些都说明在幕末时期这些西书流传甚广。

正如山室信一所指出的那样,"在还不能自由获取欧美原著,也不能流畅解读的时代,日本人通过汉译西书以及带训点、假名版本或者日语口语译本来获取关于欧美的新知识,了解世界局势。"②可以说,在19世纪末日本大规模直接向欧美学习之前,汉译西书是日本摄取西学十分重要的渠道。汉译西书之所以在开国后的日本广为传播,其原因是多方面的。首先,18世纪中叶以来由荷兰商馆传入的西学逐渐在日本传播开来,西学的实用性得到了验证;其次,中国在鸦片战争中的失败使日本人对中国在制度和文化上的优越性产生了怀疑,幕末志士将佩里叩关视为鸦片战争的重演,对时局产生了强烈的危机感,他们希望借助西学的力量抵御列强入侵;③第三,日本武士是一种既劳心也劳力的阶级,他们更倾向于接受讲求实际的西学。④然而,以上原因有一个共同的前提条件,那就是武士以及工商业者一般都具有较高的汉文素养,能够阅读理解汉译西书。

三、日本人的汉学素养

如前所述,自1世纪初以来,日本就开始接触汉字。随着中日两国间交流的不断加深,大量汉籍传入日本。汉字不仅传播了先进的中国文化,同时还被用作日语,特别日语词汇的构成要素。这使得日语从单纯的口头语言发展为可书写的语言体系,为日本文化的发展提供了支撑。到了江户时代,汉译西书成为日本摄取西学的主要途径。随着西学的兴起,日本人开始直接翻译西书,其中大部分是翻译成汉文,即便是翻译成日文,概念通常也用汉语词表示。大量汉语翻译新词的传入为日本第二次文明开化创造了语言

---

① "铁研斋辒轩书目",《文明源流丛书》第3。
② 山室信一:《作为思想课题的亚洲——基轴、连锁、投企》,(东京)岩波书店,2001年,第217页。
③ 关于鸦片战争之后日本儒士及志士中国观的变化,可参见杨栋梁主编,刘岳兵著《近代以来日本的中国观·第3卷》(1840—1895)(江苏人民出版社,2012年)第64—75页。
④ 关于武士阶级崇尚实学的风气,可参见李文《武士阶级与日本的近代化》(河北人民出版社,2003年)第九章"士族知识群体的产生与实学革命的开展"。

上的条件。在这样的社会历史背景下,汉文成为中上层阶级不可或缺的教养。从王公贵族到基层小吏,再到富裕的工商业者,都在不同程度上掌握了汉文,下面以藤原道长和吉田松阴为例对日本人的汉学素养进行说明。

藤原道长(966—1027年)是平安中期的贵族,曾担任摄政、太政大臣,其权势甚至凌驾于天皇之上。藤原氏的第一代藤原镰足(614—669年)原名中臣镰足,由于他对大化改新有功而被天智天皇赐姓藤原。藤原镰足之子藤原不比等(659—720年)参与了大宝律令、养老律令的制定以及平城京的规划建设,是日本律令体制的奠基人之一。他还与天皇家族联姻,将女儿宫子嫁给了文武天皇,所生皇子后来成为圣武天皇。藤原氏作为外戚,在诸多贵族当中地位最为显赫。藤原不比等之后,藤原氏也一直想方设法保持外戚的身份。藤原良房(804—872年)在皇族以外第一个担任摄政,其子藤原基经(836—891年)则在天皇成年以后出任关白。藤原氏利用摄政和关白的地位掌握政治实权的这种政治形态一般被称为"摄关政治",而藤原道长将这种政治形态发展到了极致。他将长女彰子嫁给一条天皇,将次女妍子嫁给三条天皇。三条天皇患有眼疾,道长逼他退位,让长女彰子所生的敦成亲王即位成为后一条天皇,并使三女威子成为后一条天皇的皇后。如此一来,长女彰子成为太皇太后,次女妍子成为皇太后,道长则成为"三后"之父。他因此踌躇满志,在和歌中称"此世乃吾世,望月无所缺"。

藤原道长的权势主要建立在其显赫家世以及作为外戚的特殊地位这样的基础之上,但他的文才和汉学素养对提升他的声望无疑发挥了举足轻重的作用。关于他的汉学素养,我们可以通过他留下的日记《御堂关白记》一窥端倪。值得一提的是,《御堂关白记》作为现存世界上最早的手写日记,于2013年被列入世界记忆遗产。虽然日记全部用汉字书写,但有些句子使用了日语的结构,并且使用了不少假借字,这说明该日记的目的在于个人备忘,因此更具真实性。笔者从《御堂关白记》[①]中检索出近40条与汉学相关的记录,内容涉及书籍文献的收集、阅读以及汉诗文创作等方面。

首先我们来看与汉籍收集和赠答相关的内容。长保六年(1004年)10

---

① 藤原道长:《御堂关白记》,(东京)日本古典全集刊行会,1926年。以下与藤原道长相关内容引自此书。

月3日条记载"集注文选,并元白集持来,感悦无极,是有闻书等也"。这一年道长39岁,担任内览、左大臣。当他收到《集注文选》和《元(稹)白(居易)集》时"感悦无极",从"是有闻书等也"的描述可以看出,他对这些书籍期盼已久,愿望得以实现时,他无法抑制内心的喜悦。此外,宽弘(1004—1012年)、长和(1012—1017年)年间,有多条与汉籍收集相关的记录。例如:"五臣注文选、文集等持来"(宽弘三年10月20日)、"置文书,三史、八代史、文选、文集"(宽弘七年8月29日)、"入唐寂昭弟子念救,入京后初来。志摺本文集,并天台山图等。召前,问案内。有所申事"(长和二年9月14日)、"唐僧常智,送文集一部,其返物,貂裘一领送之"(长和四年7月15日)。宽弘三年(1006年)4月7日条记录的《五臣注文选》指718年(开元六年)由吕延济、刘良、张铣、吕向、李周翰五人注解的30卷《文选》,此处前后也有关于《文选》的记载,这说明藤原道长收集了多个版本的《文选》。宽弘七年(1010年)11月28日,藤原道长将"折本注文选同文集"连同"入蒔绘、象眼"等一起进献给天皇,这表明《文选》这类汉籍成为高级馈赠品,反映出当时宫廷和贵族社会对汉学的推崇。从长和二年(1014年)9月14日条的记录可知,入唐寂昭弟子念救给藤原道长送去了《白氏文集》和天台山图,藤原道长还好奇地向念救打听了关于宋朝的消息,表现出对中国时局的关注。从长和四年(1016年)7月15日条的记录可知,藤原道长不仅热衷于收藏汉籍,还敬重向他赠书的宋僧常智。他用非常珍贵的貂裘回赠,表达了对常智的谢意。

接下来看一下与阅读以及创作汉诗文相关的内容。藤原道长的日记中关于读书的记录几乎随处可见。例如,仅在宽弘三年(1006年)11月下旬,他就阅读了《孝经》夫子章、《礼记》文王世子篇(11月25日),《史记》五帝本纪、黄帝篇(11月26日),《尚书》尧典篇和《汉书》文帝纪(11月27日),《后汉书》明帝纪、《毛诗》(11月28日)、《汉书》昭帝纪、《千字文》(11月29日)。这些记录表明,藤原道长收藏汉籍并非为了炫耀,而是为了充分加以利用。在阅读过程中,藤原道长往往有博学多识之人,如大博士惟宗、东宫学士菅原等陪伴,并以"宣义"的方式交流读书心得。

除了阅读,藤原道长还热衷于吟诗作文。以宽弘四年(1007年)9月为例,他在这个月里创作了诸如"题秋雁数行书"和"题林亭即事"等诗作,并将诗题记录在日记中。这些作品后来被收录于平安时代的汉诗集《经国集》

《本朝无题诗集》以及《本朝丽藻》等。例如，收录于《本朝丽藻》中的"晚秋游清水寺上方"内容如下：

> 清水寺深东岭头，暂别尘境草堂幽。
> 钟端云响逐岚去，涧口泉声穿石流。
> 礼佛独怜霜叶老，伴僧同入暮山秋。
> 轮回世世缠烦恼，今仰大悲岂有愁。

这是一首求佛消愁的七言诗，虽然主题稍显俗套，不过前半部分生动形象地描绘了草堂的幽静、钟声悠扬和泉水的潺潺流淌，让人仿佛置身其境；后半部分则以霜叶与山中暮色的凄冷落寞来衬托人世间的烦恼，展现出自然流畅的表达。全诗押韵得体，特别是第三、第四句对仗工整，表明作者的汉文素养达到了相当高的境界。

接下来想看一看吉田松阴（1830—1859年）的情形。吉田松阴原名矩方，是杉百合之助与泷子之次子，自幼被称为寅次郎。5岁时，成为吉田大助的养子，随即改姓吉田，成为山鹿兵学的传人。10岁起，在藩校明伦馆担任见习讲师，13岁时便开始讲授山鹿素行的《武教全书》。15岁时，在藩主面前讲授《孙子》虚实篇，并获得高度赞扬。18岁时，进入明伦馆丙科学习，次年便成为明伦馆的正式教练。此后，他游学于长崎、江户以及东北各地。25岁时，曾试图搭乘佩里舰队的舰船，因违反幕府法规被遣送回长州。在被幽禁期间，给人讲授《武教全书》《孟子》《论语》等儒学经典。28岁时，在自家创建了"松下村塾"，宣扬"草莽崛起"的倒幕思想。久坂玄瑞、高杉晋作、伊藤博文、山县有朋、木户孝允等倒幕派和维新派的重要人物都曾受教于吉田，梁启超称吉田为"日本维新主动力之第一人"①。30岁时，吉田在"安政大狱"中被处死。他精通儒学和山鹿兵学，在关心时事的同时也积极投身于社会活动，并备受倒幕志士的敬仰。从吉田的经历可知，他的知识主要源自家庭教育，几乎可以说是自学成才。那么，我们不禁好奇，他是如何通过自学达到如此高的水平的呢？

---

① 梁启超："新民说"，《梁启超全集》第2册，北京出版社，1999年，第689页。

首先,吉田的父亲杉百合之助非常重视子女的教育并担任启蒙老师。吉田兄弟首先从父亲杉百合之助那里接受了四书五经以及史书朗读的训练。他们经常和父母一起边耕作边背诵古籍或聆听父亲讲解,因此他们一家耕作之时,总能听到琅琅书声。① 其次,他的两个叔父也给予了他极大的支持。他的大叔杉大助和二叔玉木文之进因为勤奋好学分别被山鹿兵学教练吉田家、藩主毛利家臣玉木家收为养子。吉田5岁时,他被已过继到吉田家的大叔收为养子,从而成为山鹿兵学的传人。在吉田19岁成为正式教练之前,他的二叔文之进对他进行非常严格的指导,并代理他担任教练。第三,吉田非常聪慧好学,他利用一切机会如饥似渴地汲取知识。他传承的山鹿兵学是儒学与兵学的结合,因此他必须精通汉学才能胜任其职责。吉田不像前面提到的平安时代贵族藤原道长那样拥有大量藏书,因此一般只能通过借阅并摘录来积累知识。例如,1850年下半年,吉田曾在九州游学4个月,期间共借阅图书61册。如11月14日条中记载"拜谒叶山佐内先生宅,……借(王阳明)《传习录》而归,且借其所著《边备摘案》,夜间誊写",15日条记载"至叶山,谈话至深夜,借(魏源)《圣武记》附录四册而归",17日条记载"抄写老师之《边备摘案》,戏书评语以示",10月18日条记载"至叶山借《贞观政要》"。他连续数日每天阅读100页左右,并做了摘录。② 1854年9月底,25岁的吉田从江户被遣返故乡长州藩。10月24日,他先是被关进野山监狱,随后改为在家中软禁。《野山狱读书记》记录了吉田从10月24日至次年4月的阅读书目,其中1854年10月24日至同年末共计106册;1855年1月大约36册,同年2月44册;同年3月48册,同年4月49册。以上共计283册,其中汉籍主要有《周易传义》《易学启蒙》《蒙求》《唐诗选掌故》《资治通鉴》《宋名家诗选》《唐宋八大家文副本》《唐人绝句选》《四书集注》《宋诗选》《海国图志》《李忠定公奏折诗文选》(标注"不可不读之书")等。在《野山狱读书记》中,吉田特别说明《孙子》和《孟子》没有计入阅读书目,因为这两本书是他反复咀嚼的基本文献。③ 吉田的借书记录《借本录》显示,

---

① 《吉田松阴全集》第1卷,(东京)岩波书店,1936年,第11页。
② 吉田松阴:"西游日记",《吉田松阴全集》第7卷,(东京)岩波书店,1936年,第98—166页。
③ 吉田松阴:"野山狱读书记",同上书,第339—342页。

从1856年至次年,他借阅了161册图书,其中主要汉籍包括《春秋左氏传》14册、《唐书》5册、《名臣言行录》4册、《太平御览》110册、《韩非子全书》1册、《国语》4册、《唐鉴》6册,《前赤壁赋》1册。[①] 这些书籍在吉田软禁期间成为他给弟子讲学的资料。他自学成才的经历,一方面说明江户末期汉籍已经非常普及,许多汉学基本文献都可以借阅得到;另一方面也反映出当时精通汉学的人很多,不论是他的父亲和叔父、游学所到之处的热情师长,还是那些慷慨借书给他的人,个个都博学多识。

第三节 汉语对近现代日语的影响

一、日本的西学译著与汉语

如前所述,由于日本人发明了用日语读汉文的训读法,降低了汉语的学习难度,受过教育的人大致能读写汉文,这不仅是儒学以及佛教在日本的传播渗透的语言条件,而且还是江户幕府末期至明治初期日本接受西学的重要工具。杉田玄白曾在《兰学事始》中这样来描述兰学的起始:"自幕府成立以来,由于多种原因,西洋事物一直被严格禁止。尽管允许荷兰通商,但荷兰文字的读写皆被禁止。故通事只能以假名记忆荷兰语,并口头相传,翻译时亦只能使用假名。此种情形持续甚久,无人学习荷兰文字。然万事一旦时机成熟,便会自然出现。第八代将军德川吉宗之时,长崎荷兰通事西善三郎、吉雄幸左卫门等人商量,翻译时若不识其文字,仅暗记其词,难以处理复杂的事情……迄今为止,即便被彼国人欺骗亦无从知晓。三人遂向幕府提出申请,于是获准。"[②]当时,西洋文化通过荷兰商馆传入日本,德川吉宗对荷兰天文学书籍产生了浓厚兴趣。1742年,他下令青木昆阳学习荷兰语,从此兰学的历史拉开了序幕。兰学的成果从大槻如电的《日本洋学年表》(卖弘书林,1878年)可以窥见一斑。该年表收录了1708年至1868年的64种兰学书,平均两年半1本,数量不算太多。这也表明即便是在兰学兴起之后,汉译西书依然是日本摄取西学的主要途径。从兰学译书所使用的语言来看,日本第一部正式医学译著《解体新书》(前野良泽、杉田玄白等译,1774

[①] 吉田松阴:"借本录",前引《吉田松阴全集》第7卷,第428—431页。
[②] 杉田玄白:《兰学事始》,(东京)林茂香,1890年,第7—9页。

年刊)以及第一部物理学译著《气海观澜》(青地林宗译,1827年刊)、眼科专著《眼科锦囊》(本庄普一撰,1831年刊)、第一部系统介绍欧洲植物学的《植学启原》(宇田川榕庵撰,1833年刊)等全部使用汉文。这是因为荷兰语"其文稍稍与支那俗语相似"①,从效率来看,翻译成汉文比翻译成日语更加简便。大槻玄泽在兰学入门书《兰学阶梯》中讲解荷兰语时,采取了先将汉语词与荷兰语对应,然后再用日语解释的方式。例如:

Jk　ban　u　dienaar.
我　者　俩　臣

Ouden zal men eeren jongen zal men leeren.
老　可人 敬　少　　可人 習

Hy brengt gantfche nagten met leefen door.
他　　終　　夜　　以　　読　者　徹②

不过,从整体上来看,使用和汉混合文体,即将汉文训读文体与和文体混合起来的文体的比例要略高一些,这可能是因为一些译者更加重视译文的易读性,并非仅仅考虑翻译的效率。但不论是使用汉文还是和汉混合文,概念术语都以汉字表示。前野良泽、杉田玄白等人在《解体新书》的"凡例"部分对概念术语的译法进行过说明:"译有三等,一曰翻译,二曰义译,三曰直译。"这里的"翻译"相当于现在的对译法,即将荷兰语替换为对应的汉语词,例如将 beenderen 替换为"骨";在没有现成对应汉语词的情况下则使用"义译"法,相当于现在的意译,例如将 Kraakbeen 译成"软骨",将 Zenuw 译成"神经"。其实,这些词在中国古书中有很多用例。例如,"软骨"可见于张璐撰《本经逢原》(1695年刊)等,指软骨头;"神经"见于《后汉书》等,指神妙奥秘的经典,但这些都不是普通名词。因此,用"软骨"指称半透明的有弹性的组织,用"神经"表示身体的感应组织,这些都是《解体新书》的独创。当然,这种创新是建立在汉学素养以及中国医药知识的基础之上。"直译"则相当于现在的音译法,翻译人名地名时使用这种译法。《解体新书》"凡例"

---

① 大槻玄泽:《兰学阶梯》下。
② 同上。

还称"斯书所直译文字,皆取汉人所译西洋诸国地名,而和诸荷兰万国地图相参勘集以译之,傍书倭训,以便读者也"。这表明该书地名依照汉译西书中通用的音译法,而不是直接用汉字的日语音进行音译,片假名只用于标注日语读音。杉田玄白在回顾兰学在日本的兴起发展过程时,提及兰学发展与汉学的关系:"兰学发展至今,其程度之深,昔日实在难以想象。今日看来,或因汉学崇尚文辞,故其传播较缓;而兰学则以言语实录事实,因之传播较速;或因汉学开拓之知识,方见兰学之兴起,故其迅疾如此"[①],这从一个侧面说明汉译西书为西学在日本的传播奠定了基础。

1856年,幕府设立了蕃书调所开始讲授兰学。随着日本与美国、荷兰、英国、俄罗斯和法国签订和亲条约和通商条约,日本与西方的交往范围扩大。1860年,蕃书调所开设了英、法、德语科目,并于1862年派遣西周和津田真道前往荷兰,1866年又派遣中村正直前往英国学习。伊藤博文、森有礼等20余人分别由其所属的长州、萨摩藩派往英国学习。明治政府成立后,派遣留学生的规模不断扩大。1869年至1870年,共派遣了174名留学生,而到1873年,人数增加到373名。[②] 同时,明治新政府还高薪聘请了外籍专家。1872年3月,共有214名外籍专家受聘,其中119人来自英国,50人来自法国,16人来自美国,9人来自中国,8人来自普鲁士等国家。其中,24人受聘于文部省,在大学南校等学校任教。[③] 因此,日本逐渐具备了直接从欧美摄取西学的条件。

冈千仞与河野通之用汉文合译的格坚扶(Quackenbos)著《米利坚志》(1873年刊)的"例言"称:"原书米人格坚扶氏所撰,通之以其过略,参观《瀛环志略》《万国公法》《格物入门》等书,间有可取并载以补之","邦名仿……《联邦志略》,其他地名人名概用汉土人所译。其未经译者姑以邦音填之。看者勿笑其不伦"。这里所提及的徐继畬撰《瀛环志略》(1848年刊)、惠顿撰丁韪良译《万国公法》(1839年刊)、丁韪良撰《格物入门》(1889年刊)、裨治文撰《联邦志略》(1861年刊)都是代表性汉译西书,这些西书对冈千仞等

---

① 前引杉田玄白《兰学事始》下。
② 郑彭年:《日本西方文化摄取史》,杭州大学出版社,1996年,第264页。
③ 《御雇外国人一览》,(东京)中外堂,1872年。

人所产生的影响远远超出词语借用的程度。高桥二郎也在他用汉文编译的《法兰西志》(1877年刊)的"例言"中称"地名人名专用汉人所译,未经译出者以汉音填之"。福泽谕吉也曾说过:"在汉学流行的时代,翻译洋书或阐述西洋学说时,使用俗语会让人感到不够高雅。为了顾及汉学家的意见,翻译者往往使用生硬的文体,这种翻译方法已经流传了百年之久。"①当时,福泽谕吉提倡言文一致,因此他对将西书翻译成汉文的做法持批判态度。这些事例表明,即使在直接从欧美摄取西学的时代,上述《解体新书》的译法也被广泛沿用,甚至成为一种规范。山田孝雄曾指出:"在近代,日本人主要通过汉语摄取西洋文化。这些汉语词有两个来源。一个是日本人直接沿用了汉译西书中使用的词语,另一个是日本为了引进西方文化而自造的词语,其中有的是选自中国古典,有的则是日本新造的。"②这简明扼要地概括了汉语词在兰学、英学乃至更广泛的洋学的形成和发展过程中发挥了重要的介质作用。

二、日语的言文一致与汉语

言文一致运动是近代日本出现的一场语言改革运动,旨在消除口语和书面语之间的差异。截至20世纪初,日语的书面语基本上是指汉文或者汉文训读体。近代以来,日语口语与书面语的不一致的状态一直被视为社会发展的障碍,致力于消除这种状态的言文一致运动也因此贯穿于日本近代史的全过程。1866年,前岛密通过开成所校长松本寿太郎向将军德川庆喜提呈了《废除汉字之建议》。他在主张废除汉字的同时,也建议着手解决言文不一致的问题。维新后的1870年,前岛又向新政府提交了《国字国文改良建议书》,称"近日,于汉学之世得志者忽改其文体,公私文书有渐似汉文体之势。逆此趋势,转其习惯并欲废之,其议之难,不足为怪。然明晰讲究国民教育之利害,深远思虑国家兴隆之本源,虽为汉字保守者,亦当晓知废汉字之真利"③,他从国民教育以及振兴国家的角度主张废除汉字,以此消除由使用汉语词所带来的言文不一致问题。福泽谕吉撰写《西洋事情》《劝

---

① 《福泽谕吉全集》第1卷,(东京)时事新报社,1897年,第6页。
② 山田孝雄:《国语中的汉语研究》,(东京)宝文馆,1940年,第442页。
③ 前岛密:《国字国文改良建议书》(非卖品),1899年,第6—7页。

学篇》《文明论之概略》等多部启蒙著作,其目的在于"以通用的俗文来引导世人走向文明"①。因此,他的"各种著作译著尽量避免使用难解之文字,牢记要以平易为主"②。他判断文章平易的标准是没怎么受过教育的人是否能理解。他说"我希望这些书不仅要让没受过教育的农民和城市居民这些普通人能理解,而且要让从山区来的女佣隔着纸拉门都能听出在讲什么"③。福泽著作十分畅销,这为言文一致运动奠定了舆论基础。

在文学方面,二叶亭四迷以及山田美妙等作家在19世纪80年代末开始创作言文一致的小说,其中二叶亭在1867年出版的《浮云》中效仿陀思妥耶夫斯基的叙事手法,用口语对人物感情进行了细腻的刻画。1888年,文学社发行的小学教材《寻常科用读本》(共6册)的序言中称"本书的文体一开始使用谈话体,逐步转向文章体,以使学生能理解普通的汉字假名混合文"④。这里的谈话体自然是指口语,汉字假名混合文实际上就是言文一致体。此后,尾崎红叶在《读卖新闻》上连载言文一致体小说《青葡萄》和《多情多恨》,并获得好评。

在此背景下,帝国教育会于1900年1月向内阁大臣以及贵族院、众议院的议长提呈了《关于国字国文改良的请愿书》。同年2月,日本政府设立了"国语调查会"。同年3月,帝国教育会也设立了下属的"言文一致会",该会发行会刊《言文一致》(半月刊),刊登各种体裁的范文。1901年2月,言文一致会向贵族院、众议院提呈了《关于实施言文一致的请愿书》。该请愿书称:"我国语言繁杂,难以取舍,且汉字数量大,其笔画和音读各不相同,文体各异,很难熟练掌握。此外,标准词典和语法书也不完善。在外国人看来,日语是世界上最难懂的语言之一。因此,日本的中小学生在语文学习方面背负着世界上最繁重的负担。他们的时间耗费在无用的日课上,无暇学习其他必要的知识,这影响了他们的学业。而这不仅仅是他们的不幸,也会导致日本在世界竞争中处于不利地位。因此,为了让中小学生以极为简单的方式学习语文,日本必须实施言文相一致的政策。这样可以使他们将精

---

① 前引《福泽谕吉全集》第1卷,第10页。
② 同上书,第2页。
③ 同上书,第7页。
④ 西原庆一:《近代国语教育史》,(东京)穗波出版社,1965年,第270页。

力集中到所需知识的学习方面。实践言文一致是目前最为紧要的任务。"①请愿书从提升日本国际竞争力的角度强调了言文一致的必要性和紧迫性。为了加深舆论对言文一致的理解与认识,言文一致会还积极组织了演讲会等各种形式的宣传活动。1902年7月,国语调查会确立了"采取言文一致文体"的方针,并实施了相关调查。20世纪初,自然主义作家岛崎藤村、田山花袋等人的作品也都采用了言文一致体。到了1910年前后,绝大部分报纸杂志也都采取言文一致体。1910年12月20日,言文一致会举行了解散宴会,这标志着言文一致运动达到了预期的目的。

言文一致体采用了汉字和假名混合的方式,其中名词、动词等使用汉字,而助词、助动词、副词等使用假名,这种文体同时克服了书面语汉文往往晦涩难懂,以及口语冗长鄙俗的不足的问题,这样既降低了语言学习和使用的难度,同时又在一定程度上保持了语言的精简。言文一致一方面意味着对汉字进行限制,一方面又意味着承认汉字在表达上具有假名或者罗马字无法替代的优势。我们可以通过1912年1月11日《大阪每日新闻》的一则报道的开头部分来看当时报刊文体的特征:

ランプ危険　ガラス壺は禁止

去る四十二年の天滿大火後、洋灯は危ないと云ふ所から、大阪府では取締法として硝子壺のは往々砕けて火が移る憂ひがあるから、金属製の物を使用するやうと布達し、其以来一般公衆の寄る場所などでは之を励行させてゐたが、昨年十二月二十八日、更に府令第百二号で公衆の集合所は勿論、燃え易き物を取扱ふ所は絶対に硝子壺の洋燈を厳禁し、金属製の洋燈を使用さす事に命令し来る二月一日より之を実行さす事に決してゐる。而して各国人の家に就いては、所轄警察署の巡査が戸口調査に行った節好意的に注意を与へる事として、保安課からコノ旨を諭達した。②

---

① 日下部重太郎:《现代国语思潮》,(东京)中文馆书店,1933年,第264页。
② 荒木昌保:《用新闻报道写明治史》下,(东京)亚土,1975年,第595页。

这是一则关于大阪府禁止在公众场所和有易燃物品处使用玻璃制洋灯的报道节选。所选段落不算标题和标点符号共 240 余字,其中汉字占比 57%,平假名占比 41%,片假名占比 2%。现在的新闻报道中,片假名比率有所提高,汉字比率会略有下降,但即便如此,汉字比率依然不会低于 50%。相比新闻报道,学术著作中汉字比率更高。因此可以说,即便在言文一致体中,汉字比率仍然超过半数。

三、现代日语中的汉字使用状况

下面我们通过日本国立国语研究所的"现代日语书面语均衡语料库"和《角川类语新词典》的词条来确认一下汉字在现代日语中的使用状况。

"现代日语书面语均衡语料库"[①]由日本国立国语研究所建立,该语料库的词语取自新闻报道、杂志报道、书籍、网页等的各种类文章。通过该语料库所收录的词语,可以具体把握现代日语书面语的全貌。该语料库短单位词汇表共收录了 15 万 2442 个词条,主要分为汉语词、和语词、汉和混合词、外来语、符号等几类。其中汉语词是指日语中汉字音读形式的词语,包括从中国传入并固定下来的词语,以及日本人自造的词语。例如「教育」(きょういく)、「言行」(げんこう)、「図書」(としょ),这些汉语词主要用来表示专业领域和抽象概念,在学术和商务等领域广泛使用。和语词则是日语固有的词语,一般以汉字和平假名混合的方式进行表记。和语词中的汉字读成训读,例如「告げる」(つげる,告知)、「買い物」(かいもの,购物)、「美しい」(うつしい,美丽)。和语词主要用来表示与自然、感情、日常生活相关的词语,是根植于日本文化和风土的表现形式。汉和混合词是由汉语词与和语词组合而成的词语,例如「欲張る」(よくばる,贪婪)、「空き瓶」(あきびん,空瓶)、「切り麺」(きりめん,切面),汉语词部分用音读,和语词部分用训读。这种词语发挥了汉语词与和语词各自的特点。最后,外来语是指从英语等西方语言中引

[①] "现代日语书面语均衡语料库"短单位词汇表(Version 1.0) https://repository.ninjal.ac.jp/? action=pages_view_main&active_action=repository_view_main_item_detail&item_id=3234&item_no=1&page_id=13&block_id=21,2023 年 9 月阅览。

进的词语,一般用片假名来表记,按照日语的音韵体系发音。例如,コンピューター(computer,计算机)、エンジン(engine,引擎)、スタート(start,开始)。在"现代日语书面语均衡语料库"中,汉语词有50650条,有汉字形式的和语词33233条,以汉字开头的汉和混合词5151条,以上合计89034条。因此,在整个数据库中,包含汉字的词条的占比为58.4%,这个数值与上文中列出的《大阪每日新闻》1912年报道的汉字使用比率相当接近。

下面我们再来看一下《角川类语新辞典》中汉语词的使用情况。该辞典是代表性的现代日语分类词典,由大野晋和浜西正人共同编著。该词典共收录5万词条,大分类共10类、中分类共100类、小分类共1000多类。从下表可以看出,绝大部分分类词语都是汉语词,这表明汉语词在现代日语词汇中占据着极其重要的地位。

《角川类语新辞典》分类一览表

大分类	中分类	小分类
自然	天文	天文、宇宙、空、天体、太陽、月、星、地球、朝夕、昼夜
	暦日	季節、春、夏、秋、冬、節気、年、月、週、日
	気象	気象、寒暖、晴曇、雨、雪、露、霜、雲、霧、霞、風、天変地異
	地勢	地勢、陸地、山、平野、海、湖沼、川、泉、岸、島
	景観	景色、風土、用地、耕地、森林、庭園、墓地、道路、海流、波
	植物	植物、樹木、草、芽、茎、枝葉、花、果実、樹皮果皮、細胞
	動物	生物、動物、魚介、虫類、器官、脚、尾、筋骨、内臓、卵、性
	生理	生命、生死、成育、発病、生理、呼吸、血行、排出、分泌、生殖
	物質	万物、物体、物質、酸、塩、栄養、水、空気、金属、鉱物、塵埃
	物象	物象、反応、燃焼、熱、煮沸、光、音、波動、力、電気
性状	位置	位置、こそあど、点、内外、前後左右、上下、入り口、周辺、遠近、方向
	形状	形、点、線、面、角、立体、模様、長短、大小、広狭、擬態語
	数量	数、数量、度、度量衡、年齢、有無、多少、全部、単複、幾ら
	実質	実質、構造、疎密、繁簡、軽重、強弱、硬軟、濃淡、乾湿、新古

续表

大分类	中分类	小分类
性状	刺激	刺激、明暗、光沢、色彩、風味、匂い、冷温、痛痒、喧騒、擬声語
	時間	時間、時機、時刻、期間、常時、遅速、先後、終始、今昔、時代
	状態	状態、調子、隆盛、過激、安危、難易、明瞭、不変、気配、地味
	価値	価値、価格、良否、適不適、有用、真偽、正否、精粗、美醜、雅俗
	類型	類型、種類、特徴、箇条、系統、正副、類例、特異、同一、相応
	程度	程度、標準、等級、並み、限度、大変、細大、一層、大体、こんな
変動	動揺	運動、動揺、震動、傾斜、転倒、回転、滑り、弾み、翻り、浮動
	移動	移動、旋回、進退、通過、渡り、接近、指向、昇降、飛翔、流動
	離合	離合、混合、交錯、接触、付着、接続、並列、集散、堆積、下垂
	出没	出し入れ、抜き差し、埋没、見え隠れ、露出、包囲、開閉、浮沈、浸透、注ぎ
	変形	変形、破壊、伸縮、拡大、曲折、起伏、角立ち、締まり、畳み、巻き
	変質	変質、凝固、乾燥、濃縮、清濁、美化、色付き、腐敗、強化、散乱
	増減	生成、残存、増減、加除、満ち欠け、過不足、補充、総括、包含、限定
	情勢	情勢、勢い、発生、成否、興亡、盛衰、進歩、変動、混乱、緊張
	経過	経過、過程、開始、到来、断続、存廃、進捗、進み、繰り上げ、短縮
	関連	関係、独立、対応、本末、因果、影響、均衡、適合、類似、勝り
行動	動作	動作、全身動作、立ち居、俯仰、横臥、手の動作、足の動作、歩行、疾走、口の動作
	往来	道筋、往復、去来、出入り、発着、乗降、運行、逃亡、巡回、滞在
	表情	表情、笑い、泣き、目の動き、声、感嘆、身震い、狼狽、気取り、凄み
	見聞	見聞、目撃、聴取、提示、合図、表現、描写、署名、読み、書き
	陳述	発言、沈黙、進言、談話、相談、議論、問答、説明、演説、主張
	寝食	生活、居住、在宅、寝起き、食事、炊事、装い、美容、掃除、裁縫
	労役	行為、実行、成敗、労働、従業、休業、営業、仕事、職業、産業
	授受	授受、需給、徴収、取捨、貸借、預け、交換、集配、選択、所有
	操作	操作、使用、処置、設置、包装、積載、運搬、押し、突き、打撃
	生産	生産、製造、修繕、装飾、建造、土木、耕作、牧畜、狩猟、採取

续表

大分类	中分类	小分类
心情	感覚	感じ、意識、狂気、酔い、睡眠、疲労、飢渇、味見、痛み、痙攣
	思考	心、思考、判断、認識、比較、識別、信疑、過誤、証明、立案
	学習	学習、練習、模倣、記憶、研究、調査、捜索、試験、計算、出題
	意向	意、欲望、願望、注意、用意、決意、奮起、執着、勤怠、忍耐
	要求	要求、頼み、諾否、許否、認否、賛否、協力、交渉、約束、権利
	誘導	勧誘、奨励、命令、束縛、誘導、指導、欺瞞、妨害、救助、保護
	闘争	闘争、紛争、競争、勝敗、攻防、討伐、征服、叛服、復讐、侵害
	栄辱	褒貶、賞罰、叱責、非難、尊敬、尊重、感謝、栄辱、自尊、驕り
	愛憎	人情、愛憎、恋愛、思慕、好悪、威嚇、同情、恩恵、親近、待遇
	悲喜	感情、感動、苦楽、悲喜、安心、満足、焦慮、恐怖、怒り、驚き
人物	人称	人称、自称、対称、他称、不定称、自他、公私、人、接尾辞、接辞
	老若	老若、男女、幼児、少年、青年、成人、老人、障害者、病人、死人
	親族	家族、夫婦、父母、子、孫、兄弟、祖父母、先祖、親族、伯父伯母
	仲間	仲間、成員、相手、友人、恋人、主客、住民、民衆、国民、民族
	地位	君臣、主従、首長、治者、目上目下、師弟、将卒、貴賤、貧富、労資
	役割	創始者、首脳、担当者、当事者、使者、所有者、仕手、筆者読者、役者、選手
	生産的職業	業者、作業員、職人、運送人、乗務員、商人、農民、牛飼い、猟師、樵
	サービス的職業	役人、軍人、教育者、文筆家、芸術家、俳優、僧俗、医者、事務員、使用人
	人物	偉人、賢者、第一人者、勇者、働き者、趣味人、変人、善人、賊、罪人
	神仏	神仏、天帝、化身、天使、仙人、霊魂、魔物、鬼、化け物、憑き物
性向	体格	身体、胴体、手足、乳房、皮膚、体毛、体格、健康、病気、不全
	容貌	顔、容貌、頭、目、鼻、耳、毛髪、ほくろ、口、歯
	姿態	姿態、裸、上品、威厳、美麗、男性的、魅惑的、可愛げ、滑稽、若気
	身振り	身振り、機敏、乱暴、平静、茫然、足取り、話し振り、笑い方、目付き、食べ振り

续表

大分类	中分类	小分类
性向	態度	態度、熱心、積極的、執拗、入念、慎重、悠長、真面目、勇敢、贅沢
	対人態度	人当たり、有縁、親疎、愛想、親切、寛厳、高慢、丁重、公平、公然
	性格	性格、習性、温和、善良、無欲、強情、剛健、気長、陽気、好色
	才能	力、能力、知恵、賢愚、敏感、学識、趣味、技量、巧拙、業績
	境遇	境遇、身上、地位、貴賤、貧富、運命、禍福、安否、災難、繁忙
	心境	気持ち、愉快、上機嫌、安楽、安心、無気味、満足、優越感、好き嫌い、痛切
社会	地域	範囲、跡形、場所、土地、領土、都道府県、都会、村落、郷里、世界
	集団	群集、集会、加入、団体、軍隊、党派、界、家庭、社会、国家
	施設	施設、役所、学校、公共施設、仕事場、駅・港、城塞、社寺、住居、店舗
	統治	支配、統治、治乱、機関、掟、犯罪、検挙、訴訟、裁判、刑罰
	取引	経済、取引、売買、騰落、損得、収支、費用、貨財、賃金、税
	報道	報道、伝達、発表、流布、評判、音信、通信、編集、印刷、出版
	習俗	習俗、流行、伝承、文化、儀式、慶弔、参拝、宗教、信仰、行事
	処世	処世、経歴、籍、相続、結婚、学事、出処進退、任免、推挙、栄達
	社交	交際、出会い、招致、同伴、送迎、出欠、訪問、応対、仲介、挨拶
	人倫	間柄、人道、道徳、節操、恩義、奉仕、信頼、善悪、罪悪、姦淫
学芸	学術	学問、分科、論説、主義、奥義、資料、題目、著作、作品、翻訳
	論理	論理、事柄、実体、概念、意味、要点、概要、理由、目的、方法
	記号	記号、文字、名称、番号、図表、式、暦、干支、単位、助数詞
	言語	言葉、音韻、文法、単語、接辞、文・句、話、諺、洒落、修辞
	文書	文章、章節、文体、表記、原稿、文書、書簡、刊行物、書物、目録
	文学	芸術、文学、詩歌、創作、説話、小説、構想、記録、戯曲、文芸用語
	美術	美術、絵画、図画、書芸、写真、撮影、肖像、彫刻、工芸、意匠
	音楽	音楽、演奏、歌謡、歌唱、楽曲、調子、音階、拍子、旋律、声域
	芸能	芸、演劇、映画、出演、興行、見世物、芸当、舞踊、諸芸、武芸
	娯楽	娯楽、遊び、見物、旅行、散歩、納涼、遊猟、ゲーム、スポーツ、球技用語

续表

大分类	中分类	小分类
物品	物資	物品、物資、紙、木材、石材、鉄材、燃料、油、肥料、屑・粕
	薬品	薬剤、医薬類、薬品類、農薬類、化粧品類、香料、塗料、染料、接着剤、火薬
	食品	食品、穀物、飯、料理、食品、調味料、食肉、野菜、菓子、飲料
	衣類	衣料、糸、織物、衣服、衣服、衣服、帽子、履物、寝具、装身具
	建物	建物、部屋、建物、建物、建具、敷物、幕、日覆い、門、塀・垣
	家具	道具、卓、箱類、容器、籠、袋、食器、冷暖房具、灯火、家庭用具
	文具	学用品、筆記具、帳面、本・卷物、玩具、人形、遊戯具、運動具、楽器、鐘
	標識	標識、記章、碑、旗、札、貨幣、くじ、指針、印章、飾り物
	工具	工具、錠・鍵、ハンドル、針・ねじ、棒・竿、輪、管、針金、農具、刃物
	機械	機械、原動機、電気機具、光学器械、計器、兵器、乗り物、車両、船舶、航空機

根据大野晋、浜西正人編『角川类语新辞典』(《东京》角川书店、1981年)整理。

日本没有固有的文字。汉字很早就传入日本,最初由渡来人负责文书工作。随着时间的推移,一些日本原住民也逐渐掌握了汉字。掌握汉字的日本人一方面使用汉语进行书面交流,另一方面借用汉字音来记录日语的发音。天武朝在京城设立的"大学"以及各地的"国学"推动了汉学在日本的传播。为了降低文字的学习难度,日本人利用汉字的部首偏旁发明了假名,另外还发明了用假名解读汉字和汉文的训读法。这种方法可以比较简便地掌握汉字、汉文的读写,减少了日本人从中国摄取文化养分时的语言障碍。因此,汉籍大量传入日本,其中不仅有经史子集,还有汉译西书。因此,汉籍不仅在传播中国传统文化方面,而且在传播西学方面也发挥了重要作用。直到20世纪初,汉学是日本社会精英必不可少的素养。即便在现代,汉语词在日语中的占比仍超过一半,汉字已经深度融入日语中,并且这种状况一直在持续。

第三章 "神国"观的出现与神儒关系论

日本是在 7 世纪初与隋朝交往的过程中才萌发国家意识,但这种意识只是试图摆脱朝贡国地位,以与隋朝对等交往,并没有强调日本的优越性。隋朝灭亡后,日本继续向唐朝派遣使者,效仿唐朝实施律令制,同时将佛教定为国教。奈良时代初期成书的《古事记》《日本书纪》中所记载的神话在奈良平安时代并没有起到国家意识形态的作用,基于记纪神话的"神国"观是在镰仓幕府 13 世纪后半叶的文永弘安之役前后才开始出现。室町时代,因为北畠亲房的《神皇正统记》和卜部神道的出现,"神国"观的影响有所扩大。江户幕府成立后,朱子学成为官学,儒教迎来鼎盛期。然而,由于幕府将军在形式上是由天皇任命的,维护天皇的权威同时也是为了维护幕府统治的正统性。因此,儒者并不明确否定"神国"观,大多采取神儒融合的态度。本章对"神国"观的出现与演变,以及江户时代儒者对神儒关系的论述进行分析探讨。

第一节 "神国"观的出现

一、文永弘安之役时的"神风"

如前所述,记纪神话主要是为了证明天皇家族统治的正统性,即证明天皇是神的后裔,有权支配日本,其目的在于巩固日本国内的政治秩序。因此,记纪神话当中并没有将日本与其他国家进行对比的内容。记载神话的《古事记》《日本书纪》成书的奈良时代也是佛教盛行的时代。圣武天皇(在位 724—749 年)实施佛教政治,他试图通过佛教的功德来消除灾祸,以稳定政局。这种思想被称为"镇护国家"的思想。为此,圣武天皇命令在京城修建东大寺,在各地修建国分寺。圣武天皇之女阿倍内亲王即位后成为孝谦天皇(在位749—758年),她一度退位后又重新即位成为称德天皇(在位764—770年)。孝谦称德天皇曾因生病得到僧人道镜的护理,而对他加以宠爱,任命他为太政大臣禅师、法王,甚至打算将皇位让给他,因为和气清麿等人的反对才未能如愿。桓武天皇(在位781—806年)之所以要迁都平安,就是为了削弱佛教对政治的影响力。不过,桓武天皇并不排斥佛教,而是试图通过最澄和空海从中国带回的新佛教与奈良旧佛教进行对抗,平安时代的宗教信仰依然是以佛教为主。当时流行的"本地垂迹"说主张日本的神是佛、菩萨(本地)为了拯救众生而显现的姿态。这种说法用佛教来解释神道,显然是以佛教为主,以神道为辅。出家的上皇掌握实权的平安时代的政治形态"院政"就是在这样的背景下出现的。直到天皇的权力衰落,记纪神话才开始被用来表现日本的国家特性和民族精神,其最早的契机是13世纪末元军两次入侵日本,即"文永之役"和"弘安之役"。

成立于1192年的镰仓幕府采取了封建制度,这种制度以封地和军役为基础,形成了主君和家臣的主从关系。幕府没有常设的国家军队,遇到战事才临时调遣兵力。例如,在1221年的"承久之乱"中,后羽鸟上皇讨伐幕府,幕府家臣军心动摇。经过源赖朝之妻北条政子的劝说,才稳住军心,最终击退讨幕军。每次战事结束后,幕府必须用金钱、财物或者土地来论功行赏,才能维系这种主从关系,这种主从关系实际上是一种利益交换关系。而抵御元军来犯很难获得战利品,这意味着幕府要付出更大的代价。但幕府也不能坐以待毙,它结成了"异国警固番役"守卫博多湾等九州北部的要地,并筑起了石造壁垒。此外,能做的就是虔诚祈祷了。当时,上至王公贵族下至各地寺社都在祈祷元军降伏。例如,龟山天皇在1267年(文永四年)2月25日"奉币二十二社,祷弭蒙古难",3月28日"卜住吉神社怪于轩廊",4月13日"以蒙古难,遣权大纳言藤原通雅于伊势,奉宸笔宣命及币大神宫",6月22日"遣使盾列池上山阶大内山、圆宗寺、法住寺、大原金原陵,告蒙古难",11月22日"修炽盛光法,祈弭蒙古难"。[①] 另外,弘安之役时,后宇多天皇

---

① 《大日本史》卷62。

"帝深忧之,御书愿文,奉大神宫,祈以身代国难"①,可知天皇一直在祈祷元军败退。

另外,弘安之役时,律宗僧侣叡尊也受命举行大规模法事祈祷元军降服:"天皇虑侵逼上邦,乃集百官议一其事,佥曰:非佛神加护,况不可伏。于是,敕师令祈祷之,师奉诏,(七月)廿三日率比丘僧一百余员届教兴寺,于讲堂千手观音宝前修百座仁王会,兼讲赞千手千眼经,经中至神妙章句,外国怨敌即自降伏,各还政治国土之处。"②京都正传寺住持东岩慧安在文永7年就将祈祷文提呈至石清水八幡宫,并称日本国土有神明守护,祈愿以神力让敌国降伏。他还在祈祷文空白处用小字写下了"我国永远永远是万邦无比之国"③。

朝臣广桥兼仲的日记《勘仲记》中也有关于元军败退的记载。例如,文永十一年11月6日条为"晴。或人云,去比凶贼船数万艘浮海上,而俄逆风吹来,吹归本国,少少船又驰海上,仍大鞆式部大夫郎从等凶贼五十余人令房掠之,皆搦置彼辈等,六日下,召具之。可令参洛云云,逆风事,神明之御加被欤,无止事可贵,其凭不少者也,近日内外法御祈,诸社奉币连绵,无他事云云"④。这段是说万艘元军海舰被逆风吹回本国,少数登陆元军也被俘虏是神明保佑的结果,各地寺社都在供奉感激。《勘仲记》弘安四年闰7月17日条抄录了当天宣旨的内容"去夏以降,蒙古袭来,荐着壹岐对马,虽惊九州岛官军,今月朔日暴风上波,是则神鉴之应护也,贼船定漂没欤,然间弥施粟陆之德化,犹仰蓝谷之冥助,加之斯兹三合初秋余润,其慎不轻,其兆最重,宜却灾华于未萌,增福祚于无疆之由,令裁新年谷奉币宣命辞别"⑤,称弘安之役时也是暴风雨使"贼船漂没"。

在两次战役的前后,"神国"观念也随之广为流传,并以多种形式被反复再生产。例如,在绘画方面有镰仓后期的《蒙古袭来绘词》,在神道书方面有

---

① 《大日本史》卷63。
② "洛西叶室山净住寺开山兴正菩萨略年谱",奈良国立文化财研究所鉴修《西大寺叡尊传记集成》,(京都)法藏馆,1977年,第278页。
③ 黑田俊雄:《日本的历史8 蒙古袭来》,(东京)中央公论社,1965年,第66页。
④ 广桥兼仲:《勘仲记》文永十一年11月6日条。
⑤ 同上书,弘安四年闰7月17日条。

同为镰仓后期的《八幡愚童训》，在史书方面有下文将要提及的北畠亲房《神皇正统记》等。北畠亲房是南朝公卿，他为了证明南朝的正统性而撰写了《神皇正统记》。该书后宇多天皇条对"神明之威"进行了一下描述：弘安四年"蒙古之军集多船犯我国，筑紫有大会战，现神威，现形防御进攻。大风俄起，数十万艘贼船皆破灭，虽未末世，神明之威德不可思议"①。但是，幕府并没有因此将神道置于特别的地位。例如，长崎小茂田滨神社祭祀了在文永元寇之役中战死的宗助国。当时宗助国担任对马岛守护代，文永十一年元军攻打对马岛时，他率一族参战并阵亡。该神社请求幕府将该社升格为特别官币社，但幕府执权北条时宗未批准该神社的请求。②

祈祷与暴风雨之间当然不存在任何因果关系，而暴风雨是不是元军败退的决定性因素也不是这里要探讨的问题。但值得注意的是，在元军两次进攻日本时，都遭遇了暴风雨的袭击。在当时气象科学尚不发达的情况下，这种巧合很容易给人们留下广阔的想象空间。事实上，各地寺社纷纷借此机会向幕府索要奖赏，声称是他们的祈祷才击退了元军。幕府为了应付这些要求，不得不在1284年（弘安七年）多次颁布德政令，让寺社无偿收回典当出去的土地等财物。这也说明了祈祷与击退元军之间的因果关系在当时被广泛认可。然而，德政令却引起了幕府家臣的不满，成为加速镰仓幕府政权走向衰落的重要原因之一。

二、北畠亲房的《神皇正统记》

北畠亲房（1293—1354年）曾担任大纳言。在足利尊氏举兵后，他协助后醍醐天皇在吉野建立南朝，与北朝及室町幕府抗衡。他在南朝时期撰写的《神皇正统记》基本上依照《古事记》的体例，首先讲述了日本的诞生神话和传说，然后概述了从神武天皇到当时在位的南朝后村上天皇的生平事迹，并评述了各个时代的大事。其目的在于激励南朝天皇不要辜负历代先帝，要胸怀大志，挽回颓势。因此，该书中有不少宣扬"神国"观的内容。

---

① 北畠亲房：《神皇正统记》卷5。
② 内务大臣床次竹次郎："县社小茂田滨神社升级为特别官币社请愿之事"，1921年5月20日。

该书开头的第一句声称:"大日本神国也。天祖始开基,日神长传统,仅我国有此事,异朝无其类,故曰神国也。"①接着,对日本国名的由来进行了梳理,并在此基础上表明了作者对日本国家特性的看法。他说:"我国自天祖以来,皇位继承从未有过混乱,而天竺和震旦却无序。在天竺,有实力者即便出身卑微亦能成为国王……在震旦,伏羲之后天子姓氏更换三十六次,其混乱程度难以言表。唯独我国从开天辟地至今日,皇位的继承有序。同一姓氏当中,即使有传至旁系之事,犹有归正之道,保持皇统。这是因为神明誓言保佑,所以日本与其余国家有异。"②在这里,他将皇位一直井然有序地由天照大神的后裔继承作为主张日本优秀性的依据。正如本书第一章所述,在进行权力博弈时,为了证明自己的非凡性、自身行为的正统性而编造一些故事是很常见的现象。权力在握之时,说一说权力是如何来的,还能起到一点粉饰作用,失去权力之后再说这些,则只是精神胜利了。北畠随大觉寺统的后醍醐天皇落难吉野山中,就是因为室町幕府将军拥立了持明院统的光严天皇,他撰写该书时日本正处于皇位继承"无序"的状态。当然,或许北畠觉得作为正统的大觉寺统式微只是暂时现象,总有一天皇统会回归大觉寺统,但实际上南北朝统一之后,足利义满承诺的两统更迭并没有兑现,皇位由所谓旁系的持明院统继承。更何况在武家政治时代,天皇基本上就是一种摆设,掌握实权的时候非常少,皇位由谁继承对政局没有太大影响。总之,作者主张日本的国家特性,仅仅是为了自我满足。

当谈到日本的国家特性时,北畠无法避免"华夷之辨"的问题。他在第7代天皇孝灵天皇条中言及孔子哀叹乱世时"欲居九夷",说明在中国看来日本是"九夷"之一,还解释了中国对周边民族的称呼,如东夷、南蛮、西羌、北狄等。他说"南为蛇种,故随虫;西唯牧羊矣,故随羊;北为犬种,故为犬。只东有仁命长,故随大弓之字"③,主张东夷优于其他三者,以提高日本的国家形象,他采用的是以拆字来解构华夷之辨中的价值判断的方式。然而,在汉语词典中,似乎找不到与此对应的解释。例如,《说文解字》的解释是"夷,

---

① 北畠亲房:《神皇正统记》卷1。
② 同上。
③ 同上书,卷2。

东方之人也。从大,从弓,会义"。另外,在第 15 代天皇应神天皇条中,他反驳了日本人是吴太伯之后裔以及日本人与三韩同种的说法,因为在他看来"开天辟地之后,素戈鸣尊至韩地,彼等之国亦神之苗裔,恐怕不是附会之说……天地神之后裔,何以成后世吴太伯之后耶"[①]。北畠关于日本的国家特性、日本在东亚世界的形象以及日本人起源的观点主张,都不是基于经验性事实归纳总结出来的。这些观点主张要么基于没有事实依据的神话传说,要么立足于对概念的肆意曲解。这种论法甚至成为日后日本文化论的一种常用的思维模式。

三、卜部神道

卜部兼俱(1435—1511 年),又名吉田兼俱,是室町中期的神道家,卜部神道(也称吉田神道)的创始人。他反对神道与佛教的合流,主张神道至上,因此他的"神国"观相当极端。《神道由来记》是卜部神道的代表性文本,仅数百字,署名为卜部兼直(镰仓时代神道家,生卒年月不详)。然而,日本学界一般认为该文本实为卜部兼俱假借兼直之名所撰写,[②]因此在此笔者将《神道由来记》视为卜部兼俱之作进行论述。在这篇文章中,卜部说:"夫吾国者,天地俱神灵显坐,故于国云神国,于道云神道。国者千界之根本也,故云日本。天竺汉土月星之像,故云月氏、震旦。日者太阳,月者阳耦生,星阳之散气也。三光由我国出,三神垂迹此土,神非常之神,云先于天地之神;道非常之道,云超于乾坤之道"[③],他主张日本是"神国",因此有神道。在此基础上,他对印度、中国、日本三国进行对比,认为"神国"日本最为优越。他的推理过程是这样的:印度叫月氏,是月之国;中国叫震旦,是星之国;日本有天照大神,是日之国。月和星的光来自太阳,所以日本最出色。在这里,卜部也使用了拆字法,但月氏是中国对中亚大夏古国的称呼,并不指印度;震旦则是秦王朝的梵文译词,与星月无关。卜部就是用这种奇思异想来重新排列三国的顺序,使自己的国家居于首位。

---

① 北畠亲房:《神皇正统记》卷 2。
② 清原贞雄:《神道沿革史论》,(东京)大镫阁,1919 年,第 285 页。
③ 卜部兼直:"神道由来记",早川纯三郎编《神道丛说》,(东京)图书刊行会,1911年,第 1 页。

卜部还提出了神道优于佛儒两教的主张，他说"心之本源由一神起，国之宗庙照万州，譬如以水之德育万品之生。儒佛二教由一心之源分万法之流，释迦孔丘共受性命于天地，夙夜施德行，非是神明之托哉。……抑开辟之初远，宗庙之元由，他邦虽殊，盖其源在吾国，其宗在我神，谁不仰吾国乎"①，主张印度的佛教和中国的儒教都源自日本的神道。这一观点也见于卜部兼俱自己署名的其他文本中。例如，《神道大意》中称"上宫太子（圣德太子）曰：神道者儒佛之宗，万法之源也。……盖神者天地也，无天地则四时不行，百物不生，无神则无人生，无人生则无万法，亦无一法。毕竟为诸宗之源，也明矣。"②在此，他引用圣德太子话语，主张儒佛两教源自神道，因而神道构成儒佛两教的根本。他在《唯一神道名法要集》中则称"上宫太子密奏曰：吾日本生种子，震旦现枝叶，天竺开花，故佛法万国之花实也，儒教万国之枝叶也，神道万国之根本也。彼之二教皆此神道之分化，以枝叶显其根源，花落则归根。故今此之佛法东渐，为明吾国为三国之根本也"③，他分别用树根、树枝、花果来比喻神佛儒三教。卜部在上述三种文本中的表述有所不同，但其观点是完全一样的。

神道将身边的自然现象人格化，让祖先之灵回到现实之中，或者将两者混淆，造出无数神灵，并视之为下土的统治者。久保天随曾指出神道作为一种思想信仰不够成熟，不能有效发挥作用，并认为这是儒佛两教在日本广为传播的原因。在久保看来，神道"仅仅只是地方上道德的沉淀物，没有文字化的伦理上的训诫，其功效不可与具有学理体系的完整教义相比"④。为了减少在接受外来思想信仰过程中出现的冲突，奈良时代以来，人们往往采取将外来思想信仰与本土信仰融合的做法，这种做法在日语中被称为"习合"。石田一良指出：奈良时代人们相信"神护佛"，平安时代初期开始出现"本地垂迹"说，⑤"本地"指佛、菩萨，"垂迹"指日本的神，依照这种说法，佛、菩萨

---

① 卜部兼直："神道由来记"，前引早川纯三郎编《神道丛说》，第1页。
② 卜部兼俱："神道大意"，前引《神道丛说》，第12页。
③ 卜部兼俱："唯一神道名法要集"，京都大学贵重资料数字档案 https://rmda.kulib.kyoto-u.ac.jp/item/rb00006151，2023年9月阅览。
④ 久保天随：《日本儒学史》，（东京）博文馆，1904年，第21—22页。
⑤ 石田一良：《日本文化史》，（东京）东海大学出版会，1989年，第238—239页。

为了拯救众生而变身为日本的神。一条兼良（1402—1481年）则主张"佛法王法无二,内典外典一致"①,将佛法、王法和神书称为"三种神器"②。这些"习合"观基本上是以外来的儒佛两教为主,以日本的神道为辅。然而,卜部通过树的比喻将神道比作根本,把儒教和佛教分别比作枝叶和果实,将三国在文化上的传播与接受的关系完全颠倒过来,从而在精神上取得了彻底胜利。

13世纪后半叶以后,强调日本优越性的"神国"观逐渐渗透开来。例如,1591年7月25日,丰臣秀吉致函葡萄牙领印度总督时曾称:"吾朝神国也。……此神在竺土,唤之为佛法;在震旦,以之为儒道;在日域,谓之诸神道。知神道,则知佛法,又至儒道。"③此处的说法与卜部的主张十分相似。

第二节　朱子学者的神儒融合论

朱子学在镰仓幕府初期由中日两国禅僧传入日本,起初用于传播禅宗,后来才成为独立的学派。藤原惺窝是日本朱子学派的创始人,其弟子林罗山及其后人成为幕府的文教顾问。朱子学强调上下等级秩序的必然性和不变性,但由于将军在形式上是由天皇任命的,藤原惺窝和林罗山并不直接质疑天皇的正统性,因此采取了将儒教与神道融合的方式。山崎闇斋受神道影响较大,创立了以儒道解释神道的垂加神道。

一、藤原惺窝

藤原惺窝（1561—1619年）出生于战乱频发的时代。他的父亲就死于战乱,后来他进入京都相国寺为僧。年少时,他就"博学禅教,兼见群书",而且"虽读佛书,志在儒学",④这里的儒学指的是朱子学。受朱子学的影响,藤原痛恨小人乱世,鄙视无德权贵。1591年（天正十九年）,丰臣秀吉之养

---

① 一条兼良:"樵谈治要",井上哲次郎、有马祐政编《武士道丛书》中卷,（东京）博文馆,1909年,第50页。
② 前引石田一良《日本文化史》,第248页。
③ 村上直次郎译注:《异国往复书翰集 增订异国日记抄》,（东京）骏南社,1929年,第27页。
④ 林罗山:"惺窝先生行状",《罗山林先生文集》卷40。此段关于藤原惺窝事迹的描述都依据此文。

子秀次在相国寺召集五山诗僧题诗联句,藤原"初一会,而后不复赴"。他称丰臣秀吉为"匹夫之奴隶",指责他"弄天子于掌上,睨侯伯于目下",认为他"玩兵黩武"侵略朝鲜,使日本和朝鲜"二国之民命共屠灭而已"。① 他对丰臣秀吉第二次侵略朝鲜时被俘至日本的姜沆十分敬重,"劝赤松使姜沆等十数辈净书四书五经",他自己则"自据程朱之意为之训点",两人协力推进朱子学在日本的传播。他认为"释氏既绝人种,又灭义理",属于"异端",他因此还俗专治朱子学。在他看来,"本朝儒者博士,自古唯读汉唐注疏,点经传加倭训,然而至于程朱书,未知什一",因此无法回应社会的需求。人们渴望尽早结束应仁之乱以来持续一百多年的动荡不安的局面。而在丰臣秀吉死后不断扩大势力的德川家康为了实现自己的霸业,正在考虑如何才能树立一种新的世界观,藤原倡导的朱子学正适应了这样的时代需求。德川家康希望重用藤原,但藤原拒绝出仕,而是推荐了弟子林罗山。由藤原开创的学统对江户时代的社会政治意识产生了极大的影响。

杨栋梁主编的6卷本《近代以来日本的中国观》全面深入地分析探讨了17世纪以来日本人的中国观。其中,由向卿撰写的第2卷第1章介绍了藤原惺窝、林罗山、中江藤树等人的中国观。该部分注意到藤原既仰慕中国,同时又赞美日本。例如,藤原为了治朱子学,1596年曾尝试往明朝求良师,"读圣贤性理之书,思当世无善师,而忽奋发欲入大明国",但遭遇风涛漂流至鬼海岛才只好作罢。他曾抱怨自己生不逢时,并称"本朝者小国,而大明者大国也。其势似不可敌。……大明者,昔日圣贤所出国也。以予想象之,文武兼备、智勇双全矣。朝鲜亦慕其风、奉其命之国也"②。他还曾对弟子林罗山感叹"呜呼,不生于中国,亦不生于我国之上世,而生于当世,可谓不逢时也"③。同时,他又称"本邦居东海之表,太阳之地,朝暾晨霞之所辉焕,洪涛层澜之所荡㵦。其清明纯粹之气,钟以成人才。故昔气运隆盛之日,文物伟器,与中华抗衡"④。向卿据此认为藤原"无法避免'政治的自我'(中国

---

① 林罗山:"丰臣太阁",《罗山林先生文集》卷25。
② 藤原惺窝:"对明国讲和使的质疑草稿",《藤原惺窝集》卷下(国民精神文化文献第17),(东京)国民精神文化研究所,1939年,第367页。
③ 林罗山:"惺窝问答",《罗山林先生文集》卷32。
④ 藤原惺窝:"答姜沆",《罗山林先生文集》卷10。

作为日本的'异乡')与'文化的自我'(中国作为日本文化的'故国')之间的分裂与紧张。这是近世日本儒者乃至知识阶层都无法避免的宿命,不仅可能使近世日本儒者陷入自我认识的困境,也可能造成他们中国认识的两难"①。这里所指出的日本人的自我认识与中国观其实是同一个问题的不同侧面,因为两者是相互映照的。

  正如向卿所指出的,日本知识阶层,包括儒者在内,很容易在自我认识和中国观之间陷入困境。但是,就藤原而言,他的目的在于求知以致用,为即将到来的和平时代提供有效的理论武器。朱子学这种系统的学说已经传入日本,但他认为自己的理解还不够深刻,因此想到朱子学诞生地学习,按照现在的说法,就是到中国访学,这种想法是非常自然的,未必就意味着他认为日本要低一等,我们也不能将他对林罗山发出的"生不逢时"的感叹单纯地理解为"恨不能为中国人"的意思。首先,生不逢时这样的话,他对姜沆也说过:"惜乎,吾不能生大唐,又不得生朝鲜,而生日本此时也。吾于辛卯年三月下萨摩,随海舶欲渡大唐,而患瘵疾还京。待病少愈,欲渡朝鲜,而继有师旅,恐不相容。故遂不敢越海。其不得观光上国亦命也。"②如果将这段话理解为"做不了中国人,做朝鲜人也行",显然过于牵强。其次,他对林罗山说的时候,列举了"中国""我国之上世""当世"这样三种情形;在对姜沆说的时候,列举的则是"大唐""朝鲜""日本此时"这样三种情形,中国(大唐)、日本上世、朝鲜,都是用来与混乱的日本当世进行对比,通过这样的对比,他表达了希望早日恢复社会秩序的强烈愿望。因此,他主张"日本之神道,亦以正我心、怜万民、施慈悲为极义,尧舜之道,亦以此为极义也。唐土曰儒道,日本曰神道,名变而心一也"③,在他看来,只要能"正我心、怜万民、施慈悲"④,神道也好尧舜之道也好都无关紧要。他还说过,"虽是千里不同其风也,所以五方皆不殊,此性者也。钦,由是见之,则其不同者,特衣服言

---

  ① 杨栋梁主编,赵德宇等著:《近代以来日本的中国观·第2卷》(1603—1840),江苏人民出版社,2012年,第9页。
  ② 姜沆:《看羊录》,(首尔)朝鲜研究会,1911年,第90页。
  ③ 藤原惺窝:"千代登茂草",井上哲次郎、蟹江义丸编《日本伦理汇编》第7卷,(东京)育成会,1902年,第40页。
  ④ 同上。

语之末也"①,他认为日本与安南在本质上没有区别,不同的只是表面现象,如衣服和语言等。由此可见,他更多关注不同国家间的共性,而不是特殊性。加之日本有将不同类型的思想文化融合起来的"习合"传统,他喊一喊"天照大神乃日本之主"②这样的口号其实无关痛痒。总之,藤原对朱子学的推崇和他对小人乱世的"日本此时"的强烈批判是互为表里的。他希望结束乱世,实现治世,因此,对藤原来说,日本是主体,中国和朝鲜是他山之石,其自我认识与中国观未必是分裂的。

二、林罗山

林罗山(1583—1657年)原名信胜,僧号道春。12岁就"诵演义史稗说,且窥中华之录见,见闻不忘,世称神童"③。一年后入临济宗建仁寺跟随长老慈稽学习佛学。但随着时间的推移,他逐渐对佛教产生怀疑,并在两年后"掉头回家,誓不入佛门,然后读遍四库之书"④。他不仅聪慧过人,而且异常勤奋,18岁时(庆长六年),他从东山寺的僧人处借阅《文选》,"一日一卷,逐一周览,六旬日而毕"⑤,"凡倭汉书不择新旧,触目则无不一览,披卷则无不终编。……暮方夜读,书不限更筹之长短,虽登尽鸡鸣,未尝倦怠奉仕理斋"⑥。他的阅读量超凡,在22岁时他已读过440多部书籍,其中一部《史记》就有130卷,440多部至少相当于两三千卷。⑦ 22岁时,他拜藤原惺窝为师,并深受其熏陶。他日后回忆说:"惺窝先生告余曰:无极而太极,言无形而有理也。又曰:中者,个理之异名也。余闻而喟然,其后读儒书,所到都有破竹之势,呜呼,快哉!"⑧在众多弟子中,藤原特别赏识林罗山,"惺窝尝

---

① 藤原惺窝:"致书安南国",《惺窝先生文集》卷9。
② 前引藤原惺窝"千代登茂草",前引井上哲次郎、蟹江义丸编《日本伦理汇编》第7卷,第36页。
③ 《罗山先生集附录》卷3,"行状"。
④ 同上。
⑤ 《罗山林先生文集》卷65。
⑥ 前引林罗山"行状"。
⑦ 前引林罗山"行状"。
⑧ 《罗山林先生文集》卷70。

语人曰:伶俐者世多有,而立志者寡矣,我非翅嘉信胜利智,只嘉其志而已"①,并因此将得意弟子推荐给德川家康。林罗山也没有辜负其师的期待,他凭借自己的博学和勤奋得到了德川家康、秀忠、家光、家纲四代将军的赏识和信任。林罗山给他们讲授经史,负责各种仪式典礼的调查、法度的制定、外交文书的起草以及接待朝鲜通信使等重要工作。特别值得一提的是,1614年德川家康以丰臣秀赖重建的京都方广寺大佛殿钟铭中有"国家安康"和"君臣丰乐"的字样为借口,消除心腹之患丰臣秀赖,就是听取了林罗山的建议。②

在国家民族观上,林罗山与其师藤原惺窝基本相似,两人都立足于理学的普遍主义来求同存异。他们既推崇儒学,又兼顾神道。然而,相较于藤原,林罗山在神儒融合方面有更系统的分析。这或许与他身居幕府要职有关。毕竟他不能只空谈学理,还需要考虑与现实政治的平衡。如前所述,德川家康以朱子学作为幕府官学,是为了维持自身统治的需要。他凭借谋略夺取了丰臣家族的天下。尽管他采取"参勤交替"等方式防止各大名谋反,但单靠实力还不足以维系政权的长期稳定。他还需要获得统治的正统性,并在思想意识上对之进行严防死守。他获得统治正统性的方式是篡改家系,③并由朝廷任命为征夷大将军。在思想意识上,他向人们灌输以服从为美德的朱子学。高贵的家系和朝廷的任命是幕府统治正统性的来源,而"在君为忠,在父为孝,在朋友为信"④的"唯一理"则是思想意识上的防线。维护天皇的权威就是维护自己统治的正统性,推崇朱子学意味着维护现有秩序。这两者相互作用,德川体制的长治久安才能得到保障。林罗山不能像排斥佛教那样排斥神道,因为神道是天皇权威的源泉。因此,他采取了用儒

---

① 前引林罗山"行状"。
② "丰臣秀赖使东福寺僧清韩长老作大佛殿钟铭,词中有不协,大神君之御旨者使先生议之,清韩被罪,因兹大坂兵革起。"前引林罗山"行状"。
③ 德川家康幼名竹千代,原名松平元信或元康,1563年改名为家康。1566年平定三河之后,经朝臣近卫前久斡旋,以清和源氏之后"德川"之姓被授予从五位下三河守参见"改姓'德川'和改名'家康'——从德川将军家藏书看德川家康的一生",国立公文书馆(https://www.archives.go.jp/exhibition/digital/ieyasu/contents1_04/),2023年9月阅览。
④ 林罗山:"对答幕府问",《罗山林先生文集》卷31。

学解释神道的融合方式,称"我朝神国也,神道乃王道也"①,"三种神器,玺象仁也,剑象勇也,镜象智也。本具此三德者,神明也"②。然而,他也意识到将儒佛融合的做法有些牵强,因此并未积极宣扬神道。

1636年(宽永十三年),林罗山在《寄朝鲜国三官使》函中就朝鲜国情提出了七个问题,其中第一个是关于檀君传说的真伪问题:"闻说檀君享国一千余年,何其如此之长生哉?盖岛荒草昧,不详其实乎?抑檀君子孙苗裔袭远久至此乎?怪诞之说,君子不取也,且中华历代之史朝鲜三韩传备矣,而皆不载檀君之事,何也。以齐东野人之语乎?"③这与其说是提问,不如说是取笑挖苦,因为他的态度已经十分明确:自己作为君子,根本就不相信这种"怪诞之说"。林罗山也意识到日本的天孙降临神话比这更加离奇,但他又不能像对待檀君神话那样嗤之以鼻。于是,他绞尽脑汁,专门撰写题为《神武天皇论》的短文来考证神武天皇是"吴太伯之后"。

在这篇短文中,林罗山先提到东山禅僧圆月因主张"吴太伯之后"说而遭非议。接着,他对圆月的说法进行了推测,认为"窃惟圆月之意,按诸书以日本为吴太伯之后,夫太伯逃荆蛮,断发文身,与交龙共居,其子孙来于筑紫,想必时人以为神,是天孙降于日向高千穗峰之谓乎?……其牵合附会虽如此,而似有其理"④。"时人以为神",即当时的人把吴太伯当成神,于是便有了天孙降临的神话。在林罗山看来,是人创造了神,而不是神创造了人,这也是采取"怪诞之说,君子不取"态度的必然归结。林罗山进一步举例印证自己的结论:"夫天孙诚若为所谓天神之子者,何不降畿邦,而来于西鄙蕞尔之僻地耶?何不早都中州善国……入大倭国建橿原宫,且夫以神武之熊略,其难如此,又何哉天孙之有?"⑤进而他还指出"所谓三神器与赤刀弘璧瑞玉类也耶"⑥,认为这些是吴太伯出逃时的携带物品。总之,他把天孙降临神话视为"怪诞之说"。按理说,既然知道天孙降临神话是编造出来的,对

---

① 《罗山林先生文集》卷66。
② 《罗山林先生文集》卷69。
③ 林罗山:"寄朝鲜国三官使",《罗山林先生文集》卷12。
④ 林罗山:"神武天皇论",《罗山林先生文集》卷25。
⑤ 同上。
⑥ 同上。

在此基础上构建起来的"神国"观念也应该摒弃才是,但他没有这样做。他解决这个问题的思路,受到了藤原惺窝和朝鲜进士文弘绩的启发。

他曾问藤原惺窝:"《易》《大传》《礼记》《论语》屡言鬼神之事,然子曰不语怪力乱神者,何也?"①得到的却是模棱两可的答复:"圣人言常不言变,言治不言乱,何一概而论之。……子路以事人,不以事鬼,是所以其不语乎?"②藤原的解释可以理解为圣人无暇考虑鬼神之事。林罗山还就同样问题问过朝鲜进士文弘绩:"圣人不语怪力,乃《论语》所记也。然《易》云载鬼一车,又云知鬼神之情状,周公能事鬼神,宰我问鬼神之义,孔子告知,故虽圣贤不能不语鬼。贵国依中华,既有傩礼,则其神号鬼号何不有之乎?"③文弘绩给出的解答比较清晰:"周公岂好鬼神,而事之者也,只不过敬鬼神而远之道也。宰我之问,孔子答之:岂亦好鬼神也,吾未详人事之大,焉知鬼神之号也。傩礼则是亦敬鬼神远之之道,岂有他哉。"④周公也好,孔子也好,他们敬鬼神不是因为好鬼神,而是为了避免麻烦,他们采取了"敬而远之"这样一种与现实妥协的态度。林罗山对待天孙降临神话以及以该神话为基础建构起来的"神国"信仰,也采取了这样一种态度。

三、山崎闇斋

山崎闇斋(1618—1682年)出生于京都,其父清兵卫是一名针灸师。山崎幼时十分顽皮,其父管教不住,只好把他送到妙心寺出家为僧。然而,他出家之后"性犹不俊,闇斋词理塞,即其夜窃就彼寝火纸帷。或读佛典,深夜忽拍案放声大笑,众起怪问,笑释迦虚诞"⑤,因此寺庙的人要把他赶走。碰巧当时土佐藩公子住在妙心寺,因爱才心切把他介绍到土佐的吸江寺。在土佐,他遇到了南海朱子学派的小仓三省、野中兼山等人。他们"惜其陷异端,示之四子以程朱书",山崎"则大悦,遂蓄发归于儒"⑥。山崎擅自

---

① 林罗山:"怪力乱神问答",《罗山林先生文集》卷32。
② 同上。
③ 林罗山:"丙子腊月与朝鲜进士文弘绩笔语",《罗山林先生文集》卷60。
④ 同上。
⑤ 原念斋:《先哲丛谈》卷3。
⑥ 同上。

还俗触怒了土佐藩主,只好离开土佐去了京都。山崎在京都讲授朱子学,他十分注重师道尊严,"师弟之间俨如君臣"①。据其弟子佐藤直方称,"昔师事闇斋,每到其家入户,心绪惴惴如下狱,及退出则太息似脱虎口"②。由于佐藤反对山崎的观点,两人最终断绝了师徒关系。1665年,山崎成为会津藩主保科正之的宾师,开始在会津讲授朱子学。保科正之当时还跟随吉川惟足学习神道。受藩主的影响,山崎也开始研究神道,并提出了神儒融合的垂加神道。不过久保天随认为山崎"奇癖的学风根本就不适合思辨"③,他只是在重复吉川惟足的观点,他自己"值得一顾的创见只有两三点"④。

山崎接受神道的情形,与林罗山有些相似,也是出于维护幕藩统治体制的考虑,只是他在宣扬神道时更加积极一些。例如,1666年(宽文八年)在给《会津风土记》所作序言的一开头就称"自有天地,则有我神国"⑤,在这里"神国"成了山崎表明立场的一种符号。但他毕竟接受过朱子学的洗礼,为了保持逻辑上的一贯性,采取的基本上是以儒教解释神道的立场,所谓"妙契"论便是这种立场的具体体现。

山崎在《洪范全书序》中称"我倭开国之古伊奘诺尊、伊奘冉尊奉天神卜合之教,顺阴阳之理,正彝伦之始,盖宇宙唯一理则神圣,之生虽日出处日没处之异,然其道自有妙契者存焉,是我认所当敬以致思也"⑥。他在这里依据周敦颐的"无极而太极,太极动而生阳,动极而静,静而生阴,阴极复动,一动一静,互为其根"⑦的说法、儒教人伦观念,以及朱熹的"宇宙之间,一理而已"⑧的说法来解释伊奘诺尊、伊奘冉尊的造国神话,认为尽管神道诞生在日本,儒教诞生在中国,但两者在本质上相同,巧妙契合了,这便是"妙契"的意思。尽管说神道与儒教的功效一样,但神道不立文字,不太容易解释。因

---

① 原念斋:《先哲丛谈》卷3。
② 大草公明:《山崎闇斋言行录》。
③ 久保天随:《近世儒学史》,(东京)博文馆,1907年,第49页。
④ 同上。
⑤ 山崎闇斋:"会津风土记序",《垂加文集》卷1。
⑥ 山崎闇斋:"洪范全书序",《垂加文集》卷4。
⑦ 周敦颐:《太极图说》。
⑧ 朱熹:"读大记",《御纂朱子全书》卷60。

此,山崎往往先解释儒教的内容,然后再说神道亦然。例如:"人之有道也,饱食暖衣逸居而无教,则近于禽兽。圣人有忧之,教以人伦,此尧舜为亿兆之君师,治而教之者,三代之明王,莫不皆然矣。抑我神代之古也,犹三皇之世也。神武之皇国也,犹唐尧之放勋也。"①山崎以儒学倡导神道,不论其意图如何,结果是儒学为主,神道为辅。

"吴太伯之后"说是朱子学派儒者无法回避的问题,因为《朱子语类》专门对此进行了讨论。在《文会笔录》中,山崎对《史记》《晋书》《太平御览》《梁书》、金履祥《通鉴前编》、蒋一葵《尧山堂外纪》以及中岩圆月修史时的观点等相关记载进行了梳理。此外,他还提及"徐福之后"说。在梳理前人观点时,他的态度十分严谨。当需要自己进行判断时,则说"国史无其征,则无稽之言,源亲房藤兼良议之是也"②,采取了直接援用朝臣北畠亲房和一条兼良旧说的形式。的确,无论是"吴太伯之后"说还是"徐福之后"说,都是将"渡来人"这个庞大群体假托于某个历史人物的表述方法,所托人物的事迹未必可信。在人类学尚未诞生的当时,山崎作为一介儒生不可能解答好这个问题。因此,关键不是看他回答的对错,而是看他以怎样的逻辑来判断这个问题。例如,他称"元王三年实我王第五代孝昭三年也。……他邦之人不知我书,其记载我事者往往赖商舶僧侣之口,误年代,失名实,可谓无征而言者"③。日本战后史学界一般认为从16代仁德天皇开始才可能实际存在,第5代孝昭天皇根本就不可考。他所说的"我书"指《古事记》和《日本书纪》,两书关于神代的描述完全是"无征而言"。因此,他只有在面对中国文献时才采取"严谨"的态度,一旦涉及日本,对所有记载都坚信不疑。最后,山崎对儒生和佛者主张日本人为吴太伯或徐福之后的做法进行了诘难:"噫,儒生惑姬氏国之言,而欲诬太伯附之,佛者托大日霎之名而欲牵大日合之,是皆犯周礼造言之刑,违国神正直之诲,实神圣之罪人也。"④在诘难论敌时,他依据的是"周礼造言之刑"和"国神正直之诲",这也体现了他的神儒融合的姿态。

---

① 山崎闇斋:"二程治教录序",《垂加文集》卷4。
② 山崎闇斋:《文会笔录》卷4。
③ 同上。
④ 同上。

一则与山崎的国家民族观的相关的轶闻经常被人提及。这一轶闻有两个版本,一个见于浅见絅斋的《靖献遗言》,另一个见于原善公道的《先哲丛谈》。前者假设尧、舜、文、武率军攻打日本,后者则假设率军者是孔、孟。浅见是山崎的弟子,他的说法应该更接近原话,因此这里引用浅见的说法。"山崎先生尝言,若尧舜文武为大将率军来,欲使日本从唐,将以石火矢击溃,此乃大义。"①这样来对古人进行假设,其实没有任何意义,山崎只是想通过这个故事表明,如果要在中国圣人和日本国家利益之间做出单一选择的话,他会毫不犹豫地选择日本国家利益。然而实际上,他采取了以儒教解释神道的"妙契"说,因此他没有面临只能做出单一选择的两难局面。

据称,山崎的弟子前后多达六千余人,其中佐藤直方、三宅尚斋、浅见絅斋被称为"崎门三杰"。然而,这三个得意门生都先后离他而去,主要原因是他们"不喜神道"②。在这里,我们来看一看浅见絅斋在《默识录》中对神道的批判。他引用神道者的说辞,并对之进行了讥讽。"原尚翁云:……仇于圣人之道者,我邦所谓神道者也。近日与一儒士阴神者扣论,方知尚翁之言的当。其人曰:邦异则道亦自不同,我邦是位于东方,犹日未中,汉则位于中,而犹日中将昃,故我邦贤于万国,而其道亦尊。是以百王不易姓,自无放伐之事。……三种神器。是常人不可窥。皇统不绝,绵绵无穷,实在于此矣。"③对于这种极端情绪化的"神国贤于万国"的论调,浅见絅斋连呼"妙哉!妙哉!"称"世间儒神并学之徒,其学主儒而兼神,何不主神而兼儒,亦是可怪耳"④。这无疑是他对其师山崎的批判。他还说"我邦神者曰:皇统绵绵,万万岁不变,以坐尧舜汤武之上,殊不知其百代间正统既绝焉。以一姓革命了,斯知变革天地之常"⑤。读一读日本史就知道,壬申之乱(672年)、保元之乱(1156年)这类叔侄父子之争屡屡发生。在浅见看来,这种以皇统连绵即后来的"万世一系"为由称赞制度优越的逻辑根本站不住脚。他说"余读神代

---

① 浅见絅斋:《靖献遗言书》下。
② 原善公道:《先哲丛谈》卷5。
③ 浅见絅斋:"默识录",井上哲次郎、蟹江义丸编《日本伦理汇编》第7卷,(东京)育成会,1902年,第513页。
④ 同上。
⑤ 山崎闇斋:《文会笔录》卷4。前引井上哲次郎、蟹江义丸编《日本伦理汇编》第7卷,第567页。

卷,因考诸家说,皆信不可信者,而妄立牵强说,动曰传授。……可哀哉"①,他通过对各种说法进行考证,得出了以上结论。如前所述,山崎对学生异常严格,这样的美誉也是他后来得到会津藩主保科正之赏识的原因。然而,被他严格培养出来的得意门生只要坚守朱子学,就难以接受其师向神道过度倾斜的观点。

第三节　阳明学者的神儒融合论

阳明学相较于主张知理性主义的朱子学,重视主体的实践,主张心即理、致良知、知行合一。中江藤树是日本阳明学的创始人,熊泽蕃山是中江的弟子。赖山阳兼治朱子学与阳明学,其实际行动更倾向于阳明学。

一、中江藤树

中江藤树(1608—1648年)出生于近江国(今滋贺县),是江户初期的阳明学者。他父亲中江吉次以务农为生。9岁时,他被身为武士的祖父中江德左卫门选为家业继承人,由于藩主加藤贞素更换领地,他随祖父移居到伊予国大洲藩(今爱媛县)。15岁时,他祖父去世,他因此继承家业,俸禄为100石。27岁时,他以母亲年迈需要赡养和自己身体状况欠佳为由,向藩主提出了辞呈,但未被受理。因此,他脱离藩籍,回到近江小川村,并开设了私塾"藤树书院"。起初,中江热衷于朱子学,33岁时接触到王阳明弟子王龙溪的《阳明语录》后,他渐渐对朱子学产生怀疑。37岁时,他深入研读了《阳明全书》后完全转向阳明学。他曾这样讲述他从朱子学转向阳明学的经历:"私事深信朱学,年久用功,然难见成效。疑学术,感愤懑,难折节。得天道之惠,购《阳明全书》熟读。……一生之大幸也,其所助难以言表,不枉此生。"②他还说过"宋儒于鬼神之事,体认不熟,但欲矫时俗之蔽,而徒以口取辨。而明儒悟其非,而辨其失,大有裨于后学,故愚不从宋儒而从明儒"③。

---

① 同上书,第573页。
② 中江藤树:"与池田氏书",《藤树先生全集》第5册,(滋贺)藤树书院,1929年,第106页。
③ 中江藤树:"灵符疑解",《藤树先生全集》第1册,(滋贺)藤树书院,1928年,第146页。

由此可以看出，他倾心于阳明学，是他认为阳明学更加关注实践，以及个体的内心体验和感悟。

中江曾频繁论及"神道"。在他的话语中，"神道"与"天道"是"儒道"的同义词，而不是用来指称日本固有的泛神论信仰的概念。例如，他说"夫仁者，发育天神地祇人物之神道、人间慈爱之神理也"①，"孝乃天地未画之前太虚之神道，天地人万物皆生于孝"②，还说"仁义五常三才，一贯之神道也"③。可以看出，中江所说的神道，就是以仁义孝为核心价值观的儒道。而且，他认为这种神道具有普遍性。他说"本来儒道乃太虚之神道。故世界之内，舟车所至之处，人力所通之处，天覆地载之处，日月所照之处，露霜所降之处，血气者所住之处，无不行儒道"④。这种普遍主义的神道观是建立在中江的世界观的基础之上。

中江用"太虚"（大虚）一词指称宇宙，并认为"皇上帝"（有时也称为"上帝"、"天"、"太乙尊神"）是其创造者和主宰者。他说"太虚寥廓之皇上帝，太一元神之一"⑤，还说"统而该之，中皇上帝，左阳神，右阴鬼，太虚中无别物，只是皇上帝鬼神三灵而已矣"⑥，认为天地和人以及物都是"太虚"中的一个部分。例如，他说"大虚天地人物，一贯而分殊，譬如一树之有根干、花实、枝叶之分。大虚根底也，天地干也，人花实也，万物枝叶也。是故人之失其仁而入禽兽，犹花之不结实，实之不有仁，而与枝叶同其枯落也"⑦。他还说"天地者，神化之胞胎，万物之父母也。人者神化之本实，天地之德，万物之灵也"⑧。总之，中江主张皇上帝创造了天地，天地创造了人类，父母孕育了子女。井上哲次郎将中江的这种世界观称为"一元化的世界观"，并认为这

---

① 中江藤树：《翁问答》下卷，《藤树先生全集》第3册，（滋贺）藤树书院，1928年，第231页。
② 中江藤树：《孝经心法》，《藤树先生全集》第2册，（东京）岩波书店，1940年，第615页。
③ 中江藤树：《翁问答》下卷，前引《藤树先生全集》第3册，第143页。
④ 中江藤树：《翁问答》下卷，同上书，第248—249页。
⑤ 中江藤树："慎独"，前引《藤树先生全集》第1册，第31页。
⑥ 中江藤树："灵符疑解"，同上书，第142—143页。
⑦ 中江藤树："大虚天地人物"，前引《藤树先生全集》第1册，第246页。
⑧ 中江藤树："天地"，同上书，第246页。

种世界观与吠檀多派的本体论以及基督教的世界观相似。① 在解释世界的构成时,中江将个人与皇上帝直接联系起来,这与基督教的方式相一致。然而,中江并不像基督教那样将上帝与人类的关系视为主仆关系,而是将人类视为"万物之灵",因此他才将仁、孝等这些人类的价值视为神道的核心。他将人与皇上帝直接联系起来,并非为了强调服从皇上帝,而是为了提升儒教的价值与意义。

中江推崇儒道,对中国也怀有强烈的憧憬。他曾表示"大唐多现圣人,三才一贯中庸精微之教盛行"②。与此相对比,"倭国圣人不作,而异端之教日新月盛,邪诞妖妄之说竟起,涂生民之耳目,溺天下于污浊,是以德者鲜矣"③。不仅如此,他认为在一般士人的素质方面,日本与中国之间也存在较大差距。他说"大唐诸士,无艺文盲百人中鲜有一人,故立大功。大将军武艺高强,士皆有艺能。日本诸士,皆无艺文盲,故以武艺立身之人无文学、艺能"④。此外,他还说"闻说大唐家少小村亦有学校,日日讲心学,教民以道,除苦与乐"⑤,显示出对中国心学昌盛的羡慕之情。中江恪守先王之道,称"非先王之法服不敢服,非先王之法言不敢道,非先王之德行不敢行"⑥。他甚至还说"日本神道礼法与儒道祭祀之礼相符,且三社神托之意与儒者敬神明之心亦甚相符。本朝乃后稷之裔,此说确有意义"⑦,将日本人视为后稷的后裔。

中江对诞生了儒家圣人的中国的向往,还可以从一个逸闻中体现出来。有人对中江说,从江东至江西,可以选择乘舟渡湖,虽然可以快速到达目的地,但也存在一定的危险。相比之下,选择陆路虽然需要花费更多时间,但相对安全。因此,君子在选择出行方式时,尽管路途遥远,也应该选择陆路而不是冒水路之险。对此,中江表示"君子每事战兢,不为危险之事,岂惟水

---

① 井上哲次郎:《日本阳明学派的哲学》,(东京)富山房,1900年,第52—53页。
② 中江藤树:《翁问答》下卷,前引《藤树先生全集》第3册,第211页。
③ 中江藤树:"林氏剃发受位辨",前引《藤树先生全集》第1册,第123页。
④ 中江藤树:《翁问答》下卷,前引《藤树先生全集》第3册,第168—169页。
⑤ "藤夫子行状闻传",前引《藤树先生全集》第5册,第99页。
⑥ 中江藤树:《孝经启蒙》,前引《藤树先生全集》第1册,第320页。
⑦ 中江藤树:《翁问答》下卷,前引《藤树先生全集》第3册,第247—248页。

路以为危乎。知命,则纵乘一苇渡唐土。亦不为可惧"①。中江认为,处事谨慎的君子为了渡唐土,可以将安危置之度外,可见他将中国描绘成了理想国。

持有这种"一元化的世界观"的中江,在 34 岁时参拜了伊势神宫。川田本《藤树先生年谱》记载"夏谒伊势大神宫,赋诗。先生初远鬼神,一切祠庙不诣拜。……至是,大悟其非,曰他神姑置之,若大神宫则天地开辟之祖,凡生于此间者,安有远焉而不祭之理哉"②。他所赋的《参拜大神宫祝祠》是一首七言律诗:

> 光华孝德绩无穷,正与羲皇业亦同。
> 默祷圣人神道教,照临六合大神宫。③

这首诗的大意是:光辉的孝道和德行与羲皇的事业一样将永不止息,默默祈祷圣人的神道教照耀着整个世界的大神宫。

从不诣拜一切祠庙,到参拜伊势神宫,这的确说明中江对神灵的看法发生了变化。然而,这并不意味着他"大悟其非",即原则上的转变,而只是具体做法上进行了调整。因为,他将"孝德"即儒道视为"圣人神道教"的核心价值,并祈祷这种价值的光芒照耀他所参拜的伊势神宫,依然将日本神道视为从儒道衍生出来的信仰,这显然是将日本神道融入中国儒道之中的做法。他将"三种神器"与儒道的"知仁勇"联系起来,也是出于同样的考虑。

中江在《神道大义》一文中指出:"夫神道以正直为体,以爱敬为心,以无事为行。"④他解释说:"正直"指"以天理自然之诚为本,无论何事皆如其应有之状"⑤;"爱敬"指"上爱下,下敬上。上之心能及于下,下之情可达于上。虽有位之上下,礼法之严,然心相通";而"无事"指春夏秋冬、日月昼夜、云雨

---

① "藤树先生事状",前引《藤树先生全集》第 5 册,第 74 页。
② "藤树先生年谱"(川田氏本),同上书,第 35 页。
③ 中江藤树:"参拜大神宫祝祠",前引《藤树先生全集》第 1 册,第 91 页。
④ 中江藤树:"神道大义",《藤树先生全集》(东京)点林堂,1893 年,第 44 页。
⑤ 中江藤树:"神道大义",前引《藤树先生全集》,第 44 页。

风雷这些"神人之常"①。他将这三者分别与"知仁勇"对应,称"正直者知也,爱敬者仁也,无事者勇也"②。中江在这里所说的"大神道"其实就是儒道。他认为日本也有类似的价值观,这种价值观由三种神器所体现。他解释说,日本"神代无文字,而有象。以人之德为象而教,上古之书典也。天照大神之孙琼琼杵尊自天而下,可知天下,其德备矣。天神之始,国常立尊传心法于三象之中,此书乃我国文字书典之始也"③。这段话的大意是:日本在神代没有文字,人们通过实物的象征意义来传达思想。天照大神的孙子琼琼杵尊从天而降,表明他具备了统治天下的能力和德行。在天神创世之初,国常立尊将心法赋予三个象征物,这是日本文字书典的起源。他还说,"天地之神道,倭汉相同也","我朝神皇之象与唐土圣人之言如此相符","天地神道、唐土日本皆无异"。④ 像这样,中江认为中国的儒道和日本的神道性质相同,不同之处在于中国用文字表示,而日本则用三种神器这样的实物的象征意义来表示。将日本神道视为从普遍神道派生出来的部分,一方面可以使日本神道获得普遍价值,另一方面又可以避免与现实生活发生冲突。可以说,这是中江主张神儒融合的目的之所在,他的这种立场在其弟子熊泽蕃山那里得到了继承发扬。

二、熊泽蕃山

熊泽蕃山(1619—1691年)出生于京都,本姓野尻,后因出嗣外祖父家而改姓熊泽。1634年,他成为备前国冈山藩主池田光政的家臣,但他很快意识到仕君治民不可不先做学问,于四年后辞职前往近江国练武习文。此后,他师从中江藤树学习阳明学,并深受其主观唯心主义思想的影响,成为日本阳明学派代表人物之一。熊泽主张"万物亦生自太虚之一气,然不具太虚天地之全体。人之形虽小,然有太虚之全体。故仅人之性有明德之尊号。人乃小体之天,而天乃大体之人。理无大小,同于方寸太虚"⑤,他将太虚视

---

① 中江藤树:"神道大义",前引《藤树先生全集》,第44页。
② 同上书,第45页。
③ 同上书,第47页。
④ 同上书,第48页。
⑤ 熊泽蕃山:《集义和书》卷1,(东京)有朋堂书店,1927年,第361页。

为万物的本源,将"人之性"等同于太虚。1645年,熊泽再次成为池田光政的家臣,受命辅佐藩主推行藩政改革,兴修水利,救济饥民。然而,他的大胆改革举措遭到了家老等的抵制。此外,他从阳明学立场对幕府政策进行了批判,也招致了幕府的打压。1657年,他被迫离开冈山,到京都开设私塾,并著书立说。1687年,熊泽因在《大学或问》等书中批判幕府参勤交替以及兵农分离等政策而遭软禁,直至他去世为止。熊泽作为阳明学者,秉持"知行合一"的态度,积极推动藩政改革。此外,他基于对现实的深入了解,对幕府僵化的政策展开了批判,而他对日本国家民族特性的认识则是他批判现实的逻辑支撑。

在《集义和书》中,熊泽解答了日本的"帝王之天下何以成武家之天下?"的问题。他认为:"因失谦德,失天下权威之故。昔日本全国如一国,无今日之国郡大名。由都遣代官受领,各国乃农兵也。其后王德衰,各国现骄纵者,不用王命,被遣去征伐之人治其国,子孙宛如国王。……其时,若有武臣大家栋梁,则从之,以之为主君。……此乃王者为武家所夺威之根本也……此乃奢所致也。"[①]在熊泽看来,天皇的大权被武家夺走,其根本原因在于天皇有失"谦德",这说明他实际上接受了儒学中的"革命"思想。而"愈近野人,愈是武勇。虽为武家,久治则日渐富贵奢柔,仅心长,而勇武日劣。……其衰时,又现野人而得天下"[②]。在这里,他指出了武家夺取政权之后,享受荣华富贵,勇武日渐衰退,最终被其他武家所取代这样一种恶性循环。为了永保太平,熊泽开出了尊皇的药方:"虽兴于野人,但身为治理天下之人,必重古礼,慕古乐,崇禁中,以君臣之义教天下。天下人见将无威无力之人视为日本之主公,如此拥戴而敬畏之,诚为有道之君,我等奉国郡,存忠心,昔日有贼心者,亦忽改其心,承谱代之思,于是世间太平。"[③]这里的"有道之君"指幕府将军。熊泽认为,尽管将军是武家出身,但如果尚古尊皇,即使有谋反心的人也会知恩图报,从而确保天下太平。而他之所以认为"尊皇"可以带来太平,是因为"尊皇"意味着崇尚儒教所倡导的"智仁勇"。"三种神器

---

① 熊泽蕃山:《集义和书》卷1,(东京)有朋堂书店,1927年,第255页。
② 同上书,第237页。
③ 同上书,第228页。

乃神代之经典也。上古无书无文字,作器为象。以玉为仁之象,以镜为智之象,以剑为勇之象。智仁勇三者天下之达德也。"①如前所述,一条兼良、中江藤树等人曾用"智仁勇"来解释"三种神器"的含义。这种解释法并非熊泽的独创。然而,在采用这种解释法时,他不得不面临神道是否借自中国的问题。对此,熊泽进行了以下分析:

先有智仁勇之德,然后有其名,或先有名后有德乎?先有耳目后有名,或先有名后有耳目乎?夫人生然后有人之名,有耳目然后有耳目之名。中国曰耳目,日本曰みみ。词变而所指之物同,夫三极备然后智仁勇之德现。上古无名,行德甚厚。及后世不能无教,故其时之圣人命名之以为教。唐土之圣人曰此为智仁勇三德,日本之神人以三种神器喻之。②

熊泽接着说,"智仁勇"是人类的普遍道德,自然也存在于日本。然而,由于日本固有的文字语言已经失传,因此从中国借用了这些概念。他认为"由日本水土而生之神道不能传至唐土戎国,由唐土水土而生圣教亦不能传日本。戎国之人心、佛教亦然。文字器物理学可传"③。也就是说,日本从中国借用的只是"智仁勇"这些概念,而不是神道本身。而日本之所以要从中国借用这些概念,是因为"中国文字含理便学,今佛教之文字名号皆中国之文章也……互通有无而用,道理之必然也"④。熊泽试图通过这种玩弄概念的方式来缓解因为接受儒教而丧失日本主体性的问题。他曾说"日本乃神国也"⑤,但这并不意味着他主张日本是"万邦无比"的国家,而是指日本人信奉神明。因此,他又接受"日本乃武国也"⑥的说法。他曾说过,"唐土

---

① 熊泽蕃山:《集义和书》卷16,井上哲次郎、蟹江义丸编《日本伦理汇编》第1卷,阳明学派之部(中),(东京)育成会,1905年,第318页。
② 同上。
③ 同上书,第319页。
④ 前引熊泽蕃山《集义和书》卷16,前引井上哲次郎、蟹江义丸编《日本伦理汇编》第1卷,第319页。
⑤ 前引熊泽蕃山《集义和书》卷2,同上书,第56页。
⑥ 前引熊泽蕃山《集义和书》卷10,同上书,第271页。

亦誉日本为君子之国,唐土之外,东南西北唯日本礼乐之道最正、最风流"①,这种中国第一、日本第二的判断是建立在他所接受华夷观念的基础之上。他说:"中夏为天地之中国,在西海之中。南有六国,西有七国,北有八国,东有九国,称之为四海。称南为蛮,似虫;称西为戎,似犬;称北为狄,似兽;称东为夷,似人,乃四海内之优者。九夷之内朝鲜琉球日本乃优者,三国之内尤以日本为优。然中夏四海之内无能及日本国者,此有赖天照皇神武帝之德。"②在北畠亲房的部分,我们已经见识过这种偷换概念的拆字法,在此已经无须赘言。总之,熊泽受阳明学影响,重视政治实践,关注现实问题,他尊皇并倡导"智仁勇"这些儒教的政治理想是为了批判幕府的僵化政策。但他又不愿意因此失去作为日本人的主体性,因此主张神道只是从儒教借用了概念,其神儒融合的方式并没有什么新意。

三、赖山阳

赖山阳(1781—1832年)是江户时代后期的历史学家和儒学家。他出生于大阪,成长于广岛藩。他父亲赖春水是朱子学者,他从小开始接受了儒学教育。他曾回忆说"吾受家学,烂熟《小学》《近思录》而已。十四五岁,因曝书,见苏文史论,诧曰天地间有如此可喜者,乃窃诵习,手抄范增论,及倡勇敢策,贴壁观之,自是遂有学文之志"③。他14岁时读了朱熹《通鉴纲目》,18岁时游学江户,21岁时擅自脱离藩籍前往京都,被叔父追回并被幽禁在家中。在这段幽禁期间,他潜心著述,主要参考了北畠亲房编纂的《神皇正统记》、水户藩编纂的《大日本史》等史书以及物语作品,完成了《日本外史》初稿。解除幽禁后,他在广岛藩学问所任教。30岁时,他成为福冈藩乡校"廉塾"的塾头。32岁时,他前往京都讲学。赖山阳兼治朱子学和阳明学,但他更推崇阳明学。他说王阳明的"格知之说,未必大学本旨。然学问之道,不得不如此。……谓之良知良能,故曰知行合一。其旨约,而其用广。

---

① 前引熊泽蕃山《集义和书》卷8,前引井上哲次郎、蟹江义丸编《日本伦理汇编》第1卷,第227页。

② 前引熊泽蕃山《集义和书》卷8,同上书,第398页。

③ 赖山阳:"书幼时抄苏文二首录",《山阳先生书后》上。

所以,其学敌朱氏而不废耳"①,认为阳明学比朱子学更加实用。在日本的儒学者当中,他最推崇阳明学者熊泽蕃山,他说"余于前辈中,特所推服者,蕃山、(新井)白石二先生,(荻生徂)徕翁次之。以其学淹通古今和汉,非如佗儒唯曰周曰汉而已。蕃山《大学或问》,其言质实,如无佗奇。盖济世无奇术,唯实见实用是已。至白石与徂徕,则多可言不可用者"②。另外,他还与阳明学者大盐平八郎有深厚的交情。48岁时,他将《日本外史》的完成稿进献给当时的权力者松平定信,并得到了松平的认可。尽管他没有明确提出尊王贱霸的观点,也没有直接批评幕藩制度,但他通过讲述历史,揭示了王权兴废和王室衰微的原因,暗示了他对复辟天皇统治的期待。他的名分论历史观对后来的勤王志士起到了激励和鼓舞的作用。《赖山阳选集》编译者安藤英男曾指出"在用汉文撰写的书籍中,恐怕没有比赖山阳的《日本外史》更受欢迎的了。从汉文文化最盛行的幕末到明治维新的时期,只要不是文盲,几乎所有人都诵读过《日本外史》,这样说也不为过"③。该书之所以如此受欢迎,除了时代原因外,还因为"外史"这种通俗的形式容易引发读者共鸣。此外,晚年他在《日本政记》中进一步阐明了他的历史观。

在这些著作中,赖山阳主要是从统治制度是否合理、是否仁义的角度来阐述天皇亲政的正统性。他说"盖我朝之初建国也,政体简易,文武一途,举海内皆兵,而天子为之元帅,大臣大连为之褊裨,未尝别置将帅也"④,"君之保民,所以自保也。抑虽后世之君,非不欲保民也,无奈国用不足也。故欲保民者必自俭。不特自俭,以此率人,所以上下俱给也"⑤。基于这样的观点,他对"昏君"不乏微词。例如"圣武听宫闱之劝,糜府库之藏,涂生民之膏血于寺塔佛像,甘心焉。继以孝谦之纵恣,居位皆久。六帝丰富之业,于是而衰"⑥,他对崇佛的圣武、孝谦天皇进行了酷评。他还提及,《仁明纪》记载

---

① 赖山阳:"书传习录后",《山阳先生书后》中。
② 中江藤树:"读熊泽先生大学或问",《山阳先生书后》下。
③ 安藤英男:《赖山阳传》"叙说",《赖山阳选集》1,(东京)近藤出版社,1982年,第3页。
④ 赖山阳:《日本外史》卷1。
⑤ 赖山阳:《日本政记》卷4。
⑥ 同上。

仁明天皇巡视时路过监狱,并询问随同的右大臣藤原良房那里是谁家,藤原回答是监狱。于是,仁明天皇出于同情命令释放了所有囚犯。对此,赖山阳评论说"今人君而不知囚狱为何物,且赦恶人,岂可为法。世以此誉仁明之为君,无识者之见耳"①,言辞中显露出对仁明天皇的不屑。安藤英男将赖山阳的国家政体观总结为四点,即(1)民为本、君为末的民本主义,(2)君王要畏天安民,(3)君王要减轻人民的负担,(4)郡县制是最理想的制度,②这种观点是有其道理的。

作为儒者,赖山阳对神道持否定态度,他说"孔子曰,务民之义,敬鬼神而远之。故敬神,无如务于民也。世之称神道者,悠谬荒诞,而无益于民。皆崇神之罪人也"③,他认为神道充满了荒谬和虚无,对人民没有任何好处。为此,他曾对本居宣长的国学进行批判,称"余尝谓王迹熄而神道兴。……如近时本居氏,尤甚者也。余尝谓其徒弟曰,子之师幸不出乎八九百年前耳。若然,必不免议王宪之诛"④。赖山阳还说过"王业衰而神道兴。何则,是祖宗之事也。当王政盛时,谁敢腾之口舌,以树私说哉"⑤。总之,他认为神道与王业是负相关的关系,本居国学的盛行表明日本王业已经颓废。他分析了日本在文永弘安之役中击退元军的原因,称"防而御之,使彼惩而不复窥者,北条时宗之力也。世俗之称此役者,曰赖宗庙之灵,飙风大作,不血刃而克,是不足言也"⑥,认为击退元军的功劳应归于镰仓幕府执事北条时政,而不是天皇祈求来的"神风",这表明他不是从神话的角度来主张天皇统治的正统性。他沿袭中江藤树以及熊泽蕃山的做法,从儒学的立场来解释象征天皇统治正统性来源的"三种神器"。他说"鸿荒之事,和汉同然。……盖大日孁贵之德,虽不可测,征之神器,如有可得而言焉。夫镜者,明也。剑者,武也。而玉玺者,仁也信也。仁信明武,继天君民之道尽矣。故遗子孙曰,视此犹视我"⑦。"大日孁"指的是天照大神。在赖山阳的描述中,日本

---

① 赖山阳:《日本政记》卷6。
② 安藤英男译:《赖山阳天皇论》,(东京)新人物往来社,1974年,28—29页。
③ 赖山阳:《日本政记》卷1。
④ 赖山阳:"读本居氏家言",《山阳先生书后》中。
⑤ 赖山阳:《日本政记》卷1。
⑥ 赖山阳:《日本政记》卷11。
⑦ 赖山阳:《日本政记》卷1。

神话中天孙降临的故事带有浓厚的儒学色彩。然而,他并不愿意承认"仁信明武"这些观念是从中国传入日本的。他说"道一而已,道之在天下也,犹日月者,非一国私有也。道亦然。父子君臣夫妇,无国无之。而慈孝忠义,有别不杂,皆存于自然,非有待于人作也。我邦列圣,保民如子,不让尧舜禹汤。其风俗尊君亲上,相爱相养,又有过于唐虞三代之民。则虽无经籍,其道固具在,特未有名而教之,曰仁曰义者耳"①。他把作为精神观念的儒学视为日月一样自然形成的普照大地的无主物体,认为日本历代君主的仁政比中国的尧舜禹汤更为彻底,中日之间的区别仅仅在于中国使用了仁义这些概念,而日本没有使用而已。他将仁义这类概念比喻成巷陌井沟的名称,称不能因为知其名便可以将该物归己有,称"今天下之仁义者,儒者指而私之曰,是汉之道也。有称国学者,斥而外之,曰非我之道也。皆非也。道岂有彼此,载之以文,彼较旧于我,彼来而贡之,我取而用之,与酿冶织缝之工何异"②,"儒学叙人伦……其文虽外来,而其实固在我"③。他一方面把日本从中国摄取儒学说成"彼来而贡之",这样来消除自卑感和心理负债感,另一方面将仁义这些概念所体现的儒学观念等同于酿冶织缝之工,以强调其普适性,认为日本先已具备了仁义这些价值观,仅仅从中国借用了这些概念而已。他还说"伦理准四海,彼先获,我心所同。领其大处,益我身家国可耳,何必屑屑"④。如果说本居国学是通过主张天皇的神性来提升日本的地位的话,那么赖山阳则是通过将中国与日本在文化上的地位颠倒过来,来获得自我满足感。他曾对本居宣长的弟子说"子等小视我邦,故介介然抑汉扬和为务。余以为我邦至大,取四处所贡文籍,以为我用,何敢以汉为对,其人爽然"⑤。在占据精神制高点这一点上,赖山阳比本居宣长有过之而无不及。在他看来,本居不遗余力"抑汉扬和"是因为太看重中国,他认为日本"至大",完全不必在乎中国。他的这种自我肯定的逻辑,与下一节中将要论述的山鹿素行的"中朝"观十分相似。

---

① 赖山阳:《日本政记》卷1。
② 同上。
③ 赖山阳:《日本政记》卷2。
④ 赖山阳:《山阳先生书后》上。
⑤ 赖山阳:"读本居氏家言",《山阳先生书后》中。

第四节 古学者的"华夷"观

江户时代的儒学,除了朱子学派、阳明学派,还有主张依据儒家原典理解儒学、回归经世致用之学的古学派。其中,山鹿素行是古学的先导者,伊藤仁斋及其门人伊藤东涯、中江岷山等被称为堀川学派或古义学派,荻生徂徕及其门人太宰春台、山县周南、服部南郭等则被称为蘐园学派或古文辞学派。古学者并未形成统一的学派,他们的共同点是通过倡导古典儒学来批判朱子学。本节对山鹿素行、荻生徂徕、太宰春台三人进行分析。

一、山鹿素行的"中朝"观

山鹿素行(1622—1685年)出生于会津若松的武士家庭,名高兴、高祐,字子敬,号素行。他9岁时跟随林罗山学习朱子学,18岁时跟北条氏长学习兵法。此外,他还学习了佛教、道教、神道以及和歌。他在回忆自己的学习经历时表示,"我等自幼少至壮年,专学程子朱子之学,故我等所著之书皆程朱之学也。中途好老子庄子,撰玄玄虚无之书,此时分别而尊佛法,逢五山之名僧,乐于参学悟道"①。他约在39岁时开始倡导古学,并主张"孟子没而圣门之道乱,文武周公之后世圣人之道皆废"②,指责"宋明之学者习异端之说,以德之心得附益异端"③,认为"格物致知之用法不明,故学者暗中探物,似于暗室移步,欲行手足无措处。之后,元明之学者悉以程朱之学为宗,圣人之教殆废。以程子之解为本,故悉将圣人之言落于私见,圣人因此涂炭"④,对朱子学展开了批判。山鹿45岁时,因批判朱子学触怒了会津藩主保科正之,被发配到赤穂藩。之后,他转向宣扬日本中心主义。55岁时被赦免得以返回江户,从事讲学和著述直到64岁去世。

山鹿所宣言的日本中心主义有一个显著特点,那就是将华夷观念完全颠倒过来。他称日本为"中朝""中华""中国"或者"中州",而将中国称为"异

---

① 山鹿素行:《配所残笔》。
② 山鹿素行:《随笔》卷6,《山鹿素行集》第8卷,(东京)目黑书房,1943年,第355页。
③ 山鹿素行:《谪居童问》"学问"。
④ 同上。

朝"。他在48岁时撰写了《中朝事实》一书,书名是"日本国情"的意思,因为"中朝"是指日本。简而言之,山鹿的观点是把日本视为世界的中心,把中国和朝鲜视为日本的周边国家,把其他国家都归为"四夷八蛮"。

　　山鹿认为日本之所以能为"中朝",首先是因为其具有神性。他认为"中朝者神国也,以天神地祇为皇祖"①,他具体列出了理由,第一是"皇祖皇考乃神乃圣,积庆重晖,多历年所,自天祖降迹以逮于今,一百七十九万二千四百七十余岁。"②其次是因为皇统不变。他说"……帝建皇极于人皇之始,定规模于万世之上,而中国明知三纲之不可遗,故皇统一立,而亿万世袭之不变"③。再次是主张三种神器体现了"传国之信诚"。他说"玉可表仁之德,镜可表致格之知,剑可表决断之勇,其所形皆天神之至诚也。……盖皇统之受授,比以三种神器,而期宝祚之永久,表传国之信诚"④。最后是主张日本的地理位置优越。他认为"大唐朝鲜本朝此三国,当天地之中道,故水土与异于其他,人物尽其美,其用法尽其善也。……三国之外,或过寒或过暑,或有二季无二季,或无三季有一季,……或昼多夜短,或夜长昼短,以此人物其土不全,人人不相似,物物不类,五谷不齐"⑤。他认为大唐朝鲜都有不足。例如"大唐广大,东南方少接海,其外悉陆地相续,……故虽人出圣人,物出麟凤龟龙,亦有大恶大暴,……世世不乏。……次朝鲜,昔武王封箕子之地也。……从本朝之命,皆不如本朝之人物"⑥,因此三国当中自然是"本朝"最好,因为"本朝独立于海中,四时不违,五谷常丰饶,往古之圣神,定此国为国中柱,称之为苇原中国。……其形独立,四边地不续,无外国袭来,故称玉墙内浦安国"⑦。以这种方式树立民族自信,实际上就是在自欺欺人。

　　但是,山鹿是在1669年(宽文九年)完成的《中朝事实》,当中才开始称日本为"中朝""中华""中国"或者"中州"。在此之前,"中华""中国"都是指中国。例如,1662年(宽文二年)有过这样的问答"或曰:学中华之人物风

---

① 山鹿素行:《中朝事实》,"祭祀章"。
② 同上。
③ 山鹿素行:《谪居童问》,"治平"。
④ 同上。
⑤ 同上。
⑥ 同上。
⑦ 同上。

俗,本朝亦分知,然难有优于中华之处。予云:风俗附于国土也。人间五伦之交,有心者皆备。若中华之书不来而不知,然其心岂无哉。一文不通之民俗中,亦有孝父之子,有忠君之臣。此皆为天性良知良能所具,非习方可及者也"①。这段话想说明日本在汉籍传入之前就已经形成了孝忠这些价值观。1664 年(宽文四年)曾说"至于中国之人品,其生性温润和良,无利身之形也。……此乃中华人物之天地圣人之道也"②。如果说,山鹿从朱子学转向古学是因为对宋儒格物致知的方法不满的话,那么他从古学转向日本中心主义则来得太突然,而且没有内在的逻辑必然性。唯一能想到的解释是,山鹿被贬谪,因此受到了巨大的精神打击。1666 年(宽文六年)10 月 3 日,山鹿"洁身,拜神主,留遗书,食晚炊,思母亲之悲叹未能见,参亡父之墓。如此怀致幕府一封,马上至安房守宅"③。这里的安房守指北条氏长,他是山鹿的兵法老师,时任大目付(负责监督大名、旗本等的官职),幕府的处置命令即由他传达给山鹿。山鹿接到处置命令后,做好了最坏的心理准备。他致信幕府称:

> 蒙当二千岁之今,大明周公孔子之道,犹欲纠吾误于天下,开板《圣教要录》之处,当时俗学腐儒不修身,不勤忠孝,况天下国家之用,聊不知之。故于吾书无一句之可谕,无一言之可纠,或借权而贪利,或构谗而追踪,世皆不知之。专任人口而传虚,不正实否,不详其书,不究其理,强嘲书罪我。于兹我始安我言之大道无疑,天下无辨之。夫罪我者罪周公孔子之道也,我可罪而道不可罪。罪圣人之道者,时世之误也。古今天下之公论不可谕。凡知道之辈,必逢天灾,其先迹尤多。乾坤倒覆,日月失光。唯怨生今世,而残时世之误于末代,是臣之罪也。④

当时,山鹿以周公孔子之道的殉道者自居,而且对于他自己所生活的

---

① 山鹿素行:《随笔》卷 6,前引《山鹿素行集》第 8 卷,第 195 页。
② 同上书,第 356 页。
③ 《山鹿素行集》第 1 卷,(东京)目黑书房,1943 年,"年表"。
④ 山鹿素行:《配所残笔》。

"本朝"之"今世"表示了强烈不满。然而,在贬谪地赤穗生活了大约三年之后,山鹿由古学家彻底转变为日本中心主义者。他在《中朝事实》"自序"中就自己对待"中华"(日本)与"外朝"(中国)态度的转变进行了概括:"愚生中华文明之土,未知其美,专嗜外朝之经典,嘐嘐慕其人物,何其放心乎!何其丧志乎!抑好奇乎!将尚异乎!中国之水土,卓尔于万邦,而人物精秀于八纮,故神明之洋洋,圣治之绵绵,焕乎文物,赫乎武德,以可比天壤也。"[①]山鹿说他之前没有发现自己所生长的"中华"(日本)之美,因而崇尚"外朝"(中国)的经典与人物,现在为此后悔不已。古学推崇周公孔子之道,而日本中心主义将日本视为世界的中心,两者显然无法兼容。如果说两者之间存在共性的话,就是都将古代作为理想世界。山鹿基于记纪神话将日本认定为世界中心来解消作为东夷的落后状态,从而消除治国平天下的必要性和紧迫性,通过这种方式在精神上寻求重生。

二、荻生徂徕的"政治优先的思维"

荻生徂徕(1666—1728年),通称惣右卫门,字茂卿,号徂徕。据称其本姓为物部,他常依照中国式单姓以"物茂卿"自称。其父方庵为德川纲吉任馆林藩主时的侍医,十分重视子女的教育。荻生曾回忆说"予侍先大夫,七八岁时,先大夫命予录其日间行事,或朝府或客来,说何事,做何事,及风雨阴晴,家人琐细事,皆录。每夜临卧必口授笔授。予十一二时,即能自读书"[②]。在荻生14岁那年,其父因为触怒当时已成为第五代将军的德川纲吉,一家被贬到母亲老家上总(今千叶县),荻生在艰苦环境下依然不忘勤奋读书,"日与田父野老偶处,尚何问有无师友,独赖先大夫箧中藏有《大学谚解》一本。……予获此研究用力之久,遂得不借讲说遍通群书也"[③]。25岁时,其父获得赦免,一家回到江户,荻生在增上寺附近开私塾以维持生计,31岁时经人推荐成为将军亲信柳泽吉保的家臣。当时,将军纲吉频繁造访柳泽吉保家,荻生因此有机会与将军进行儒学问答。荻生受明朝李攀龙、王世

---

① 山鹿素行:《中朝事实》"自序"。
② 荻生徂徕:《译文筌蹄》"题言"。
③ 同上。

贞的影响，从 40 岁前后开始倡导古文辞学，对朱子学展开批判，主要弟子有太宰春台、山县周南、服部南郭等。

荻生称"愚不佞所恶于宋儒者，乃世人尊信程朱，过于先王仲尼，恪守其家礼而谓是儒者之礼，而不复问其与先王仲尼所传之礼何如焉"①，并主张"先王之道，先王所造之道也，非天地自然之道也……大抵自然而然者，天地之道也，有所营为运用者，人之性也。后儒不察，乃以天理自然为道，岂不老庄之归乎？……故其(宋儒)所说，皆阳尊先王孔子，而阴已悖之。其意自谓能发古贤人所未发者，而不自知其求胜先王孔子以上之焉。夫圣人之教至矣，岂能胜而上之哉"②。他认为朱子学背离了先王孔子的思想，因而试图回到先王孔子以正本溯源。荻生青少年时代的坎坷经历使他对现实问题有深入了解，得到将军亲信柳泽吉保的赏识后又实际参与幕府的政权运作。在他看来，儒学不是单纯的个人道德修养问题，而是经世济民的工具，用丸山真男的话说，荻生采取的是"政治优先的思维"③，而他回归先王孔子的具体方法则是用"唐人"的"古言"来解读六经，为此他还通过长崎的"唐通事"学习汉语口语。④ 与此相关，他通过分析日语和汉语雅语俚语的特征，对中日文化进行了对比："唐人词与日本词大相径庭。唐土之词字也，日本之词假名也。……假名表音而无义，数假名相合，始有义，而字有音有义。……自然夷与中国之异亦如此。中国之词文也，夷质也。中国之词密也，夷疏也。……名唐土为文物之国，又就文华之理义而名之中华，此道理也。又唐土出圣人，亦因其为细密之国故也。"⑤他认为汉语文且密，而日语质且疏，汉语胜于日语，因此中国被称为"中华"，而日本被称为"夷"是有道理的。他还说，"吾国小国，且不文之国"⑥，对于日本在文明化程度上与中国的差异，荻生表示接受。与此相关的言论还有"中国者，人之人也；夷狄者，人之物

---

① 荻生徂徕："复安澹泊"，《徂徕集》卷 28。
② 荻生徂徕：《辨道》。
③ 丸山真男："近世儒学发展中徂徕学的特质"，《丸山真男集》，(东京)岩波书店，1996 年，第 197 页。
④ 佐藤雅美：《知识巨人荻生徂徕传》，(东京)角川书店，2016 年。
⑤ 荻生徂徕：《训译示蒙》。
⑥ 荻生徂徕："太平策"，泷本诚一编《日本经济丛书》卷 3，(东京)日本经济丛书刊行会，1914 年，第 526 页。

也。物不能思,唯人能思。中国之为礼乐之邦,为其能思故也"①,"昔东方之国泯泯乎罔知觉,有王仁氏,而后民始识字;有黄备氏,而后经艺始传;有菅原氏,而后文史可诵;有惺窝氏,而后人人称天语圣"②,强调日本文明化进程与摄取儒教之间存在紧密关联。1720 年,荻生应门人朝比奈玄洲之请为孔子像题词"岁庚子夏五月,日本国夷人物茂卿拜手稽首敬题"③,以"夷人"自称。

与此同时,荻生也有一些主张日本优越性的言论,例如:"本邦人聪慧,绝非外国可及矣。如伊势传在中将和歌,则作序以发明其意,岂问其事之有无,可谓窥诗序之意,胜朱子远甚。紫式部作源语,规模势语以广之,不为和歌而设焉,而数百人人人殊态,态尽情,文尽变,在水浒传数百年之前也。藤定家开和歌门庭,亦前王李,而得王李奥矣。"④这种表述与上述以"夷狄""夷人"自认的说法似乎自相矛盾,是理解荻生的国家民族观的一个难点。井上哲次郎谴责荻生"将自己贬为夷人,自侮太甚也。呈如此丑态且不自知,盖盲目崇外,其弊病已达极度"⑤,明治大正时期东京府授予荻生爵位的提议未获通过,与他曾以"夷人"自称有关。与此相对,吉川幸次郎将荻生称为"民族主义者"⑥,丸山真男也关注本居宣长等国学家与荻生在思想上的传承关系。⑦ 向卿将荻生的上述言论视为"一个中国及文化的崇拜者……努力寻找摆脱对中国的劣等感"⑧的体现。

为了把握荻生的真意,有必要看一看他所倡导的"道"。他在各种场合对"道"进行解释,例如:"夫道,先王之道也","先王孔子之道,安天下之道也",⑨"先王之道,莫不本诸敬天敬鬼神者焉"⑩,"圣人之道者,古帝王治天

---

① 荻生徂徕:《蘐园随笔》卷 4。
② 荻生徂徕:"与都三近",《徂徕集》卷 27。
③ "荻生徂徕题孔子像",《徂徕集》卷 14。
④ 荻生徂徕:《蘐园随笔》之 2。
⑤ 井上哲次郎:《日本古学派哲学》,(东京)富山房,1920 年,第 524 页。
⑥ 吉川幸次郎:《仁斋、徂徕、宣长》,(东京)岩波书店,1975 年。
⑦ 前引丸山真男"近世儒学发展中徂徕学的特质"。
⑧ 前引杨栋梁主编《近代以来日本的中国观·第 2 卷》,第 52 页。
⑨ 荻生徂徕:《辨道》。
⑩ 同上。

下之道也"①。在荻生这里,"道""先王之道""先王孔子之道""圣人之道"这些都是同义语。在他看来,"夫先王之道,莫大于仁焉。仁也者,养之道也,以安民为大焉。安民之道,以宽为本"②,按现在的话说,"道"的核心在于关注民生。只要联想一下德川纲吉的"怜生类令",就不难想象荻生"安民"论之所指。事实上,1696年(元禄九年),荻生建议柳泽吉保判弃母流浪僧无罪,③就是基于这样的安民思想。荻生称德川家康为"神祖",期待通过德川将军实现理想中的政祭一体的圣人治世,即"先王孔子之道"。他说:"惟吾神祖定海内,偃武修文……(东都)岂非辇毂之下,首善之地,风教所自,愈久愈盛乎。故知列圣相承,累洽重熙,百年之久。……盖圣德方明,昭旷日跻,励精为治,乃举百年之旷典,破时俗之拘挛,俾海内之民"④。在《太平策》中,荻生还对自己的神道观进行了阐述:

> 神道乃卜部兼俱之所作,上代无所载也。《日本纪》《续日本纪》《日本后纪》《续日本后纪》《三代实录》、律令、《延喜式》之类正书有言宜学圣人之道,而不曾见神道。物忌、祝祓之类皆巫祝之业也。神代卷所载天神七代、地神五代之事,此类于异国外国洪荒之世多矣。假真言宗或性理之阴阳五行说种种微妙之道理,无疑为后世之附会。殊第一之三种神器,出自后世传说之误,上代无此事了然也。应神天皇之时,王仁传入《论语》《千字文》,文字始传入我国。自神代至应神时,经千年之久无文字,以微妙之说相传。文物之国唐虞三代且无后儒所说精微之论,何况吾国淳朴之风格乎?故不以为有此道。朝廷礼乐制度,皆唐朝之法也。……唯所云吾国之神道,祭祖考配于天,天与祖考如一,何事皆以鬼神之命执行,文字传入以前之事,此亦唐虞三代之古道也。……虽无神道,宜崇鬼神,况生于吾国,敬吾国之神,圣人之道也。孜孜不疏于此事也。⑤

---

① 荻生徂徕:"对问",《徂徕集》卷17。
② 荻生徂徕:"赠长大夫右田君",《徂徕集》卷16。
③ 荻生徂徕:《政谈》卷1。
④ 荻生徂徕:"赠菅童子序",《徂徕集》卷11。
⑤ 前引荻生徂徕"太平策",《日本经济丛书》卷3,第534—535页。

他断言神道是卜部兼俱之所作,日本的创世神话是后世之附会,"三种神器"出自后世之传说,这是对一般意义上的神道的彻底否定。荻生所说的神道,其实也是"先王孔子之道"的同义语。他对待鬼神的态度,与孔子"敬鬼神而远之"的态度基本上是一致的。因此,与其将荻生一方面以"夷人"自称,另一方面又主张日本的优越性的做法视为矛盾,不如将之视为一种处世术,他宣扬"先王孔子之道"的目的在于描绘德川幕府治世的蓝图,而不可能是想回到先王孔子的时代。

三、太宰春台对"夷狄之俗"的批判

太宰春台(1680—1747)出生于信州,9岁时移居江户。他后来回忆说"余幼奉先君之训,曰不读书无以为士,因稍取《孝经》《论语》诸书,口授句读,已而出就外传,诵习古文,遂好读书"①。他一开始学习朱子学,后来逐渐对之产生怀疑。他在京都、大坂等地游学,以"求古学之方,博访旁咨,未之有得"②,于是1711年返回江户,师从荻生徂徕学习古文辞学,他的经世论对后世产生了较大影响。

太宰与荻生徂徕一样,都非常推崇中华"圣人之道",他认为"圣人之道,治天下安民之道也。此道始于尧舜,历代圣帝明王皆用此治天下"③,并以中华为标准看待日本的信仰、习俗、文字以及统治体制等。

第一,就信仰而言,太宰认为"日本本无道,近来说神道者肃然谓我国之道高妙,然此皆后世所传虚谈妄说。仁义礼乐孝悌之字无和训,此乃日本本无道之证据。凡日本原有之事,必有和训。无和训,故日本本无此事。……天下万事学中华,此国之人始知礼义,觉悟人伦之道,弃禽兽之行,今日卑贱之辈见背礼义者亦视之为畜类,乃圣人之教所及之故也。日本之世虽不及中华之昔,天下全以圣人之道治矣"④。在他看来,只有"中华圣人之道"才称得上"道",日本是在中华圣人之道传入之后才摆脱了原始蒙昧的状态。

---

① 太宰春台:《倭读要领》"自序"。
② 同上。
③ 太宰春台:《亲族正名》。
④ 太宰春台:"辩道书",《大日本思想全集》第7卷,(东京)大日本思想全集刊行会,1931年,第203页。

太宰还说"日本之神道殊为小道,不能妨政。毕竟诸子百家、佛道、神道若不戴尧舜之道,则不能立于世。……若治国家之人不学尧舜而悦诸子百家,或好佛道,或好神道,其国家动乱之端绪也"①,他认为诸子百家、佛教和神道都从尧舜之道摄取养分才得以成立,信奉神道与崇尚诸子百家和佛教一样,都会给国家带来动乱,由此可知太宰采取的是独尊圣人之道的立场。

第二,就习俗而言,太宰以中国的做法为标准对日本的婚姻惯例进行了抨击。他首先强调婚姻制度的意义:"夫妇者,人伦之始也;而婚姻者,夫妇之始也。人之所以异于禽兽者,唯礼之为然,而礼义莫大于婚姻。"②接着,他列举了历代天皇近亲通婚的例子,并声讨说"凡此,古时人主秽行之大者也。骨肉至亲相污,至其从父昆弟以下者不胜枚举。以天皇之尊而公然为是秽行,焉论其余"③。他的言辞里对日本的婚姻习俗充满了鄙视和愤怒,丝毫没有顾及天皇的面子。他认为近亲通婚的习俗与日本人对亲属关系缺乏明确认识有关:"我日本国九族之名称不详,无五等服制,故视骨肉之亲戚如路人,卒至兄弟叔姪婚娶,夷狄之俗与禽兽无异。"④此外,他还说"此方人大抵皆复姓,虽有单字者,则百中一二耳,至有连三字四字者,乃夷狄之俗也"⑤。如果说反对近亲通婚具有优生学上的合理性的话,那么将复姓视为夷狄之俗则仅仅是以中华作为判断优劣的绝对标准。

第三,就文字而言,太宰对日本有自己固有文字的论调进行了批驳。

> 日本无文字,传今之国字之以吕波乃弘法大师所造。人以此为国字,然非吾国之字,乃取中华之草字,坏其形,别成一体者也。吾国本来无文字,先贤之说已阐明之。斋部广成《古语拾遗》之序云:盖闻上古之世未有文字,贵贱老少口口相传,前言往行,存而不忘。……近来筑前之贝原损轩先生亦据此说,论吾国无文

---

① 太宰春台:"辩道书",《大日本思想全集》第7卷,(东京)大日本思想全集刊行会,1931年,第209—210页。
② 太宰春台:《乱婚考》。
③ 同上。
④ 太宰春台:《亲族正名》。
⑤ 太宰春台:《斥非》。

字。……巫祝之徒往往言吾国有文字,然此皆孟浪之谈也。今彼等之家所传国字,如阴阳家符书之字,杜撰之甚也。学者应只信先贤之定论,不可为妖妄之说所惑。①

这段话的大意是:日本古代并没有自己的文字,而是使用了中国的草书字,经过变形后成为日本的国字。一些人声称日本有自己的文字,但这只是无稽之谈。这表明太宰谦虚地承认假名是从汉字演化而成的这一事实。

最后,就统治体制而言,太宰认为将军是日本的最高统治者:"今大将军有海内,乃日本国王也。室町家之时,明永乐帝之天子送书称鹿苑院殿(足利义满)为日本国王。当代东照宫(德川家康)让山城之天皇惮之,然过于谦退,未称王,诚为盛德。然国家之尊号不正,及显于文字、载于书籍则无以称之。……考和汉之礼制先迹,除称王别无其他尊号。"②他认为应该依照室町时代第三任将军足利义满的先例,称将军为日本国王。他的这种想法很显然受到了中国易姓革命思想的影响。

总而言之,太宰以中华为绝对标准,对日本的"夷狄之俗"进行了无情批判。这是因为他有强烈的经世济民的责任感,可谓"爱之深,恨之切"。然而,过度的"自虐"也容易引起反感,这种对"自虐"的反感成为日本中心主义滋生的土壤。

从以上分析可以看出,文永弘安之役前后形成了"神国"观,但这一观念并未成为主流意识形态,尽管北畠亲房的《神皇正统记》以及卜部神道的出现扩大了它的影响。在江户时代,朱子学成为官学。虽然儒者因派别不同而观点各异,但他们大多推崇儒学并兼顾神道。在这些儒学者当中,太宰春台对中国的憧憬最为强烈,其次为荻生徂徕。儒学者常常用"智仁勇"这些价值规范来解释象征天皇统治正统性的"三种神器"。这样做既可以强化幕府体制,同时又可以保持日本人的自尊。因此,神儒融合是儒学者采取的与现实妥协的态度。在儒学者当中,山鹿素行的情况有些特殊。他因为批判

---

① 太宰春台:"日本无文字说",《倭读要领》上卷。
② 太宰春台:《经济录》,"凡例"。

朱子学遭到幕府的压制而被贬谪,他自己也做好了最坏的打算。因此,遭贬受到的刺激,使山鹿发生了思想转变。他将日本称为"中朝""中华"等,而将中国称为"异朝",在观念中将中心与周边颠倒了。不过,只要他是立足于中华和夷狄这种儒学的世界观来主张日本主义,他依然停留在儒学的思维框架内。总的来说,儒学者推崇中国文化,甚至存在过度理想化的倾向,这成为催生以宣扬"神国"观为主旨的国学的原因之一。

第四章 "神国"观的发展与变迁

如前所述,江户时代朱子学成为官学,对汉学的崇尚成为贯穿整个时代的社会风气。这种风气一方面促进了汉学在日本的普及,同时也激发了日本人树立本民族文化自信的欲求,这种欲求在儒学内部和外部都有所体现。在儒学内部,山鹿素行倡导古学,将日本视为"中华";在儒学外部,国学极力排斥以儒佛为代表的外来文化,试图通过研究《古事记》《日本书纪》《万叶集》等日本古典文献来探讨"神国"日本固有的精神文化。荷田春满、贺茂真渊、本居宣长、平田笃胤这"四大国学家"是江户时代国学的形成、发展和变迁过程中的代表人物。从幕末时期开始,"神国"观开始与现实政治联系起来,成为推翻幕府统治建立明治新政府以及对外扩张的理论支柱。本章将对江户时代到近代的"神国"观的发展与变迁进行分析。

第一节 国学的草创期——从契冲到荷田春满、贺茂真渊

一、从契冲到荷田春满

契冲(1640—1701)是真言宗僧人,俗姓下川,他出生于摄津国尼崎(今兵库县尼崎市)的一个武士家庭。他祖父下川元宜是加藤清正的家臣,父亲善兵卫曾经是尼崎的藩士,后沦落为浪人。契冲八兄弟中有的出家,有的被过继为养子。契冲在兄弟中排行第三,他从小就进入妙法寺成为僧侣,在高野山成为阿阇梨。23岁时,他成为曼陀罗院住持。他不仅广为涉猎佛典和汉籍,还潜心于日本古典研究,并与歌人、和学家下河边长流交往。契冲的

主要贡献是对《万叶集》《古事记》《日本书纪》《源氏物语》等日本古典中表音汉字的读法进行了分类整理,撰写了《和字正滥抄》一书。当时,水户藩主德川光圀正组织编纂《大日本史》,委托下河边长流整理《万叶集》等日本歌学方面的资料。下河边1686年去世后,契冲接替了他的工作,在1687年完成了《万叶集代匠记》初稿。除此以外,契冲还撰有《厚颜抄》《源注拾遗》等和歌或物语的注释书。

契冲从歌学的立场来主张神儒佛三道合一的"神国"观。他认为"本朝神国也,故史籍公事以神为先、人为后。上古唯以神道治天下,然因民风淳朴且无文字,故以口相传,神道无儒典、佛书之说。《旧事纪》《古事记》《日本纪》皆为神代所记之事。唯朝廷公事、诸社祭祀有神代遗风"①。"本朝乃神国,入人代后亦将神计入国史,神异难数,唯信仰之"②,强调日本有信仰神道和崇拜神灵的传统。他承认神道不像儒佛两道那样拥有经典,但他对神代的存在坚信不疑。他还称"三道譬犹经之缕缕有别。经必待纬,蜀锦成吴绫出,连接三道恰似纬者,唯倭歌而已"③。契冲将歌学视为连接神儒佛三道的纬线,主张"诗歌虚幻,有情亦有趣"④,"咏虚幻之歌亦有趣"⑤。契冲特别重视和歌在情感表现方面的独特作用,这使他摆脱了镰仓、室町时代以来的研究立场,这些立场要么从佛教或者汉学的角度出发,要么强调学问的教化功能。契冲的这种立场为国学的出现创造了条件。

荷田春满(1669—1736年)出生于京都神官家庭,他从小就自学了日本国史、律令、和歌方面的知识。受契冲《万叶集代匠记》影响,他立志通过研究日本古典来阐明古道。他曾在灵元天皇第五皇子延法亲王的学问所讲授歌文。1700年,他作为朝廷敕使的随从前往江户,并留在江户为武士讲授和歌和神道,他还受命校对幕府的图书。他的主要著作有《万叶集僻案抄》《万叶集童子问》《伊势物语童子问》等。他晚年所拟《创学校启》被认为是日

---

① 契冲:《万叶集代匠记惣释首卷》第5辑,(东京)早稻田大学出版部,1925年,第1页。
② 同上书,第20页。
③ 契冲:《厚颜抄》"序"。
④ 佐佐木信纲编:《契冲全集》第1卷,(东京)朝日新闻社,1926年,第312页。
⑤ 同上书,第622页。

本国学成立的标志性文献。

《创学校启》是用汉文撰写的一份建议书,该建议书主张设立"皇国之学",但由于荷田作为一名神官并没有向幕府建言的资格与渠道,再加上不久后中风,他的建议自然不可能实现,三宅清甚至认为该文是伪作。但三宅也表示那是"熟知荷田春满观点的荷田派所作"[1]。因此,该建议书依然是我们了解荷田学问观的重要资料。

荷田在《创学校启》中首先对江户幕府的统治进行了赞扬,随后表达了对文教衰退的忧虑:"唯有为可痛哭太息者,在我神皇之教陵夷一年甚于一年,国家之学废坠,存十一于千百。格律之书泯灭,复古之学谁云问,咏歌之道败阙,大雅之风何能奋。今之谈神道者是皆阴阳五行家之说,世之讲咏歌者大率圆钝四教仪之解,非唐宋诸儒之糟粕,则胎金两部之余沥,非凿空钻穴之妄说,则无证不稽之私言。"[2]荷田反对以儒学的道德规范或者阴阳五行这些中国文化来把握格律(法律制度)、和歌、神道等"皇国之学",他主张通过研究日本古语来再现"皇国之学"的原貌,因为"古语不通,则古义不明焉。古义不明,则古学不复焉"[3]。在此基础上,荷田还鼓吹日本"神国"论。他在注解《万叶集》时称"《日本纪》之撰者立我朝神祇之基本,流传后代万世,为神祇道德大宗师。因有《日本纪》《国史》相传,故我神国皇统不绝由来、神系正敷相继之事传承尊崇"[4],主张《日本书纪》体现了日本悠久的历史。他还称"我邦神系优于万国,尊贤非同一般,一天四海之夷八蕃皆以我神国神命之德治之"[5],主张日本众神格外尊贵,因此可以统治世界。

荷田虽然反对以儒学道德规范理解日本古典,但实际上他自己也不知不觉地这样做了。例如,他曾称"三种神器""此物(八坂琼曲玉)甚为珍贵,代代灵物也。唐说中玉配惠德之德化,镜配智物之明,剑配区别善恶之义。称智仁勇三德,此玉镜剑相传,乃因本朝教之风义无智仁勇之正体,故象物

---

[1] 三宅清:《荷田春满》,(东京)畝傍书房,1943年,第344页。
[2] 山田孝雄编:《荷田东麻吕创学校启文》,(东京)宝文馆,1940年。
[3] 同上。
[4] 荷田春满:《万叶童蒙抄》,《荷田春满全集》第4卷,(东京)六合书院,1944年,第102页。
[5] 同上。

以显神物。以此三物相授本朝教本之尊理,乃唐土天竺所无也。此三种神宝,不仅天子一人,下至天下万民,皆受三种神宝之德"①。在这里,荷田描述了"三种神器"的价值和其代代相传的意义,这与前文中提及过的中江藤树、熊泽蕃山等人的儒神习合的观点十分相近,都是以"智仁勇"这些儒学道德规范来解释天皇统治地位的正统性。

二、贺茂真渊反儒学的逻辑

贺茂真渊(1697—1769年)出生于远江国敷智郡(现静冈县浜松市),是贺茂神社末社的神官,他父亲冈部政信以务农为生。贺茂少时跟随太宰春台的弟子渡边蒙庵学习汉学,还跟荷田春满的弟子杉浦国头学习歌学。他成为堂兄冈部政长的上门女婿,28岁其妻子去世后,他又过继给浜松宿旅馆主梅谷甚三郎。然而,由于他好读书而不擅经营,几年后便放弃了家业前往京都游学,成为荷田春满的弟子。1736年,他回到浜松,次年前往江户开始讲授国学。1763年,他被第八代将军德川吉宗之次子宗武所用。同年,贺茂参拜伊势神宫时途经纪州藩松阪,他在旅馆与慕名来访的本居宣长相见,随后接纳本居为弟子。之后两人保持通信往来,本居成为贺茂国学的正统继承人。贺茂对《万叶集》《古今和歌集》《三代集》等和歌以及《源氏物语》《大和物语》等物语进行了考证和解释,此外还对古语以及古代生活进行了研究,并创作了大量和歌。他试图通过研究日本古典来把握古文字的意义,并以此再现外来文化传入之前的理想世界。贺茂国学遭到了来自儒者的批判,他在《国意考》(1764年)一文中列举了一些儒者对其国学进行的批判观点:

(1) 和歌是小事,儒学才是治天下之道;

(2) 古时日本人近亲通婚,与禽兽无异,儒教传入后日本才有人伦之道;

(3) 日本太古没有文字,汉字传入后才能进行文字记载和书

---

① 荷田春满:"日本书纪神代卷札记",《荷田全集》第6卷,(东京)吉川弘文馆,1931年,第91页。

面交流,其他方面的情形亦大同小异;

(4) 东夷不像唐国万事风雅。

第(1)和第(4)体现了儒者盲目崇尚中国文化,并以中国为标准来衡量所有事物的态度,而第(2)和第(3)只指出了日本在文明化进程中得到中国文化的哺育这样的事实。贺茂对儒者的上述观点逐一进行了反驳,其反驳逻辑具有以下三个特点:

第一,通过指出儒学所主张的理念与现实的落差,来彻底否定儒学本身的意义。例如,贺茂逐一列举殷商周东汉等王朝的动乱,指出中国历史上不曾有过儒者所主张的理想治世,试图以此否定儒学作为治世之道的有效性。与此形成鲜明对比的是,他主张日本从古至今一直治理得当,因此不需要儒学那样的"小理"。然而,在将日本的治世与中国的乱世进行对比时,他并没有具体说明日本在何时,又是如何治理得当的,反而举出了不少日本乱世的事例,例如叔侄争夺皇位的壬申之乱、奈良朝的奢华之风、天皇屡屡遭流放等等,但他认为这些灾祸是儒学传入日本的结果。

第二,通过指出概念缺乏具体性而否定一切概念化思维。例如,贺茂指出"凡事以理论之,则成死物,一无所为。唯天地自成之事才有生力"①。天地自然之中原本就存在"大道",这种"大道"根本无法用"小理"来把握。贺茂对和语中没有与"仁义礼智"相对应的词语,是因为日本没有这种观念的说法(参见太宰春台部分)进行了反驳。他用季节变化与春夏秋冬这些名称的关系进行了类比。他认为仁义礼智和季节变化一样属于普遍现象。季节的交替是渐进的,日本没有对其加以界定,而中国却使用春夏秋冬这些概念将季节的特征固定化,这样做其实违背了自然规律。此外他还指出,中国儒者无法有效治理社会,日本儒者犹如饱读医书却医术拙劣的庸医。相比之下,日本的自然之道则像药理不明却疗效显著的药物。他采取将概念与现实对立起来的方式来主张日本的自然之道比中国圣人之道更加优越。

第三,通过将人类与其他动物的差异相对化,进而将古代日本与中国在文明程度上的差异相对化,以此消除日本的文化劣势。有儒者称日本古时有

---

① 贺茂真渊:《国意考》。

近亲通婚习俗,与鸟兽无异,但贺茂认为人类反而不如禽兽,因为人类凭借对事物一知半解的知识尔虞我诈,不像鸟兽鱼虫草木那样自古以来保持不变。

贺茂批判儒者崇外尚可理解,但他极力排斥中国文化,甚至主张禽兽无智胜于人,就好比把婴儿和洗澡水一起倒掉了。山泰幸运用马赛尔·莫斯的馈赠论对江户时代儒学与国学之间的论争进行过饶有趣味的解读。莫斯认为馈赠行为会在赠予者和接受者之间形成团结和等级这样的双重关系,儒者重视前者,而国学家只看到后者。就后者而言,日本自古以来基本上是单方面从中国获得文化上的馈赠,一直无力回赠。这使得日本在文化上对中国的依附关系被固定下来,从而给日本人带来了极大的心理负债,国学家强调儒学的危害性并对之加以排斥,便是为了清算这种依附关系以减轻心理负债。① 以这样的视角来解读国学家排斥儒学的心理结构,有一定的说服力。不过,贺茂并不满足于只对儒学加以否定和排斥,其最终目的是建构一种能取代儒学的国学话语体系,而其国家民族观则构成这种话语体系的核心。

三、贺茂真渊的国家民族观

贺茂《国意考》的国家民族观可以概括为以下几点:

第一,倡导日本古道。贺茂称日本的"神代之道犹如世上荒山野岭自成之道,虽无人倡导却甚兴,天皇之势亦盛",因此"天地间无棱角,亦不强词夺理,其内容难以言表",②他这样来强调日本古道的本真性,以区别于"强词夺理"的中国圣人之道。他认为,尽管日本古典多使用汉字,但日本古典的内容与汉字的关系是主从关系。贺茂意识到文字作为记录语言的符号,对于文化的创造和传承来说是不可或缺的工具,他主张"宜以古歌知古之心词,知古世之状"③,这表明他研究《万叶集》等日本古典,就是为了通过古文来再现神代世界。他认为日本曾有过某种固有的文字,但汉字传入后失传了,最终只剩下语音。日本古典一开始只借用汉字表音,后来音义并用。但他并没有具体论证日本古典的内容与汉字的所谓主从关系如何体现,而是

---

① 山泰幸:《江户的思想斗争》,(东京)角川选书,2018年。
② 贺茂真渊:《国意考》。
③ 同上。

花费很多篇幅对汉字进行批判。首先,他主张汉字十分繁杂不便。[①] 他指出仅必要的汉字就有三万八千多字,这一方面是因为词语的搭配关系复杂,像表示植物的"花"要与"咲、散、槩、树、茎"等一起记忆,另一方面像用于地名、草木等专有名词的汉字使用范围极为有限,因此人们需要学习数量庞大的汉字。即使是那些强调必须掌握汉字的人,也可能写错别字,这给人们带来许多困扰。他还将印度和荷兰的文字与汉字进行对比,称印度人只要掌握50个字就能知晓古今无限的词语,而五千卷经书就是用这50个字写成的,荷兰语则只有25个字。然而,贺茂所说的印度文50个字和荷兰文25个字仅仅是构词成分,相当于汉字的偏旁部首。实际上,常用的汉字偏旁部首也只有50个左右。为了夸大汉字的问题,贺茂故意将作为词语的汉字与作为构词成分的字母等同起来,这是一个基本的错误。而且,如前所述,这种错误在以后的去汉字化言说中被不断再生产。其次,他主张汉字是以草木鸟兽为原型造出的象形文字,因而卑俗,称书法滑稽可笑。他还假定如果汉字在日本消失,就会出现"天赐自然之字",国家也会得到治理。主张这种观点的《国意考》虽然是用拟古文写成,但其中汉字的占比也有三四成。贺茂这种用汉字诅咒汉字的做法,淋漓地体现了国学家所处的两难境地。而且,他从汉字是模仿草木鸟兽造出来这一点来主张汉字卑俗,与国学所立足的所谓崇尚自然的立场也自相矛盾。与贺茂大致同时代的儒者野村公台曾经指出,"真渊亦起于我蘐园复古之教者欤……国上古淳素因循之治,与彼老聃无为自然之道相似也"[②]。他认为贺茂倡导古道在方法上受到了蘐园即荻生徂徕古学派的影响,其观点与老子相似,可以说是一语中的。由于贺茂主要精力花费在对《万叶集》等和歌的考证方面,无暇对《古事记》《日本书纪》进行深入研究。他虽极力宣扬古道,却缺乏相应的材料支撑,只能采取避实就虚的方式。

第二,将日本的君臣主从关系视为天经地义的关系。贺茂称"皇日月

---

① 在接下来的第五章第一节中,将对幕末以来的去汉字化主张进行梳理。其实,幕末以来的去汉字化主张基本上沿袭了贺茂的观点,这表明贺茂的汉字观对后世产生了深远影响。

② 野村公台:"读贺茂真渊国意考",马祐政、黑川真道编《国民道德丛书》第1篇,(东京)博文馆,1911年,第342页。

也,臣星也,臣星守日月,如今所见,无星蔽日月之事。然如天之日月星传至今日,此皇之日月与臣之星古来相传不变,世中平治"①。他将君臣主从关系比喻成日月与星辰的关系,试图将这种关系绝对化。丸山真男曾指出:"近世初期之人在以儒教,特别是以宋学思维范畴为视角审视自己的历史环境时,将其视为一种自然秩序,以其先天本性(本然之性)为根据,将五伦这种封建社会的基本社会关系以及五常这种根本规范与宇宙秩序中的自然规律(太极)相连,使之深入人的内心。"②江户时代的儒学通过这种方式将士农工商等级秩序当作宇宙秩序的延伸,将这种等级秩序绝对化。贺茂不遗余力地排斥儒学的"圣人之道",但其维护君臣主从关系的逻辑与朱子学本质上是相通的,只不过他只能用星辰绕日月的比喻来说明君臣关系,而无法用明确的概念来论证。他还说"若天下仅一二人贤,则可驾驭他人。若人人皆贤,则互不相让,勾心斗角"③。他认为人有智慧会导致统治不稳定。如果说儒学所主张的君臣主从关系至少在形式上依靠"仁"这一前提来维系的话,那么贺茂所主张的君臣主从关系则完全是建立在反智主义的基础之上。

第三,为近亲通婚习俗辩解。儒者认为,古时日本近亲通婚,圣人之道传入后才有了人伦。这等于说,因为有中国圣人指引,日本才摆脱了野蛮状态。对此,贺茂反驳说"此国古时以同母为兄弟,异母非兄弟。故古时情直,无同母相通之事,异母兄弟则常相通。偶有同母相通,则为重罪。盖兄弟姐妹相逢,乃有繁衍。然至人世,自然有制"④。禁止近亲婚姻的习俗在世界上普遍存在,即使古人不了解近亲结婚夫妻双方的隐性致病基因在子代相遇容易导致先天畸形、早产或流产、幼儿夭折等风险的原理,他们也会从生活经验中认识到近亲婚姻与这些风险之间存在直接的因果关系。因此贺茂也表示,日本的同母兄弟姐妹婚经历了从被允许到被禁止的过程,这表明他也意识到近亲婚姻禁忌的有无是衡量一个社会文明程度的基本标尺。但他主张日本有自己的标准。现代生物学告诉我们:同父同母兄弟姐妹被称为

---

① 贺茂真渊:《国意考》。
② 丸山真男:《丸山真男讲义录》第 1 册,(东京)东京大学出版会,1998 年,第 89 页。
③ 贺茂真渊:《国意考》。
④ 同上。

同胞,其近亲婚姻系数为四分之一;同父异母与同母异父兄弟姐妹被称为半同胞,其近亲婚姻系数同为八分之一。尽管半同胞婚的风险低于同胞婚,但风险依然很高,近亲婚姻的危害大小不会因为国家民族的差异而改变。同时,贺茂还指出中国存在违反禁忌的现象,称"以为一旦立制,天下之人必守之至后世,此乃愚行也"①,试图通过指出存在违反规范的行为来否定规范存在的意义,这也与强调日本有自己独特标准的逻辑自相矛盾。

贺茂的国家民族观在《国意考》中得到了集中体现。从该文逐条反批判的形式也可以看出,他是在进行自我辩护的过程中被动提出了自己的观点,各个观点之间缺乏严密的逻辑关系,前后不乏自相矛盾之处。不过,他试图通过研究日本古典来建构纯粹古道的基本思路被本居宣长、平田笃胤等后来的国学家所继承,成为国学的基本立场与方法。

第二节　国学的发展期——本居宣长

本居宣长(1730—1801年)是江户中期的国学家,他出生于伊势国松阪(现三重县松阪市)的木棉批发商家庭,排行第二。他8岁时入寺子屋学习,11岁时父亲去世,16岁时曾在江户叔父经营的商店学徒。江户时代实施士农工商等级制度,商人子弟基本上只能从商。19岁时,他过继给伊势山田的纸商今井家,3年后解除养子关系回到松阪。22岁时,他继承家业,但因对经商缺乏兴趣,不久将商店转让,到京都游学。他先是师从堀景山学习儒学,特别对日本与中国、朝鲜的交往表示关注。他曾抄录中国历代史书中关于日本以及朝鲜的记载,如《魏志·倭人传》《后汉书》《晋书》和《新唐书》等,这些成为他日后撰写《驭戎慨言》的重要资料。此外,他还阅读了《古事记》《日本书纪》《万叶集》等日本文献,并对其产生了浓厚兴趣。同时,他还在母亲的建议下学习行医,因为商家子弟成为儒官的可能性极小,靠儒学难以谋生。他京都游学期间的《在京日记》中有关于饮酒、吸烟、观赏戏剧、骑马等方面的记录,西乡信纲认为这种经历培养了他的"人性解放的生活意识"②。28岁时,他从京都回到松阪行医,并持续一生。他的著述和讲学都是利用

---

① 贺茂真渊:《国意考》。
② 西乡信纲:《国学批判》,(东京)未来社,1965年,第26页。

业余时间进行的。1763年,贺茂真渊旅行途经松阪,本居拜其为师。65岁时,他作为医生被纪州藩主聘用,但藩主并非看重他的医术,而是想以这种方式解决他在生计上的后顾之忧,以专注于国学研究和青年藩士的指导,他69岁时能完成44卷的《古事记传》,便得益于藩主的支持。在中国,本居主要因为在《紫文要领》当中提出"物哀"论而为人所知。

一、对"汉意"的排斥

本居的世界观完全建立在记纪神话的基础之上,他说"此天地诸神万物其本皆由高皇产灵神、神皇产灵神二神而成,世间人类诞生、万物万事出现无不出于此"①。在《古事记》《日本书纪》中,高皇产灵神、神皇产灵神等五天神是创世之神。本居认为这五神不仅创造了日本,而且还创造了整个世界。他还说"天地本丝毫无隔,高天原乃万国一同顶戴之高天原。天照大神乃知天之神,宇宙间无并列之物,永久遍照天地之限,四海万国无不蒙此德光,无论何国若漏此国之庇护,一日片刻不能立。此乃世间至尊高贵之神也"②。他认为高天原是《古事记》《日本书纪》中的天界,其统治者是太阳神天照大神,太阳所照之处都是其统治范围。本居也知道不止日本有创世神话,他说"盖天地之始,汉国有汉国之说,天竺有天竺之说,各国之说不同。今以孰为正而信之焉。若以汉国之说为正,其余各国之说皆非,则不可信。又若以天竺之说为是,其余各国之说皆非,亦不可信。天地唯一,其始亦唯一无二,故其说正实者以决于一"③。天地只有一个,而开天辟地之说各不相同。本居坚信只有记纪神话才是真实的,其他各国的神话皆不可信。他给出的理由是"日本乃神明所开之国也,此乃依皇国之古典,宜坚信皇国之古典"④。这就好像在说:皇国古典里都这么说了,当然要信。这种逻辑,与其称之为反复同义语,不如称之为信仰更加合适。因为他认为,创世神话只要相信就可以了,无法证明,也无需证明。他在各种场合称日本是万国的宗主国:"本朝乃天照大神之本国,其皇统所知之国、万国之大宗元国,故万国

---

① 本居宣长:《玉匣》。
② 同上。
③ 本居宣长:《答问录》。
④ 同上。

皆尊并臣服于吾国,四海之内皆理当遵依此真道"①,"皇国乃天照大神所在之国,胜于万国"②,"皇大御国乃照耀天地之间万国之天照大神所在之国,即其后之皇统与天地皆不动,千万代无穷相传,统御天下之御国。至尊之天皇天地之间无二,乃万国之大君,异国之王悉须称臣服事,此理明矣"③。本居称日本为"天照大神之本国""万国之大宗元国"。这样一来,其他国家都成了日本的附属国,必须对日本俯首称臣。因此他说"中国、中华仅指皇国,称唐土须言西土等,以蕃国相待"④。如前所述,山鹿素行在《中朝事实》中就曾将日本称为"中国""中华",这一称呼并非本居首创。不过,山鹿在解释神道时采取了神儒融合的立场,并没有完全放弃儒教的价值观。相比之下,本居则彻底排斥儒学,认为以任何方式对神道进行解释都是自作聪明。因此,他的态度更加偏激,这种态度的必然结果是主张对外扩张。在论及丰臣秀吉侵略朝鲜时,他主张"此御战暂宥朝鲜之罪,宜先征讨明国。经朝鲜直指北京,若不便,则得南方,宜先取南京也"⑤。《本居宣长全集》的编者之一大久保正对此感到意外,他表示:"不得不说,这是一种对现实形势不甚了解的独断。我习惯将宣长作为冷静学者来看待,这有点出乎意料。"⑥这表明大久保过于关注本居古典研究的技术层面成果,而忽略了其国学的本质。

本居采取唯我独尊的国家民族观,他对外来文化采取一概排斥的态度,最终走向扩张主义。如前所述,日本文化是在摄取汉学、佛学等外来文化的基础上发展起来的,但本居试图再现未受外来文化影响的纯粹的日本文化。他经常使用「からごころ」这个词,这个词一般与"汉意"对应,有时也写成"唐心""汉心""儒意",他曾对这个词进行过定义:"からごころ并非仅指好汉国之风,尊彼之国,亦指大抵世人论万世之善恶是非,定物之理等,皆以汉籍之趣为之也。"⑦也就是说,他将「からごころ」定义为崇尚汉学,以汉籍为

---

① 本居宣长:《玉匣》。
② 本居宣长:《葛花》上卷。
③ 本居宣长:《汉字三音考》。
④ 本居宣长:《驭戎慨言》上之卷下。他甚至还称中国为"唐戎"。
⑤ 本居宣长:《驭戎慨言》下之卷下。
⑥ 《本居宣长全集》第8卷"解题",(东京)筑摩书房,1972年。
⑦ 本居宣长:《初山踏》。

标准判断善恶是非的态度。他认为不仅读汉籍者,而且没有读过汉籍的人也普遍持有这种态度,原因在于日本受汉学影响时间太长。他说"无论何事皆以汉国为是,世之效仿彼之习俗千年有余,自然其意遍于世中,尽染于人心之底,成常之本性,故思我之汉意不足,不以之为汉意,而以之为当然之理"①。"然此习气千余年染附于人心之底,自以为清洗已尽,然仍有残余,总之此物难脱"②,他这样对崇尚中国文化的风气进行批判。本居无视汉文化构成日本文化的基础与要素这一历史事实,极力主张从日本文化中清除"汉意",并告诫"有志于学道之辈,第一应以清濯汉意儒意、固大和魂之事为要"③。他将"汉意"与"大和魂"视为不可两立的对立物,称"神代众神无论善事恶事皆各以其真心为之。……行外国之学问,天下之人乃失真心。世人或信佛道或信儒道,凡事皆以其意为是,无学者亦效其习,失天生之心也。举其一端,或溺佛说,弃父母妻子出家,或惑于儒道,现轻君之辈,此类便是也。其外凡事有善有恶,改天生之心,皆失真心也"④,"以皇国观之,彼之汉国圣人之教,丝毫无用。此道传来后,反而天下之治不及上代,人心亦次第变恶,此教害多而无益。表面看似有益,实则人所不知处害多"⑤。他这样把外来文化传入前的神代视为理想国,认为是儒佛两教使日本人失去"真心",外来文化给日本带来的不是益处而是害处。

如前所述,用"智仁勇"解释"三种神器"的说法在日本被广为接受。本居试图再现纯粹的日本文化,他认为"真之道与佛儒等其旨甚为相异,毫无一致之处"⑥,反对一切将神道与儒佛融合的做法。本居批判以真言宗教义即以胎藏界和金刚界来阐释神道的"两部神道"的做法,正是基于这样的立场。他称两部神道"其说称取神儒佛三教之胜而弃其劣,又称以今日目前万物之理知天地之始终,此皆所忌僻事也"⑦。因为在他看来,"虽称取三教之胜,然见其所说之事,唯取儒与佛,更无取神道之意。皆以佛教为主,夹以儒

---

① 本居宣长:《初山踏》。
② 本居宣长:《答问录》。
③ 同上。
④ 本居宣长:《葛花》上卷。
⑤ 本居宣长:《葛花》下卷。
⑥ 本居宣长:《初山踏》。
⑦ 本居宣长:《玉胜间》卷4。

教,又多言天文之事……凡真之理乃难测之物,故以己为胜,以之为当然之理,仅不当之言多而已。以凡人之心,以今日目前小物之理,如何能定天下之物。此乃宋儒之格物穷理之类,乃所忌之僻事也"①。本居认为,尽管两部神道声称三教融合,实际上是在宣扬儒教与佛教,这种做法与朱子学的格物穷理相似,并不能把握神道的精髓。他还反对熊泽蕃山将神书视为后世所托之说,认为"所有儒者偏信世上无怪事之理,称神代之事皆寓言。不仅儒者,汉意未尽除之近世神学者亦然"②。在他看来,不相信神代之事,是因为受到外来文化的"毒害"。

但是,本居自己能熟读"唐土文"即汉文,他也不反对人们读汉文,但其理由有些特别。他认为"唐土之书闲暇时可多读。不读汉籍,不知其外国之恶事。又古书皆用汉字书写,不知彼国之文,则难做学问。恶事皆彻悟,强皇国魂,不为所动,纵使日夜读唐文,心亦不迷"③。他不反对人们读汉文的理由有两个:第一个理由称要将汉文作为反面教材来读,是为了消解读汉文这种行为与排斥汉意言论之间的矛盾,是自我辩解之词。而他的第二个理由则是实话,因为他所极力推崇的《古事记》《日本书纪》等日本古籍本身就是用汉文写成的,不读汉文也就无法了解日本的过去与现在。类似情形还有,他虽然排斥佛教,但在遗言书中按照净土宗习俗给自己取了"高岳院石上道启居士"这样的戒名并要求将之刻在松阪树敬寺的墓碑上。这些都表明:本居想彻底排斥外来文化,但这不过是脱离现实的幻想。

二、"人智有限"论

本居称日本是万邦无比的"神国",但他无法明确指出其神性体现在哪些方面。因此,他提出了一种以无胜有的不可知论。他认为"古之盛世无道之语,故古语谓苇原水穗之国为随神不举言之国。神心天地与共,无需牵强附会之理。此《古事记》中所书之道,乃指山路野路。神代此外无道之语。称物之理、万之教事为道,此乃异国之所为"④。在本居看来,日本是"随神

---

① 本居宣长:《玉胜间》卷4。
② 本居宣长:《玉胜间》卷5。
③ 本居宣长:《初山踏》。
④ 本居宣长:《直毗灵》。

不举言之国"即拒绝概念化的国家,因此没有形成"道"这一概念。他主张自然形成的"道"犹如山路野路,是合乎情理的,而圣人之道则是"牵强附会"的空理。本居将自然之物与人为之物截然对立起来,赋予前者以绝对价值,而彻底否定后者。依据这样的价值判断,文化上的空白反而成为优势,而文化的发达反而是劣势,他以这种逻辑来主张其"神国"观,这种逻辑显然是建立在不可知论的基础之上。

本居在各种场合不断重复人类智慧渺小不足以认识天地之理的言论。例如,在《直毗灵》中称"盖天地之理乃神之所为,甚为奇妙,有限之人智难以测之"[1]。在《葛花》中称"凡神之所行,不可以寻常之理测知。人智虽贤亦有限,小物所至限外之事,不可知也。神之所为真也,反觉浅薄虚伪,只因人智测知之限相隔甚远之故。闻其说,人心疏远,难以入耳,难以置信。汉国之说皆妄,因其为有限之人智测设之物,与闻者之心亲近,故易入耳,易信之也。汉国之人以为圣人之智尽知天地万物之理,以其贤为范,欲以己之小智强知难知之事,故不信其理难测,断言其无理。此举似贤,实则显已之智甚小也"[2]。在《钳狂人》中又称"理者甚为灵异奇妙之物也,不可以人之小智测识之。人所知之处不及百分之一,亦难测知此天地内外、上古来日有己所不知之奇异之事。汉国古之圣人及世人,皆以己心测万事,定不可如此之理,以己所定之理为理之至极,以为此理之外别无他物。……天地无穷,二千年三千年乃些许之间,认定其间无之,岂非智之甚小者焉。彼圣人之智姑且有限,何况不及圣人之世人乎"[3],如此等等,不一而足。本居反复强调人类智慧渺小,无法理解神之所为,也无法把握天地之理。在他看来,"无"意味着深奥,"有"意味着肤浅,人类试图凭借自己的智慧来认识神创造的世界完全是自不量力的徒劳之举。

与本居同时代的儒者市川鹤鸣等人曾指出,本居的上述观点与老庄的无为之道相似。的确,老庄都轻视人智和概念思维。例如老子称"大道废,有仁义;智慧出,有大伪;六亲不和,有孝慈;国家昏乱,有忠臣"[4]。庄子也

---

[1] 本居宣长:《直毗灵》。
[2] 本居宣长:《葛花》。
[3] 本居宣长:《钳狂人》。
[4] 《老子》第18章。

称"夫大道不称,大辩不言,大仁不仁,大廉不嗛,大勇不忮"①。对于儒者的指责,本居辩解道"老庄之说厌儒者之贤言,以自然为贵,自有相似之处。然彼等非生于我天照大神之国,只惯闻历代圣人之说,自以为自然,实自然合圣人之意,万事有违神意,与神之所为之自然相距甚远"②。他认为老庄受儒家圣人的影响,其无为之道不是真正的"自然之道"。他还用一个寓言来说明自己与老庄的差异。一天深夜,一个村庄失火,在附近赌博的赌徒跑去救火,村人也陆续参与救火,邻村人以为他们与赌徒是同伙。在这个寓言中,火灾、赌徒、村人、邻村人分别被比成圣人之道、老庄、本居以及责难本居的人。本居认为"老庄赌徒虽恶,然救火之举善,此举与之同而谓与之同类,岂非僻心乎",不能因为自己所倡导的古道与老庄的无为之道有相似之处,就断定两者属于同类。他用这种方式回应了儒者的责难。

像这样,本居立足于不可知论来否定人类认识世界的可能性以及概念思维的意义,其必然结果就是将世界万物,包括社会秩序都视为神所造之物来全盘接受。他说"世上之生物,鸟虫亦必依己之身份而动,此乃产巢日神之灵所定之事。人生为殊胜之物,依己之身份知所知,为所为,此乃当然,无须他人说教。若人不教则不知,亦不行,岂非劣于鸟虫乎"③。他主张世界上存在身份等级这种自然秩序,只是没有使用仁义、礼让、孝悌、忠信这些概念罢了。因此,在维护江户幕府等级制度这一点上,本居国学与朱子学其实没有什么区别。将逆来顺受视为一种自然秩序,这无疑是奴隶的自我安慰。

另一方面,不可知论也导致了本能主义。本居反复指责儒教否定"人欲",主张异母兄弟姐妹间的婚姻符合人的自然天性。我们暂且撇开儒佛这些思想宗教的主张,单纯从人类的生存发展的角度来看,随心所欲未必是最佳生存方式。如前所述,世界各地都有近亲结婚的禁忌,这是从生活中提炼出来的智慧。此外,尽情享用美食会产生满足感,不运动就不容易产生疲劳感,追求舒适是人类的天性。但长期贪图舒适,健康也会受到损害。为了保持身体健康,必须学会自我克制。由此可见,将人欲与伦理规范完全对立起

---

① 《庄子》内篇齐物论第二。
② 本居宣长:《直毗灵》。
③ 同上。

来,以原始状态作为最高理想的本居完全陷入了反智主义。

三、"知本分"论

18世纪80年代,纪伊藩饥荒频繁发生,社会动荡不安,藩主德川治贞广泛征求对策,本居也在1787年提呈了意见书《秘本玉匣》。该意见书分为两部分,其中"秘本"是具体的政论,而"玉匣"则是一般的神道论,实际上是两篇独立的文章。在"秘本"部分,本居多次提示"其缘由详见别卷",这可能是他担心关于"神国"的描述与现实相隔太远,藩主没有耐心阅读。但若不阐述自己的神道观,又无法彰显自身特色,因此另外撰写"玉匣"对神道进行了阐述。接下来将通过"秘本",从另一个侧面来确认本居国学的性质。

本居在一般论述时,常常将皇国称为"胜于万国"的理想之国,然而在"秘本"中,他却不得不面临农民的贫困以及聚众强诉等深刻的现实社会问题。他认为农民陷入贫困的原因两个,"一是上缴地头之年贡甚多之故,二是伴随世上奢华之风,农民亦以己之身份为骄"。就第一个原因"年贡甚多"而言,他指出源平之乱以来,不断增加的年贡给农民带来沉重的负担。例如,"源平之乱后,镰仓在诸国悉设守护地头,须向领主与地头两方上缴年贡,自此年贡骤增也",室町幕府时代年贡也年年增加。到了战国时代,"田地收成之中,仅留用少许于农民之手以续命不至挨饿,其余皆收为年贡"。丰臣秀吉时代"年贡之分量大抵与战国时相同。……今世之年贡与彼之战国之时相同,至多也"。作为对比,他指出"唐土之上古,将十一税折半,之后渐增,然不如此方今之多"①,在现实生活中,"神国"日本反而不如他极力诋毁的唐土。本居对农民的处境表示同情,称"今世年贡多……如此劳力劳心,且白米多上缴,自己唯食糠秕之末度日。想来,今世之农民甚为可怜也"。他认为,一些藩国禁止农民弃农流入城镇从商的做法治标不治本。他警告说,损害农民利益,最终将会给上层带来更大的损失。此外,他还提到了农民和町人聚众强诉的问题。他说"农民町人多数徒党,强诉滥放之事,昔治平之世几近无所见也。近世先年尚少,近年年年各处皆有,成常见之事"。他认为强诉事件之所以频发,是因为农民和町人"为困穷所逼,走投无

---

① 本居宣长:《秘本玉匣》。此小结中本居的言论皆引自《秘本玉匣》。

路"了,因此他主张"若下有非,当然应严刑处置肇事者。若上有非,亦应重罚为非之官吏",实际上,他这是在为他自己所属的町人以及农民阶级代言,这样的主张与儒学的"仁政"论十分相似。如上所述,本居对当时深刻的社会矛盾有相当具体的了解,这或许和他行医时广泛接触社会有关。然而,他只有在提呈给藩主的意见书中才会触及这些社会"阴暗面",在其他场合则只有莺歌燕舞。这里所描述的是社会的真实情况,而其他各种场合描绘的理想国则是空想的产物。

本居认为"奢华之风"是农民陷入贫苦的第二个原因,他主张以"节俭"来矫正这种风气。在他看来,奢华之风之所以蔓延,是由于人们不守本分。他说"今世人之用度,身份无论高低皆过于奢华。今大名之排场胜于上古天子、中世大将军等,万事隆重,中下之人亦皆效之。……大抵治平时代长久持续,世上事物呈华美之风,人之衣装亦渐渐奢华。若听之任之,年月长久则无止境,世上逐渐困穷,遂致事起","世间奢华之风长久,此乃困穷之源也","盖世间华美奢侈之风难以骤停,年年月月长久如此。然物有限,及达上限之时,若不自行收敛,应有返回根本之时节也"。他还举例说:过去农民能穿上棉布衣就很满足了,而现在他们要穿丝绸服;过去他们的房间里铺的是稻草,而现在要铺榻榻米;过去下雨时他们戴斗笠穿草鞋,而现在他们打伞穿木屐。本居试图通过这些事例表明:和平时期上层阶级生活奢华,中下层阶级的农民町人也争相效仿,但物质是有限的,而人的欲望无穷,因此农民陷入了贫困。换言之,他把追求与自己身份不相符的享受(包括农民自己)视为农民陷入贫困的第二个原因。此外,他认为金银使人堕落,他说"盖金银交易量大,故世间人心皆移于此,士农工商悉怠己之本业,唯图得金银之捷径,成隐目之习。世人皆欲交易金银以获利,而怠其业,此乃世间之损也","上下人之眼悉为金银所隐,故今之世间武士农民出家人皆有奸商心,世间风气亦变轻薄"。基于这样的认识,本居建议减少金银的流通量,提倡以物易物,他说"盖实物交易稍有不便,然以实物交易,尽量省去金银交易,且尽量停止各种金银筹措等,使以金银结账之事无用也",文中流露出对商人的蔑视。本居自己生于商人家庭,他弃商从医,或许与蔑视经商的观念不无关系。

为了将节俭落到实处,本居强调士农工商各个阶级都要"守本分"。如前所述,他针对农民贫困的第一个原因,提出了实施减轻年贡的"仁政",以及"重罚为非之官吏"的对策。而针对第二个原因,他首先强调"无论何事,宜与其身份之本分(此处日语原文为「分限」,有时也写成「分際」)相应",即要守本分。大名不能像将军那样,一般武士不能像大名那样,农民和町人不能像武士那样享受。只有严格遵守士农工商等级制度,才能解决农民的贫困问题。当然,本居所提倡的节俭是相对于不同阶级的消费标准而言。同时,他还主张人们守旧忍耐,他说,"盖世间之事,无论如何聪慧,总有人之智虑方法所不及之处,故不宜轻易行新法。凡事不违时世之势,守先规之法而治之。纵有少许弊端,亦无大失也。凡事日久则惯,纵有少许坏处,世人所安也。新始之事,纵有好处,若非人所安之物,尽量照旧而不改,此乃国政之要也"。从镰仓时代算起,沉重的年贡负担已持续了六百余年,应该称得上"先规之法"。本居一方面对之进行声讨,另一方面又表示应该习惯这种制度,显然自相矛盾。

总的来说,本居对当时的社会矛盾有相当直观的感受,他对在重税下挣扎的农民表示同情,从"神国"梦中苏醒了片刻。尽管他看到了农民惨状以及由此引发的冲突有可能危及现有统治秩序,却根本找不到导致这些社会矛盾的结构性原因。他对将军、大名等统治阶级与农民、町人这些被统治阶级的对立关系缺乏最基本的认识。他不遗余力地排斥儒教,却又反复强调"守本分"。"守本分"与儒学的核心价值观"三纲五常"其实并无二致,这是一个极大的讽刺。此外,他对18世纪末商品经济日益扩大的时代趋势也缺乏最基本的理解,更不能期待他对作为货币的金银只不过是社会关系的物化这一点有所了解。因此,他只能一味地从心理方面寻找解决办法,倡导节俭和忍耐,这样的政论解决不了任何问题。从这种意义上来说,国学只有在鼓吹日本中心主义时,才具有其作为意识形态的意义,在其他场合基本上是痴人说梦。

最后,想对本居宣扬日本中心主义的动机进行简要分析。日本学界一般认为,本居的主张体现了日本人民族意识的觉醒。然而,他对儒学的批判并非针对儒学某方面内容的内在批判,而是将之作为渺小的"人智"的认识行为加以批判。这种批判方式,实际上暴露了其思想的片面与偏狭。尽管他对儒学有深仇大恨,不放过任何攻击的机会,但他的"守本分"论在维护现有统治秩序这一点上与儒者殊途同归。他虽然才华横溢,但始终是业余学者,只能利用行医之业余时间进行著述和讲学。因此,说他是江户时代士农工商等级制度的牺牲品也不为过。然而,本居对造成农民町人贫困的社会结构性原因缺乏最基本的认识,他作为町人甘于忍受等级歧视。但等级压抑现实存在,习惯了忍受并不意味着忍受就是一件舒心事。压抑久了,需要发泄。在持续了百余年的德川体制下,等级森严的社会现实难以改变,但观念容易改变。只要把日本设定为"胜于万国"的"神国",自己就成了宇宙中心国的一员,就可以从社会最底层一跃到世界的最顶层,从被压抑者华丽转身为压抑者,所有忍受过程中所伴随的痛苦便会烟消云散。为此,他一方面从《古事记》《日本书纪》《万叶集》等日本古典中寻找日本之所以为"神国"的依据,另一方面不遗余力地否定已在日本文化中占据重要地位的儒佛两教。但用外来文化的话语体系来否定外来文化,这是一件十分困难的事情。因此,他采取了通过否定"人智"来否定外来文化话语体系本身的价值与意义这样一种策略。笔者认为,这才是本居宣扬日本中心主义的根本动机之所在。

第三节　国学的成熟期——平田笃胤

平田笃胤(1776—1843年)是江户时代国学的大成者,他出生于出羽国大久保藩(今秋天县秋田市)的武士家庭,本姓大和田。他从小勤奋好学,他曾回忆说"鄙人自幼少之时甚好读书,懂事时分遂立志以学问扬名于世"①。他在晚年写给养子平田鉎胤的信中称"生来未受父母养育,二十岁那年正月初八,携平日所攒五百文留字条往江户"②,这表明他是因为穷苦才背井离乡的。在江户,他一边做杂役维持生计,一边勤奋学习西医以及地理等西学。25岁时,他的勤奋好学给松山藩主留下良好印象,并因此被其家臣平田笃稳收为养子。26岁时,他第一次接触到本居宣长著作,"知其教难能可贵,入其门,愈觉古道至尊无上"③,还以"宣长后世门生"自称。他对儒佛之

---

① 平田笃胤:《伊吹于吕志》。
② 盐谷顺耳、田口胜一郎、千叶三郎等编:《秋田人名大事典》第2版,(秋田)秋田魁新报社,2000年,第475页。
③ 平田笃胤:《伊吹于吕志》。

学以及主张三教合一的所谓俗神道进行批判,不遗余力宣扬古道,试图探寻"儒佛之道传入前之古意、古言,考天地之初之事实,以阐明真道"①。32 岁时,他开始一边行医一边讲学和著述,其讲学内容由其门生整理成《古道大意》《俗神道大意》《儒道大意》《佛道大意》《歌道大意》等书相继出版。36 岁时,他着手撰写《古史成文》《古史征》等书。45 岁时,又开始研究中国和印度,并撰写了《西藩太古传》《印度藏志》等书。55 岁时,被尾张藩主所用,但因为儒者沼田顺义向幕府举报而被辞退。64 岁时,因在《天朝无穷历》一书中批判江户幕府的立法制度而被禁止著述,并被逐出江户。由此,他回到故乡讲授国学,68 岁在潦倒中去世。他的思想对幕末的思想产生了极大影响,成为尊皇攘夷运动的理论支柱。

一、"天地泉"的宇宙观

平田在 1813 年刊行的《灵能真柱》一书中,基于本居宣长的弟子服部中庸在《三大考》中提出的"天地泉"论对宇宙进行了系统阐释,这一宇宙观构成平田国学的基本思维框架。平田完全秉承本居宣长的立场,他主张"古学之徒宜先坚大倭心……此乃突立于磐根之极严柱之不动之教。故欲坚固大倭心,宜先知其灵去向之安定"②。这表明平田宣扬"古学"(国学)的目的在于坚定"大倭心",即日本人的身份认同。他将这种认同比喻成灵魂的支柱,并以此作为书名。

平田说,世界上一开始"日月皆无,只有虚空"③。在这片虚空中,先有天御中主神,然后又有高皇产灵神和神皇产灵神。由于两产灵神的灵力作用,虚空中开始有漂浮物,进而出现了芦苇嫩芽般的东西,"此乃分为天地泉三者之物"④。这里的天、地、泉分别指太阳、地球和月球。因此,平田认为太阳、地球和月球都是由芦苇嫩芽般的东西演化形成的。具体来说,"该如苇芽之萌发之物渐腾而成天,其迹所残成地之物未坚之时,其底又生一物之

---

① 平田笃胤:《古道大意》。
② 平田笃胤:《灵能真柱》。
③ 同上。
④ 同上。

芽即泉国,后与地断离,今所见之月即为此"①。此外,依托两产灵神的灵力,在天地泉之后又出现了众神。在地球上,伊邪那岐和伊邪那美兄妹神交媾,先后生下淡路、本州、四国、九州、壹岐、对马、隐岐、佐渡这些构成日本国土的"八大岛",而"西方各国,如三韩等皆由潮沫凝成"②。日本与外国诞生的这些差异,成为平田主张国之尊卑的重要依据,关于这一点将在下文中论述。平田称"吾皇大国乃伊邪那岐、伊邪那美两大神所生之国,天照大神所生之国,皇孙之天地与共长治之国"③。他从日本国土的形成、天照大神的诞生、天皇祖先三个方面强调日本的特殊性。很显然,平田通过将日本神话绝对化,以日本为中心来解释地球、世界以及宇宙的存在。

在平田撰写此书的19世纪初,西方天文地理知识已经通过汉译西书以及兰学传入日本,平田本身也对这些知识有一定了解。他在讲授"古道"时,曾大段引用过天文学家西川如见的《华夷通商考》(1695年)以及德国博物学家恩格尔贝特·坎普弗尔的《日本志》(1727年),还提及过新井白石的《采览异言》(1713年)等,这些书籍系统介绍了当时最新的西方天文地理知识,以及欧亚美各洲国家的概况。因此,平田不仅知道日星说、五大洲四大洋,还了解亚当与夏娃的传说。然而,这些西学知识没有促使他理性地认识宇宙,反而被他用来批判中国关于宇宙起源的传说,以强化他的国学观。例如,他将"汉人等以彼之太极、阴阳等小理论天地之始"④的做法称为"妄说",并且称"至近代,遥远西国之人随心遍回海路,辨此大地之状,考得地圆且浮于虚空,与彼之汉国旧说皆大不相同,可知(汉国)全以理推测而定,难以置信"⑤。像这样,他通过西方天文地理知识来对中国关于天地起源的说法进行批判。他在需要批判中国旧说时,称赞西国人"思考精密……远胜于汉人之说",但他同时又指出"其测算所及有限,其所不及之处现今尚不能尽知之事多矣,何况大地日月等其初成时不可知之","西洋人称穷极事物之理

---

① 平田笃胤:《灵能真柱》。
② 同上。
③ 同上。
④ 同上。
⑤ 同上。

仍不可知之处为天神(god)之所为",①最终采取了神秘主义的态度,拒绝用西学知识对日本神话进行验证。

二、日本"神国"论

平田建构以日本为中心的宇宙观,其目的在于宣扬日本是万邦无比的"神国",他在各种场合反复称:"世人皆称此国为神国,我等皆为神之后裔。世人所言极是,我国依天神之殊恩而生神,与诸外国有天地悬隔之异,无可比拟。此罕见之国乃神国无疑,我贱男贱女亦神之后裔无疑。"②"我国乃神之本国,故称神国,此乃全宇宙之公论也"③,"外国处处小岛皆是潮沫凝成者矣……潮沫自然凝固,泥土相聚成大小之国,可知其远迟于吾国"④,"外国非此两神所产,亦非日神之本国,由此可知我国与外国尊卑美恶之别,以及皇国为天地之根蒂,诸事物优于万国、外国皆劣于皇国"⑤。总之,日本是伊邪那岐、伊邪那美两神所生之国,是日神天照大神的祖国,而外国则是由潮沫凝结而成,这是平田主张日本是世界上最尊贵国家的依据。而且,平田关于尊卑美恶的价值判断与统治和被统治的关系是联系在一起的,他说"此大皇国乃神国,即地球之都国,故具神随大道。……我国乃万国之祖国,我天皇乃统治万国之大君,我古学乃万国根本之学"⑥。"细思此等诀窍,我国天子统治四海万国,乃真天子也,非世之常事。"⑦他还说"三皇五帝皆非彼处所产,其本国乃皇国,我国神圣为教养彼蠢化之民等而西渡"⑧,主张中国史书所记载的三皇五帝都是日本的神灵。在平田看来,既然日本是"神国",是万国的祖国,天皇不仅是日本的,而且还是世界的君主。平田的宇宙观、国家观已经远远超出了正常人的思维范畴,因此就连天皇制的忠实拥护者

---

① 平田笃胤:《灵能真柱》。
② 平田笃胤:《古道大意》。
③ 同上。
④ 同上。
⑤ 同上。
⑥ 平田笃胤:《伊吹于吕志》。
⑦ 平田笃胤:《古道大意》。
⑧ 平田笃胤:《三五本国考》。

和辻哲郎也称平田为"狂热国粹主义的变态者"①。

如前所述,平田专门研究过中国和印度的创世传说,对西方天文地理知识也有所了解,因此他预料有人会对其日本"神国"论提出疑问,即"此世界大而广,国亦众多,为何唯独称我国为神国"②。对此,他表面上说要"以学问之眼分辨其真伪"③,但实际上他一开始就认定外国的创世神话都源自日本。他指出"汉土、天竺其余各国亦存讹传之片端,其中不乏相似之处。……但外国之讹传,盖因皇国乃万国之祖国,故能正传,而外国皆末国枝国,正说不传,犹如都中之事远传至田舍,与本来都中之说异而不详"④。他还说"外国偶纵有此古传说,亦不及我国详尽,犹以方言讲京事不及正宗京腔真切"⑤。他主张日本与外国的神话之间在内容上的差异是从日本向外传播过程中走样变形的结果。此外,平田不会不知道日本作为岛国国土面积相对狭小这一事实。他说"不仅国家,凡物之尊卑美恶不以形之大小而定。如牛马象等兽大而不如人。无论国土如何广大,下国亦下国也,纵然狭小亦为上国也。近见所谓万国图,多有俄罗斯、美利坚等特大之国,中有草木不生、无人物之处,此亦为上国乎?"⑥平田反对以国土面积的大小,而主张以"国之物产风土"⑦为标准来判断国家的尊卑优劣,这一主张受到江户中期天文学家、地理学家西川如见的影响。平田在《古道大意》中大段摘录了西川如见《华夷通商考》的内容,例如"日本比之天竺震旦,则虽谓小,然国者不可以广大为贵,以四时之正偏,人物之美恶,而可定其贵贱。是故国土极大者,其人情风俗多歧而难一统,故震旦之王统变乱而难久,日本之限度不广亦非狭,其人事风俗民情相齐混而易治,是故日本皇统自开辟至当今而无变者,万国中惟日本而已,是亦非水土之神妙耶"⑧。平田称赞西川为"有

---

① 和辻哲郎:《和辻哲郎全集》第 13 卷(日本伦理思想史下),(东京)岩波书店,1962 年,第 409 页。
② 平田笃胤:《古道大意》。
③ 同上。
④ 平田笃胤:《灵能真柱》。
⑤ 平田笃胤:《古道大意》。
⑥ 同上。
⑦ 同上。
⑧ 同上。

御国魂之人",说明他对西川不以国土面积之大小论国家地位之高低的立场十分赞同。但两人的逻辑有所不同,西川认为国土面积大难于治理,而平田却说大国境内有沙漠地带,并由此断定大国自然环境恶劣。很显然,平田的这种论点与论据之间存在极大的思维跳跃。

平田认定日本是万邦无比的"神国",并不遗余力地对之进行赞扬,他曾借德国人坎普弗尔的语气称:

> 笃胤云,遥西之国人之书,详记万国风土,亦记皇国之事。诸国土之肥沃乐地在北纬三十度至四十度之间,日本位于其中。且万国之极东方之境,天神之心殊德惠彼国,周围布险烈荒海,以防外国之侵仇。又各处断其地形,犹将各屿合并,其各国产物生异,其总国通用,日本一国不望外国产物,其国产之物足矣。……故人民众而房屋相接,产物丰饶,殊稻谷卓越美于万国,人气勇烈强盛,此亦万国无与伦比。此皆造天地之神殊德惠日本之征。①

引文中平田对日本及日本人的赞美包括以下几点:其一,日本地理位置优越;其二,日本物产丰饶;其三,日本人勇烈强盛。他在其他场合也有类似言论。例如:"我国与诸外国天地悬隔,富足而美丽。维系生命所需米谷产量居万国之首,吾等生于风土水土适宜之国,依丰受姬命即伊势外宫神祇之厚德,可饱食美味五谷。"②"日本一国不望外国之物亦足,此乃神之所为……吾国各地产物,有美浓尾张之米、佐渡之黄金,另有各种工艺胜于万国"③,"吾国之刀胜于万国"④,"以南北半球之交界线定上下,划为三百六十五度……以此度数分寒国与热国,定国之善恶。吾国之天地度数恰好处于三十度至四十度之间,三百六十五度内风土最好,故吾国四时气候中正"⑤,日本"既不像南方诸国暑热,亦不像北国极寒"。平田还以金太郎、桃太郎等

---

① 平田笃胤:《灵能真柱》。
② 平田笃胤:《古道大意》。
③ 同上。
④ 同上。
⑤ 同上。

故事在日本广为流传等事例来说明日本人崇尚武勇的特性,诸如此类,不一而足。

当然,平田不可能不知道山多平地少是日本的主要地貌特征之一,这种地貌特征并不符合他判断自然环境优劣的标准。对此,他解释道:"此亦天津神之心特别惠及此国,才如此为之。究其缘故,险阻之地民为耕作折骨,此乃好事。不劳作则体倦,诱发疾病。"①他从养生的角度来主张山地农业的积极意义,并对印度加以鄙视,称其"依赖自然生长之草木维系生命,殆与鸟兽无异"②。

为了增强日本是"神国"这一说法的说服力,平田还以"大器晚成"的道理来对"日本开化晚"这一说法进行了反驳。他说"吾国乃万国之祖国本国,地气厚,犹如大智大气量者开智晚"③。他将人类与禽兽进行对比,称"鸟兽等生后即可啄米虫而食之,又生后两三月即可站立,雄雌交合,皆因其为贱物。由此观之,人非同寻常,颇为费事。此乃人尊于鸟兽之处也。外国早贤,吾国久处神代而不狡,宜准此思之。唐国《老子》书中有'大器晚成'之语,其意指此大器者开智晚于鸟兽"④。他还用连接瓜果与茎枝的蒂部成熟最晚的例子来说明开智迟晚反而比开智早要好。这种大器晚成之说与前文中论及的日本是"万国之首"的说法显然自相矛盾。

三、对外来文化的排斥

平田以探明日本的"古道"为己任,他将其定义为"儒佛之道未传入吾国以前之纯粹古意"⑤。他充分意识到以儒佛两教为代表的外来文化在日本流传已久,并对日本人的意识产生了非常深远的影响。他说"儒书传入我国约一千五百年,广普于世,渗入人心深处,佛法亦然"⑥,主张儒佛两教"以致万事混杂,人心不古,以狡智为世之害"⑦,认为这些外来文化给日本带来的

---

① 平田笃胤:《古道大意》。
② 同上。
③ 同上。
④ 同上。
⑤ 同上。
⑥ 平田笃胤:《西籍概论》。
⑦ 同上。

只有危害。他探究天地自然之道,是为了消除这些危害,重现理想中的"神国"。

在排斥外来文化时,平田也像以往国学家一样采取了神秘主义的立场。他说"人智皆有限,真理乃不可知之物。盖神意不可滥测,何况善恶。至尊之神最灵最奇妙,以人之小智不可测知其理之千重之一。唯宜尊其尊,畏其贤,恐所恐"[1],他认为"外蕃之道悉人为之道,不曾施行,与我天地自然之道有天壤之别"[2],主张"天地自然之道"的特点在于"随神不举言",即"万事不似外国自作聪明以言细论,唯豁达处之"。[3] 他认为,能用语言表达的只有表面的东西,真正深奥的东西无法用语言表达。在排斥儒学时,平田跟本居宣长等以往的国学家一样,采取了指出现实与儒学伦理之间的落差来否定儒学本身有效性的方法。例如,他说"唐之教之书物甚多,甚者有弑君、篡国者类之教言,谓之金科玉律,貌似十分在理。然见其行之实,乃弑君之国贼。其貌似十分在理之辞皆孔言也"[4]。平田与以往国学家的不同之处在于,他对儒学更加熟悉。例如,他引用孔子"我欲载之空言,不如见之于行事之深切者也"来主张不能轻信儒学教义,[5]有意识地用儒者熟悉的话语来否定儒学。同样的方法还见于他告诫日本人应该坚定"神国"信仰的话语之中。他哀叹日本人缺乏"神国"人的意识,说"可惜多有不知何以为神国及神之后裔之本者,如此则甚窘。难得生于神国,……却不知神国、神之后裔,亦无其志,所谓空空寂寂之人,甚是无奈"[6]。为了让人们形成这种意识,他引用唐人《礼记》中的话:"君子论撰其先祖之美而明著之后世。其先祖有善而弗知,不明也;知而弗传,不仁也。此君子之所耻也。"他接着说"唐人尚且如此,难得生于神国,而不知为神之后裔,甚为可惜"[7]。在另外场合,他还说"学道者,学实理之当然也。于我国,若知春秋之道,则我国为主,他国为客。此乃孔子之义也。不知此,读唐书而偏袒唐,凡事以唐为准,移日本之态,动

---

[1] 平田笃胤:《古道大意》。
[2] 平田笃胤:《伊吹于吕志》。
[3] 平田笃胤:《灵能真柱》。
[4] 平田笃胤:《古道大意》。
[5] 同上。
[6] 同上。
[7] 同上。

辄称夷狄以谄媚。若孔子生于日本,当立足日本立春秋之旨"①。他认为,如果真正领会了春秋之道,就应该以日本为主,而不应盲目崇拜外国。平田在赞美日本时也称"我国天地肇始以来正统相继,万世君臣之大纲不变,此三纲之大者,他国所不及。此外武毅丈夫,廉直正直之风扎根于天性,此乃我国之胜所也"②,他强调作为三纲之首的君臣之纲在日本万世不变,这显然是基于儒教核心价值观的说教。他还对山崎闇斋以及浅见絅斋将华夷观颠倒的做法表示赞许,他将中国蔑称为"西藩"(撰有《西藩太古传》),这也表明他在批判儒教时在本质上遵循了儒学的价值观。换句话说,他与他批判的对象儒教不知不觉殊途同归了。

平田对佛教同样持排斥态度,他在《出定笑语》《伊吹于吕志》等书中对佛教展开了详细批判。他说"佛道之本意,称此世为秽土火宅而厌弃,不取君臣之道,忌嫌亲妻子之爱情,出家入山,以树下石上为住所,饥则乞食,衣服以他人所弃污秽旧物蔽体,死时亦不择所,或野外或山地。其尸亦如一休和尚歌中所言,'我尸或烧或埋,或弃于野以肥瘦犬之腹',不执着于命体。此与我神之道重君臣之道,慈亲妻子,祭祖先不绝,珍惜其家,繁荣子孙,又悦其分内之出世,甚好清洁。佛道岂可与我国之道同日而语耶"③,他认为佛教的厌世思想与日本的君臣之道以及家庭伦理格格不入,这样来排斥佛教。

平田反对日本历史上常见的以儒教或者佛教解释神道的"神儒习合"以及"神佛习合"的做法,并对引入儒佛要素的神道进行了批判。称其为"俗神道"。他认为"世之学者称神儒佛之三道落则成同一古川之水,其极意归一,其言谬矣"④。他将这种三教合一的做法比喻成"将木屐与烤味噌,将月亮与泥龟混为一谈",并表示持这种想法的人可以说"屎就是味噌,可以吃屎"。⑤ 藤田德太郎曾为日本对外侵略战争摇旗呐喊,他评价平田时说"通过传入我国的儒道以及佛道来分析中国、印度的问题,特别是排斥儒学,纠

---

① 平田笃胤:《伊吹于吕志》。
② 同上。
③ 同上。
④ 同上。
⑤ 同上。

正其弊端,笃胤之前的国学家对这些问题有过思考,可以说他们对此抱有敌我的意识。而笃胤却建构了一种理论,在他的理论中,我国不受那些国家的文化和思想的支配,反过来我国支配那些国家"[1],这表明平田比他之前的国学家持更加极端和狭隘的民族主义思想。

以上对契冲以及"四大国学家"的国家民族观进行了论述。这些国学家都处于社会中下层,但他们并没有直接反抗幕藩体制,而是将批判的矛头指向作为统治阶级意识形态的朱子学。他们试图通过研究日本古典来再现未受外来文化影响的日本固有的古道,但由于日本的文明化进程与摄取外来文化的过程几乎是同时进行的,这决定了以国学家所声称的古文献学方法来探寻日本固有古道的做法最终只能是缘木求鱼。然而,这些国学家并没有因此迷途知返,他们一方面立足于不可知论来否定儒教,另一方面充分发挥想象力,将记纪神话视为史实,主张日本作为万邦无比的"神国"是世界中心,有权统治世界。虽然在现实生活中,这些国学家是被治者,但正如平田笃胤所言,"我国乃神国,吾等贱男亦神之后裔"[2],在他们的想象世界中,他们是万邦无比的神国的一员,因此在精神上取得了彻底胜利。这种思考方式具有自大妄想症的明显特征,有这种障碍的病人或坚信自己血统高贵,或认定自己有过事实上根本不存在的特殊经历,并对此进行荒谬的妄想性解释。尽管国学家不是对他们个人,而是对日本民族的经历进行妄想性解释,但这种思考方式与自大妄想症是相通的。国学不仅仅是一些被治者的自我陶醉,它还产生了巨大的社会影响。失去实际统治权的京都朝廷可以借此提高自身的影响力,尊皇思想也因此成为倒幕运动的精神武器,一般统治阶级也可以通过国学思想来抵消文化上对中国的负债感,以获得文化自信。

第四节 近代"神国"观的复活

一、"神国"观复活的背景

如前所述,记纪神话作为律令制国家的意识形态曾经发挥过重要作用。

---

[1] 藤田德太郎:《平田笃胤的国学》,(东京)道统社,1942年,第89页。
[2] 平田笃胤:《古道大意》。

然而，在日本历史上，天皇亲政的时代并不长。从 9 世纪后半叶的平安中期开始，天皇的大权就已经旁落。在摄关政治时代，天皇成为藤原家族的傀儡；在院政时代，实权掌握在太上皇手中。12 世纪武士政权成立以后，天皇更是话语权丧失殆尽，基本上成为一种摆设。13 世纪后半叶，元军两次攻打日本都不战而败，有人相信元军是被龟山天皇祈求来的"神风"击退的，"神国"思想的影响一时有所扩大，但那不足以成为主流意识形态。江户幕府成立以后，发布了《禁中并公家诸法度》等法规，对天皇以及朝臣的行为、仪式、服饰等进行了具体规定，禁止他们从事与政治相关的活动。1627 年，后水尾天皇曾经未经幕府许可，将紫衣赐给大德寺以及妙心寺的十几名僧侣，幕府得知后将紫衣收回。后水尾天皇无奈，只得将皇位让给 7 岁的明正天皇，这就是所谓"紫衣事件"。由此可见，天皇所任命的将军实际上凌驾于天皇之上。此外，朝廷的经济地位也十分有限。从第一代将军德川家康到第三代将军德川纲吉时期，皇室的收入仅有 1 万余石，到第 14 代将军德川家茂时期，才增加到 3 万余石，[①]而当时的大藩加贺藩号称 100 万石。在江户时代，政治经济大权掌握在将军手中，成为国家意识形态的是强调上下关系绝对性的朱子学，而不是主张天皇神性的记纪神话。一般人的生活范围限定在各自生长的藩国，那里就是他们的整个世界。佐贺藩士山本常朝口述的武士道论《叶隐》称"释迦、孔子、楠木（正成）、武田（信玄）都不是锅岛家的家臣"[②]，在此，山本采取了除了自己的藩主不承认任何权威的态度，这种观念在江户时代广为渗透。人们对于幕府将军尚且缺乏足够的认知，对于作为摆设的天皇更是缺乏了解。尽管江户中期出现的国学极力宣扬皇国观，但那只是纸上谈兵，其影响有限。天皇再次进入一般人的视野之中，要等到江户时代末期。

江户时代末期，幕府处于内忧外困之中。正如伊藤博文所言，日本的"封建制度从其诞生到当时为止，大约经历了八百年……因为延续时间太长，其地基和梁柱已经老化，只剩下外表华丽的装饰。由于日本长期与海外各国隔绝，没有受到外国势力的侵犯，即使数百年来一直处于惰性无所作为

---

① 奥野高广：《皇室御领之话》，（京都）大化书房，1948 年，第 113 页。
② 中村郁一编：《叶隐全集：锅岛论语》6 版，（佐贺）佐贺乡友社，1936 年，第 13 页。

的状态,也能维持自给自足"①。然而,在欧美势力在世界不断扩张的时代,这种状态不可能一直持续,一旦有外国势力入侵,这种均衡就很容易被打破。

佩里逼迫幕府开国时,将军德川家定身体虚弱,幕政由老中阿部正弘掌控。阿部打破惯例向朝廷请示对策,结果为朝廷干预政治提供了机会。1858年德川家定早逝,围绕后继者问题一桥派与南纪派展开了激烈抗争,结果南纪派拥戴的德川家茂成为第14代将军,彦根藩主井伊直弼出任大老。幕府未经孝明天皇同意便与美国签订了《日美修好通商条约》,遭到了朝廷以及一桥派的强烈反对。井伊对反对派进行残酷镇压,制造了所谓"安政大狱",井伊自己于1860年在江户城樱田门外遭刺身亡。以此为契机,尊皇攘夷派势力迅速扩大,1863年长州藩对经过下关海峡的外国船只进行了炮击。长州藩为了对尊皇志士在京都的旅馆池田屋被杀伤事件进行报复,还出兵攻打京都。幕府两次出兵征讨长州藩,1866年的第二次征讨因为德川家茂在大阪城突然病逝而终止,幕府因此威风扫地。总之,德川家定、家茂两任将军一个体弱多病,一个年幼缺乏经验,幕末一直缺乏一个强有力的领导核心。第15代将军德川庆喜回天无力,只好将大政奉还朝廷,幕藩体制因此土崩瓦解。

另一方面,长州萨摩两藩的对外方针发生了180度的大转弯,从攘夷转向了开国。1863年,伊藤博文、井上馨等五人被长州藩派往英国学习,他们见识了英国的强大国力。在1864年四国舰队炮击下关以及萨英战争之后,长州藩的高杉晋作、木户孝允,以及萨摩藩的西乡隆盛、大久保利通等下级武士认识到日本与欧美列强之间实力悬殊,攘夷难以实现,他们通过英国贸易商购置新式武器,以提升作战能力。后来,在讨伐幕府的戊辰战争中,以长州萨摩两藩为主力的新政府军获胜,这些从外国购置的新式武器发挥了重要作用。总之,他们对西洋文明的先进性有具体认识,一改过去的排外立场,采取了积极摄取西方文明的态度。后来长州萨摩两藩的这些青年下级武士成为明治新政府的中枢人物,他们大力推动日本的文明开化。也就是

---

① 伊藤博文:"帝国宪法制定之由来",大隈重信编《开国五十年史》上卷,(东京)开国五十年史发行所,1907年,第119页。

说,他们的对外政策与德川幕府并无本质区别。因此,明治新政府的正统性无法建立在文明开化对锁国守旧这样的新旧对立构图之上,而只能依靠天皇的神性,这一点从《王政复古的大号令》所称"诸事始于神武创业之始"就体现得十分清楚。而且,明治天皇即位时才15岁,还不具备亲政的能力,这一点也有利于新政府要人"挟天子"以号令天下。但如前所述,天皇大权旁落了大约八百年,天皇亲政早已成为遥远的记忆,远不足以为新政府的正统性提供强有力的担保。新政府为了稳固其统治,要想方设法重新树立天皇的权威,让讲述"神武创业"过程的天孙降临神话成为日本近代国家意识形态的中心支柱。为此,新政府采取了一系列做法。

二、"神国"观的强化

1868年(明治元年)3月,太政官颁布了《神佛分离令》,规定神社不得将佛像作为神体供奉,要求神佛混合的神社清除其中的佛教因素,这是对"神佛习合"的一种否定。日本历史上不少天皇信奉佛教,其中不乏出家为僧者。佛教与神道形成了紧密的联系,根本就不存在纯粹的日本神道。明治新政府为了体现天皇的绝对权威,只能回到神话中的"神武创业"时代来寻找依据。明治天皇于1870年颁布了《大教宣布之诏》,称"天神天祖,立极垂统,列皇相承,继之述之。祭政一致,亿兆同心,治教明于上,风俗美于下。……今也天运循环,百度维新。宜明治教,以宣扬惟神之大道"[①],确定了政教合一的体制,将神道定为国教。随后教部省发布了《三条教则》,要求日本国民"敬神爱国""明天理人道""爱戴皇上,遵守朝旨"[②],并以此为原则在全国开展教化活动。另外,还相继规定了与皇室祭祀相关的8个节日,如孝明天皇祭(1月30日)、神武天皇祭(4月3日)、天长节(11月3日)、新尝祭(11月23日)等。每逢这些节日,都要举行盛大的纪念活动,天皇形象因此逐渐深入日本民众的心中。

为了巩固天皇的统治,明治新政府还着手制定宪法。这一方面是因为

---

① 《诏敕》,(东京)神宫皇学馆惟神道场,1941年,第39页。
② 河野省三:《明治维新与皇道》(国民精神文化研究第38),(东京)国民精神文化研究所,1938年,第67页。

宪法在当时被视为现代文明国家的象征,正如伊藤博文日后所言"文明国之间存在共同价值,要想与文明国为伍,就必须遵守这种共同价值"①,日本为了废除不平等条约,成为列强之一员,需要得到欧美各国的认可。岩仓使节团成员木户孝允、大久保利通等人回国后主张对国内政治体制进行改革,建议采取立宪制度;另一方面,要求开设国会的舆论日益高涨。板垣退助、后藤象二郎因为"征韩论"未被政府采纳而辞职抗议,结成爱国公党,他们主张设立民选议院,并由此引发了自由民权运动。新政府内部围绕开设国会的方式出现了意见分歧,结果是主张渐进的伊藤博文占据优势。1881年10月,明治天皇发布《开设国会之诏》,承诺十年后开设国会。新政府一方面对自由民权运动进行严格取缔,另一方面摸索确立立宪政治体制。1882年3月,伊藤博文等赴德国、奥地利等国考察宪政,向德国的格耐斯特(Rudolf von Gneist)、德国的施泰因(Lorenz von Stein)等学习欧洲立宪国家的政治法律制度,逐渐确定了效仿德国制定主权在君的宪法的方针。1883年8月,伊藤结束一年半的留学回国,次年担任新设立的制度调查局的长官。1885年,内阁制取代太政官制,伊藤出任第一代首相,全面负责宪法、皇室典范以及众议院选举法等法规的制定。伊藤认为必须在宪法中明确天皇统治权的根据,并委托井上毅负责起草。井上认为记纪神话可以体现天皇统治的连续性,建议使用"万世一系"这个之前并不常用的措辞。井上的这一建议被采纳,在宪法第一条中表述为"大日本帝国,由万世一系之天皇统治之"。1888年8月,在枢密院对宪法草案进行审议之前,伊藤致辞称"说来欧洲萌发宪法政治有千余年,人民不仅熟悉这一制度,而且有宗教构成核心,这些深入人心,人心归一。然而在我国宗教的力量十分薄弱,不足以成为国家的核心。因此,我国的核心只能是皇室"②,这表明伊藤希望天皇制发挥宗教的作用。但是,伊藤也并不是天皇神权主义者,后来他在回顾宪法制定的过程时称:"我国正处于辞旧迎新的过渡时代,国内的议论纷繁复杂,甚至意见截然相反。一方面上一代遗老依然抱有天皇神权的思想,认为限

---

① 伊藤博文:"王政复古与宪法政治"(1899年6月2日),《伊藤公全集》第2卷,(东京)伊藤公全集刊行会,1927年,第146页。
② 尾佐竹猛:《日本宪法制定史要》,(东京)育生社,1938年,第284—285页。

制天皇大权就等于犯了叛逆罪,另一方面许多少壮者在曼彻斯特派学说全盛期接受教育,他们抱有极端自由主义思想。"① 伊藤反对天皇神权的思想,宪法第四条"天皇为国家元首,总揽统治权,依本宪法规定实行之"的目的就在于限制君权。由此可见,伊藤他们建立明治新政权并不是为了实现"王政复古",而是为了利用天皇来推行欧化政策。明治维新元老退出政治舞台之后,无人敢限制天皇的权力,天皇制也因此成为日本走上军国主义道路的重要原因之一。总之,伊藤主导下制定的《大日本帝国宪法》即明治宪法于1889年2月11日发布,次年11月开始实施,一直持续到战败后的1947年5月。明治宪法与1882年颁布的《军人敕谕》以及1890年颁布的《教育敕语》一并构成了近代日本"神皇"意识形态的堡垒。

"神皇"观通过各种渠道向日本国民渗透,学生从小就要接受这种观念洗脑,小学《国史》课程要求:(1) 让学生了解皇室的祖先天照大神的恩德极其高尚,天下万民直至后世一直享受其恩惠;(2) 让学生了解象征皇位的三种神器的由来;(3) 讲述天孙降临的经过,阐明日本国体在上古就已确立;(4) 阐明皇大神宫的意义以及国民应该对之抱有何种感情。② 岛根县簸川郡大社町西高等寻常小学制作的小册子《神国民教育》称"君即神,神即君,天皇绝对,其统治权绝对是固有的,由历代天皇继承"③,该校举行遥拜神宫、礼拜天皇像等近30项常规活动来向学生灌输"神皇"观。④ 中学也是如此,《国史教科书》开头第一句就是"我们大日本帝国拥戴世界无比的皇室,皇统与天地同时肇始,与天地同样永存"⑤。社会上各类尊皇论自然也层出不穷,例如"神人同种,君臣一体的信念扎根于各自的精神之中,而且具有高度自觉性,这种信念使得日本成为祭政一致、忠孝一体的国家"⑥,"从国家诞生史来看,我们帝国很显然是神国。历代天皇继承皇祖天照大神的神位,

---

① 前引大隈重信编《开国五十年史》上,第134—135页。
② 内外教育资料调查会编:《改正寻常小学国史教授细案》,(东京)南光社,1922年,第1页。
③ 大社町西高等寻常小学校编:《神国民教育》,(岛根)大社町西高等寻常小学校,1937年,第9页。
④ 同上,第148页。
⑤ 峰岸米造编:《国史教科书》上,(东京)六盟馆,1901年,第1页。
⑥ 神作浜吉:《祭》,(东京)宝文馆,1931年,第333页。

作为现人神实际统治这个世界,令人诚惶诚恐"①等等言论泛滥,天皇的神性被大肆宣扬。另一方面,《刑法》规定了"不敬罪",对天皇以及其他皇室成员的微词或者批评会受到惩罚。比如,在1922年9月3日,前桥市为了庆祝皇太子(即后来的昭和天皇)从国外访问回来而举办了游行活动。当时,一个21岁的年轻人宫泽政次郎埋怨说:"警察真是不靠谱,东宫(皇太子)出国一趟就要这么折腾,那个小毛孩……"他因此被判了3年有期徒刑。② 另外,在1925年颁布的《治安维持法》中,也严厉禁止了否定天皇制国体和私有制的言行和行为。这部法律在1928年修正后,规定情节最严重时可以判死刑。

三、探寻"故乡"高天原

日本自明治维新开始,采取了一系列的扩张侵略政策,先后将虾夷和琉球纳入日本版图,并将其更名为北海道和冲绳;1885年通过《马关条约》,从中国攫取了台湾;1910年通过《日韩合并条约》,将朝鲜半岛沦为殖民地。这些政策导致了"日本国民"的多元化,也推动了日本民族论的演变和变化。既然把"神武创业"视为历史事实,就必须明确高天原的位置、天孙后代的构成等问题。关于高天原的位置,有各种各样的说法。根据高低可以分为天界说和地上说,根据远近可以分为国外说和国内说。国外说认为高天原在中国、朝鲜、巴比伦、马来西亚、黑海附近等地方;国内说认为高天原在常陆、大和、伊势、丰前、近江等地方。这些说法虽然不尽相同,但都有一个共同点,就是认为天孙后代与出云族、熊袭、土蜘蛛等土著民族不是同一族群。

佛教学者龟谷圣馨持"天上说",他对科学家的言论进行批判,主张"我国皇统万世一系不曾发生改变,高天原是我们实际拥有的故乡。因此,从开国天皇到今上天皇,再到几亿万年之后,皇统也会延绵不断,这一点是毫无疑问的。此外,所有的日本帝国民(且不谈归化人)都传承着皇室的血脉,或者是与皇孙一起从高天原降临的众神的后裔。因此,日本国民形成一个大家族,我们天皇陛下

---

① 能势久雄:《战时常识》,(东京)一号社,1937年,第53页。
② 司法省刑事局编:《不敬事件》,(东京)司法省刑事局,1928年,第3页。

作为这个大家族的家长,统治着日本国民"①,他完全把记纪神话的内容视为历史事实,并主张这种状态将永远持续。然而,相较于这种无视现实与人类学成果的说法,将神话与人类学知识结合起来的观点似乎要多一些。

小说家、评论家伊藤银月认为高天原在朝鲜,他说"我们祖先是奉一大使命特地从天上降临的神人,这是将我们日本民族从水天一色的海外来到这片土地这一事实的诗意表达方式。我们应该理解拥有如此神话国史的人民是具有如此诗意的高贵热血族群,我们是怀抱绝大的抱负和希望来到这片新天地的"②。在此基础上,他对高天原的所在地进行了考证,称"我们的祖先是从朝鲜半岛翻越山岭来到这片土地,他们是拥有文明力量的进步族群,是最具膨胀性和活动力的有为团体,这是最基本的历史事实"③,他将神话中天孙从高天原降临的情节解释为日本人的祖先从朝鲜半岛迁徙到日本列岛时翻越山岭的记忆,并由此引出日本民族的两大特点,即诗歌情感和远征经略主义。

田中祐吉是病理学家,曾在台湾医学校和大阪府高等医学校任教。他认为高天原位于东北亚,日本人的祖先由各种人种构成,日本人在容貌和骨骼方面具有多样性,很难概括其共同特征。然而,他认为"在如此多样化的日本民族中,天孙民族是核心、主干和统治者。他们同化其他族群,传说般地在思想上将其他族群完全融合,组织他们建设强大的国家。……天孙民族是与各种原住民族混血形成的混合民族"④。田中主张从体格、风俗习惯和语言等方面来看,天孙民族的核心——大和民族与被中国蔑称为"北狄"的匈奴、乌桓、鲜卑、女真等人种有共同的祖先。这种民族形成史赋予了日本民族"勇武好战""现实功利"和"尊皇"等特性。他认为"日本人自古以来作为勇武好战的民族发挥其武威,这不是偶然,而是因为有祖先的遗传"⑤。关于"现实功利",他认为由于大和民族等民族起源于东北亚、中亚这些自然环境恶劣的荒漠寒冷地区,他们以武力和政治才干见长,但"他们不像汉民

---

① 龟谷圣馨:《皇位之绝对与日本民族》,(东京)名教学会,1912年,第10页。
② 伊藤银月:《大日本民族史》,(东京)隆文馆,1913年,第3页。
③ 同上书,第3—4页。
④ 田中祐吉:《日本人之祖先》,(东京)精华堂书店,1921年,第3页。
⑤ 同上书,第112页。

族那样是哲学的、文学的民族,不是沉浸于研究抽象真理的民族。他们是现实主义功利主义的民族,是崇尚力和名的人民"①。关于"尊皇",他指出匈奴、鲜卑、乌桓、辽、金、蒙古都将其君主视为从天而降的神之后裔,不像汉民族那样君主经常更替。因此,他主张"日本的尊皇心实际上是作为远祖的东亚大陆各族群的遗传"②。

新闻记者、评论家茅原华山称"日本民族是世界的南亚族群,可以说这在学术上是确定的事实"③,这表明他倾向于日本人南亚起源说,但同时他也认为不必拘泥于过去的记录和历史。他认为,天孙民族原本是移动的民族,后来才定居于日本列岛,这才是问题的核心之所在。"天孙民族的祖先以世界为家,穿越海洋,最终奠定了日本帝国的基础。……我们应该以日本作为根据地和祖国,在世界舞台上继续发展繁衍,这才是真正继承祖先的精神和气魄。"④他从高天原国外说推论出天孙民族的移动特性,并主张实施对外扩张。

1932年,时任《京城日报》社长的池田秀雄曾主张:"我们日本国是以皇室为中心,由其家族扩大发展形成的'民族国家'(由源自同一祖先的同一民族构成的国家)。自天孙降临以来,由皇室和跟随他们的众神共同在大八州的土地上建立了巍然的独立国家。在此期间,虾夷、熊袭等民族以及来自中国、朝鲜的归化民族也在漫长的岁月中融入天孙民族。因此,血脉相传,以皇室为大本家,其他为分家,共同形成了日本这个国家。可以说一家就是一国,以国为家,家就是国。"⑤池田秀雄将皇室比喻为本家,将被征服的其他族群比喻为分家,以强调本家与分家之间不可分割的紧密关系。《京城日报》是韩国统监府的机关报,其根本任务是维护并推进日本在朝鲜半岛的殖民统治。朝鲜被日本兼并后,尽管朝鲜人在国籍上是日本人,但他们受到各种歧视,根本无法享受日本国民的待遇。"九一八"事变后,日本为了使朝鲜成为"大陆兵站基地",推行所谓的"内鲜一体"和"内鲜融和"的同化政策,这种本家与分家关系的比喻正是为这种政策服务的。类似观点还有很多,例

---

① 田中祐吉:《日本人之祖先》,(东京)精华堂书店,1921年,第128页。
② 同上书,第132页。
③ 茅原华山:《茅原华山文集:韬晦以后》,(东京)内观社,1929年,第3页。
④ 同上书,第42页。
⑤ 池田秀雄:《建国精神与日本民族之觉悟》,(东京)松山书房,1932年,第8页。

如历史学家小仓铿尔认为，天孙民族来到日本列岛后征服并同化其他族群，从而形成了日本民族。他主张："日本民族的中坚力量、核心和中心是大和民族。大和民族是由天孙民族和出云民族构成的，也可以说是由'神皇'后裔构成的。其他归化民以及异族在漫长岁月中与大和民族同化融合，成为日本民族。日本国实际上就是一个大家庭，国民是兄弟，皇室则是宗家。"[①]

近代以来，支持高天原国内说的人相对较少，清野谦次是国内说的代表人物。他认为自石器时代起，日本就有人类生息，形成了日本石器时代人种。后来，南亚系和亚洲大陆系的各种人种迁徙到来，与石器时代人种混血，但并未显著改变他们的体质。随着环境和生活状态的变化，日本石器时代人的体格逐渐演变为现代日本人。他因此得出结论："自有人类生息以来，日本岛就是日本人的故乡。日本人一开始就在日本形成，根本没有占据阿伊努人的故乡来居住。日本人种的故乡从有人类居住的时候起就是日本国。"[②]清野在《日本民族生成论》的序言中表示，他提出日本人原住民说是"希望各位读者明确认识到日本人的故乡在日本国，以及日本民族具有独特历史"[③]。清野持高天原国内说，主张日本人起源于日本列岛，但这并不意味着他囿于岛国情结。相反，他是日本军国主义战争的积极协助者。他曾受军部委托到南洋各地进行实地调查，发表了《苏门答腊研究》等著作，主张澳洲和新西兰适合日本人移民，并提出了具体的殖民政策建议。[④] 他还曾担任731部队病理解剖最高顾问，并以太平洋协会兼职研究员身份为"大东亚共荣圈建设"献计献策。[⑤] 如果说高天原国外说主要倾向于通过同化其他民族进行侵略扩张，那么清野的国内说则通过强调日本民族自主形成的过程来树立作为日本人的自信。实际上，战败后的日本民族论主要朝这个方向转变(关于这一点，参见第八章第一节)。

根据对日本民族构成的理解，许多关于日本民族特性的分析应运而生，其中早稻田大学教授西村真次、社会评论家白柳秀湖和东京文理科大学教

---

① 小仓铿尔：《平易的日本国体故事》，文政社，1934年，第54页。
② 清野谦次：《日本民族生成论》，(东京)日本评论社，1946年，第443页。
③ 同上书，"序"。
④ 参见清野谦次《苏门答腊研究》((东京)河出书房，1943年)。
⑤ 参见清野谦次《太平洋的民族文化交流》((东京)创元社，1944年)。

授田中宽一的观点具有代表性。西村将日本民族的特点概括为非排他性、不断进取和回归大陆等几个方面。在非排他性方面,他认为日本人种极为复杂,祖先留下了宽容、勤劳的品德,日本人应与世界其他民族合作,提升人种素质和文化水平,"排他的、封闭的生活违背日本民族的传统,必须加以抵制"①。在不断进取方面,他主张日本国是一个扩大的家族,拥有"万世一系"的皇统和未曾被蹂躏的土地,日本应将这种国家机构发展成全世界都遵循的规范,这样不仅可以"保障东亚的和平",还可以在世界上建设"幸福和快乐的家园"②。在回归大陆方面,他认为天智天皇以前的日本具有大陆根性,现在日本民族的地位已经发生了转变,日本必须"以宏大的计划和周到的准备来强化自己的国家,发展其文明。与此同时,与世界人类及其国家一起扩充人道,以获得利益,这正是我们目标所在"③。白柳认为日本民族对异民族具有非凡的包容和同化力,能够不断吸收其他民族的物质和精神文化。总的来说,日本民族"拥有世界其他民族所没有的优越的、宽宏的社会组织和经济制度。这种优越的、宽宏的社会制度使日本对外形成世界各民族中最爱好和平、积极协作、重视共存共荣的特质,对内则体现为帮扶弱者、救济贫穷的互相帮助、众议公论的特质"④。他还补充道,"没有哪个民族像日本民族这样在文化上体现大陆系和海洋系的特色"⑤。田中则主张混血为日本民族带来了优势。他表示,"同样是日本人,但长相以及头部形状等有所不同。一般认为相比于一个族群保持纯血,许多民族混血也或许会出现一些素质低劣的人,但出现素质优秀的人的可能性也大。过去,日本民族以大和民族为中心实现了发展"⑥。他通过对日本人的身体特征、智能、性格进行分析,如列举日本人个小、胴长、腿短、头大等身体特征,认为这样的身体结构活动敏捷,手脚灵巧,日本人的智力在世界各民族中最为优秀,具有独创性,性格则属于思考型、固执型、进取型、社会型等。⑦

---

① 西村真次:《日本民族理想》,(东京)东京堂,1934年,第232页。
② 同上书,第233页。
③ 同上。
④ 白柳秀湖:《日本民族论》,(东京)千仓书房,1934年,第10页。
⑤ 白柳秀湖:《日本民族与天然》,(东京)千仓书房,1938年,第50页。
⑥ 田中宽一:《日本民族之力》,(东京)萤雪书院,1941年,第12页。
⑦ 同上。

高天原国外说的观点很容易与赞美日本民族的言论联系起来，而且这些赞美的逻辑也极为相似。它们主要从天孙后裔的血统论述其人种的优越性和统治的正统性，从与不同人种混血的现象论证其高度的同化力，再从同化力论证其扩张性。只要思考一下，我们就不难发现这种言论中同时存在血统逻辑和功能逻辑。血统逻辑是基于将天皇视为神的后裔，认为天皇的统治是天经地义的。功能逻辑则源于将日本视为以天皇为中心的家族国家，主张即使天孙民族以外的民族也可以成为日本这个大家庭的成员。尽管这两种逻辑所依据的原理截然不同，但在上述言论中能自由切换。实际上，这种问题在"民族"这个词的用法上同样存在。例如，在称天孙民族、出云民族时，所用的"民族"是指人种或族群，而在称日本民族时，"民族"才是作为"各种人的共同体"这种真正意义上的用法。前者是血统逻辑，后者是功能逻辑。从历史事实来看，没有任何一个宗族能在人类历史上实现"万世一系"的统治，同时世界上也没有哪个国家是由单一民族构成的。在同一个族群或民族内部，不同的阶级和阶层必然存在。坚持血统主义的观念无法适应多族群交往的现实。另一方面，如果完全依据功能逻辑，就无法推导出天孙民族统治的必然性。因此，在这两种不同的逻辑之间不断切换，是为了同时满足帝国主义政权维持现有统治地位和进一步对外扩张这两方面的需要。

日本国学家一味强调外来文化对日本的负面影响，希望通过探寻未曾受到外来文化"毒害"的本真的日本文化来确立文化自信。国学经历了草创期、发展期和成熟期，其研究对象由和歌、物语扩展到《古事记》《日本书纪》，再到与中国、印度的对比，其唯我独尊的程度也不断增强。然而，如前所述，日语是借助汉字才得以形成的，各种事物的名称、思想观念、文学表现手法等无不受到中国的影响。因此，探寻未曾受外来文化影响的本真的日本文化这种不存在的事物，这使得国学家坠入了空想。这样做也许能获得一时的心理满足，但是由于其是空中楼阁，是一种类似自大妄想的心理状态，最终只会陷入更深的困境之中。近代以来的"神国"观，就处于江户时代国学的延长线上，其结果是把日本引向毁灭之路。

第五章　去汉字化运动及其挫折

如前所述，日本人不仅借助汉字系统摄取了汉学等方面的知识，还利用汉字发明了平假名片假名，并将汉语融入日语之中，实现了汉语与日语之间的自由切换。但汉字数量庞大，掌握大量汉字对中国人来说都是一件难事，对于日本来说更不容易。① 近代以前，日本与中国在文化发展程度上存在相当大的差距，在日本人还不了解其他语言的情况下，日本人只能通过努力学习来多掌握汉字。但中国被相对化之后，特别是中国在鸦片战争中败给英国这个所谓"夷狄"国家之后，日本人对中国文化的向往逐渐减弱，甚至有人认为使用汉字是中国近代化缓慢的最主要原因，出现了各种形式的去汉字化的主张。② 从幕末时期以来，日本经历一个半世纪的尝试与摸索，试图去除汉字，但现在的"常用

---

① 早在江户中期，天文地理学家西川如见（1648—1724年）就曾将汉字与外国文字进行对比，认为"唐土之文字，其数多、笔画多甚难，为世界第一。外国之文字亦通达人用万事，无不足"。西川如见：《町人囊底拂》下、《町人囊》（西川如见遗书第七编）。另外，关于国学家贺茂真渊（1697—1769年）对使用汉字的弊端的批判，参见本书第四章第一节。

② 中国新文化运动时期，钱玄同以及鲁迅等人也提出过废除汉字的主张，钱玄同在《新青年》第4卷第4号（1918年4月）上发表《中国今后之文字问题》称"则欲废孔学，不可不先废汉文；欲驱除一般人之幼稚的野蛮的顽固的思想，尤不可不先废汉文"，主张以世界语替代汉语；鲁迅在《汉字和拉丁化》（收录于《花边文学》，1936年）一文中称"大众语文的音数比文言和白话繁，如果还是用方块字来写，不但费脑力，也很费工夫，连纸墨都不经济。为了这方块的带病的遗产，我们的最大多数人，已经几千年做了文盲来殉难了，中国也弄到这模样……如果大家还要活下去，我想：是只好请汉字来做我们的牺牲了。"钱玄同和鲁迅都曾留学日本，他们废除汉字的观点或许受到日本去汉字化运动的影响。日本的废除汉字论尽管也有去传统化的要素，但核心还在于去中国化，与之相对，钱玄同、鲁迅主张废除汉字，主要出于对传统的反叛。

汉字"依然有 2136 个,可以说这是去汉字化运动遭受挫折的明显标志。本章对这一过程进行具体梳理与分析。

第一节 幕末以来的去汉字化主张

去汉字化的主张,按照排斥汉字程度从高到低的顺序,可以分为以下四类:(1) 放弃日语,改用英语或法语(2) 全部用罗马字母书写日语(3) 全部用假名书写日语(4) 限制汉字的数量。我们将这 4 种主张分别简称为以外语替代日语论、罗马字母论、假名论、限制汉字论,接下来对这些主张分别进行论述。

一、以外语替代日语论

这种主张是去汉字化论中最极端的一种,其代表人物有首任文部大臣森有礼和著名作家志贺直哉。森有礼(1847—1889 年)是一个熟悉英美国情、熟练掌握英语的文教外交官僚。他出生于萨摩藩下级武士家庭,在经历了萨英战争(1863 年)后被派往英国和美国学习。维新后回国,1870 年作为少办务使赴美负责招募外债以及文化外交方面的工作。在美期间,他撰写了《日本的教育》("Education in Japan")一文,提出了以英语取代日语的观点。1879 年,他出任驻英国公使。1885 年实施内阁制之后,他担任伊藤博文内阁文部大臣。1889 年,因为推行急进的欧化政策而遭刺杀。

明治时期,为了缩小日本与欧美国家间的差距,出现了各种激进的变革论,甚至还出现了人种改造论[①],森有礼完全放弃日语的主张就是当时的激进论中的一种。1872 年,森有礼致信美国语言学家威廉·惠特尼(William D. Whitney)称:"日本的口语与帝国人民日益增大的需求不相吻合。即便使用语音字母作为书面语言,其作用依然十分有限。有一种意见认为:如果我们想与时代同步发展,那么就应该采用内容丰富且被广泛使用的欧洲语

---

① 例如,高桥义雄在《日本人种改良论》(1885 年)中称"将我国人民与西洋人种相比较,可知他们明显处于优势。我们已经无暇顾及细节问题。为了国家,为了个人身体,为了能力的遗传,应该果断寻求良缘,杂婚也未尝不可"(明治文化资料丛书刊行会编:《明治文化资料丛书》第 6 卷,〈东京〉风间书房,1961 年,第 46 页),福泽谕吉为该书撰写了序言。

言当中的一种,而且这种意见在我们之间正被广泛接受。这种必要性首先来自日本是商业国家这一事实。不仅在亚洲,在商业世界如果不采用像英语那样极具实力的语言,日本文明显然没有希望取得进步。"①在森有礼看来,日语不利于日本扩大对外贸易。他进而指出:"日本的学校在很长一段时间只讲授与汉文(Chinese)相关的内容,既没有符合我们教育目的的日语教材,也没有这样的学校。这种讲授汉文的学校不仅无益,而且成了社会发展的障碍,这种学校正在消失。我们非常需要讲授日语的学校,但现在既没有合适的教师,也没有教材……为了实现我们的目的,我们只能从头开始,除了基于纯粹发音原理将口语变成书面语言,别无他法。"②如前所述,江户时代幕府以及各藩的藩校、乡校,还有寺子屋都主要讲授儒学,尽管授课语言为日语,但学习内容还是以汉文为主,存在言文不一致的问题。森有礼认为这种教育方式不利于日本的发展。但如果完全以普通英语替代日语的话,需要付出极大的社会成本。因此,森有礼向惠特尼咨询是否有可能改造出一种简化英语(simplified English)。他所设想的简化方案主要是不规则动词规范化和读音与书写的一致。但惠特尼在回信中表示希望采用"英语母语者所说、且能理解的英语"③,对森有礼的简化英语方案表示反对。森有礼提出这样的方案,想必是因为在国外深切感受到了日本与欧美国家在国力上的差距以及语言障碍给对外交流带来的不便。

作家志贺直哉(1883—1971年)是《白桦》杂志的核心作家之一,被称为"日本小说之神",其代表作有《在城之崎》《和解》《暗夜行路》等。他1946年4月在《改造》杂志上发表了题为"国语问题"的短文,主张以法语取代日语。作为官僚的森有礼出于实际需要提出以英语替代日语尚可理解,知名作家志贺直哉提出这一主张令许多人感到震惊。在该文中,志贺首先描述了处于战败废墟中的日本所面临的各种困难,"现在是日本经历过的最艰难的时代,人们茫然若失。最令人不安的是粮食问题,还有通货膨胀、教育、失业等问题。在国外未归的同胞也让人担忧。传染病和犯罪现象频繁发生,但现

---

① 大久保利谦编:《森有礼全集》第1卷,(东京)宣文堂,1972年,第310页。
② 同上。
③ 大久保利谦编:《森有礼全集》第3卷,(东京)宣文堂,1972年,第414页。

在没有采取有效对策"①。他在文中没有对造成当时惨状的原因进行分析，但显然是将其原因归结到日语上。他认为"考虑到日本的将来,最大的问题是国语问题",因为"没有比这更不完整、更不方便的语言了,文化的进展也因此受到巨大阻碍。毫不夸张地说,如果不解决这个问题,日本作为文化国家就没有将来,在近四十年的写作生涯中,我一直深感这一点"。② 他假设如果当时森有礼的建议被采纳了,"日本的文化会远比现在进步,这场战争也可以避免"③。但他不像森有礼那样主张用英语,而是主张用法语替代日语。他说:"我之所以考虑法语,是因为法国是一个文化先进的国家,阅读小说时也能感受到法国与日本有共通之处,法国诗歌也被认为与和歌俳句等有共通之处,法语被文人称为整理过的语言,我认为法语似乎是最好的选择。"④他同时还表示,"告别以往的国语是一件令人感到失落的事情,但这只是我们当前的情感,五十年或百年后的日本人可能不再有这样的情感。我们必须相信日本人的血统,不受这种情感的支配,要纯粹为未来的日本考虑这个问题"⑤。战败给日本的传统价值观带来巨大冲击,陷入"全民总忏悔"的状态,包括日语在内的所有事物的价值都受到怀疑。志贺他自己并不熟悉法语,他主张以法语取代日语,与其说是被法语本身所吸引,不如说是出于战败后对日本的绝望。他自己学习法语还可以,但因为个人的好恶而让所有日本人都放弃日语改学法语,则太不切实际。

二、罗马字母论

罗马字方式是指全部用表音字母来书写日语的方式,与以其他语言如英语或者法语取代日语的方式不同,罗马字方式保留日语的发音,只改变书写方式。持这种主张的代表人物有思想家西周、物理学家田丸卓郎、政治家教育家大隈重信以及政治家尾崎行雄等。

---

① 志贺直哉:"国语问题",《志贺直哉选集》第 8 卷,(东京)改造社,1951 年,第 177—178 页。
② 同上书,第 179 页。
③ 同上书,第 181 页。
④ 同上。
⑤ 同上书,第 184 页。

西周(1829—1897年)出生于石见国(今岛根县)藩医家庭。由于喜好读书，他被获准弃医从儒，成为藩校养老馆教师，讲授朱子学。1853年佩里舰队叩关日本时，西周正好在江户逗留。他看到国际形势的巨变，脱离了藩籍开始学习兰学。1857年幕府设立蕃书调所时，他成为教授助手。1863年，幕府派他前往荷兰购置军舰，抵达荷兰后，他在莱顿大学修读法律、经济、哲学等课程。1865年回国后，他担任开成所教授，并翻译了《万国公法》等著作，其他译著还有《权利争斗论》《心理学》等，"哲学"一词便是西周首创的译词。1873年，他参与创立了明六社，积极推动启蒙运动。从西周的经历可以看出，他具有很高的汉学素养，但他积极主张废除汉字，改用罗马字母来书写日语，表明该观点的文章《以洋字书写国语论》发表在明六社的机关刊物《明六杂志》创刊号上。

在该文中，西周首先指出人们常常将日本与欧洲各国对比，羡慕它们的文明，同时哀叹日本国家不开化、人民愚昧，即使维新后的善政举措也难以改变这种落后局面。他将这种状态比喻为给猴子穿上华美服装，只是表面上的变化。他认为只有从根本上改变人民的无知，才能真正解决问题，而他的着眼点正是"文章"。所谓的"文章"，实际上是指"语言"。他指出"言文不一致"是日语的显著特点，但他不赞成全部使用假名文字来消除"言文不一致"，而是主张以"洋字"即罗马字母替代汉字和假名。他列举了使用洋字的十个优点和三个问题，优点包括简便、言文一致、便于普及、著述翻译和印刷，问题则是会影响笔墨纸张的生产和销售，汉学家和国学家可能会反对这种方法，并认为这些问题微不足道。西周提出用罗马字书写日语，更多是从启蒙、实用的角度来考虑。

田丸卓郎(1872—1932年)是物理学家、罗马字会的成员，曾经留学德国。罗马字会成立于1884年底，次年春天发布了学会章程，会员人数迅速增加，达到六七千人。同年6月，该会开始发行机关刊物 *Romaji Zasshi*，该杂志持续了大约八年。罗马字会所采用的罗马字母表示方式参考了在日本的美国传教士詹姆斯·柯蒂斯·赫本(James Curtis Hepburn)的意见，因而被称为"赫本式罗马字"，其特点在于考虑与英文发音的相似性。除了"赫本式罗马字"，还有田中馆爱橘制定的"日本式罗马字"。田丸是"日本式罗马字"法的支持者，他认为国字关系到国家大局，不能把这个问题完全交给国语学家解决。因此,他希望发挥自己作为自然科学家的优势,在国字问题上为国家出力。他和许多主张废除汉字的论者一样,对汉字的所谓弊端进行了声讨,例如:汉字的读音规则复杂而且多音字非常多,学习汉字需要逐一学习其读写方法;汉字学习占用学校教育的大部分时间,不利于学生的道德修养和数理等实用科目的学习。田丸认为语言是人类表达思想的工具,而文字的作用在于记录,在汉字读写的学习上耗费大量时间与精力,是重形式而轻内容的愚蠢做法。这样的教育方式会导致日本人无法与外国人竞争,并可能导致国家衰亡。因此,他主张解决上述问题的"唯一办法就是简化日语的书写方法,即废除汉字,采用表音文字,做到写出来的内容一定会念"①。同时,他也列举出了全用假名书写日语的不便,主张用全罗马字母书写日语"毫无疑问,将有利于日语在外国普及"②。他不赞成赫本式罗马字法的理由是,"既然日本走上了国际舞台,那么就应该确定日语(地名、人名)在世界上的书写方法(用罗马字母书写的方法),这一点不适合由他人处置……有必要确定以日语为本的罗马字母书写方法"③,他还编写了罗马字母拼写法的入门书,积极推动日语罗马字化。

大隈重信(1838—1922年)是明治和大正时期的政治家,也是早稻田大学的前身东京专门学校的创始人,他在第二次大隈内阁期间提出了"对华21条"。同时,他也积极推动罗马字母法。他强调文字是教育的根本问题,"然而我国一般使用象形文字汉字,这种文字晦涩难懂,学习这些文字的读写要耗费许多精力。特别是翻译学术用语时,很难找到合适的词语。从节省时间和精力的角度来看,汉字根本谈不上是文明的文字"④,"国民因为极其繁琐的文字而消耗精力,将会带来精神和经济上的损失"⑤。他还列举了汉字不便打字和排版、电报传递等问题。他指出,中国自宋朝以来就与西欧各国进行交往,近代开国也比日本早三十年,但迟迟没有进步,他说"像他们

---

① 田丸卓郎:《罗马字国字论》,(东京)日本罗马字社,1914年,第5页。
② 同上书,第16—17页。
③ 同上书,第66—67页。
④ 大隈重信:《国民教育论》,(东京)通俗大学会,1915年,第74页。
⑤ 同上书,第77页。

这种费解的文字又如何向其国民介绍泰西文明呢？"①他认为，汉字是造成这种状态的主要原因之一，而日本之所以在一定程度上克服了这种困难，是因为日语中除了汉字还有假名。他认为"一直使用这种费解的文字就像负重前行，在当今世界的竞争中十分不利"②，他劝慰那些对汉字不舍的人："不论如何不舍，在此文明竞争下，必须舍弃一切有悖时代精神的事物。"③如前所述，中国明末以来的汉译西书已经形成了较为完备的近代知识的术语体系，而且汉译西书也是维新之前日本摄取西学的主要途径，两国在近代化过程中的成败得失主要不是由于使用汉字，而是由于社会体制以及人们在意识上的差异造成的，这两者之间并非毫无关系，但这种关系是非常间接的，把所有问题归罪于汉字，完全是恨和尚殃及袈裟。

尾崎行雄(1858—1954年)也是主张罗马字母论的代表人物之一，他曾经在庆应义塾学习工学，后经福泽谕吉推荐担任《新潟新闻》的主笔。1882年，他参加立宪改进党的创立，成为第一次护宪运动的核心人物，并被称为"宪政之神"。从第一次众议院选举以来，他连续25次当选，历任东京市长、文部大臣、法务大臣。他的文集《咢堂漫笔》(1933年)中收录了《限制汉字的成败》一文，他在该文中对福泽谕吉曾用1500多个汉字编写教材，尝试限制汉字的做法表示称赞，但他认为限制汉字不如废除汉字来得有效。尾崎打了一个比方，称"既然使用汉字，对之加以限制犹如节制酒量，是相当困难的事情。节制酒量不如戒酒省事。同理，比起限制汉字数量，或许不如废除汉字来得简单"④。然而，这个比方并不恰当。因为酒属于嗜好品，而汉字是日语中不可或缺的构成部分，更像日本人常食的大米。这样的话，这个比喻应该改成：节制饭量不如干脆不吃饭。很显然，这样的逻辑是无法成立的。尾崎作为政治家，更多考虑如何引起舆论的注意，他的话并没有经过仔细斟酌。战败后刊行的文集《民主政治读本》(1947年)和《卒翁夜话》(1948年)均收录了主张废除汉字的文章。在收录于前者的《汉字亡国论》一文中，尾崎将文字和语言视为"文化竞争的工具"，认为"为了对内拓展知识，对外

---

① 大隈重信：《国民教育论》，(东京)通俗大学会，1915年，第77页。
② 同上书，第79页。
③ 同上书，第79—80页。
④ 尾崎行雄：《咢堂漫笔》，(大阪)大阪每日新闻社，1923年，第50页。

与各国交流通讯,必须有简便的工具",①他表示"现在我们使用的汉字以及在汉字的基础上形成的语言"是"世界上最糟糕的语言"。②他还列举了汉字的各种问题,如学习汉字费时费力,不适合打字机等机械处理,用假名给汉字注音会增加排版困难等。而且他认为使用汉字会使日本在思想上成为中国的半殖民地,因为"经常使用汉字以及以汉字为主要成分的语言,自然会变成中国式思考方式。特别是15—16世纪以来,一直以中国思想开展教育,即便是追求时尚的进步主义者,也会在不知不觉中以中国古代思想来判断事物,其中有人会以从中国传入的汉字来思考。不管他们怎么努力,也无法在文化上、思想上完全摆脱中国的半殖民地的状态。如果不废除汉字,恐怕日本人将一直无法用自己的语言来思考世界上的事物"③。他在文章最后指出,"改良日语,以便日本人世世代代开展和平活动,首先必须废除构成其病根的汉字。废除汉字必须作为建设文化国家的条件加以考虑,这是一个根本性的重大课题"④。这篇文章篇幅不长,尾崎在指责汉字时没有给出任何有力的论据,他主要想强调的是:只要使用汉字,日本人就无法摆脱中国文化的影响,也就无法在文化上、思想上独立。在他看来,汉字是日本人树立文化自信的最大障碍。

在收录于《卒翁夜话》的《要废除汉字》一文中,尾崎断言"我国现在的文字和语言是我国同胞智德育的最大障碍。使用这种文字和语言,要耗费欧美人两三倍的时间和精力才能达到同样效果"。"耗费如此多的时间和精力,又怎么能够像欧美人一样进步和发展呢?"⑤"我国同胞的头脑被用于记忆性质恶劣、意义不明的文字和语言,因此疲惫不堪,无力进行比这重要数倍的思考。人们的头脑中填满了这种性质恶劣的文字和语言,没有余力进行思考。"⑥这已经不是在表明观点,而是在不断重复咒语了。尾崎曾用罗马字母题词(见下页图)以做表率,题词的意思是"没有什么比真诚更珍贵",

---

① 尾崎行雄:《民主政治读本》,(东京)日本评论社,1947年,第174—175页。
② 同上书,第175页。
③ 同上书,第180—181页。
④ 同上书,第183—184页。
⑤ 尾崎行雄:《卒翁夜话》,(东京)弘文堂,1948年,第45页。
⑥ 同上书,第48页。

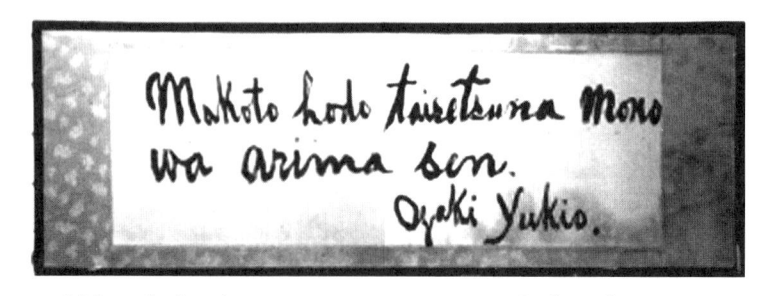

Makoto hodo taisetsuna mono wa arima sen. Ozaki Yukio.
誠ほど大切なものはありません　尾崎行雄
一般財団法人　尾崎行雄記念財団 https://readyfor.jp/projects/ozakiyukio/announcements/202017,2023 年 9 月阅览

且不说音节冗长，用毛笔写罗马字母，其视觉效果也叫人不敢恭维。

三、假名论

假名论的代表人有日本邮政制度创始人前岛密、语言学家木村鹰太郎以及"假名文字协会"的创始人山下芳太郎等。

前岛密(1835—1919 年)曾在江户修读医学，后来在幕府的箱馆开成所学习兰学和英学，1865 年被萨摩藩聘请为英学教师。1866 年(庆应二年)12月，他在提呈给将军德川庆喜的《废除汉字之建议》中，主张废除汉字的最大理由是汉字难学且耗时，不利于青少年获取知识和提高认识事物的能力。他称"在使用汉字时，为了掌握其字形和音训，需要花费很长时间，因此见效缓慢。汉字难学，所以学习者本来就很少。那些为数不多的学习者也将宝贵的少年时光耗费在学习字形和发音方面，而无法真正理解事物的道理……真是极大的悲剧"[1]。前岛还指出，日本原本有假名文字，但"中古人在输入他国文物时，也输入了这种不便且无益的象形文字，最终作为国字常用，实在令人痛心。恐怕很多国人知识如此贫乏，国力如此衰弱，其根源就在于此，实在令人痛恨不已"[2]，认为汉字是日本落后的根源。此外，他还认为使用汉字不利于日本人树立文化自信。他说"一般而言，教育应该先讲本国的事情，然后再讲外国的事情，而且要用本国语言来讲授，这是学问独立

---

[1] 前岛密:《国字国文改良建议书》(非卖品)，1899 年，第 8—9 页。
[2] 同上书，第 9—10 页。

的问题。只有这样才能培养少年的精神,夯实爱我自尊的基础。先学外国的事情,然后再了解自己,这是主客颠倒"①。他还断言"以往以汉学为学问教育的基础,这样培养出来的是一种中国魂,而不是大和魂"②。他强调开启民智重在普及教育,而"普及教育要废除汉字,将平假名定为国字,改变古来的教育方法,以新教育讲授伦理、物理、政理、法理等日常万般事物,用假名这种简易的国字开展教育"③,主张废除汉字是开启民智的前提条件。

木村鹰太郎(1870—1931年)是活跃于明治、大正时期的语言学家、翻译家,他曾在陆军士官学校教授英语。1897年,他与井上哲次郎等人结成"大日本协会",并发行机关刊物《日本主义》。20世纪初,他倡导了"新史学",主张邪马台国位于埃及,并坚信日本曾在古代征服过世界。1895年5月,他发表了《日本文字改良案》,主张废除汉字,用改良过的片假名替代汉字来书写日语。他主张废除汉字的理由主要有两点。首先,他认为学习汉字需要耗费大量时间和精力,因为"在汉语中,一语一物都用不同的汉字表示,汉字的数量几乎无限。即便用三五年学习汉字,也未必能够满足一般要求。日本人小学阶段时间基本上耗费在汉字学习方面"④。其次,他认为中国已经没有什么值得日本学习了,因为中国的文明已经不如日本。他说"如果现今中国还处于文明的中心,那么我们需要学习汉语和汉文学。但现在他们的文明已经不如我们,我们没有必要向他们学习了。我们一般不需要掌握汉字,如果说需要学习外语的话,我们应该去学习欧美语言"⑤。他还提到,"的确,中国自古以来就是大国,文学作品十分丰富。但是,中国几乎没有能活用于现代日本的知识,而只有文学经典,一般人并不需要这些"⑥。可以说,对中国的蔑视是他主张废除汉字的根本原因。他主张用片假名书写日语,主要是因为片假名书写速度快。他曾进行了罗马字母、汉字假名混合、平假名、片假名四种文字的书写速度测试,其中片假名最快,其次是平假

---

① 前岛密前引"国字国文改良建议书",第19—20页。
② 同上书,第20页。
③ 同上书,第26页。
④ 自治馆编辑局编:《国语改良异见》,(东京)自治馆,1900年,第185页。
⑤ 同上书,第190页。
⑥ 同上书,第191页。

名和汉字假名混合,罗马字母最慢。他意识到片假名不如平假名美观,但比起美观,他更加看重效率。

山下芳太郎(1871—1923年)毕业于东京高等商业学校(一桥大学前身),他作为外交官先后在日本驻印度、法国、英国等国的领事馆工作,后来转身商界。1914年,他提出了片假名改良方案,1916年委托平尾善治设计横写片假名字体。1920年,他出版《国字改良论》,详细阐述了用片假名书写日语的理由以及实施方案。他在大阪市东区创办了"假名文字协会",并发行机关杂志《假名之光》。他设计的片假名打字机1923年在美国获得了专利。山下主张废除汉字的理由主要有两点:第一点是汉字效率低下,这是废除汉字论者的共同观点。他说"在日本,从小学生到中学生、大学生,他们在汉字学习方面消耗了许多时间和脑力。……文字本身不过是作者和读者之间沟通的桥梁,而架桥本身就是一项非常繁重的工作,以至于人们把教育和读写混为一谈,认为会读写的人就算受过教育的人。买到音乐会的入场券和去听音乐会这两者之间有很大的差异,在日本和中国,将教育理解为读写这一错误思想在大众之中广泛渗透"[①]。主张废除汉字的第二个理由是不便打字。然而,他之所以主张采取经过改造的片假名而不是用罗马字母替代汉字,是因为他认为使用罗马字母过于激进,会给实施带来困难。尽管罗马字母论与假名论的主张者提出的实施方案不同,但在废除汉字这一立场上两者完全一致。

四、限制汉字论

在四种去汉字化的论调中,限制汉字论算是最为温和的一种,其代表人物有启蒙思想家福泽谕吉、报社经营者矢野文雄,以及政治家原敬等。

福泽谕吉(1834—1901年)出生于大阪中津藩,青少年时代学习汉学,20岁以后才在长崎以及大阪学习兰学。1859年游学横滨时,他深感兰学的使用范围十分有限,于是改学英学。次年,他作为咸临丸舰长的英语翻译访美,之后又三次出访欧美各国。福泽撰写了多部启蒙著作,并创办了庆应义塾。他主张限制汉字的数量,还用不到一千个汉字编写了初级汉字教材《文

---

① 山下芳太郎:《国字改良论》,(东京)山下芳太郎,1920年,第2—3页。

字之教》(1873年)。他在该教材的序言中称:"尽管日本有假名文字,但又混杂使用汉字,这十分不便。然而,自古以来,全国的日常文章都使用汉字,现在突然废止也不合适。尽管现在有一些不便,但汉字的便利性和不便之处是相互平衡的,因此完全废止汉字并不可取。要实现这种想法,除了等待时机以外别无他法"①。福泽没有主张立刻全部废除汉字,而是采取了渐进的方式。这或许与作为启蒙思想家和庆应义塾的经营者,对汉字使用的实际状况有更多考虑有关。他认为"等待时机并不意味着可以坐等,应该从现在开始逐步废除汉字。写文章时要尽量避免使用难字。只要不使用难字,有两三千汉字就够用了"②。福泽设定的这个标准比较切合实际,日本此后的汉字政策与福泽的设想基本上是一致的。

矢野文雄(1851—1931年)是日本明治时期的政治家、官员和报社经营者,曾担任太政官书记官、驻清国全权公使等职。此外,他还曾任《报知新闻》社长、《大阪每日新闻》副社长,致力于推动报刊改革,简化了文体,加快了报纸的投递速度。1886年,矢野出版了《日本文体文字新论》一书,对日语改革进行了深入系统的论述。他认为假名相对于汉字和罗马字母具有一定优势,因为假名是一种单音节文字,易于记忆和书写,适合用于日常用语和口语,也方便妇女和儿童学习和使用。然而,他也指出假名无法表达复杂的思想和概念。相比之下,汉字具有更出色的表达能力,适用于各种文学体裁和学术领域。但汉字存在笔画繁多、难于书写和记忆的不足。罗马字母虽然易于书写和记忆,但无法准确表达日语中的所有音节。因此,他主张限制汉字数量,认为"用于书写的常用汉字的总数有将近三千字就够了。以我的经验来看,有这三千字,无论何种文体,无论怎样复杂的事情都能表达清楚"③。1867年10月以后,由他经营的《报知新闻》实际上将汉字数量限制在三千以内。

原敬(1856—1921年)曾任《大阪每日新闻》社长、立宪政友会总裁,1918年出任首相。他也参与了限制汉字的讨论,在他看来,"原本汉字是一

---

① 福泽谕吉:《文字之教》"端书"1页,《福泽全集》第3卷,(东京)时事新报社,1898年。
② 同上。
③ 矢野文雄:《日本文体文字新论》,(东京)报知社,1885年,第103—104页。

种读写都非常困难的文字,在很大程度上阻碍了我国文明的进步,其消极作用不可低估"①。他认为最终应该废除汉字,但需要一个较长的过程。"我们千年以上习惯使用汉字,尽管现在有其他十分便利的文字,但也不能一朝一夕完全废除汉字。如果以法律或者其他形式强制性地完全废除汉字,那无异矫角杀牛,不仅不能带来便利,反而会比使用汉字时更加不便"②,因此他主张先减少汉字数量。他还提出了减少汉字的两种具体方法:首先是依靠政府的行政手段,由文部省等部门组织专家学者开展调查选定汉字,十几年之后就能自然而然完全废除汉字;其次是借助舆论宣扬限制汉字的益处,他以自己曾经任职的报社为例,说明了限制汉字的可行性。当时,报社是汉字限制政策的主要支持者,因为限制汉字可以使排版简化,提高发行效率,降低报社经营成本。

自近代以来,尽管日本出现了各种去汉字化的论调,但汉字依然在广泛使用,可见支持汉字的人仍占多数,代表性拥护论者有教育家西村茂树(1828—1902年)、佛家哲学家井上圆了(1858—1919年)、国语学家山田孝雄(1873—1958年)和语言学家新村出(1876—1967年)等。其中西村茂树的意见列举得比较全面,他指出"闻今日世之欲废汉字者之说,多只见其害之一,而不见其利。又见欲废除汉字者,或言假名,或言新字,或言罗马字,并无定见。……夫本邦使用汉字千余年,今以其不便而欲废之,实为文学史上一大革命,其利害所关之所甚广,宜格外慎重,积以年月,以期不留遗憾"③,对去汉字的冒进做法敲响了警钟。他还列举了汉字对日本人文进步所带来的裨益:(1)汉字的传入使日本开始有了文字,(2)汉字丰富了原本词汇贫乏的日语口语表现力,(3)汉字是假名的基础,(4)日本文化得益于儒教和佛教,两教全靠汉文传播,(5)识汉字便于与中国、朝鲜交往,(6)圣德太子以后日本高僧辈出,江户时代儒教大家辈出,都得益于汉字,(7)汉字适合翻译西洋术语。④ 可以说,在日本近代社会转型过程中,围绕汉字的去留的各种观点和主张构成了日本人文化认同的思索轨迹。

---

① 原敬:《汉字减少论》,(大阪)大阪每日新闻社,1900年,第3页。
② 同上书,第3—4页。
③ 松平直亮:《泊翁西村茂树传》下卷,(东京)日本弘道馆,1932年,第314页。
④ 同上书,第316—318页。

第二节 限制与松绑

如上所述,幕末、明治初期以来,日本出现了多种去汉字化的论调,其中限制汉字数量的做法较为容易实施,因为它既减轻了汉字学习的负担,同时又保持了日语的连续性,避免了过度混乱。然而,限制汉字数量的目的和限制力度在不同历史时期会受到国内外局势的影响。20世纪,以规范汉字使用的"汉字表"为象征的汉字政策经历了两次重要的转变:第一次是从以限制汉字为目的的《常用汉字表》(1923年)到以放宽限制为目的的《标准汉字表》(1942年)的转变,第二次则是从以分阶段废除汉字为目的的《当用汉字表》(1946年)到以汉字假名混合使用为前提的《常用汉字表》(1981年)的转变。这样的转变远远超出了文字使用规范的技术层面,深入触及了国家与民族的发展方向这一深层次问题。

近代以来的主要汉字表

特征	名称	发布机构	发布时间	字数
限制	常用汉字表	临时国语调查会	1923年5月	1963字
	常用汉字表修订版	临时国语调查会	1931年5月	1858字
放宽限制	标准汉字表	国语审议会	1942年6月	2528字
	标准汉字表修订版	国语审议会	1942年12月	2669字
分阶段废除	当用汉字表	国语审议会	1946年11月	1850字
汉字与假名混用	常用汉字表	国语审议会	1981年10月	1945字
	常用汉字表改定版	文化审议会	2010年6月	2136字

一、从《常用汉字表》到《标准汉字表》

1872年8月,日本开始实施现代学校教育制度,并将全国分为8大学区,计划在全国设立5万3千多所小学,以及256所中学,①这标志着由国家主导学校教育时代的开端。为了适应这一新的教育形势,文部卿大木乔任

---

① 野田义夫:《明治教育史》,(东京)育英会,1907年,第22页。

聘请田中义廉、大槻修二、久保吉人等人编纂《新撰字书》。该书共收录了3167个汉字,这是维新后首次限制汉字的尝试。1900年8月《修订小学校令》颁布实施,该法令规定在寻常小学学生应掌握1200个汉字。文部大臣桦山资纪在修订训令中称"遗憾的是,以往小学主要将精力投入在文字教授上,而无暇顾及德育智育上重要事项"[①]。他认为,在汉字学习方面耗费过多时间会影响学生心智的正常发展,寻常小学阶段要学习的1200个汉字是按照"获取必要的知识技能"的需要选定的。当时,小学学制为8年,前4年为寻常小学,后4年为高等小学。寻常小学4年学习1200个汉字,平均每年学习300个汉字,这个数字比2011年实施的文部科学省颁布的《小学校学习指导要领别表》规定的6年需要学习的642字多出许多。将两者相比,可知1900年的《修订小学校令》对汉字的限制还是相当宽松的。

1921年3月,东京、大阪的14家报社代表联名呼吁限制报刊所使用的汉字数量。如前所述,限制汉字数量可以缩短报刊发行周期,降低成本。同年6月,文部省新设置临时国语调查会,着手对汉字进行整理。到了1923年5月,该调查会发布了由1963字构成的《常用汉字表》。该表的"凡例"第一条称"本表未收录的汉字用假名书写",表明该表具有强制力。这意味着,自幕末以来的去汉字化运动终于找到了与实际语言生活的一个妥协点。在汉字与假名并用的情况下,大约2千个汉字基本上可以满足日常语言表达和沟通的需求。1931年5月,经过临时国语调查会的修订,《常用汉字表》的汉字数量减少至1858个,但这只是技术上的微调,而非方针的转变。

"九一八"事变爆发后,日本报纸杂志对中国的报道增加,涉及的中国人名和地名的汉字超出了《常用汉字表》修订版的限制。这让一直支持汉字限制政策的新闻业界陷入困境。日本侵华战争爆发后,第一次近卫文麿内阁实施了所谓的"国民精神总动员",以推动法西斯主义战争。军国主义政府在此期间使用的精神动员口号通常采用铿锵有力的四字熟语,如"灭私奉公"、"举国一致"和"尽忠报国"。同时政府的声明或文件中宣扬皇国优越性的措辞也在增加,例如1938年11月发布的《第二次近卫内阁声明》中的"陛下之御棱威"、"帝国希冀之所",1940年8月第二次近卫内阁发布的《基本

---

① 《修订小学校令》,(东京)博文馆,1903年,第3页。

国策纲要》中的"皇国方针基于八纮一宇之肇国精神",以及1941年12月8日发布的《对美国以及英国宣战之诏书》中含有"皇祚""芟除"等生僻汉字。这些表述中使用的汉字超出了《常用汉字表》的范围。之前以天皇名义发布的《军人敕谕》(1882年)以及《教育敕语》(1890年)也在此时被大肆宣扬,其中也使用了生僻汉字。

在这样的背景下,国语审议会开始对《常用汉字表》进行大幅增补,并于1942年6月发布了由2528字构成的《标准汉字表》。该表"凡例"称"本表的汉字依照临时国语调查会发布的《常用汉字表》的使用状况,并回应时运的要求选定"[1]。该表将汉字分为3类,分别为"常用汉字"(1134字)、"准常用汉字"(1320字)、"特别汉字"(74字),其中"丕、昴、佑、兢、厥、咸、嘗"等"特别汉字"主要用于"皇室典范、帝国宪法、历代天皇的追号、国定教科书中收录的诏敕、赐给陆海军的敕谕、对美国以及英国宣战的诏书。"[2]在《标准汉字表》发布后,国语审议会又陆续收到来自各方面的汉字增补要求,同年12月发布的《标准汉字表》修订版比旧版增加了141字,共计2669字,并取消了3级分类,放宽了使用时的限制条件。像这样,以往被视为不合理和阻碍社会进步的汉字,因为对外侵略战争的需要,突然变成了彰显"神国"日本优越性的工具,呈现回归汉字的倾向,这标志着去汉字化运动经历了第一次转换。

二、第一次美国教育使节团的建议

日本战败后,美军占领日本,并实施了一系列改革。具体措施包括解散军队,解除军国主义分子公职,取消修身和历史课程,将神道与国家权利分离,进行土地改革,解体财阀,实施妇女参政,废除家长制家族制度,公立学校男女同校,实行9年义务教育制,制定新宪法等。然而,唯独未实施以废除汉字为核心内容的"国语改革"。那么,为什么会出现这样的情况呢?

1945年9月,占领军要求日本政府在道路标识、站牌、公共场所使用英

---

[1] 国语审议会:"标准汉字表",小泉苓三《日本语文之特性》,(京都)立命馆出版部,1944年,第222页。

[2] 同上。

文,以便不认识汉字和假名的美军官兵能够理解。这一要求使得自明治初期以来一直存在的罗马字母方案有了现实意义。与此同时,占领军还要求日本政府开展国语改革,日本政府也与占领军配合。1945年11月27日,文部大臣前田多门在第八届国语审议会的总会上发表讲话:"不纯化国语、解决国语问题,就难以期待我国国民增长科学知识、提升日常生活的效率。制定平易、准确、典雅、明朗的国语,这确实是当务之急。特别在我国,由于汉字复杂且无限制地使用,给文化发展造成很大的阻碍,因此文字改革势在必行"[1],他表示希望通过限制汉字数量的方式来纯化国语。在占领军的督促下,国语审议会下设的汉字主查委员会从1945年11月中旬至次年4月上旬共举行14次会议对汉字进行审议,从1942年6月发布的《标准汉字表》中的"常用汉字"当中剔除"不适用现代社会环境"的88个汉字,另外从"准常用汉字"中选取249个汉字,制定了由1295字构成的新汉字表。然而,媒体、法律以及文艺界的委员认为新汉字表收录的字数太少,表达了反对意见,导致该方案最终未能通过。

1946年3月,以乔治·D.斯托达德(George D. Stoddard)为团长的美国教育使节团一行27人抵达日本,团员中有大学校长、教授、教育行政官员、心理学家。在出发之前,使节团的大部分成员参加了在华盛顿举行的准备会议,并从美国国务院职员以及其他专家那里获得了与日本相关的资讯。在经由夏威夷时,他们还组织了讨论,并做了相应的准备工作。使节团成员分两组分别于3月5日和6日乘飞机抵达日本。在前十天,使节团成员参加了由占领军民间信息教育局(Civil Information and Education Section)组织的会议。会上,各分组委员还与日本文部大臣任命的日方委员进行了协商。此外,使节团成员还参观了各类学校,并与各界代表进行了座谈。使节团在汇总各方意见之后,于3月30日向占领军司令部(GHQ)提交了报告书。该报告书由六章构成,第二章为"国语的改革"。

第二章"国语的改革"开头部分的措辞显得有些踌躇:"尽管我们有责任关心日本儿童的教育问题,但出于礼貌,同时也为了避免产生任何心理负担,我们并不愿意触及一个问题。但现在到了应当讨论这个问题的时候了。

---

[1] (日本)文化厅编:《国语施策百二十年史》,2005年,第284页。

国语是与国民生活紧密相关的有机体,因此从外部来处理这个问题有些危险,但这种紧密关系又妨碍了从内部进行改善。"[1]这段话的表述相当委婉,实际想表达的是:按照常理,使节团不应该干涉日本人使用什么语言的问题,但考虑到日本人自身无法解决这个问题,出于使命感又不得不表明态度。

报告书特别强调了国语在智育方面的重要性,认为日本"教育的全过程及其效率,由于这种象形文字的特性而受到极大影响。日语的书写方式成为学习的巨大障碍。事实上,所有知识分子都承认学习汉字(日语大部分都是用汉字书写)成为学生的重负。在初中阶段,学生仅仅为了掌握文字并练习书写,就要耗费大部分时间。因为学习汉字要付出极大努力,基础阶段的几年时间被消耗殆尽,这些时间本来可以用来学习与自然界以及人类社会相关的必要知识"[2]。基于这样的认识,报告书认为日本人"即便小学毕业,恐怕也缺乏作为民主主义公民必需的语言能力"。当时,小学毕业学历的人占85%,这意味着大部分日本人不能轻松地阅读报纸杂志,无法理解时事问题,读不懂现代思想方面的书籍。换言之,报告书认为大多数人不具备作为民主主义公民的语言能力,话语权被支配者所垄断,并认为这是军国主义在日本横行的原因。报告书主张,如果用罗马字母替代汉字,这些问题就可以得到解决。报告书对罗马字母与汉字的利弊进行了分析,其主张与罗马字母论者的观点基本相同。在该章的最后部分,报告指出"采用罗马字母,可以跨越国界,对知识以及思想的传播做出巨大贡献"[3],表示出非常乐观的态度。

不过,尽管同样是教育改革,国语改革与废除修身、历史科目,设立地方教育委员会,公立学校男女同校,延长义务教育年数等这些制度改革不同,用罗马字母替换汉字后的教材编写、师资培养等问题涉及面更广,需要更多的人力物力投入。因此,为了慎重起见,民间信息教育局委托日本方面进行了大规模的语言调查。

---

[1] (日本)文部省译:《美国教育使节团报告书》,(东京)东京都教育局,1946年,第28页。

[2] 同上书,第29页。

[3] 同上书,第32页。

三、以废除汉字为前提的《当用汉字表》

美国教育使节团访日后,汉字主查委员会对委员构成进行大幅调整,并从1946年6月上旬至同年10月中旬举行了23次会议进行审议。

在审议接近尾声的1946年9月21日,国语审议会会长安倍能成致辞称"文部省的国语调查或者国语审议有很长的历史……这期间就各种问题进行过调查审议,解决了一些问题。但总的来说,大部分问题并没有得到解决,这一点非常令人遗憾,却是事实"[①]。安倍在这里提到的问题,实际上是指去汉字化的问题。接着,他对其中的原因进行了分析:"我认为主要是因为时机还不成熟。但当今社会发生了巨变,而且国民的想法也完全改变了。去年终战以来,建设民主国家、文化国家是我国对世界的公约,也是我国不可动摇的方针。在此时刻,解决构成国家重建之前提的国语问题,对于我们来说是义不容辞的责任"[②],安倍认为战败后日本所处的环境有利于文字改革的开展。接着,他又列出关于日本国语的两种观点,一种主张尊重传统,一种主张追求合理化。前一种观点认为剥夺一个民族的国语,是对民族精神的否定,是人性的丧失。后一种观点认为日本的语言文字组织原本是建立在崇尚古代中国文化的基础之上,这种情况今后不可能持续下去。安倍认为,这两种对立的观点其实可以在改革过程中实现统一,因为"对国语传统的尊重,只有建立在合理化的基础之上才能成立。无视国语的传统,也无法实现国语的合理化"[③],希望在两种对立观点之间找到一个平衡点。1946年11月,国语审议会发布了由1850字构成的新汉字表,新表从原方案的1925字当中剔除9字,另外向各方面征求意见,从用于报刊、法令、公文、教育、人名、地名的汉字中选取564字,并命名为《当用汉字表》。"当用"一词在日语中的意思是"当前、暂且",而不是"应当使用"。因此,"当用汉字"指的是在过渡阶段暂时使用的汉字,这种称呼暗示着这些汉字在时机成熟之后将被废除。到1948年2月,《当用汉字别表》所列出义务教育阶段需要掌

---

① 文部省调查普及局国语科:《国语审议会之记录》,文部省,1952年,第67页。
② 同上。
③ 同上书,第68页。

握的汉字又被减至881个。

1946年6月22日,首相吉田茂在贵族院全体会议上回答罗马字母论者田中馆爱橘的提问时明确表示:"现在根本就没有向国内外宣布将罗马字母定为国字的打算。"①另外,1947年9月23日,在众议院文化委员会上,文部省政务次官江永一夫表示:"日语简化问题涉及许多方面……美国教育使团的报告也指出了这一点。我认为需要非常慎重考虑这个问题。目前,国语言审议会采取的是限制汉字的方针。"②这说明在美国教育使节团访日前后,日本政府对于该使节团提出的废除汉字的建议是有所保留的。

第三节 去不掉的汉字

一、"日本人的读写能力调查"

在此背景下,日本政府决定设立国语研究所,对日语进行全面深入的研究,为制定国语政策提供科学依据。

1947年12月,民间信息教育局向文部省提出实施"日本人读写能力调查"的要求,文部省委托教育研修所所长务台理作负责具体实施。此调查的目的在于对美国教育使节团关于日本教育现状的分析进行验证,确认汉字学习是否对智育构成障碍。幕末以来的"国字国语改良"即去汉字化运动有一个共同的前提,即日本落后于欧美,是因为日本的教育方式存在问题。尽管义务教育普及程度非常高,但由于死记硬背汉字耗费了大量时间与精力,无暇学习科学知识和培养对事物的理解与分析能力,日本人即使完成了义务教育阶段的学习,其语言能力依然达不到现代社会生活所要求的程度,美国教育使节团的现状分析也与这一前提中的观点高度一致。由于这次调查结果将被当作是否废除汉字的重要判断材料,占领军和日本教育行政部门都十分重视。1948年1月,调查准备委员会在教育研修所成立,务台任委

---

① "第90回帝国议会贵族院本会议记事录第2号",1946年6月22日,https://teikokugikai-i.ndl.go.jp/#/detailPDF?minId=009003242X00219460622&page=8&spkNum=24&current=4,2023年9月阅览。

② "第1回国会众议院文化委员会记事录第7号",1947年9月23日,https://kokkai.ndl.go.jp/#/detail?minId=100105069X00719470923&current=7,2023年9月阅览。

员长。次月,文部省拨出 40 万日元为调查提供经费保障。准备委员会成员就读写项目(Literacy Item)多次进行讨论,在各地多次实施预备调查,并就评分标准等征求各方意见。准备工作告一段落之后,日本全国各级教育行政部门通过报纸、电台、新闻电影等对调查进行了宣传。

这项调查几乎是按人口普查的规格来实施的。为了确保调查有效、准确和客观,调查在日本全国各地按同样的条件进行。调查对象为 14—65 岁无视听以及认知障碍者,根据户口簿和"物资供应账"按一定比率随机抽样,抽样人数为 21008 人,实际调查人数为 16814 人,有效率为 80%。报告书称这次调查"不用说在日本,在世界上其规模也无与伦比"[①]。调查对象选定后,基层政府工作人员或学校教师向调查对象分发调查目的的说明材料,并通知他们实施调查的时间和地点。集中地点多为当地的学校和公会堂。在集中地点,被调查者填写调查表格,需要填写的信息包括姓名、性别、出生年月日、学历、职业、阅读或收听广播的内容等。调查从 8 月 6 日至 26 日进行。由于东京、横滨、横须贺等地的参加人数未达到标准,重新实施了调查,调查表在 11 月中旬才回收完毕。1949 年 1 月,调查报告完成初稿,民间信息教育局与相关专家进行了多次讨论和修改,并在 3 月底定稿。定稿后,专业委员会解散,调查正式结束。

此次调查有两大特点:首先是调查规格高,规模大。调查是由占领军民间信息教育局与日本文部省共同推动,在实施过程中得到了文部省、各级地方行政部门以及媒体的支持,因此具有较强的官方色彩;其次,委员会的专业性强。委员既包括社会调查、社会统计方面的专家,也包括语言学、国语学、教育心理学方面的学者,以及报刊媒体界代表。在调查过程中,民间信息教育局与调查委员会频繁进行讨论。另外,调查还得到了联合国教科文组织专家的指导。

调查共 90 题,1 题 1 分,满分 90 分,分为 8 种题型:

(1) 听写平假名、片假名(8 分)

(2) 听写阿拉伯数字和汉数字(2 分)

---

① 读写能力调查委员会:《日本人的读写能力》,(东京)东京大学出版部,1951 年,"序文"页。

(3) 根据口头说明选择一致的内容(12分)

(4) 根据发音选择一致的汉字(10分)

(5) 听写汉字(15分)

(6) 选择汉语近义词(15分)

(7) 选择与汉字词意思相近的平假名、片假名(15分)

(8) 阅读理解(13分)

调查所用的材料选自国语词典、报纸杂志、广告、招牌标识等。笔者认为,这些材料的难易度介于现在的日本语能力测试N2—N3之间。从得分情况来看,55—90分(相当于百分制的及格以上分数)的得分者占82%,10分以下(几乎不识字)的得分者仅占3.1%,呈现高分集中的J字形分布。

针对这样的得分情况,报告书做了以下分析:"义务教育阶段的就学率非常高,人们为国民教育付出了巨大努力,因此完全不识字的人非常少。不过,开展正常社会活动所必需的文字语言能力并不高,仅有6.2%的人拥有Literacy(读写能力)。从学历来看,只有高等专科学校毕业以上的人才能达到要求。因此,为了让更多人拥有literacy,一种方法就是让所有国民接受更长时间的学校教育。"[1]在此,报告书将90分满分定为是否具有读写能力的标准,显然是考虑到了民间信息教育局的面子。但是,82%的及格率与美国教育使节团的现状认识并不完全一致。报告书列举了三种提高读写能力的方法:(1)延长学制,(2)改善国语教学方法,(3)改变文字语言本身。第一种方法一开始就被排除在外,因为"现在,日本以及日本人并没有足够的财力让所有国民接受十四至十五年的长期学校教育。"[2]就第二种方法而言,"汉字的书写对语言能力的影响最大。认为汉字专门用于阅读,而不同于书写,就能提高国民的读写能力,这只不过是一种空谈"[3]。报告书认为,"尽管开发培养书写能力的方法可能存在,但在技术上非常困难"[4]。由此可见,对于改善汉字学习方法的做法,报告书表示出消极态度。因此,只剩

---

[1] 读写能力调查委员会:《日本人的读写能力》,(东京)东京大学出版部,1951年,第429页。

[2] 同上。

[3] 同上书,第430页。

[4] 同上。

下第三种方法可供选择。报告书表示："只要不采用新文字（假名文字或者罗马字母）作为国字，那么就应该更加合理选定当用汉字，并使汉字的用法变得更加合理。……这种方法具有很大的可能性。"①很显然，这种方法是在保留汉字的前提下限制汉字数量，而不是废除汉字并采用新文字作为国字。从结果上来看，日本之后的汉字政策是沿着更加合理选定、使用汉字的方向展开的。

二、文部省与第二次美国教育使节团的交锋

1950年8月27日，以威拉德·E.吉文斯（Willard E. Givens）为团长的第二次美国教育使节团一行5人抵达东京，这5人全都是第一次使节团的成员，他们此行的任务是对第一次使节团在1946年提出的"劝告事项的实施进展和成果"进行检查。抵达东京后，他们收到了题为《日本教育改革的进展》的文部省报告书。我们先来看一看该报告书中与"国语改革"相关的部分。

报告书首先对国语改革的意义进行了确认，认为"国字、国语的问题不仅关系到教育领域，而且与学术、文化以及国民生活本身具有根本性关系。因此，国语改革的问题不仅构成教育改革的基础部分，而且意味着从根本上对我国文化以及国民生活进行改革"②。其言下之意是国语改革要格外慎重。该报告书承认，明治以来日本政府和民间在国字、国语简化方面没有取得显著的成效。对于第一次使节团在国语改革方面所做的工作，报告书给予了高度评价，称其"谨慎、仔细且明确的建议，从客观且世界性视角为解决明治以来长期悬而未决的国字、国语的简易化问题提供了有力支持"③。但涉及问题的核心，即第一次美国教育使节团所提出的以罗马字母替代汉字的问题时，报告书的措辞并不含糊。"美国教育使节团在劝告中提出必须使用某种形式的罗马字母方案。如果将这一方案理解为全部废除汉字，并且排除假名，仅以罗马字母为首要国字这一方针的具体化，这一点尚未得到我

---

① 读写能力调查委员会：《日本人的读写能力》，（东京）东京大学出版部，1951年，第430页。
② （日本）文部省：《日本教育改革的进展》，文部省，1950年，第63页。
③ 同上。

国一般国民的肯定。"①这表明报告书并没有接受第一次使节团的劝告而对废除汉字的方针持赞同态度。此外,报告书表明了对今后国语改革政策的立场:"人为地、政策性地开展的语言改造计划,从语言的本质上来看,存在明显的局限"②,这是对第一次使节团试图通过人为的政策手段用罗马字母替代汉字的方针的委婉批判。

9月22日,第二次使节团向GHQ提呈了报告书。报告书对日本的教育改革的进展状况进行了确认,并提出了整改意见。关于国语改革问题,报告书对日本所付出的努力给予了一定评价,但更多是表示不满:"至今为止的改革还不够充分。现在所进行的改革,没有触及国语本身的真正简易化、合理化的问题,而是试图通过简化假名和汉字来应对",并劝告文部省就"最便于一般使用的罗马字母方式进行研究",③在小学正规课程中增加罗马字母方面的教育内容,在大学开展罗马字母研究并培养师资。另外,作为国语简化的第一步,鼓励作家用当用汉字和现代假名法进行创作。总之,报告书对日本的国语改革提出了非常严厉的整改意见。

第二次使节团访日时间是1950年8—9月。与第一次使节团访日的1946年3月相比,当时日本所处的国内外形势已经发生了很大变化。第一次使节团访日时,美国对日本的占领刚刚开始不久,占领军实施改革的主要目的是防止日本重新走上军国主义道路,美日之间是非常明显的战胜国与战败国的关系。美国通过GHQ对日本实施间接统治,日本战败后的一些改革法案基本上都是按照GHQ的意图制定的。然而,随着1950年6月朝鲜战争的爆发,日美关系发生了根本性的变化。美国开始将日本视为远东的反共桥头堡。1950年8月,美国让日本制定《警察预备队法令》,实际上是允许日本重新武装。此外,占领军还释放了部分战犯,解除了左翼人士的公职,对日政策上出现了"倒退"趋势。1951年9月,所谓《旧金山和约》签订后,日本获得独立,美国也因此失去了在日本国语改革问题上发表意见的权利,以汉字的去留为核心的日本国语改革问题又成为日本的内政问题。

---

① （日本）文部省:《日本教育改革的进展》,文部省,1950年,第64页。
② 同上。
③ 第二次美国教育使节团编:《第二次美国教育使节团报告书》,(东京)诚文堂新光社,1950年,第52—53页。

三、作为"大致标准"的《常用汉字表》

1946年《当用汉字表》发布后,国语学家安藤正次在《论国语国字问题》一书中对该汉字表进行了分析。他认为该汉字表"只是减少了汉字的数量,并没有实现其本来目的,即让我国国民的文字生活变得简单平易"[1],对该汉字表优先考虑削减汉字数量的做法进行了批判。文部省编写的《学制百二十年史》也称"有人批判(《当用汉字表》)对汉字的限制简单粗暴,这种方式束缚了国语表达,给日语表记造成了不便,与日常汉字实际使用情况不符。"[2]因此,从20世纪50年代中叶起,尤其是60年代日本进入高速经济增长期,义务教育普及后,国语学习和交流效率低下不再是日本面临的主要问题。因此,重新修订《当用汉字表》的呼声逐渐高涨起来。

1966年6月13日,文部大臣中村梅吉在第8期国语审议会总会上致辞,回顾了国语审议会的工作。他承认"这一系列政策以及之后的实施过程,存在各种议论和批判",并表示"关于国语问题这种事关全体国民的问题,要充分广泛倾听各方面的意见,包括批判意见,探寻能够获得社会广泛支持理解的合适方向,这一点十分重要"[3],对以往的国语改革进行了反思。中村所指引的方向是,"今后的审议,要以国语的表记采用汉字假名混合文为前提"[4],这意味着战败后以废除汉字为前提的去汉字化政策迎来了新的转机。

1968年,川端康成成为首位获得诺贝尔文学奖的日本人。他在获奖感言《美丽的日本与我》当中引用古代歌人道元、明惠等人的诗句,对日本人细腻独特的感性进行了诠释。他通过矢代幸雄以"雪月花时倍思友"的诗句概括日本美术特质的例子,主张"在日本,将'雪、月、花'这类表示四季交替的词语视为表现山川草木、森罗万象、所有自然以及包括人的情感在内的美好

---

[1] 安藤正次:《论国语国字问题》,(大阪)大阪教育图书,1948年,第92页。
[2] (网络版)文部省:《学制百二十年史》,第三编第十章第四节"战后国语施策的修正"。https://www.mext.go.jp/b_menu/hakusho/html/others/detail/1318532.htm,2023年9月阅览。
[3] 第58回国语审议会总会文部大臣致辞 https://www.bunka.go.jp/kokugo_nihongo/sisaku/joho/joho_kakuki/08/sokai058/01.html,2023年9月阅览。
[4] 同上。

事物的词语,这是一种传统"①,对日语的丰富表现力以及美感进行了称赞。川端的日语观也对国语审议会产生了影响。例如,文部大臣稻叶修在1972年11月下旬的第11期国语审议会总会上致辞说,"毋庸置疑,在我们日本人的人格形成过程中,国语是不可或缺的,它与学校教育以及我们的社会生活的各方面有密切联系。国语是历史和传统的产物,同时也是思想、文化发展以及社会运作的基础"②,并强调了汉语在承载日本文化方面的作用。在1973年3月中旬的国语审议会上,审议委员新井达夫曾表示:"整体上来说,我认为世界上没有哪种语言能像日语这样细致区分微妙的表现方式。……不论是人的动作、姿态,还是花鸟风月等各种事物,我们日本人都能用极其丰富、极其细腻的语言表达出来,这是我们日本人的骄傲。我一直在考虑如何将这样的日语传承给后代。"③这种观点与之前强调语言的学习效率和使用便捷性的观点大不相同。在1977年1月整理出来的第12期国语审议会的报告书《新汉字表草案》当中,对汉字的评价出现了明显变化。该报告书提到:"自古以来,我国一直在文章中同时使用汉字和假名,即写汉字假名混合文。……汉字假名混合文丰富了国语的表达能力。汉字具有强大的造词能力,明治时代以来创造了很多汉语词,为文化的迅速发展做出了贡献。……汉语词在日语中占有重要地位。在我国,汉字除了有音读还有训读。通过音读和训读,汉字发挥着显著作用,这一点我们必须承认。"④报告书认为汉字是日语的不可或缺的构成部分,不仅传承了自古以来的传统,而且在推动日本近代化方面也做出了重要贡献。换言之,不再将汉字视为万恶的根源。

这样最终确定的《常用汉字表》收录的字数为1945字,在数量上与之前的《当用汉字表》的1850字并没有太大区别。国语审议会给出的解释是:(1)多次调查显示,1000个高频汉字可以覆盖日常使用汉字的90%,1800

---

① (电子版)川端康成:《美丽的日本与我》,(东京)角川学艺出版,2015年。
② 第11期国语审议会第83回总会议事录 https://www.bunka.go.jp/kokugo_nihongo/sisaku/joho/joho_kakuki/11/sokai083/index.html,2023年阅览。
③ 同上。
④ 第12期国语审议会"新汉字表草案前文"https://www.bunka.go.jp/kokugo_nihongo/sisaku/joho/joho_kakuki/12/tosin02/index.html,2023年阅览。

个高频汉字可以覆盖98—99%；(2) 新汉字表与之前的各种汉字表不同，只是一种"大致的标准"（原文为「目安」）。「目安」这个词非常暧昧，审议会曾经多次就这个词的含义进行过讨论，给出的最终解释是："新汉字表只是一个大致的标准，因此可以用这些汉字撰写文章，但不必受限于列举在这里的字种和音训。我们既不认为表中没有收录的字种和音训就不能使用，也不认为收录于表中的字种和音训在任何时候、任何场合都必须使用，人们可以根据各种领域和个别场合灵活考虑。如果担心阅读费力，也可以使用假名。"[①]直白一点说，这段话的意思：新汉字表只表示基础汉字的大致范围，而不是国家标准。如果这样来理解的话，即便新汉字表的字数没有大幅增加，但因为汉字表的性质发生了转变，鼓励灵活使用汉字，其松绑效果还是十分明显的。那么为什么不明说新汉字表不是标准呢？其实，在使用「目安」这个词语之前，审议会考虑过使用"范围""标准""基准"这样的措辞，但都觉得不合适，最后还是根据来自媒体的审议委员的建议，选用了「目安」这个词。也就是说，正因为其意义含糊暧昧，所以才被选用的，这种做法似乎与国语审议会这样的国家语言政策的最高审议机构的性质不相符合。对此，审议委员木内信胤在1980年7月下旬的国语审议会上对其中的缘由进行了分析，其大意是：用「目安」这个词来表示汉字表的性质，就意味着对汉字不再加以限制，但又不希望被理解为可以随便使用，于是采取了这种逃避的方法。[②] 规定新汉字表性质的「目安」这个词，集中体现了日本人使用汉字时剪不断理还乱的错综复杂的心态。

从20世纪90年代中期开始，网络以及手机迅速普及。在这样的时代背景下，汉字的使用变得更加广泛和便捷，因为成熟的汉字信息处理技术已经出现。2004年的JIS（日本产业规格）汉字数量为1万余字，其中使用频率较高的第一水准为2965字，使用频率较低的第二水准为3390字。第一水准汉字远远超过1981年版《常用汉字表》的1945字。在这样的背景下，文化审议会对《常用汉字表》进行修订，2010年新版的汉字数量为2136字，

---

① 第12期国语审议会"新汉字表草案前文"https://www.bunka.go.jp/kokugo_nihongo/sisaku/joho/joho/kakuki/12/tosin02/index.html，2023年9月阅览。

② 同上。

并且保留了「目安」这一表述。一个多世纪以来，日本在汉字使用上经历了两次从限制到松绑的过程。在可以预见的将来，限制汉字再次成为日本汉字政策议题的可能性非常小。维持现状、顺应变化恐怕是日本汉字政策今后的基本走向。

鸦片战争以后，日本人不再以中国为楷模，汉字也因此被视为中国停滞落后的原因。在日本，从幕末到20世纪初，去汉字化成为一场广泛的文化运动。去汉字化实际上就是去中国化。但由于汉字早已深深融入日语中，要从日语中彻底移除汉字，则必须重新设计日语的基本框架。然而，如果设计不当，就会给日语带来混乱，日本社会也将为此付出巨大代价。相较于人们指出的汉字的弊端，必定是得不偿失。因此，尽管出现了各种去汉字化的方案，但真正实施的只有限制汉字的做法，即仅仅进行了技术上的改良。日本的去汉字化运动经历了几次波折，1923年出台的《常用汉字表》的目的是限制汉字的数量；太平洋战争爆发后，"神国"观的强化导致汉字使用量的增加，因此放宽了对汉字的限制。战败后，占领军认为日本人学习汉字耗费了基础教育阶段的大部分时间，这不利于培养具有民主主义素养的公民，主张分阶段废除汉字，并以此为前提制定了《当用汉字表》。尽管以往日本人多有主张废除汉字的意见，但真正面临被占领军废除时，又有些不舍。1948年实施的"日本人的读写能力调查"证明汉字并不是影响日本人读写能力的最大原因，日本政府对占领军的主张持保留态度。所谓《旧金山和约》签订之后，国语改革成为日本的内政问题。1981年出台的《常用汉字表》只是一个大致的标准，而不是一种强制要求。进入21世纪以后，信息技术的发展使得汉字的使用变得更加方便，对汉字使用的限制也变得更加宽松。反复出现对汉字使用从严格限制到松绑的波折，这其实是日本人的文化认同在西化与保持传统之间摇摆不定的结果。

第六章 从"脱亚""兴亚"到"超越近代"

19世纪后半叶,日本的政治体制发生了巨大变化,德川幕藩体制无法应对内忧外困的局面,在经历了攘夷、开国、版籍奉还之后,持续了260多年的德川幕藩体制退出历史舞台。新成立的明治政府实施了废藩置县政策,建立了中央集权的国家体制。此外,明治政府通过殖产兴业、富国强兵等一系列欧化政策发展了近代产业和军队。在大约30年后,日本跻身帝国主义列强的行列,先后攫取中国台湾、吞并朝鲜、扶持伪满洲国并发动全面侵华战争。在对外侵略扩张的过程中,日本与欧美帝国主义国家发生了利益冲突,先是1905年与俄国交战,1941年12月偷袭珍珠港引发太平洋战争,1945年8月15日无条件投降。在这样的历史背景下,日本人的民族文化认同也发生了急剧变化,简而言之,是经历了从"脱亚"、"兴亚"到"超越近代"的变迁。鸦片战争之后,中国丧失了在许多日本人心目中的大国形象,成为日本的反面教材。因此,日本将西方国家作为新的效仿对象。启蒙思想家福泽谕吉不遗余力地鼓吹欧化,他认为日本需要与亚洲其他国家划清界限,提出了"脱亚论"。而在外表上与"脱亚论"相对的"兴亚论"则主张日本对外扩张是为了振兴亚洲,实际上是粉饰日本对外侵略扩张的一种说辞。在太平洋战争爆发前后,"超越近代"的论调开始产生广泛影响,这种论调强调日本的特殊性,至今依然在不断被再生产。

第一节 福泽谕吉的"脱亚论"

福泽谕吉(1834—1901)是日本近代的启蒙思想家、教育家。他少年时期学习了汉学,19岁时开始接触兰学,25岁时改学英学,曾作为幕府使节的随从人员三次出访欧美各国。回国后,他通过翻译著述以及教育办报等活动倡导欧化。1984年,日本最高面值为1万日元的纸币上的圣德太子的头像被换成了福泽谕吉的头像,这表明福泽对日本近现代发展道路的选择产生了极其深远的影响。本节将从文明论、国体论和脱亚论三个方面对福泽关于日本国家定位的言论进行分析。

一、启蒙时期的"文明论"

福泽最具代表性的启蒙思想著作是《劝学篇》(1872—1876年)和《文明论之概略》(1875年)。《劝学篇》开头一句"天不生人上之人,也不生人下之人"[①]是福泽对德川幕藩体制时代等级制度桎梏的强烈控诉。他父亲是丰前国中津藩(今大分县)的下级武士,怀才不遇且英年早逝。他父亲原本打算让福泽长到十来岁就去出家当和尚,这样至少还有一点出人头地的希望。这表明他父亲对等级森严的社会非常绝望。因此,福泽在自传中说"门阀制度是父亲的大敌"。这种被压抑的个人经历成为他的原初体验,也成为他倡导个人以及国家独立自主的核心动机。

福泽两岁多丧父,他没有按照父亲的遗愿出家。他19岁去长崎学习兰学,因为他觉得凭借汉学知识无法改变自己的命运。后来,他在开港城市横滨亲身感受到荷兰语的使用范围十分有限,无法获取最新知识,于是转向英学。福泽天性聪慧,靠自学很快就掌握了英语。当时日本国门已被佩里打开,对外交流增多而英语人才奇缺。福泽在1859年至1861年作为幕府使节的随从人员三次出访欧美,就是因为他会英语。出访期间,他深切感受到了日本与欧美各国的巨大差距。为了深入了解欧美的国情,他购买了大量英文原著,这些书籍成为他获取欧美新知识的主要途径。

福泽将人类发展过程分为野蛮、半开化和文明三个阶段。在野蛮时代,人们没有固定的居所和食物,或者虽然有衣食却不知改进工具,有文字却无文学,坐待偶然的祸福,不能运用自己的智慧去发明创造。在半开化阶段,人们不关心实学,缺乏质疑的精神,墨守成规不思进取。而在文明社会,社

---

① 福泽谕吉著,群力译:《劝学篇》,商务印书馆,1984年,第1页。

会规范全面且不限制个人的自由发展,崇尚实学,工商业发达,有将来的规划。① 以这样的尺度来衡量,非洲和澳洲属于野蛮国家,土耳其、中国、日本等亚洲国家属于半开化国家,西洋各国属于文明国家。当时许多亚非的所谓"野蛮"以及"半开化"国家沦为西洋"文明"国家的殖民地。日本自18世纪50年代开国以来,被迫与美英法俄荷五国签订了不平等条约,国家的独立受到威胁。福泽提出"天不生人上之人,也不生人下之人"的个人平等观念,目的在于维护日本的独立。他认为,个人和家庭的独立是国家独立的条件。因此"为了抵御外侮,保卫国家,必须使全国充满自由独立的风气。人人不分贵贱上下,都应该把国家兴亡的责任承担在自己肩上,也不分智愚明昧,都应该尽国民应尽的义务"②,"在抵御外侮、保卫祖国时,全国人民要有独立的精神才能深切地关心国事,否则是不可能的"③。福泽还对幕藩政府残酷压榨农民、商人的行径进行控诉,主张"本来政府和人民的关系,如上所述,只是实际上的强弱情况不同,在权利上并无不同之理。农民生产稻米来养活众人,商人买卖物品以便利世人,这就是农民商人的职责。政府制订法令,制服恶人,保护良善,这就是政府的职责。政府为着履行这种职责,需要很多的经费,而政府本身没有米谷金钱,故须向农民商人征收赋税,以资维持,但这是在双方同意下获得的协议,这就是政府和人民之间的约束"④。由此可知,福泽完全是依据社会契约论来主张人民与政府的对等关系。

福泽不仅推崇天赋人权的思想,还试图将其应用到国与国之间的关系中。他在《劝学篇》中主张"凡名为人,无论贫富强弱,又无论人民或政府,在权利上都是没有差别的。兹再推广此意来讨论国与国的关系:国家是由人民组成的,日本国是日本人组成的;英国是英国人组成的。既然日本人和英国人同样是天地间的人,彼此就没有妨害权利的道理。一个人既没有加害于另一个人的道理;两个人也没有加害于另外两个人的道理;百万人、千万

---

① 福泽谕吉:《文明论之概略》第二章"以西洋文明为目标",庆应义塾编《福泽谕吉全集》第4卷,(东京)岩波书店,1959年,第16—37页。
② 同上书,第15页。
③ 同上书,第16页。
④ 同上书,第11页。

人也应该这样。事物的道理原不能由人数多少来变更的"①。安西敏三将福泽的这种观点称为"自然法国际秩序观"②。基于这样的认识,福泽认为"国家的现实情况虽有贫富强弱之别,但如现在有些国家想凭仗富强之势欺负弱国,则和大力士用腕力拧断病人的手腕一样,就国家权利来说是不能容许的"③,他明确反对弱肉强食的行为。将来源于天赋人权说的个人独立,以及来源于社会契约论的人民与政府对等关系结合起来,进而主张国与国之间的平等,这表达了福泽希望维护日本独立的强烈愿望。

二、启蒙时期的"国体论"

福泽仔细研读过包括基佐《欧洲文明史》在内的大量欧美社科原著。因此,他在明治初期立足于天赋人权观,从相对化的立场来看待日本的国体。他将国体定义为"指同一族群的人民在一起同安乐共患难,而与外国人形成彼此的区别"④,认为"维护国体的最低的条件,全在于不让外国人夺去政权"⑤。由于日本从未被外国统治,因此日本的国体就是日本的历代政权,而对明治初期影响最大的自然是德川幕藩体制。福泽认为幕藩体制是导致日本停留在半开化阶段的原因,为了改变这种状态,就要打破以神儒佛三教为代表的支撑这种社会结构的价值体系。如前所述,福泽的家庭环境以及个人经历使他对幕府体制下的门阀制度深恶痛绝,而儒教正是门阀制度的理论依据,因此他对儒教的批判也十分激烈。朱子学在德川幕府时代享有官学的地位,福泽在批判儒学上花费的笔墨也最多。他说"儒教在后世愈传愈坏,逐渐降低了人的智德,恶人和愚者越来越多,一代又一代地相传到末世的今天,这样发展下去简直要变成了禽兽世界。……他们如此迷信古代崇拜古代,而自己丝毫不动脑筋,真是所谓精神奴隶(Mental slave)。他们把自己的全部精神为古代的道理服务。生在今天的世界而甘受古人的支

---

① 前引群力译福泽谕吉《劝学篇》,第13页。
② 安西敏三:《福泽谕吉与西欧思想——自然法、功利主义、进化论》,(名古屋)名古屋大学出版会,1994年,第403页。
③ 前引群力译福泽谕吉《劝学篇》,第14页。
④ 福泽谕吉:《文明论之概略》,前引《福泽谕吉全集》第4卷,第27页。
⑤ 同上书,第29页。

配,并且还迭相传衍,使今天的社会也受到这种支配,使得社会停滞不前,可以说这是儒学的罪过"①。对于佛教,他说"佛教从一开始就站到统治者的一边,并依靠了他们的力量……佛教虽盛,但是完全被收罗在政权之下,普照十方世界的,不是佛光,而是政权的威力。所以,寺院没有独立自主的教权,皈依佛教的人没有信教的诚心,也不足为奇了……佛法只是文盲世界里的一种工具,只能用于安慰最愚昧的人们的心而已。此外,无任何功用也无任何势力"②。他认为佛教只是统治者的帮凶。不过,福泽同时又说"把我国人民从野蛮世界中拯救出来,而引导到今天这样的文明境界,这不能不归功于佛教和儒学。尤其是近世以来儒学逐渐昌盛,排除了世俗神佛的荒谬之说,扫除了人们的迷信,其功绩的确很大。从这方面来说,儒学也是相当有力的"③,对儒佛两教的历史功绩还是给予了充分肯定。这反过来说明,在福泽看来,神道简直就是"荒谬之说"的代名词。

他说"日本古今的一般论调,都自诩是金瓯无缺,冠绝万邦,大有洋洋得意之概"④,对这种论调进行了讥讽。接着,他将血统与正统区分开来,提出了两个问题。一是"所谓冠绝万邦,只是为皇统绵延而自豪么?"二是"是否由于政统冠绝万邦呢?"⑤他认为这两者都不是,福泽所理解的金瓯无缺"只是在于从开国以来,能保全国体,政权从未落入外人之手这一点而已"⑥。由此可知,他不认同"日本古今的一般论调",他并非从血统,而是从实际作用方面来评价政权的优劣。福泽认为,"世界各国无论什么地方,在最初成立政府建立国家体制时,都是为了保持国家政权,维护国体"⑦。在他看来,维护政权不能没有权威,他将权威分为"实威"和"虚威"。所谓"实威"是实际存在的权威,而"虚威"则是指"道理以外的威力",是"为了维系当时人心不得已而为之的一种权术"⑧。他列举了一些虚威的例子,例如周唐时期的

---

① 福泽谕吉:《文明论之概略》,前引《福泽谕吉全集》第4卷,第162—163页。
② 同上书,第156—158页。
③ 同上书,第159页。
④ 同上书,第31页。
⑤ 同上书,第32页。
⑥ 同上。
⑦ 同上书,第34页。
⑧ 同上。

礼仪、君主受命于天的荒谬观念、梦兆或者神托等荒诞行径。想必当时的读者很容易将这些例子与记纪神话联系起来。

从日本史的角度来看,奈良和平安时代基本上是天皇或者外戚皇族掌权的时代,也就是福泽所谓的"纯粹的专制政府或神权政府"时代。在他看来,"所谓纯粹的专制政府或神权政府,是把君主尊贵的道理完全归之于天与,把至尊的地位和最高的权力合而为一,以统治人民,并且深入人心,左右着人心的方向。所以,在这种政治统治下的人民的思想趋向必然偏执,胸怀狭窄,头脑单纯〔想法不多〕①,总之是充满了弊端,往后天皇也只能凭借"虚威"来维系权力。他说"试看保元平治以来,历代的天皇,不明不德的,举不胜举,即使后世的史家用尽诡谀的笔法,也不能掩饰他们的罪迹。如王室父子相残,兄弟阋墙,或依靠武臣自残骨肉。及至北条时代,情形更为严重,不单陪臣司掌了天子的废立,甚至王室各支也有互相向陪臣进谗,互相倾轧,以争夺王位。因为他们忙于争夺继承王位,无暇顾及国政,所以置天下大事于度外,这是可以想象的。这时,天子并不是统治天下的主人,只不过是屈服于武人威力下的奴隶"②。福泽这样对幕府时代大权旁落的天皇进行无情的贬斥。他认为,日本在武士掌权时代出现了"至尊未必至强,至强未必至尊"③的状况,"至尊和至强的两种思想取得平衡,于是在这两种思想当中便留下了思考的余地,为真理的活动开辟了道路,这不能不说是我们日本偶然的侥幸"④,而日本之所以能如此侥幸,是因为幕府时代"受(天皇)神权政府的遗毒影响则较少"⑤。他举例说,"在武人执政时代,日食时,天子也许还是举行辟席,也许还观察天文和举行祭祀天地等仪式。但至尊的天子既然没有至强的权力,因之人民就把它置之度外而不加重视"⑥。福泽认为天皇大权旁落反而有利于日本社会的发展。他进一步得出结论,称"在汲取西洋文明方面,可以说日本是比中国容易的"⑦。在此且不论福泽对中日

---

① 福泽谕吉:《文明论之概略》,前引《福泽谕吉全集》第4卷,第24页。
② 同上书,第64页。
③ 同上书,第25页。
④ 同上书,第26页。
⑤ 同上书,第25页。
⑥ 同上书,第26页。
⑦ 同上。

两国汲取西洋文明难易程度的分析是否得当,仅从他的论述逻辑来看,他把记纪神话=神道以及借此树立"虚威"的天皇统治视为野蛮阶段的产物,并加以摒弃了。

福泽国体观的核心在于建立能够维护日本独立的政府。他认为个人和家庭的独立是国家独立的前提条件,因此必须"摆脱以往的陋习,汲取西洋的文明精神"①。在明治初期,福泽的国体论更多是在文明论层面展开,还没能细化到政治学的层面。但可以断言的是,他是基于天赋人权的思想来对个人和政府的关系进行论述,其论述步骤和结论与德川幕府时代儒学家以及国学家都大相径庭。

以上是福泽在明治初期的国体论,但之后他转向了尊皇主义。例如,他在《时事大势论》中称"帝室之尊严开辟以来不变,今后千万年亦应如此。此乃我帝室为帝室之缘由。"②他还在《尊王论》中主张"我大日本国之帝室尊贵神圣,天下万民皆知仰尊帝室乃我等臣民之分……几乎为日本国人固有之性"③。此类与国学家无异的言论不胜枚举。不过,福泽从贬皇到尊皇的倒退,并不是这里要探讨的问题。在此只要能明确福泽是如何从西洋视角批判传统国家观念即可。

三、甲申政变后的"脱亚论"

1885年(明治十八年)3月16日的《时事新报》上刊登了题为"脱亚论"的社论,作者为福泽谕吉。该社论主张"作为当今之策,我国不应犹豫,与其坐等邻国开明,共同振兴亚洲,不如脱离其行列,而与西洋文明国共进退。对待支那、朝鲜的方法,也不必因其为邻国而特别予以同情,只要模仿西洋人对他们的态度方式对付即可"④。脱亚论包含两层意思:一是不必因为与中国、朝鲜文化相近、地理相接而特别予以同情,二是可以

---

① 福泽谕吉:《文明论之概略》,前引《福泽谕吉全集》第4卷,第32页。
② 福泽谕吉:"时事大势论"第五,庆应义塾编《福泽谕吉全集》第5卷,(东京)岩波书店,1959年,第249页。
③ 福泽谕吉:"尊王论",庆应义塾编《福泽谕吉全集》第6卷,(东京)岩波书店,1959年,第5页。
④ 庆应义塾编:《福泽谕吉全集》第10卷,(东京)岩波书店,1960年,第240页。

效仿西洋国家对待它们的方式,即以武力进行压制。对亚洲其他国家的蔑视与恃强凌弱的态度是相辅相成的。这种观点与福泽10年前在《劝学篇》《文明论之概略》等著作中倡导的国家平等观全然不同。然而,像平山洋①那样,基于福泽早期的国家平等观而主张蔑视中韩和恃强凌弱观并非福泽本意的学者却不在少数。

脱亚论是福泽在朝鲜"甲申政变"之后提出的。该政变是在1884年12月由以金玉均为首的开化党发动。金玉均等开化党人曾留学于庆应义塾,并得到福泽的支持与帮助。开化党的目的是铲除守旧的事大党势力,推行发展工商业、废除门阀制度的新政。然而数日后,开化党政变被由袁世凯率领的清军镇压,金玉均等9名开化党人逃至日本避难,未能逃脱的其他开化党人则大多被处死。结合刊登在《时事新报》上的与"甲申政变"相关的福泽另外两篇文章,可以更准确地把握福泽的真实意图。这两篇文章分别是《朝鲜独立党的处刑》和《论与朝鲜的交往》,前者于1885年2月23日和26日分上下两篇发表,后者于3月11日发表。《朝鲜独立党的处刑》对事大党残酷镇压开化党人并滥杀其亲属的残暴行为进行了谴责,称"朝鲜国民数百年来心醉于支那儒教主义,既失精神之独立,加之近年其内政外交之政事亦受支那干涉,失独立之国体,有形无形百般人事学支那之风,又听从支那人指挥,不知自身,不知自国,日月退步,愈发走向野蛮"②。该文主张朝鲜应该摆脱清朝的控制,成为一个独立国家。以现在的价值来看,主张朝鲜独立似乎是无可厚非的,然而对于当时的日本来说,让朝鲜摆脱清朝的控制,并非真正希望朝鲜成为一个独立国家,而是为日本取代清朝控制朝鲜做准备,这一点在《论与朝鲜的交往》一文中也体现得非常清楚。该文称"我们日本是最早与朝鲜签订和亲条约(指1876年签订的《江华岛条约》)的国家,在交往上常居首位乃自然之势"③,主张日本对朝鲜享有特殊地位。该文主张"我国不可将与朝鲜国之交往付诸等闲,即便在其国内之治乱兴废、文明的改进

---

① 平山洋:《福泽谕吉的"脱亚论"与"亚洲蔑视"观》,(东京)常叶书房,2013年。
② 福泽谕吉:"朝鲜独立党的处刑",前引庆应义塾编《福泽谕吉全集》第10卷,第223页。
③ 福泽谕吉:"论与朝鲜的交往",庆应义塾编《福泽谕吉全集》第8卷,(东京)岩波书店,1960年,第28—29页。

退步方面亦不应有所隔阂。若彼之国势未开化,宜对之加以引导;若彼之人民顽陋,则宜谕说之"①,也就是主张干涉朝鲜内政,而不是让朝鲜真正独立。该文还说"当彼国人心不稳时,示我武威,压倒其人心,以我日本之国力助邻国之文明。在两国交往中,此乃今日我日本之责任"②,主张武力干涉朝鲜内政也是日本的责任。

饶有趣味的是,福泽的脱亚论同时呈现出"亚洲主义"的一面,他在《论与朝鲜的交往》一文中指出,西洋各国文明的进步使其军事力增强,其侵略之心也随之增大,正在觊觎东亚各国。③ 当时中法战争还在持续,福泽曾在1884年10月16日的《时事新报》上发表《东洋的波兰》一文,称"此次法清事件可谓黄白两人种之交锋"④,将此事件视为中国将被列强瓜分的先兆。针对这样的局势,福泽主张东亚各国应该以日本为盟主同心协力对抗西洋人的侵略。他认为"此时,亚细亚洲中协力同心以防西洋人之侵凌,何国宜为其魁焉?任其盟主者,非我日本国莫属也。……辅车相依、唇齿相助,今之支那朝鲜宜为我日本呈现辅唇之实功。……万一此国土悉归西人之手,大变之际如何是好。此与邻家失火自家遭殃无异。西人向东逼近之势犹如火之蔓延,岂不令人担忧邻家失火。故可知我日本国忧支那形势,又干涉朝鲜国事,并非因为好事,实为防止日本自国遭殃也"⑤。福泽将日本定位为东亚盟主,将中国和朝鲜视为日本抵御西洋列强侵略的缓冲地带。福泽的这种观点,可以说是日俄战争后出现的中国东北是日本"生命线"论,以及第二次世界大战期间的"大东亚共荣圈"论的雏形。

"甲申政变"和中法战争只是福泽提出脱亚论的另一个契机。从福泽的思想形成过程来看,这是一种必然的结局。首先,福泽的国家平等观只不过是日本保持独立的一种话语逻辑,而不是他真正信奉的价值标准。一旦日本丧失独立的风险减低,他也就不再坚守这种观点。其次,在摄取西洋相关

---

① 前引福泽谕吉"论与朝鲜的交往",前引庆应义塾编《福泽谕吉全集》第8卷,第29页。
② 同上书,第30页。
③ 同上。
④ 福泽谕吉:"东洋之波兰",前引庆应义塾编《福泽谕吉全集》第10卷,第72页。
⑤ 福泽谕吉:"论与朝鲜的交往",前引庆应义塾编《福泽谕吉全集》第8卷,第31页。

理论的过程中，福泽同时也受到了斯宾塞等人的社会达尔文主义的影响,形成了优胜劣汰、弱肉强食、文明必将战胜野蛮等认识。据安西敏三考证,福泽曾经仔细研读过斯宾塞的《第一项原则》等著作。[①] 虽然福泽在《劝学篇》和《文明论之概略》中并没有具体给朝鲜定文明等级,但他在同一时期的另一篇文章《与亚细亚诸国之和战无关我荣辱说》(1876年)中,将朝鲜称为"野蛮国"。该文的宗旨在于反对征韩论。福泽在该文中认为,日本面临遭欧美列强侵略的危险,日本与其他亚洲国家的和与战无关日本的荣辱,因此没有必要耗费巨资向朝鲜派兵。他的这一观点与大久保利通等人反对征韩论的理由十分吻合。该文称朝鲜是"亚细亚洲当中一个小野蛮国,其文明程度远不及我们日本。与之贸易无利,与之通信无益,其学问不足挂齿,其兵力不足惧。即便来朝为我之属国,亦不足悦"[②],对蔑视朝鲜之情丝毫不加掩饰。与此相对,他称"我日本取与欧美诸国并立之权,得制欧美诸国之势,才称得上真正独立"[③],可以说凡事都唯欧美是瞻。这样的论调与《劝学篇》中主张国家平等的观点形成了巨大的落差。总之,脱亚论中鄙视中韩以及恃强凌弱的观点其实在福泽撰写《劝学篇》和《文明论之概略》的明治初期就已显现出来了。

福泽曾在自传的结尾部分表示:"往事多有不堪回首处,好在全国整体上不断改进、进步、上进,在数年里体现出来的便是在日清战争(指中日甲午战争——引者注)等当中官民一致取得了胜利,这令人愉快,令人感激。我活到现在,才能见闻这种情景。已经去世的同志真是不幸,我真想让他们看到这些情景。每每想到这些,就会哭泣。"[④]他认为日本之所以能在甲午战争中获胜,是因为日本变富强了,而"新日本的文明富强全部有赖于先人的功德"[⑤]。他将日本在甲午战争中的胜利视为其愿望得以实现的标志,可见他的愿望就是使日本成为强国,并侵略其他弱国,这与《脱亚论》中的主张完

---

① 前引安西敏三《福泽谕吉与西欧思想——自然法、功利主义、进化论》,第60页。
② 福泽谕吉:"与亚细亚诸国之和战无关我荣辱说",庆应义塾编《福泽谕吉全集》第20卷,(东京)岩波书店,1963年,第148页。
③ 同上。
④ 福泽谕吉:《福翁自传》,庆应义塾编《福泽谕吉全集》第7卷,(东京)岩波书店,1959年,第259页。
⑤ 福泽谕吉:《福翁自传》,前引庆应义塾编《福泽谕吉全集》第7卷,第259页。

全吻合。因此,认为脱亚论并不存在蔑视中韩的意图的说法是站不住脚的。

第二节 "兴亚论"诸像

嵯峨隆认为"亚洲主义是江户末期至明治期在日本形成的一种思想,该思想主要主张日本与中国等亚洲国家联合起来抵御来自欧美列强的压力,将亚洲从欧美列强的统治下解放出来"。[①] 也就是说,"兴亚"构成亚洲主义的主要观点。日本从19世纪末至1945年战败,在对外关系上一直采取侵略扩张政策,因此亚洲主义即兴亚论往往被用来粉饰日本帝国主义行径。然而,亚洲主义并不是一种系统的理论,不同的亚洲主义者之间不一定存在思想上的交集,而且其主张在不同时期的侧重点也有所不同。[②] 本节将以美术教育家冈仓天心、右翼活动家内田良平以及哲学家三木清为线索,来把握亚洲主义者的国家民族观的特质。

一、冈仓天心的"亚洲一体"论

冈仓天心(1863—1913年)出生于横滨。他父亲勘右卫门原本是福井藩的下级武士,后来在横滨经营福井特产。当时横滨已经开港,经常有英美顾客光顾他父亲的商店。冈仓10岁时开始跟传教士学习英语,14岁时考入东京开成学校学习政治学和理财学。不久,开成学校并入东京大学。冈仓擅长英语,曾担任美籍教师弗诺罗萨(Fenollosa)的翻译,协助他在日本收集传统美术品。毕业后,冈仓入职文部省,并曾作为美术调查员在欧洲考察了9个月。1887年,他参与东京美术学校的筹建工作,并在1890年担任该校第二任校长。然而,他在1897年因为人事纠纷而辞去校长职务,随后与横山大观等人一起设立了民间美术团体"日本美术院"。1893年,冈仓到中国各地考察传统美术大约半年,1901—1902年在印度居留近1年,那期间与泰戈尔有密切交往。自1904年起,他在波士顿美术馆中日部任职,并

[①] 嵯峨隆:《亚洲主义与近代日中的思想交错》,(东京)庆应义塾大学出版会,2016年,第1页。

[②] 关于日本亚洲主义的整体情况,可参见中岛岳志《亚洲主义——从西乡隆盛到石原莞尔》((东京)潮出版社,2017年)、嵯峨隆《亚洲主义全史》((东京)筑摩书房,2020年)。

在日美两国间往返。从冈仓以上经历可以看出,他精通英语,有在中印欧美考察或者工作的经历,可以说具有广阔的视野和丰富的阅历。他共著有5部阐述亚洲主义观点的英文著作,其中《东洋的理想》(伦敦,1903年)、《日本的觉醒》(纽约,1904年)、《茶之书》(纽约,1906年)这三部是在其生前出版的,而《东洋的觉醒》(1902年)和《理想的重建》(1904年)则是在冈仓去世后由其后人翻译成日文出版的。

他在《东洋的理想》开篇称"亚洲是一个整体。喜马拉雅山脉将以孔子的共有主义为代表的中国文明与以吠陀经的个人主义为代表的印度文明分隔开来。然而,积雪的屏障无法阻挡亚洲民族对终极和普遍博爱的追求。这些文明是所有亚洲民族的共同遗产,它们孕育了世界上所有伟大的宗教,并将亚洲民族与地中海、波罗的海的海洋民族区分开来。亚洲文明是一种独特的存在"①,这段话集中体现了冈仓的亚洲主义观。

冈仓在这里强调了亚洲的一体性、卓越性以及亚洲与欧洲的差异,但他也认识到这样区分亚洲与欧洲是相当勉强的。因此,他同时又说"我们处在分类的时代,我们忘了分类只不过是近似的大洋中闪光点的区别而已……那是人们为了精神上的方便而故意设定的供人崇拜的假神,它不具有任何真实性、确切的排他的根据。这恰如两门可以相互交换却不会产生任何问题的学科"②,这表明冈仓意识到列举亚洲国家的共性及其与欧洲国家的区别没有太大的意义。因此,他在下文中主要讲述了日本美术史概况,穿插了对儒教、道教、佛教的论述,以及对佛教美术的介绍。其中日本美术史这一部分主要依据了他去印度之前给美国人讲授日本美术史时的讲义稿。冈仓并未对亚洲为何必须是一体的理由进行具体论述,他只是空泛地说"阿拉伯的骑士道、波斯的诗、中国的伦理以及印度的思想,所有这些都说明古代亚洲处于和平之中,在这片土地上孕育了一种共同生活,在不同地区绽放出了各具特色的花朵"③。如果基于地理以及文化上的相似性提出汉字文化圈、伊斯兰教文化圈这样的概念尚可理解,然而像冈仓那样试图从美术、文学、

---

① 冈仓天心:《东洋的理想》,冈仓一雄编《冈仓天心全集》决定版第1卷,(东京)圣文阁,1939年,第1页。
② 同上书,第2页。
③ 同上书,第3页。

伦理、思想这些方面提取涵盖整个亚洲的共性，不得不说这是徒劳之举。如果一定要说亚洲存在共性，那么除了在位于欧洲以东这一地理属性以外，就是产业的机械化程度较低，生产力和军事力也相对低下这些特征。在国力方面，尤其是在军事力方面，亚洲国家与欧美国家之间存在极大的差距，这使得亚洲国家很容易遭到欧美国家的侵略，这才是亚洲国家间的最大公约数。然而，近代日本通过推行富国强兵政策，提高了国力和军事实力，甲午战争后被欧美沦为殖民地的风险显著降低了，尽管开国后被迫与欧美国家签订的不平等条约当时尚未废除。从这个意义上来说，近代日本在亚洲国家中是一种特异的存在。

冈仓的几部英文著作，包括《东洋的理想》，都没有对"亚洲是一个整体"的观点进行具体论述，他所论述的东洋的共性都显得十分空泛。例如，在《东洋的觉醒》中，他认为尽管亚洲交往不便，但依然存在"贯穿东洋生活的统一性"[1]。他提到"吠陀的哲学通过佛教将印度、中国、日本、暹罗以及缅甸用崇高的理想主义结合起来"[2]，"蒙古草原将道教和密教的信徒用共同的象征与类似性联结起来。……伊斯兰教徒一直被恰当地描述为马背上的儒教徒"[3]。而他在1893年撰写的《支那游记》中主张中欧间的共性大于中日间。在该游记中，冈仓总结出了三点：第一点是"支那无支那的通性"[4]，这句话套用了"欧洲无欧洲的通性"这一表述，用来说明中国东西南北千差万别，不容易抽出可以涵盖各地特征的共通性。第二点是中欧日的文化对比。他说"在此之前，在日本思考这个问题时，我们都会觉得支那与欧洲之间存在较大的差异。然而深入其内地，对其进行仔细观察，就会明白支那较之日本，与欧洲相近之处更多。例如，不仅洛水边怀古时的情景与在罗马城头眺望台伯河时的情景相似，而且其生活与西洋人的相似之处也有不少"[5]。第三点是日本美术与中国美术之间存在较大差异。他说"日本美术

---

[1] 冈仓天心:《东洋的觉醒》，冈仓一雄编《冈仓天心全集》决定版第2卷,(东京)圣文阁,1939年,第20页。

[2] 同上书,第21页。

[3] 同上书,第21—22页。

[4] 冈仓天心:"支那游记",冈仓天心《理想的重建》,(东京)河出书房,1938年,第115页。

[5] 冈仓天心:"支那游记",前引冈仓天心《理想的重建》,第135页。

绝不是支那美术的分支分派。……虽多受支那的影响,却将之脱胎换骨,这足以证明日本美术具有其独特性"①。总之,他在游记中以自己的亲身感受纠正了先前通过书本间接形成的对中国的认识。然而,大约10年后撰写《东洋的理想》时,他似乎又回到了最初的认识,这一点有点让人费解。或许我们不能仅仅从文化或美术的角度来思考这个问题,还需要考虑冈仓的思想形成过程以及当时日本所处的国际环境。

1887年11月,冈仓曾在美术团体鉴画会上报告了自己在欧洲考察美术的情况。他在报告中指责西欧将其在物质文明上的优越性误认为精神文明的卓越性,主张东洋的日本人应该为自己的传统感到自豪,并保持自身的主体性,将优秀传统发扬光大。② 这次考察确立了他的东西方美术观以及文明观的基础。1904年,冈仓在圣路易斯世博会上做了题为"现代艺术的诸问题"的演讲(后来经过补充,将演讲稿整理为"从日本视角看现代美术"发表),表明"自己作为保守派之一员,对于中国和日本的绘画传统被彻底蔑视感到十分痛心"③。在他看来,日本美术之所以遭到蔑视,是因为"除了特别研究日本美术的数人,以及对美有深入洞察力并能理解其精神的数人之外,一般民众都不了解我国美术的价值"④。他所说的保守派"认为亚洲文化绝不应该被轻蔑,人生的和谐思想与西洋的科学思想及组织能力同样可贵。在他们看来,西洋社会未必就是人类的榜样"⑤。1906年10月,他致信《纽约时报》编辑部,对该报上刊登批判亲日英裔学者小泉八云(Lafcadio Hearn,1850—1904年)的文章表示抗议。⑥ 这些言论表明,冈仓通过研究美术以及游历世界的见闻,形成了日本文化相对于欧美文化的独立意识,因此他无法忍受西洋人对日本文化的误解和蔑视。

然而,冈仓提出的维护日本国际形象的言论并没有停留在美术或者更广泛一点的文化层面,还涉及政治层面。在《东洋的觉醒》一书中,冈仓列举

---

① 冈仓天心:"支那游记",前引冈仓天心《理想的重建》,第143页。
② 下村英时编著:《天心及其书简》,(东京)日研出版,1964年,第40页。
③ 冈仓天心著,日本美术院译:《天心先生欧文著书抄译》,(东京)日本美术院,1922年,第128页。
④ 同上书,第126页。
⑤ 同上。
⑥ 前引下村英时编著《天心及其书简》,第181页。

西洋侵略亚洲的事例,称"欧洲的荣誉就是亚洲的屈辱。……地中海和波罗的海民族在狩猎、战斗、海盗、掠夺过程中形成了不知停歇的海洋文化本能,这与以农业为生的亚洲大陆自给自足的文化形成鲜明对照"[1]。他不是从帝国主义扩张的角度,而是从人种对立的角度来看待欧美列强对亚洲的侵略。他认为"外国势力对我们的欺压绝不能说明我们的文化处于劣势,因为被寄生虫蚕食是大部分高级有机体的悲惨命运"[2]。他呼吁用外科手术将之切除,即奋起抵抗西洋的侵略。如果说《东洋的觉醒》是从人种对立的角度来把握东西洋被压迫民族和西洋压迫民族间的关系的话,那么他的另外一部著作《日本的觉醒》则主要为日本侵略朝鲜和中国东北进行了辩护。在该书中,他依据记纪神话,以及日语与朝鲜语的相似性,主张日本在历史上对朝鲜拥有主权,因为"克制"才将之放弃了。此外,冈仓称13世纪元军入侵日本时,朝鲜人充当先导,招致日本人怨恨,丰臣秀吉出兵朝鲜就是为了复仇。他将日本对朝鲜以及中国东北的殖民统治称为协助其"独立"的行为,主张"不论在经济上还是人种保全上,这都是必要的"[3],因为日本"人口不断增加,而耕种面积狭小,如果合法的排泄口被剥夺的话,等待我们的将是饥饿"[4]。他一方面主张朝鲜和中国东北的独立,另一方面又将那里视为日本过剩人口的"排泄口",这显然自相矛盾。当然,前者不过是借口,后者才是本意。冈仓还谈到了三国干涉还辽的问题,他说"我们在这次战争(指甲午战争)中付出了巨大牺牲,这一意外的打击十分沉重,但我们的国力使我们无法拒绝,而只能服从"[5]。在他看来"欧洲绝不会忘记采取离间计来维护他们的统治"[6],因为"他们对能够使民众团结起来的关于民族英雄以

---

[1] 冈仓天心:《东洋的觉醒》,前引冈仓一雄编《冈仓天心全集》决定版第2卷,第4—5页。

[2] 同上书,第36页。

[3] 冈仓天心:《日本的觉醒》,前引冈仓一雄编《冈仓天心全集》决定版第3卷,第122页。

[4] 同上。

[5] 冈仓天心:《日本的觉醒》,前引冈仓一雄编《冈仓天心全集》决定版第3卷,第127页。

[6] 冈仓天心:《东洋的觉醒》,前引冈仓一雄编《冈仓天心全集》决定版第2卷,第39页。

及共同理念的记忆感到恐惧"[①]。他呼吁亚洲人团结起来,不要中了欧美的离间计。尽管冈仓的"亚洲是一个整体"论中有对印度殖民地处境的同情,但更多是针对欧美"离间计"的对策。

作为一个美术教育家,冈仓深切感受到了欧美人对亚洲艺术的偏见。他认为,西洋误将物质文明上的优势视为文化上的优势,这是造成这种现象的原因,他的这种反西洋中心主义的观点有其积极意义。然而,他发表《东洋的觉醒》和《日本的觉醒》呼吁亚洲人团结起来一致抵御欧美侵略时,日本已经跻身列强行列,被欧美列强沦为殖民地的风险已经降低,日本与欧美列强的关系由19世纪中叶的被侵略者和侵略者的关系逐渐转变为侵略者之间的利益争夺关系。他呼吁亚洲成为一体,是为了使日本垄断在中国东北和朝鲜半岛的权益。作为美术教育家的冈仓尚且如此,其他亚洲主义者的立场观点自然不难想象。

二、内田良平的"亚洲属于日本"论

内田良平(1874—1937年)出生于福冈,他少年时代开始练习柔道、相扑,16岁时在故乡开设柔道场"天真馆"。18岁时,他在叔父平冈浩太郎经营的煤矿当监工。平冈曾与头山满一起设立右翼团体玄洋社,并担任首任社长。平冈不仅对内田的世界观产生了极大影响,而且在资金和人脉上给内田提供了许多帮助。19岁时,内田到位于东京的东洋外语学校学习俄语。1894年5月,前往朝鲜,在当地参加了东学党人起义,并结成了"天佑侠"。1896年春,在海参崴以柔道馆为掩护进行谍报活动。次年,横贯西伯利亚探察俄国国情。1898年,通过宫崎滔天结识了孙中山。1903年,结成右翼团体黑龙会,该会主张对俄开战以及对朝鲜半岛和中国东北进行殖民统治。1905年7月,为中国同盟会筹备会议提供场所。1906年,受朝鲜统监伊藤博文委托在韩国进行国情调查,并策划"日韩合邦"。辛亥革命后,曾被孙中山聘为外交顾问。1931年,设立右翼政党大日本生产党,并出任首届总裁。内田是日本近代史上影响力仅次于头山满的右翼头目。

[①] 冈仓天心:《东洋的觉醒》,前引冈仓一雄编《冈仓天心全集》决定版第2卷,第40页。

内田曾说:"亚洲主义是亚洲门罗主义,它主张亚洲的事务应该由亚洲民族自己处理,而不需要欧美人插手干涉。因此,如果将之视为主张将欧美人驱逐出亚洲,扩张日本领土这种狭隘的排外思想或者侵略主义的一种形态,那就大错特错了。"① 然而,我们不能仅仅看这句话,还要看他在其他场合的言论和实际行动。例如,他在1912年刊行的《日本之三大急务》中宣称"鉴于我帝国数十年来的历史、皇祖皇宗的遗训鸿谟、世界竞争的大势、太平洋之地形、日本民族现在以及将来的发展、日本作为一等强国的地位,我国应该采取的方针是进取主义、帝国主义和大日本主义,而不是退却主义、个人主义和小日本主义"②。此外,内田在1913年刊行的《支那观》中表示"帝国当今应采取的方针政策,首先是经营南满洲及内蒙古,在大陆获得帝国的优越地位,以掣肘列国在支那本土的分割之势,并向南方发展我经济势力"③。可以看出,内田的言论充满了侵略扩张主义色彩。

接下来再来看看他的实际行动。1894年,内田结成"天佑侠",他宣称该组织的目的是"使韩国民众觉醒。当务之急是让日本和清国开战,将清国势力从朝鲜驱逐出去"④。他还通过"民间外交"的方式推动日韩合邦,这实际上是协助日本政府吞并朝鲜。黑龙会编写的《国士内田良平传》称内田"横贯西伯利亚旅行后,确信帝政俄国将会灭亡,日俄之间迟早有一场决战,日本将获得胜利"⑤。由于黑龙会发行的《黑龙》多次刊发对俄开战的强硬论调,该刊物一度被禁止发售。黑龙会的五条"纲领"包括日本成为亚洲复兴的引导者、发扬皇室主义的精髓、巩固皇国的基础、全民皆兵的国防体系和提高大和民族的公德良智,⑥这些内容都带有浓厚的扩张主义和尊皇主义的色彩。内田支援孙中山的革命活动,其目的在于使日本攫取中国东北,并把中国东北作为进攻西伯利亚的跳板,并非真正为了帮助革命党人推翻清朝的封建统治。从上述内田的言行可以看出,他所说的亚洲主义完全是

---

① 内田良平:"亚细亚主义不是空想",亚细亚协会编《东洋之危机》,(东京)文昭堂,1920年,第55页。
② 内田良平:《日本之三大急务》,(东京)黑龙会,1912年,第8页。
③ 内田良平:《支那观》,(东京)黑龙会,1913年,第73页。
④ 黑龙会俱乐部编:《国士内田良平传》,(东京)原书房,1967年,第68页。
⑤ 同上书,第174页。
⑥ 黑龙会编:《黑龙会三十年事历》,(东京)黑龙会,1931年,第13页。

帝国主义的同义语。

内田还在1932年刊行的《日本之亚细亚》一书中主张亚洲原本属于日本,我们来看一下他如此主张的逻辑。他说"亚细亚是日本古名'苇原'的讹误",先是"苇原"讹误成"苇屋","苇屋"在日语中念成「アシヤ」,中间的「シ」浊化成「ジ」,就成了「アジア」,汉字形式为「亜細亜」,他由此断定"全亚洲属于日本的版图"①,并将此核心观点用作书名。

内田进一步分析指出,"满蒙西伯利亚在天变地异之后与日本本土的交往断绝,脱离了天皇的统治。大和民族从满蒙西伯利亚迁徙到黄河流域,在那里建立了独立国家,传承天地创造以来的神话史,创造了伟大的文化"②。他主张大和民族是中国大陆的主要原住民,而"汉民族是来自亚洲西部的移民与各种原住民融合形成的"③。此外,他主张中国关于东王父西王母的传说讲述的是日本伊邪那岐、伊邪那美两神的历史④。他还对《论语》"为政第二"中子张与孔子的对答进行解读,认为孔子所说的"殷因于夏礼,所损益,可知也;周因于殷礼,所损益,可知也;其或继周者,虽百世可知也"这段话一方面解答了应该如何了解将来,"另一方面可以看出,汉民族有尊重前朝习惯的先例,不问主权者的异同,以使国家的历史连贯,让国内各民族适应自然同化"⑤,并以此断定"应该将汉民族原始历史视为对日本历史的继承"⑥。在此基础上,他得出结论称"日本拥有世界上最古老的文明。……日本文明的兴盛是真正的文明复兴,日本文明的普及将拯救世界,将带来永远和平的极乐世界"⑦。内田在头脑中重构出这样一套东亚史,并非出于闲情逸致,而是为了将日本在东亚的侵略扩张正当化。

在内田看来,欧美列强特别是俄美英是日本在东亚的侵略扩张的障碍。他说"日俄战争的结果,我国只获得了在韩国的优越权、俄国在满洲铺设的南满铁路以及大连旅顺的租借权,并割据了桦太的一半,而将满洲的领土交

---

① 内田良平:《日本之亚细亚》,(东京)黑龙会出版部,1932年,第2页。
② 同上书,第16—17页。
③ 同上书,第17页。
④ 同上书,第18页。
⑤ 同上书,第19页。
⑥ 同上书,第19页。
⑦ 前引内田良平《日本之亚细亚》,第26页。

给了清朝。当时如果知道俄清之间存在密约,绝不会将满洲还给清朝"①。换言之,如果没有俄国联合德法干涉,日本就可以占据整个东三省。"九一八"事变后,国际同盟向中国派遣了李顿调查团,该调查团成员中就有美国人。次年1月,美国国务卿亨利·刘易斯·史汀生照会日本,表明日本侵略满洲违反了《凡尔赛和约》,美国政府不予承认。1933年,美国还与中国签订了棉麦贷款协议。内田称美国"对日本间接直接干涉或者对抗,会给日美之间带来冲突。……很显然,维护东洋和平是日本的天职,因为日本在地理上、政治上与东洋有密不可分的关联,而美国的情形则完全不一样"②,他主张日本对中国东北享有垄断权。他称"以英美俄为首的白人欧美列强刚刚将亚洲分割完毕,打下了榨取亚洲民族的基础"③。内田将欧美帝国主义国家对中国的侵略扩张解释为白黄种人之间的对立,认为欧美列强之所以在满洲问题上对日本进行干涉,"一方面是因为他们充分认识到满蒙的军事以及经济价值,另一方面是因为他们已经看出帝国的扩张是列强称霸的最大障碍"④。1931年3月,内田在大日本生产党成立大会上致辞称"现在支那再次接近英美,排日运动在英美的支持下高涨起来了。通过支持支那的排日运动来驱逐日本在大陆的势力,这是凡尔赛会议以来英美确立的联手对抗日本的方针"⑤。他还认为,"利用英美,特别是美国的对日压力来排除日本在支那的权益,这是凡尔赛会议以来支那一贯的对日方针。……很显然,美英支援支那,是为了将日本逐出大陆,然后慢慢收拾支那,并不是为了拯救支那和解放亚洲"⑥。很显然,内田的亚洲主义只是对日本在亚洲的侵略扩张以及与欧美列强争夺殖民地的行径的拙劣掩饰。

---

① 前引内田良平《日本之亚细亚》,第243页。
② 内田良平:《敦促美国当局和有识之士深思日美问题》,(东京)黑龙会,1933年,第5页。
③ 内田良平:《满蒙的独立与世界红卍字会的活动》,(东京)先进社,1931年,第23页。
④ 同上。
⑤ 前引黑龙会俱乐部编《国士内田良平传》,第665页。
⑥ 同上书,第665—666页。

三、三木清的"东亚协同体"论

三木清(1897—1945)毕业于京都大学哲学专业,曾师从西田几多郎、田边元等。他聪慧过人,毕业后在欧洲留学三年,师从李凯尔特、海德格尔等。他原本以为回国后能在母校京都大学获得教职,却未能如愿。在福本和夫的影响下,三木开始致力于马克思主义研究,并与羽仁五郎等人创办了左翼刊物《在新兴科学的旗帜下》。1930年,三木因为向日本共产党提供活动资金被拘捕数月。这次事件后,他表明自己放弃了马克思主义立场(通称"转向")。卢沟桥事变后,三木加入了近卫文麿的所谓智囊团"昭和研究会",并在该会担任文化委员会委员长。当时,近卫内阁提出了所谓"东亚新秩序声明",三木所提出的"东亚协同体"论与之有直接关联。1945年,三木因为庇护逃亡中的左翼人物高仓辉而被捕入狱,在战败后不久惨死狱中。

"东亚协同体"论是1939年1月在昭和研究会刊行的小册子《新日本的思想原理》当中正式提出的。该小册子由三木执笔,集中体现了他的亚洲主义思想。当时,朝鲜半岛已被日本吞并,三木所说的东亚实际上仅限中日两国。在小册子的开篇,三木积极肯定了日本侵华战争导火索卢沟桥事变的所谓意义,认为"从文化史的角度来看,卢沟桥事变给一直比较闭塞于一国内部的日本文化向大陆伸张创造了机会"[①]。在他看来,日本文化向大陆伸张"可以奠定东亚文化统一的基础"[②],而"东亚的统一,又可以使世界统一成为可能"[③]。三木对西洋有深入的了解,他从东西方文明史的角度对日本统一东亚,进而统一世界的必然性进行了论述。他说"地缘相近的东亚各民族属于黄色人种,主要以农业特别是灌溉农业为生,他们具有各种共通特征"[④],并主张"东洋人本主义"是其中最具代表性的特征,是"东亚协同体"的基础。他认为,东洋人本主义的特征是重视共同体、人伦关系、人与自然以及生活与文化的融合、"无"或者"自然"、"天"的思想、基于伦理道德的合

---

① 三木清:"新日本的思想原理",《三木清全集》第17卷,(东京)岩波书店,1968年,第507—508页。
② 同上。
③ 同上。
④ 三木清:"新日本的思想原理",前引《三木清全集》第17卷,第513页。

理秩序、政治与伦理的统一。相比之下,西洋人本主义的特征则是重视社会、个人主义、人类中心主义、文化主义、人类,两者形成鲜明对比。三木主张"日本在东亚新秩序中必须占主导地位"[1],但他同时表示"这并不意味着日本要征服东亚各民族,毋宁说这是东亚各民族融合的契机"[2],在他看来,这是因为日本文化具有协同主义的普遍意义、包容性、进取心、知性、实践性等特征。因此,文化哲学是三木"东亚协同体"论的立足点。为了准确把握其"东亚协同体"论,有必要对其文化哲学进行若干考察分析。

首先,让我们来了解一下三木文化分析的基本立场。他认为"在论述文化问题时,我们只能立足于历史的立场,这是唯一可能的立场。……从历史的立场看问题就是以发展的眼光来看待事物"[3],他将这种"历史的立场"作为"行为的立场"来理解。他指出"马克思主义经济理论采取了历史的立场,特别是生产的立场"[4],并表明"我们不仅要将这种立场贯穿到对经济现象的考察中,还必须将之贯彻到对所有文化现象的考察中"[5],表明他自觉地将马克思主义的方法运用到对文化问题的分析中。他没有机械地套用经济基础决定上层建筑的原则,而是将文化视为"主观且客观的"产物,对之进行动态把握。他指出"文化被认为是人类的产物,而人类的产物总是包含主观要素"[6]。"如果认为文化是主观且客观的东西,那么就不能认为那只是对客观现实的反映"[7],"文化是我们创造的东西,然后被创造的文化越具有生命力,就越是独立于我们"[8]。也就是说,他将文化理解为具有生命力的独立事物,并以此批判"许多日本主义者的论述在方法论上基础薄弱,缺乏

---

[1] 三木清:"新日本的思想原理",前引《三木清全集》第17卷,第522页。
[2] 同上书,第533页。
[3] 三木清:"现代文化之哲学基础",《三木清全集》第13卷,(东京)岩波书店,1967年,第204—205页。
[4] 同上书,第205页。
[5] 同上。
[6] 同上书,第218页。
[7] 三木清:"现代文化之哲学基础",《三木清全集》第13卷,(东京)岩波书店,1967年,第218页。
[8] 同上书,第220—221页。

从历史哲学所进行的反省"①,他们"对于历史性问题始终采取无视的态度"②,因此陷入实际主义的历史观即所谓的"教训史观"。在三木看来,"这种史观的特点在于基于为现在的行动得出有用的教训这种意图来观察过去的事物"③,由于日本主义者固执于这样的历史观,他们陷入了"在决定日本特色事物之际……在许多场合忽视了发展史的关联"④的种状态。可以看出,三木是在运用唯物辩证法对日本主义者的教训史观进行批判。

在20世纪20年代末,三木对马克思主义进行了深入研究,并形成了自己独到的理解与认识。他认为马克思主义唯物论与18世纪的机械唯物论有所不同。18世纪的机械唯物论没有理解存在的历史性,因此将人理解为静态的、观照的存在,而马克思主义唯物论的理论基础是作为现实存在构造整体的"基础经验",那是"相互规定自我存在性并具有发展契机的动态的、整体的存在"⑤,而不是一种静态的观念。三木认为,马克思主义中的"物"是一种"阐释学的概念",而并不是指纯粹的"物质","劳动才是构成具体唯物论的根源"。⑥ 三木指出,"所有生命体都处于环境之中,在受到环境的制约同时也制约环境,一个国家的文化也是如此"⑦。这与马克思恩格斯《德意志意识形态》中所指出的"人创造环境,同样环境也创造人"的命题十分相似。众所周知,《德意志意识形态》是宣告历史唯物主义诞生的著作,可以说三木在分析文化现象时采取了历史唯物主义的立场。他认为"唯物史观不是关于与自然绝对对立的历史的理论,而是关于全世界运动过程的一个整体的世界观"⑧。也就是说,三木不是将唯物史观理解为辩证唯物主义在社会和历史领域的运用,而是将之理解为一个整体的世界观。他还立足于这

---

① 三木清:"现代文化之哲学基础",《三木清全集》第13卷,第242页。
② 三木清:"哲学笔记",《三木清全集》第10卷,(东京)岩波书店,1967年,第440页。
③ 三木清:"日本的特性与法西斯主义",前引《三木清全集》第13卷,第242页。
④ 同上书,第244页。
⑤ 三木清:"马克思主义与唯物论",《三木清全集》第3卷,(东京)岩波书店,1966年,第45页。
⑥ 同上书,第49页。
⑦ 三木清:"日本文化与外国文化",前引《三木清全集》第13卷,第183页。
⑧ 三木清:"人学的马克思主义形态",前引《三木清全集》第3卷,第34页。

样的立场对和辻哲郎的《风土》进行过批判,认为"不能无视风土制约的局限,特别是不能陷入历史性风土史观或者地理决定论,这一点十分重要"[1]。尽管三木被服部之总等所谓正统派马克思主义者称为修正主义者,但实际上三木对历史唯物主义的把握十分深刻。在1930年被捕后,他宣布了"转向"。然而,正如久野收所指出的,三木并没有像许多"转向"者那样成为反马克思主义者,而是将马克思主义用于社会科学的分析。[2] 因此,我们不妨认为三木立足于历史唯物主义确立了自己的文化哲学,并以此对日本主义展开了批判。

三木不仅对偏狭的日本主义进行了批判,而且还积极思考了日本文化的形成原理。他认识到日本文化是在摄取外国文化的基础上形成,并对此持积极肯定的态度。他认为"一个国家的文化发展需要与外国文化接触,否则该国的文化会枯竭并最终消失。这一点在内外历史中都得到了证明"[3]。在三木看来,摄取外国文化是现实需要,而不是崇洋媚外。吸收消化外国文化,可以创造具有自己国家特色的文化。因此,他认为"伟大的文化未必是该民族固有的,毋宁是在未来要素的基础上创造出来的"[4]。三木列举了日本摄取儒教、佛教创造出"具有日本特色的事物"的成功事例,指出"日本文化不断将外来文化同化,实现了固有文化的发展"[5],并期待西洋思想在不久的将来也能转化为具有日本特色的事物。此外,三木还探讨了在日本最古老的事物与最新的事物共存的现象,并从文化大众化与摄取外国文化的角度对其原因进行了探讨。因此,三木重视根据自身的现实需要来消化外来文化,主张"追问是否存在不夹杂外来要素的纯粹的日本固有文化,这种做法基本上没有意义"[6],因为如果"在国民的历史中,认为自然的事物、原

---

[1] 三木清:"最近之哲学问题",《三木清全集》第15卷,(东京)岩波书店,1967年,第27页。
[2] 久野收编:《现代日本》,(东京)筑摩书房,1966年,第46页,"解说"。
[3] 三木清:"日本文化与外国文化",前引《三木清全集》第13卷,第183页。
[4] 三木清:"文化之力",《三木清全集》第14卷,(东京)岩波书店,1967年,第318页。
[5] 同上书,第324页。
[6] 三木清:"文化之力",前引《三木清全集》第14卷,第325页。

生的事物更有价值,复古主义、传统主义等等就会随之而来"①。这表明三木并不执着于文化固有性。三木将摄取外来文化并使之成为具有日本特色事物的精神称为"日本精神",他认为"应该将日本精神定义为历史上各个阶段的时代精神,并作为这样的事物来发展地、统一地进行把握"②,"日本精神应该是将各种外来思想加以消化、醇化的地盘,应该是由此真正形成自主思想的源泉。……真正自主的日本精神不是一味排斥或者畏惧其他思想,而是学习其优点来发展自己的这样一种思想"③。在当时,"日本精神"基本上作为"大和魂"的同义词被广为使用,而三木则对这个词做了全新的诠释。他认为"日本文化的力量首先在于其伟大的同化力"④,并主张"以'无形式'的形式为本质的日本精神总能保持先进性。那在不同时代以各种形式显现,因为本来是没有形式的东西,所以不会拘泥于一种形式,而能够比较容易转变到其他形式"⑤。他解释说,"当然,说是'无形式',并不意味着没有任何形式。在'无形式'当中自然存在统一,这便是'无形式'的形式的意义"⑥。三木的这种"'无形式'的形式"的观点很显然源自其师西田几多郎的"绝对无"的思想。西田将有形的自然世界称为"相对有",将无形的意识世界称为"相对无",并将包含这两者的绝对实在称为"绝对无"。三木一方面立足于历史唯物主义,主张根据现实必要性摄取外来文化,并将之同化改变为具有日本特色的事物,并在这种动态过程中探寻日本文化的形成原理,另一方面在西田的"绝对无"思想的启发下,将该形成原理称为以"'无形式'的形式"为本质的"日本精神",这是一种将历史唯物主义与西田哲学融为一体的独特观点。

三木充分肯定外国文化对日本文化所产生的积极影响,并就中国文化和西洋文化进行过具体论述。他具有相当丰富的中国历史文化的知识,并且能尽量客观地看待中国文化。当时日本主义横行,导致日本社会出现了

---

① 三木清:"关于非理性主义倾向",前引《三木清全集》第10卷,第403页。
② 同上书,第440页。
③ 三木清:"自主思考之反省",前引《三木清全集》第14卷,第291页。
④ 同上书,第324页。
⑤ 三木清:"日本的特性与法西斯主义",前引《三木清全集》第13卷,第254页。
⑥ 同上书,第255页。

一种蔑视中国的风潮。在这样的状况下,三木认为"中国文化当中有许多优秀的内容,没有中国文化的影响和恩惠,就不会有日本现在的发展,这一点任何人都无法否认。相反,即便在日本成为东亚发达国家的当今,我们也绝不能忘记中国文化给我们带来过这种恩惠"①。可以看出,他对于中国文化抱有一种感恩的心理。另外,他反对一些人"按照日本的国策,将日本精神强加于中国"的做法,主张"要求中国人尊重日本文化的特殊性,这是正当的。然而,我们也必须尊重中国文化的特殊性。将日本国内的做法强加给中国人,这不仅是毫无意义的,也是不可能的"②。1940年4月,三木受中央公论社的委托到上海、杭州、苏州等地进行了为期两周的访问。在中国期间,他对日本人在中国做出的"恬不知耻的行为"表示了愤慨,并警告说"羞辱别人,最终会使自身受到羞辱"③。三木并不赞同当时作为"日中亲善"的基础而被广为宣扬的"同文同种"论,他认为"日本人与中国人同种这种说法有悖于事实,同文这种说法也不真实"。④ 同时,他对津田左右吉否认日本与中国在生活、习俗、社会组织、政治形态等方面存在共通点的主张也提出异议。在三木看来,津田的"方法存在于过于看重民间信仰以及民间习俗的倾向。……他只强调文化的直线连续的独立性,而轻视其圆环影响,因此他的观点是片面的"⑤。由此可见,三木能够比较理性地承认日本接受中国文化影响的历史事实,这种态度在当时的历史背景下难能可贵。

三木对西洋文化也有比较客观的认识。他认为西方文明中的弊端"不单单是机械或者技术的罪过,而是利用这些的一定社会组织的罪过"⑥,而且他认为"现代社会的困境不是科学技术发达的结果,其原因在于阻碍科学技术健全发展的社会现实的组织方面"⑦,他排斥反知性的机械否定论,并将批判的矛头指向使人类成为奴隶的"一定组织"。他认为"最近的非理性

---

① 三木清:"日支思想问题",前引《三木清全集》第15卷,第33页。
② 三木清:"世界史在现代日本的意义",前引《三木清全集》第14卷,第145页。
③ 三木清:"外国语之不安",同上书,第406页。
④ 三木清:"日本之现实",前引《三木清全集》第13卷,第447页。
⑤ 同上书,第454—455页。
⑥ 三木清:"新知性",前引《三木清全集》第14卷,第93页。
⑦ 三木清:"关于非理性主义倾向",前引《三木清全集》第10卷,第406页。

主义哲学是资本主义社会的社会危机在意识形态上的体现"①。也就是说,三木对资本主义的唯利是图主义采取了批判立场。但由于否定私有财产的言论会被《治安维持法》取缔,因此他并没有就这一点展开批判。在三木看来,"技术的发展是新人本主义的基础"②,他对技术的发展寄予期待。他并不否认日本文化的特殊性,对于心情的、情谊的结合也表示理解。但他强调"在只关注国民形成的自然条件,而无视社会条件时,将心情与精神抽象地对立起来,对精神采取敌视的态度,主张反科学主义、反技术主义,就会陷入谬误和反动"③。而"当今的日本主义者将科学与其他文化抽象地分离,在自然科学,特别是在应用领域的军用科学方面大力鼓励西洋的事物,但在其他的文化领域则强调日本固有的事物,这种观点无视文化的有机综合的关系"④,三木对这种做法明确表示反对。在他看来,"如果基于日本的社会现实,要求引进西洋自然科学并加以发展这种事情是必要的话,那么西洋思想在日本兴盛也是理所当然的",因为"科学影响思想,而且科学在根本上有一定的哲学思想。因此,普及科学也自然是普及构成其根本的哲学思想。另外,如果不普及这种哲学思想,科学本身也不可能得到发展"。⑤ 也就是说,三木认为科学的发展离不开科学精神的发展,因而反对将两者割裂开来的思考方式。三木主张"讲实际"才是日本人的重要特征,而"讲实际"在某种意义上就是彻底的理性主义。因此,他认为当时的非理性主义实际上有悖于日本精神的传统。总之,三木主张通过摄取消化包含西洋文化在内的外来文化来创造新的日本文化。

如上所述,三木的文化哲学中包含许多真知灼见,他也认识到日本文化有所长也有所短,但日本文化的所有长短都不能成为建立"东亚协同体"论的理由,更何况此举是在"日本主导"下进行。因此,三木的文化哲学与"东亚协同体"论之间存在逻辑上的跳跃。他主张"日本应该主动融入自己主导

---

① 三木清:"关于非理性主义倾向",前引《三木清全集》第10卷,第406页。
② 三木清:"新知性",前引《三木清全集》第14卷,第93页。
③ 三木清:"关于非理性主义倾向",前引《三木清全集》第10卷,第403页。
④ 三木清:"世界史在现代日本的意义",前引《三木清全集》第14卷,第149页。
⑤ 三木清:"日本文化与外国文化",前引《三木清全集》第13卷,第185页。

建立的东亚新秩序之中"①,为此"日本也必须实现与新秩序相应的革新。如果日本旧态依然,那么东亚协同体的建设在逻辑上不能成立"②,这些观点体现了他试图借助近卫文麿的政治影响力在日本国内实施政治变革的意图。然而,他的这种观点遭到了右翼团体"原理日本社"的猛烈攻击。在该团体的机关杂志《原理日本》1940年10月发行的"昭和研究会扫灭战"专辑中,三井甲之称《新日本的思想原理》的观点"仿佛是马克思主义唯物史观概念辩证法的支配形态发展论"③。三木作为左翼知识分子,他的良知使他对日本侵华战争的细节有所反思,但他回避对侵华战争本质的深入思考。在这样背景下出台的"东亚协同体"论,对外根本欺骗不了中国人,对内也无法变革日本人的意识。因此,第一次近卫内阁基于"东亚协同体"论提出的"东亚新秩序"构想在太平洋战争爆发后自行瓦解了。

第三节 "超越近代"论诸像

"超越近代"论是太平洋战争爆发前后出现的一种对西洋文明以及日本明治以来的欧化政策进行清算的论调,其主要论者为日本浪漫派和京都学派人物。该论调的目的在于"思想报国"即为日本对英美宣战提供理论支撑和正当化依据。如果说三木清的"东亚协同体"论是用来粉饰日本侵华战争的话,那么"超越近代"论则是用来主张日本对英美宣战的合理性和必要性。战败后,该论调遭到唾弃,一度销声匿迹。但随着战后日本经济复苏,该论调又逐渐受到关注。本节拟通过对战败前的日本浪漫派代表人物龟井胜太郎,京都学派代表人物高山岩男、西田几多郎、田边元,战后文学评论家竹内好的相关言论进行梳理,以把握该论调的特质。

一、日本浪漫派对侵略战争的赞美

日本浪漫派是活跃于20世纪二三十年代的一个文学流派,该流派批判西洋近代和赞美日本古代文化,其核心人物为保田与重郎。保田原计划参

---

① 三木清:"东亚思想之根据",前引《三木清全集》第15卷,第325页。
② 同上。
③ 三井甲之:"该处置昭和研究会之凶逆思想",《原理日本》1940年10月号。

加1942年7月由《文学界》组织的"超越近代"座谈会,但因故突然取消。日本浪漫派主要作家龟井胜一郎和林房雄参会并提交了论文,在此我们以龟井为例对日本浪漫派的"超越近代"论进行分析。

龟井胜一郎(1907—1966年)毕业于东京帝国大学文学部,他在1927年加入了社会主义思想运动团体"新人会",并接受了马克思列宁主义。1928年4月因违反《治安维持法》被捕入狱,1930年10月"转向",1935年3月与保田与重郎等人创办了《日本浪漫派》杂志。龟井提交给"超越近代"座谈会的论文题目为《关于现代精神的备忘录》。在该文中,他说"我认为,从我们接受西洋末期文化的那天起,慢慢毒害我们精神深处的文明生态,即产生各种空想、学会饶舌并迅速传播的这种生态,就是我们最大的敌人"①。他主张"支那事变以来,我国古典精神得以彰显,对外来文化的屈从被严格戒备。古典开展了集中扫射"②。这里所说的"集中扫射"的对象自然是指外来文化。龟井从"语言危机"、"感性颓废"以及"效率精神的影响"几个方面对西洋文化给日本带来的危害进行了声讨。就"语言危机"而言,他主张"语言的堕落即思想的堕落"③,并认为从西洋传入的启蒙意识以及口号的滥用是语言危机的具体体现。就"感性颓废"而言,他认为"现代人忘却了沉默,学会了饶舌。……无论何事都要露骨地、杂乱且匆忙地表现出来"④。因为人们受所谓理性主义影响,产生了"想进行说明的欲望"⑤。他还以电影和摄影为例说明使用机械的危害,称"在运用机械时忘记节度,因此不是人征服机械,而是反过来人被机械征服。这种现象在其他领域也屡屡可见。人在无意识中容易成为机械的奴隶"⑥。就"效率精神的影响"而言,他首先提出了"机械的发达使效率大幅提高,这种文明的特质是否给我们的精神施加压力,并使之扭曲呢?"⑦这样的问题,他给出的当然是肯定的结论。他举例说,乘坐火车不时,人们欣赏不到松尾芭蕉的《奥之细道》中描写的风景。

---

① 河上彻太郎等:《超越近代——知性协作会议》,(东京)创元社,1943年,第5页。
② 同上书,第4页。
③ 同上书,第7页。
④ 同上书,第10页。
⑤ 同上。
⑥ 前引河上彻太郎等:《超越近代——知性协作会议》,第12页。
⑦ 同上书,第13页。

他认为"我们在短时间内不得不接受现代文明的洗礼,这种命运成为一种习性,是一种精神危机"[①],对现代文明采取了敌视态度。

基于这样的认识,他认为"现在我们正在进行的战争,对外是为了扑灭英美势力,对内则是为了根治近代文明所带来的精神疾病,这是圣战的两个方面,忽视任何一个方面都不利于战争"[②]。在文章的结尾,他甚至还宣称"比战争更可怕的是和平。……比起奴隶的和平,不如选择王者的战争"[③]。他的这种表述非常露骨,是真正意义上的"口号的滥用"。龟井还在座谈会上补充说,"明治以后的文明的特点,一言以蔽之就是'全人格的丧失'"[④],他认为这是因为欧洲的末期文化"迅速传入日本,使日本丧失了精神统一性"[⑤]。加藤周一曾一针见血地指出日本浪漫派"用言辞上的点缀来魅惑人们……编造出了战争在感情上予以肯定的方法……利用了外来思想中无法掌握的部分而热衷于国粹主义"[⑥]。很显然,加藤对日本浪漫派的这一定性同样适用于龟井。

二、京都学派的"东洋的宗教性"论

"京都学派"的核心人物为西田几多郎、田边元,主要成员有所谓"四天王"西谷启治、高坂正显、高山岩男、铃木成高。与日本浪漫派的龟井主要通过诉诸情感来赞美侵略战争不同,京都学派主要通过哲学理论来将侵略战争合理化。我们先来看一下西谷启治(1900—1990 年)的相关言论。

西谷在提交给《文学界》座谈会的题为《"超越近代"私论》的文章中对西欧近代的形成过程进行了描述,他认为"近世在文化上因为宗教改革、文艺复兴和自然科学的形成这三次运动而与中世纪彻底诀别"[⑦],这种分裂状态带来了宗教对世界和人性的否定、自然科学对人性的忽视以及文艺复兴和

---

① 前引河上彻太郎等:《超越近代——知性协作会议》,第 14—15 页。
② 同上书,第 15—16 页。
③ 同上书,第 17 页。
④ 同上书,第 258 页。
⑤ 同上。
⑥ 加藤周一著,彭曦、邬晓研译:《何谓日本人》,南京大学出版社,2008 年,第 150 页。
⑦ 前引河上彻太郎等《超越近代》,第 20 页。

人道主义对人性的全面肯定。这些"包含相互冲突和分裂的西欧文化在维新以后也渗透到日本,日本因此出现了统一的世界观的形成基础走向瓦解的危险,以及人在把握自己时陷入混乱的危险"[1]。西谷强调西洋文明给日本带来的危害,并提出了消除这种危害的方案。他说"主体的无的立场,很显然这是东洋的宗教性特色。我认为只有这种东洋的宗教性才能解决西洋近代的宗教、文化与科学的关系这一难题"[2]。然而,西谷也意识到"觉醒于这种无的立场原本是十分困难的"[3]。因此,他将这种抽象的立场与"灭私奉公"这种极为现实的道德规范直接联系起来,劝告日本国民消灭私欲来全身心报国,以使国家能够强化内在统一,集结全社会力量来推动战争。总之,西谷试图以"主体的无"为基础重新实现世界观的统一,以便使日本的传统精神为"树立新世界秩序和建立大东亚这一课题"服务。[4]

众所周知,"树立新世界秩序"是日本发动太平洋战争的"大义名分",而"建立大东亚"则是对侵华战争的粉饰,两者既有区别,也有联系。京都学派在1942年3月4日举行了题为"东亚共荣圈的伦理性与历史性"的第二次座谈会,西谷对"大东亚建设"的方法进行了具体说明。他说"我认为,最大问题是如何体现东亚的伦理性或者道义性,也就是如何体现'道义的力量'。……问题的根本在于,必须让(中国)认识到日本在大东亚的建设方面占主导地位,而且必须占主导地位,这是历史的必然性。……这样一来,会和中国人的中华思想发生冲突,但中国之所以没有被列强分割为殖民地,是因为日本强大、日本为此付出了努力,这一点要让中国人意识到。也就是说,我们要唤醒中国人对世界史的认识,来消除他们的中华意识,让他们与日本合作建设大东亚"[5]。这与当时的日本东洋史学的认识体系如出一辙。韩国学者柳镛泰指出:日本的东洋史学认为日本"融合东洋的古代文明(仅限于中国和印度)和西洋的近代文明,成为了亚洲唯一的文明国家。在日本看来,落后的东洋(当然不包括日本在内)必须在日本的指导下实

---

[1] 前引河上彻太郎等《超越近代》,第23页。
[2] 同上书,第28—29页。
[3] 同上书,第28页。
[4] 同上书,第32页。
[5] 藤田亲昌编:《世界史立场与日本》,(东京)中央公论社,1943年,第382页。

现文明化"①。如前所述,西谷启治为了说明日本成为世界历史舞台主角的必然性,主张用"东洋的宗教性"来克服西洋近代的分裂状态,采取的是"反近代"的立场。然而,在说明日本成为"大东亚共荣圈"盟主的必然性时,西谷所依据的理由是日本比中国强大。而日本的强大,很显然是明治以来欧化="近代化"的结果。因此,在这个问题上,西谷采取了"近代"的立场。在他的言论中,日本在与欧美对抗时自居为"东洋"的代表,而在压制中国时则以"近代化"的发达国家身份出现。他可以根据不同的需要,时而将近代当作必然被日本超越的外在对象,时而将之当作证明日本民族优秀的依据。也就是说,在对"近代"进行价值判断时,西谷采取了双重标准,这使得西谷的"超越近代"论深深陷入了自我矛盾之中。不过,西谷的上述观点并非他的首创,他所属的京都学派在卢沟桥事变之后就已基本形成了这种观点,西谷只是扮演了发言人的角色。为了更准确地把握京都学派在这个问题上的立场观点,让我们对京都学派的两个重要人物即西田几多郎和田边元的"超越近代"论进行梳理分析。

西田几多郎(1870—1945年)将西方哲学与东方思想融合起来,建构了以"场所""绝对无""绝对矛盾的自我同一"等理论为核心的具有日本特色的思辨哲学。西田所说的"绝对无"并不意味着什么都没有、什么也不存在。他所说的"有"和"无"是指能否可见意义上的"有"和"无"。在西田看来,自然界的东西是有形的,因此是"有",而意识世界的东西是无形的,因此是"无"。西田将这些称为"对立的"或者"相对的"有和无。与此相对,他将在根本上包含"有"和"无",并且使两者形成绝对实在的"无"称为"绝对无"。然而,西田并没有考虑"绝对有"的概念,应为"有"的后面最终是"无"。西田哲学十分艰深晦涩,这一点连西田的嫡传弟子高山岩男都承认。② 但西田并不是埋头于故纸堆里的学究,他认为"哲学离不开政治,而政治也离不开哲学"③,因此他积极就时局发表意见。例如,1937年秋,西田在文部省教学

---

① 柳镛泰:"从东洋史到东亚史再到亚洲史:走向认识体系之重构",《江海学刊》2017年第6期。
② 高山岩男:《西田哲学》,(东京)岩波书店,1939年,第7页。
③ 西田几多郎:"学问的方法",《西田几多郎全集》第12卷,(东京)岩波书店,1966年,第393页。

局主办的演讲会上作了题为"学问的方法"的演讲,这次演讲集中体现了西田哲学与"国策"的关联。

在演讲的开头,西田称"明治以来,西洋文化传入,我们学习西洋文化,在东洋实现了伟大发展。而且,我们今后还有许多东西要学,必须始终吸收世界文化来谋求发展"[1]。西田从西方哲学中获得了大量养分,因此他对于输入和学习西洋文化的意义给予了积极肯定,而没有采取盲目排斥的态度。但这只是一种礼节性的表述,关键在于他接下来所说的:"但显然我们不能一直只吸收消化西洋文化,而必须以几千年来我们所采取的东洋文化为背景创造新的世界文化。"[2]作为原则论,这句话并没有什么不妥。然而,一旦涉及"新的世界文化"的具体内容,问题就暴露出来了。西田先是从时间论的角度来阐述这个问题。他认为时间是过去与未来在现在的结合,时间作为矛盾的自我同一体是一种"历史精神"。日本以往脱离世界史的舞台一直孤立发展,经历了许多矛盾与对立。但因为日本拥有皇室,一直保持了自我同一性,形成了"日本精神"。他认为日本现在不再孤立,因而主张"必须从我们的历史精神中(在我们心中)产生世界原理,必须成为皇道的世界"[3]。西田想表明的是:随着日本国力增强,要使"日本精神"成为世界原理,就必须建立皇道世界。为此,西田对欧洲中心主义进行了批判,他认为"欧洲人当中有一种将自己以往的文化视为最为先进的文化这样的倾向,认为其他民族进步之后也会和自己一样。但我认为这是一种狭隘的自负"[4]。他主张"既不能用西洋文化来否定东洋文化,也不能用东洋文化来否定西洋文化……而是要使两者都焕发出新的光彩"[5]。表面上,他采取的是文化相对主义的立场,但其重点在于主张"从东洋文化的立场给世界文化带来新的光芒,为世界文化做贡献"[6],换言之,就是为建设"皇道的世界"做贡献。西田的这些主张,基于他对于世界史的基本认识。他认为"世界在各个时代具有

---

[1] 西田几多郎:"学问的方法",《西田几多郎全集》第12卷,第385页。
[2] 同上。
[3] 同上书,第386页。
[4] 同上书,第391页。
[5] 西田几多郎:"学问的方法",前引《西田几多郎全集》第12卷,第391页。
[6] 同上书,第393页。

各自的课题,并且为了寻求解答而行动"①。这是一种典型的唯心史观。他进而指出,18世纪是个人自觉的时代,19世纪是国家自觉的时代,20世纪则是世界自觉的时代,个人主义(自由主义)、帝国主义、世界史的世界(世界新秩序)分别代表这三个时代的精神。在此基础上,西田阐述了建构"世界新秩序"的具体步骤:"各自觉醒于世界史的使命,各自在切合自己的同时又超越自己,以构成一个世界性的世界。"②这里的"切合自己又超越自己"指的是"依从各自地区的传统,以构成一个特殊的世界"③,并且认为这是"人类历史发展的最终理念,是世界大战所需求的世界新秩序的原理"④。在他看来,"世界新秩序的原理同时也是东亚共荣圈的原理"⑤,而"大东亚共荣圈"必须体现"八纮为宇"的精神。众所周知,"八纮为宇"是基于皇国史观推动侵略战争的口号。简而言之,西田所说的日本为世界文化做贡献的具体内容就是对外侵略扩张。小坂国继认为西田"主张具体的世界(世界史的世界)必须尊重各个国家、民族、地区的传统和个性,并主张国家主义以及民族主义必须具有克服自我的世界性"⑥,因此小坂得出结论说"西田的这些主张既不是反动的,也不是国粹主义的"⑦。这实际上是把西田的诡辩照章全收,是在为西田开脱责任。西田凭空造出"世界史的世界"这样一个概念,以区分于帝国主义。他以为这样一来,日本所发动的对华战争就不具有帝国主义战争的侵略性,同时被日本纳入"东亚共荣圈"的各个国家、民族、地区的传统和个性就得到了尊重,这完全是自欺欺人的逻辑。

西田几多郎1928年退休以后,其职位由田边元(1885—1962年)接替。田边断言"西欧文化已经走入死胡同"⑧,并对其原因进行了分析。他将西欧文化规定为源于知性的"科学文化",认为其源头可以追溯到古希腊。文艺复

---

① 西田几多郎:"世界新秩序原理",同上书,第426页。
② 同上文,同上书,第428页。
③ 同上。
④ 同上。
⑤ 同上。
⑥ 小坂国继:《西田几多郎的思想》,(东京)讲谈社学术文库,2002年,第267—268页。
⑦ 同上书,第268页。
⑧ 田边元:"关于对华文化政策的指导原理之己见",《田边元全集》第8卷,(东京)筑摩书房,1964年,第113页。

兴后,科学文化通过实验科学而具体化,并由此诞生了机器文明。然而,田边认为"机器束缚人的生活,技术不断异化人的生命"①,其结果是,西欧的知识分子要么在宗教中寻求精神上的慰藉,要么陷入虚无主义。他认为基督教本来是有神论的启示宗教,"在科学文化的向上期,科学文化与基督教相互契合;而在下降期,特别是在陷入僵局时,两者完全分离,宗教难以与科学否定性地真正形成媒介。不否定文化,也不打破虚无主义,而是听之任之,只知寻求逃避现实之路,这便是当今西欧主义的危机"②。田边在另外场合也表示过同样观点,他主张"因为科学而发展起来的技术文化原本是人为发展起来的,然而它却成为支配人的枷锁、桎梏"③。他结合欧洲史进行分析,认为在希腊发展起来的科学知性违背人类全体的自由发展。到了近世,这种知性在基督教的伦理宗教精神的统治及指导下对人的发展做出了贡献。他认为:"人的精神和技术的、机器的知性侧面是调和统一的。但当今这种统一瓦解,技术知性束缚着精神。在当今西欧,精神力量不足以驾驭过于膨胀的技术知性。"④针对这种"危机",田边提出了以下解决办法:"通过科学本身的二律背反,自我否定地使科学成为禅的公案,在其否定中对之进行肯定,通过这种转换使科学彻底贯彻于历史性之中,也就是说采取杀即活这种大乘佛教的立场,除此以外别无他法。"⑤在这里,田边明确主张用东洋的宗教(大乘佛教)来超越西洋科学给人类所带来的"灾难"(异化)。而且他认为,在中国的支持下,"日本成为引领新时期世界历史的指导者这一目标自然就会实现"⑥。他之所以相信中国会支持日本,是因为在他看来"中国具有作为禅宗和净土宗发祥地的自信,(对日本)抱有亲近感,因而会产生使命感"⑦。

---

① 田边元:"关于对华文化政策的指导原理之己见",《田边元全集》第8卷,(东京)筑摩书房,1964年,第113页。

② 同上。

③ 田边元:"历史现实",同上书,第163页。

④ 同上书,第164页。

⑤ 田边元"关于对华文化政策的指导原理之己见",前引《田边元全集》第8卷,第113页。

⑥ 田边元:"关于对华文化政策的指导原理之己见",前引《田边元全集》第8卷,第113页。

⑦ 同上。

田边当然明白,中国人因为拥有自己固有的文化而感到自豪,日本人所主张的日本文化的固有性难以让中国人信服。为了克服这个难题,他提到了两点,一是日本对中国佛教进行了独自的发展,二是日本作为西欧科学的继承者,肩负着"被选择"的使命。① 田边认为"尽管日本人作为东洋文化的创造者不及中国人,作为西洋文化的发展者不及西洋人,但日本人作为综合东西两洋文化、创造新时代文化的民族,具有优秀民族的资格。日本领导中国并指导西洋,这便是其文化创造的任务"②。田边一方面基于中日两国文化的相似性来预测中国会支持日本引领世界历史,另一方面又以日本的强大来主张日本应该领导中国。这样一来,田边的超越论同样没有摆脱二律背反的困境。

1938年末,田边提出了"东亚盟协"的构想。他认为"东亚盟协"的直接目的是"使支那民族意识到自己是东亚的一员,日支协作是为了使支那,同时也使东亚从欧美的殖民统治下解放出来"③。为此,他还提出了"北守南进"的策略。具体来说,将华北置于日本的"保护"之下,并确保日本在华南的战略据点,以南北夹击的方式驱逐英国在华势力。尽管如此,他却声称日本对于中国"既没有侵略的事实,也没有侵略的意图"④。田边这样来阐述驱逐英国在华势力的意义:"我认为打破英国势力,在历史动向上是最为必要的。可以预想资本主义、自由主义时代已经走上穷途末路,将之打倒意味着时代的转变。"⑤由此可见,田边的"超越近代"论的目的在于支持对英作战,这也是他主张"要立足于现实,从观念的束缚中解放出来"⑥的真正含义。

三、竹内好对"文明一元观"的批判

竹内好(1910—1977年)是鲁迅作品译介者、文艺评论家,毕业于东京

---

① 田边元:"关于对华文化政策的指导原理之己见",前引《田边元全集》第8卷。
② 同上书,第115页。
③ 同上书,第112页。
④ 同上书,第110页。
⑤ 同上书,第112页。
⑥ 田边元:"关于对华文化政策的指导原理之己见",前引《田边元全集》第8卷,第112页。

帝国大学文学部中国哲学专业,大二暑假期间曾到中国旅行。他后来回忆说"刚到北京,我就有一种难以名状的感觉,也可以说是潜在的憧憬吧。我也非常欣赏北京这座城市的自然风光。不仅如此,我感觉那里的人与自己非常相近"①,他还"认识到我们日本人所思考的中国与实际的中国之间有很大的差异"②,这些引起了他对中国的兴趣。他看到"当时日本还没有翻译和介绍中国的现代文学",因此与武田泰淳等人结成"中国文学研究会",希望"通过探寻生活在现代的邻国人的心灵来改变自己的学问"③。在当时,日本人一般称中国为"支那",竹内却使用了"中国"这个称呼,这体现了他对现代中国的强烈关注。大学毕业后,竹内从1937年起在北京留学两年,1943年应征入伍,在湖南迎来战败。战后,他在庆应大学、东京都立大学任教,1960年5月因反对新安保条约而辞去东京都立大学教授一职,创办了《中国》杂志,并积极推动日本的中国研究。此外,他还就日本文化等问题发表了大量评论,产生了广泛的社会影响。

战败后,竹内对日本近现代史进行了反思。他说,日本"发生了不该发生的战争,其结果是带来了战败这种痛苦。如果不对日本从何时开始走上歧路进行探讨,就无法明确现在的生存理由"④。因此,他对中日两国的近代现代思想文化进行对比,并在美国哲学家杜威、英国哲学家罗素的中国观的启发下,关注中国民族主义的勃兴对中国近现代史的推动作用。他认为是明治以来的欧化政策给日本带来战败这种痛苦。他研究"超越近代"的问题,就是基于这样的课题意识。

1959年,竹内好撰写了一篇题为《超越近代》的长篇论文。他认为,太平洋战争前后的"'超越近代'论可以说是日本近代史难题的浓缩。在总力战的阶段,传统基本核心价值中的对抗关系,例如复古与维新、尊王与攘夷、锁国与开国、国粹与文明开化、东洋与西洋面临了如何解释永久战争理念的

---

① 竹内好:"作为方法的亚洲",《竹内好评论集》第3卷,(东京)筑摩书房,1966年,第398页。
② 同上书,第396页。
③ 同上书,第400页。
④ 同上。

思想课题,'超越近代'论就是为了一举解决这个问题而爆发的讨论"①。竹内将参与"超越近代"问题讨论的人分为三类,即《文学界》同人、京都学派和日本浪漫派,在竹内看来,当时《文学界》是中间分子的重要活动舞台,他们"为了苟延残喘,利用日本浪漫派的国体思想进行自我防卫。此外,作为技穷之策,他们反过来利用国体思想进行了最后的理性挣扎"②。竹内认为超越近代论是建构思想的最后尝试,却以失败而告终。因此,他积极肯定了这种论调的课题意识,称其论者"在提出问题的时候是正确的"③。然而,竹内对"超越近代"论的结果却给予了酷评。他认为,"超越近代论的最大遗产不是它成了战争和法西斯主义的意识形态,它连这一点都不够格。它试图成为一种思想,结果却丧失了思想"④。在竹内看来,"超越近代"论之所以失败,是因为论者们"没有将战争的双重性区分开来,也就是没有将难题作为难题来认识"⑤。竹内希望汲取太平洋战争前后的"超越近代"论失败的教训,通过形成新的思想主体性来实现他们遗留的课题。他表示"为了解决这个难题,我提出一种假说,即日本发动的战争在性质上既是侵略战争,同时也是帝国主义对帝国主义的战争,这种双重性由来于日本近代史的特质"⑥。竹内有时也将战争的"双重性"称为"两个侧面"。基于这样的认识,他一方面承认日本发动的战争的侵略性,例如"这场战争的本质,特别是就中国而言,是一场侵略战争,这一点无法否定。历史研究告诉我们,日本军部和政府没能收拾中日事变的残局,最后出于收拾残局或转换目标的意图,发动了对美英战争"⑦。同时他又说那场战争具有"日本人对亚洲进行主体思考,将改变亚洲命运列入自己的计划中并付诸行动的一个侧面。日本人试图凭借自己的责任来改变亚洲。至少有这样的意图,或者说是以之为旗号,这一点不能忘记"⑧,他承认太平洋战争的双重性或者两个侧面尽管在

---

① 竹内好:"超越近代",前引《竹内好评论集》第3卷,第201页。
② 同上书,第200页。
③ 同上书,第201页。
④ 同上书,第155页。
⑤ 同上书,第201页。
⑥ 竹内好:"关于战争责任",同上书,第210页。
⑦ 竹内好:"日本人的亚洲观",同上书,第83页。
⑧ 竹内好:"日本人的亚洲观",前引《竹内好评论集》第3卷,第83页。

事实上是一体,但他在逻辑上将之区分开来,采取负部分责任而不是全部责任的态度,以从中找出太平洋战争的积极一面。而他对太平洋战争的这种态度自然决定了他对东京审判的态度。

竹内认为"东京审判的检察官以及法官(除了少数意见)采取的都是文明一元观,其文明观的内容与福泽的大致相同"①,他解释说,"文明一元观是指以历史从开化向文明单向演变这种历史观为核心来解释世界的思想"②。他认为日本在明治以来"在文明一元观的基础上实施近代化并决定国策。这种倾向经过日清战争(指中日甲午战争——引者注)验证后固定下来了,并一直持续到1945年,从未改变过。而且,战后这种倾向依然在持续,在某种意义上还被强化了"③。竹内指出,福泽谕吉的文明观源自基佐的《欧洲文明史》,与欧洲古典文明观一脉相承。他认为"东京审判的被告是日本这个国家,原告是文明。文明对作为国家行为的战争进行审判"④。竹内这样主张的逻辑是:东京审判以"破坏和平罪"起诉战犯,"战争是侵略战争,因此是对和平的侵害,当然就是对文明的挑战"⑤,因此"文明"是东京审判的原告。而一般来说,文明有广义和狭义的用法,广义指精神和物质两个方面,而狭义偏重于后者,主要指发达的技术、机械和健全的社会制度。的确,列强在对外扩张殖民时,通常需要坚船利炮这些物质文明作为支撑。虽然列强在对外扩张殖民时往往以传播文明为幌子,然而这并不意味着幌子就是事实。竹内故意将列强用作幌子的言辞照章全收,并将列强的所作所为全部视为"文明"之举。他认为,明治以来日本走的一直也是文明开化的路线。他将东京审判描绘成以一元化的西洋文明观审判日本从西洋摄取的文明这样一幅滑稽的对立构图,以否定东京审判的合法性。

除了"超越近代"论的问题,竹内好还对亚洲主义进行过深入研究。他认为,尽管日本人与其他亚洲国家人"长相相似,但他们的想法和思维习惯却大

---

① 竹内好:"日本与亚洲",同上书,第236页。
② 同上书,第232页。
③ 同上书,第234页。
④ 同上书,第235页。
⑤ 同上。

不相同,因此把他们归为同一类有些勉强"①。此外,他认为不能将日本与中国、印度以"单一的文化形态囊括在一起"②。换言之,他不赞同以文化特征来主张亚洲的共性。他认为只有"在与欧洲对抗的意义上",亚洲才能成为亚洲。③ 基于这样的认识,他说"在某种意义上,日本在东洋各国当中,是东洋特征最不明显的国家",因为日本"很少抵抗"欧洲,④而"日本之所以不抵抗,是因为日本不是典型的东洋国家。同时也没有自我保持的欲求(没有自我),这又意味着日本不同于欧洲。也就是说,日本什么都不是"⑤。因此,为了让日本回归亚洲,需要与亚洲其他国家合作。他研究亚洲主义的目的,就是为了发掘其中的"连带"元素。他甚至认为亚洲主义在"包含亚洲各国的连带(不管是否以侵略作为手段)的意愿这一点上具有共通性,我们不能不承认这一点"⑥,而"连带"则意味着日本与其他亚洲国家共同"抵抗"欧洲的侵略。

　　对竹内来说,鲁迅是宝贵的精神资源。他说"我与鲁迅相遇,对我来说,是一个事件"⑦,"从鲁迅的反抗中,我找到了理解自己心情的线索。我开始思考抵抗这件事,是在那之后。如果问我抵抗是什么,我只能回答,'就像鲁迅那样'。而抵抗在日本要么没有,要么很少"⑧。他致力于鲁迅作品的翻译和介绍,就是为了宣扬鲁迅的"抵抗"精神。在竹内看来,日本一旦具备"抵抗"精神,就具有了亚洲国家的典型特征,就可以克服文明开化路线给近现代日本带来的各种弊端,从而真正"超越近代"。但是,鲁迅的"抵抗"主要针对中国传统的封建礼教,而不是西洋文明。众所周知,鲁迅在《呐喊·自序》中详细讲述了他弃医从文的经历。他父亲被庸医耽误治疗,使他对中医大失所望。他先是到南京学洋务,后来又到日本仙台学医,他"预备卒业回来,救治像我父亲似的被误的病人的疾苦,战争时候便去当军医,一面又促进了国人对于维新的信仰"⑨。但看了日俄

---

① 竹内好:"作为方法的亚洲",前引《竹内好评论集》第3卷,第415页。
② 同上。
③ 同上。
④ 竹内好:"中国的近代与日本的近代",同上书,第23页。
⑤ 同上书,第25页。
⑥ 竹内好:"日本的亚洲主义",同上书,第262页。
⑦ 竹内好:"中国的近代与日本的近代",同上书,第19页。
⑧ 同上书,第24页。
⑨ 鲁迅:《呐喊》"自序"。

战争的纪录片之后,他立志要改变"愚弱的国民"的精神。显然,鲁迅留学日本的目的是要学习日本已经摄取的西学,也就是竹内所说的"文明开化"的成果。事实上,这也是绝大部分清末留日学生的共同想法。这样看来,竹内所理解的鲁迅,是他所需要的鲁迅,并非真正的鲁迅。

以上围绕日本与亚洲的关系问题,对福泽谕吉的"脱亚"论,以及以冈仓天心、内田良平、三木清为代表的"兴亚"论,以日本浪漫派、京都学派、竹内好为代表的"超越近代"论进行了论述。近代以来,日本将效仿的榜样从中国转向西洋,"脱亚"与"入欧"同时进行。福泽在启蒙时期主张个人的平等,并试图将这种价值观推及国与国之间,其目的是保持日本的独立。然而,一旦日本摆脱了沦为殖民地的危险,福泽就放弃了启蒙时期的平等观,转而主张效仿西洋以武力压制亚洲其他国家,以使之成为日本与西洋对峙的防波堤。他的"脱亚"论同时带有浓厚的亚洲主义色彩。内田表面上主张亚洲的事务应由亚洲民族自己做主,其真正目的在于排斥欧美等竞争对手,垄断日本在亚洲其他国家所攫取的权益。他所称的亚洲主义在本质上是侵略扩张主义,因此与皇国史观构成一体的关系。三木作为接受过马克思主义洗礼的哲学家,他对日本文化与外国文化的关系的认识要相对理性一些。他参加"昭和研究会",幻想借助近卫文麿的政治影响力来推动日本国内的改革。然而,他对日本发动的侵华战争的本质缺乏认识,他的"亚洲协同体"构想与"大东亚共荣圈"构想并无不同。因此,他最终还是成了日本帝国主义的帮凶。日本浪漫派的龟井胜一郎用诉诸情感的方式对西洋文明给日本带来的危害进行了声讨,疯狂赞美日本发动的对外侵略战争。京都学派的西谷启治主张呈分裂状态的西洋近代文明传入日本,给日本带来了危机。他主张以东洋"无"的哲学来消除这种危机。这种思想在京都学派的创始人西田几多郎及其传承者田边元那里已经成形,西谷只不过代言了该学派的观点。竹内好积极肯定战败前的"超越近代"论的课题意识,强调日本的对外侵略战争具有"双重性",试图以此找出日本发动太平洋战争的积极意义,并以此质疑东京审判的合法性。总之,尽管这些论者的观点各异,但都无一例外地沦为日本对外侵略扩张的理论工具或辩词。如果说近代以前日本人的文化认同主要围绕日本本土文化与中国文化的关系展开,那么近代以来,随着与西洋文化的接触与冲突,日本人的文化认同中又出现了西洋文化这一新维度,从而使问题变得更加复杂。

第七章 对普适性的追求

卢沟桥事变后,第一次近卫文麿内阁出台了《国民精神总动员纲要》,强制日本国民协助对外侵略战争。1925年,原本为了取缔日本共产党的活动而颁布的《治安维持法》也被用来镇压反对对外侵略战争的思想与言论。战败后,《治安维持法》被废除,之前被压制的思想有了表达的机会,出现了对使日本走上军国主义道路的体制及其背后的价值体系的反思与批判,以及对日本未来发展方向的探索。相关论者不以某种事物是否为日本所独有为判断标准,而是以其是否合理为标准,试图建构起具有普适性的价值体系。本章将分析小说家坂口安吾、日本政治思想学者丸山真男、评论家加藤周一的相关主张和观点。

第一节 坂口安吾的"堕落论"

坂口安吾(1906—1955年)是日本近现代小说家,出生于新潟市的大地主家庭,本名炳五。20岁中学毕业后,他一边在小学代课一边进行文学创作。次年,进入东洋大学印度哲学专业。1931年,发表了《风博士》以及《黑谷村》,这些作品得到了岛崎藤村等知名作家的肯定,因此成为新进作家。1943年,发表了评论《日本文化私观》。战败后,又发表了评论《堕落论》,以及表现其人生观的小说《白痴》,这些作品给处于虚脱状态的日本人带来了极大冲击。坂口与石川淳等人被称为新戏作派或无赖派作家,在战败之初成了日本文坛备受瞩目的旗手。此后,坂口创作了《樱花林的盛开下》《洗青鬼兜裆布的女人》、历史小说《织田信长》、推理小说《不连续杀人事件》等作品。1949年,他因大量服用安眠药和兴奋剂,导致药物中毒。1950年,他以

《安吾巷谈》继续报道社会现状,引起了社会的关注。本节将对坂口的日本文化观进行梳理分析。

一、"没有救赎的救赎"

坂口在13个兄弟姐妹中排行倒数第二,他从小受到溺爱,形成了叛逆的性格。他曾回忆说"不论是在家中、邻里,还是在学校,我都被人嫌弃,不知不觉对世人傲然以白眼相视了"①。他叛逆是为了追求自由,他说"真正的自由人最终必然成为叛逆者。如果耶稣、孔子回到现世,经历从小走到大的成长之路,他们既不会成为神,也不会成为圣人,而会成为叛逆者、罪人,成为愤世嫉俗、自以为是的傻瓜、疯子。自由人的宿命,尽管不会像他们那样伟大,但终究不可避免地要走上类似的道路。因为自由总是一边向着天堂,一边穿过地狱之门,在地狱中徘徊"②,这样把自己的性格投射到耶稣、孔子身上。他热爱文学,特别喜爱谷崎润一郎、巴尔扎克等人的作品,他说"从十六七岁起,我脑子里想的全是如何写小说,从未考虑过除了当作家还能做什么"③。他曾在中学课桌上刻写了"我是伟大的落伍者,总有一天要名留青史"④,这体现了他对文学创作的热爱与执着。他在东洋大学的专业为佛教,但他表示"从未想过去当和尚,也没有探索救赎之道的念头",他认为"文学或许是我个人的宗教"。⑤ 可见他是将文学创作视为人生的唯一依托。在战败之前,他的文学创作并不是十分顺利。平野谦认为坂口"在直到战败的漫长岁月里,不得不忍受被边缘化的境地"⑥。坂口大量服用安眠药甚至吸毒,就是为了克服长期不得志带来的焦虑。他在文学创作上的曲折

---

① 坂口安吾:"走向何方",《定本坂口安吾全集》第3卷,(东京)冬树社,1968年,第66页。
② 坂口安吾:"我的小说",《坂口安吾选集》第2卷,(东京)银座出版社,1948年,第174页。
③ 坂口安吾:"分裂的感想",《定本坂口安吾全集》第13卷,冬树社,1971年,第46页。
④ "坂口安吾年谱",伊藤整等编:《日本现代文学全集》90,(东京)讲谈社,1967年,第433页。
⑤ 同上。
⑥ 平野谦:"作品解说",同上书,第421页。

经历使他对人生、对社会有更多的思考。1941年10月,坂口发表了评论《文学的故乡》。在该文中,他讲述了三个匪夷所思的故事,即夏尔·佩罗的童话《小红帽》、狂言《大名哭鬼瓦》、芥川龙之介与农民作家的对话。第一个故事《小红帽》讲的是一个被叫小红帽的可爱少女像往常一样去找森林里的老太婆。不料大灰狼变成老太婆,吃掉了小红帽。第二个故事狂言《大名哭鬼瓦》讲的是大名在家臣的陪同下去寺院参拜,他看到寺庙屋顶上的鬼瓦哭了起来。家臣问其缘由,大名说那鬼瓦很像自己的妻子,所以越看越难过。第三个故事讲的是一个农民作家时常到芥川家拜访,有一次他带去了自己写的小说。小说中描写一个农民生了孩子,但因为太穷而无法养活,于是杀死孩子并将其装进油罐里掩埋了。芥川问那个农民作家,"真的有这种事吗?"农民作家回答说"那是我做的",并还反问芥川"你觉得这样不好吗?"芥川无言以对。坂口认为这三个故事的共同特点是没有提倡某种价值观,而是直接呈现了残酷无情的现实,使人无法逃避。他说"这三个故事传递给我们的宝石般冰冷的东西,不就是绝对的孤独即生存本身孕育的绝对孤独吗?"①他认为这种黑暗中的孤独无可救药,而"悲惨、无药可救,这是唯一的救赎,就像没有道德本身就是道德一样,没有救赎本身也是一种救赎"②。他把这种比宿命更沉重、更不可思议的惨淡状态视为"文学的故乡"或者"人类的故乡"。他认为具有建设性的文学、道德等都必须建立在这个"故乡"之上。因此,他说"小说本来就是有毒的东西,因为那是从苦恼和悲哀中诞生的。没有苦恼和悲哀的人,读小说会有一种被毒蛇咬伤的感觉。那种人没必要去读,读了也没用"③。他还说"我是一个文学家,一个天生的怀疑者,一个到死都怀疑人类和人性的人"④。对于日本传统审美意识中的"枯淡的风格"和"寂寥",坂口持否定态度。他表示"我不能认同'枯淡风格'或'寂寥'这类说法。总之,这完全是一种逃避的态度。站在这种态度的对立面来看,人类的根本存在于肉体、欲望、生死的纠葛之中,人经常被卷入这种纠葛之中并

---

① 坂口安吾:"文学的故乡",《定本坂口安吾全集》第7卷,(东京)冬树社,1967年,第115页。
② 坂口安吾:"文学的故乡",同上书,第116页。
③ 坂口安吾:"我的辩白",同上书,第290页。
④ 坂口安吾:"献给特攻队",《希望》第2卷第2号,1947年2月。

因此感到烦恼和痛苦。然而,'枯淡的风格'和'寂寥'的人生态度直接肯定这种肉体和欲望的纠葛,丝毫无所作为,而且自己也不会从中受到伤害和感到疼痛,还以此作为最高境界……所谓人生的'枯淡风格',就是通过抹杀自我烦恼的批判精神而产生的风格"①。由此可见,敢于直面残酷的现实,在绝望的孤独中追求救赎,这是坂口的文学观乃至人生观的基础,他的文学创作以及日本文化评论都是在这样的立场上展开的。

二、"生活优先"的文化观

在太平洋战争爆发后不久的1942年2月,坂口直接借用了德国建筑家布鲁诺·陶特的日本文化论的书名,发表了《日本文化私观》一文,表明了对所谓日本传统文化的不屑态度。陶特是犹太裔德国人,他为了逃避纳粹的迫害于1933年5月至1938年1月流亡日本,留下了大量关于日本建筑以及日本文化的论著,其中最著名的是《欧洲人眼中的日本》(日文版1934年)和《日本文化私观》(日文版1936年)。他在离开日本时表示,"我在日本遇见了许多美好的事物。一想到日本近代的发展以及现代化事物的力量,就总觉得这个国家正面临某种令人恐惧的灾难"②。陶特主张日本应该保持传统,抵制现代化。他的观点与本书第六章第三节中所论及的"超越近代"论有相似之处。坂口以揶揄的方式与陶特针锋相对,他在该文开头就坦言自己"没去看过布鲁诺·陶特赞不绝口的桂离宫,出生于陶特所称的日本最庸俗的城市新潟,喜爱陶特所鄙视与厌恶的上野至银座的街道以及霓虹灯,完全不懂茶道的规矩,只知一醉方休,在家孤零零地待着,对壁龛不屑一顾"③。总之,陶特所推崇的所谓日本传统的美好事物完全与自己无关,而且他丝毫没有迎合陶特趣味的意思。在坂口看来,"被称为传统、国民性的这些特性当中隐藏着欺瞒"④,他反对以过去的做法作为看待事物的标准,称"过去发生在日本的事情,不能因为它发生过了,就可以称之为日本固有

---

① 坂口安吾:"排斥枯淡的风格",前引《定本坂口安吾全集》第7卷,第70页。
② 藤岛亥治郎:《布鲁诺·陶特的日本观》,(东京)日本放送出版协会,1940年,第266页。
③ 坂口安吾:"日本文化私观",前引《定本坂口安吾全集》第7卷,第122页。
④ 坂口安吾:"日本文化私观",同上书,第124页。

的事物。在国外形成的习惯可能更适合日本，在日本而不是在外国形成的习惯可能更适合外国人"①。由此可知，坂口并非以是否为原生的、固有的作为判断文化优劣的标准，而是主张根据"生活的需要"来对文化进行取舍。他说"每当故乡的古老面貌被破坏，出现欧美风格建筑时，许多日本人更多是感到喜悦，而不只是悲伤。……比起传说中的美或者日本的本来面貌等，人们需要更加便利的生活。即便京都的寺庙和奈良的佛像全被毁灭也没有什么关系，但电车停运就会比较麻烦。对我们来说，重要的是能够满足生活的基本需求。即便古代文化全被毁灭，只要我们的生活还在继续，我们的独特性也将得以保持"②。这种观点乍看有违常识，但坂口是以这种极端的方式强调现实生活需求的重要性，因此荒正人称之为"非理性主义者的理性主义"③。在坂口看来，尽管西洋人觉得日本人的模仿行为滑稽可笑，但只要这种模仿能够满足日本人的生活需求，就没有必要在意西洋人的看法。实际上，坂口在《日本文化私观》中的观点也散见于战败前的其他评论之中。例如，在1936年12月的《日本精神》一文中，他说"以独立的形式来谈论把握日本精神，这在当今是非常困难的。……我们的生活既是日本式的，同时也是非常世界式的。如果将之从自然的潮流中隔离开来，为了形式反而会失去自然的精神，那只会变成概念化的日本人"④，这表明了他重视生活需要，反对以某种预设的价值标准对文化进行取舍的态度。如前所述，当时正值支持日本的对外侵略扩张的"超越近代"论盛行的时期，坂口提出上述观点，需要极大的勇气和非凡的胆识。

1950年7月初，京都的金阁寺被人纵火烧毁。同年10月，坂口发表了《我的人生观之五——国宝烧毁无妨论》一文，称"关于金阁寺被烧毁一事，许多有识之士在报纸、杂志上宣称这是国家的一大损失，我完全不赞成这种观点"⑤。他引用了《方丈记》中的观点以及黄河治水的例子，认为"有生者

---

① 坂口安吾："日本文化私观"，前引《定本坂口安吾全集》第7卷，第124页。
② 同上。
③ 《定本坂口安吾全集》第10卷，（东京）冬树社，1970年，第515页。
④ 坂口安吾："日本精神"，《新潟新闻》1936年12月4日付夕刊。
⑤ 坂口安吾："我的人生观之五——国宝烧毁无妨论"，前引《定本坂口安吾全集》第7卷，第604页。

灭,木造之物毁于火,这是理所当然的事情。与火和地震斗争是愚蠢的行为,今后人们会搬到用钢筋混凝土建造的房屋中,任凭木造建筑被烧毁或倒塌,这丝毫没有关系"①。坂口进而指出,"虽然说金阁寺的消失是文化财产的一大损失,但我参观过大部分国宝建筑物,无论是金阁寺、银阁寺还是法隆寺,都算不上美丽。只有在熟悉历史、美术史的基础上,将各种情况综合起来,才能勉强接受这种历史之美"②。他认为传统建筑的美感是人为地建构起来的,而不是自然形成的。他承认金阁寺是一种观光资源,但他认为在广岛和长崎建造和平纪念公园能吸引更多的海外观光客,是更佳的观光资源。因此,他主张与其哀叹金阁寺被烧毁,不如积极推进广岛、长崎的公园建设计划。他主张"面向未来建设文化,这比回到过去探寻文化更为重要。必须以征服一切人类生活的敌人,提高和稳定我们的生活作为文化的正确目的"③,认为"文化在根本上应该有助于提高人类生活水平"④。这表明生活优先的文化观是坂口的一贯主张。

三、回归本真的"堕落论"

坂口的叛逆性不仅表现在个人生活层面,还体现在他对日本民族特性的反思之中。在1935年的《关于日本人——答中岛健藏先生》一文中,他说"我有时对自己身为日本人感到厌烦。当然这不好,但有时确实会有这种情绪。……日本人缺乏宗教心,容易放弃,并且还存在非理性的爱他之心。热情本应该是个人利益的驱动力,但日本人从未被教导过如何追求热情,反而习惯了半途而废。相较于追求个人正确的欲望,日本人更在意他人的看法。尽管人们深知这很愚蠢,憎恨这种意识,但人们仍无法摆脱长期养成的习惯"⑤。他认为日本人过于在意别人的看法,难以保持自己的本性。他的这种观点,在日本战败后发展为著名的"堕落论"。1946年4月和12月,坂口

---

① 坂口安吾:"我的人生观之五——国宝烧毁无妨论",前引《定本坂口安吾全集》第7卷,第604页。
② 同上书,第605页。
③ 同上书,第606页。
④ 同上。
⑤ 坂口安吾:"关于日本人——答中岛健藏先生",前引《定本坂口安吾全集》第7卷,第68页。

相继发表了《堕落论》和《续堕落论》这两篇文章。在大多数日本人因为战败而沮丧时,坂口却对此表示欢迎,因为在他看来,战败是日本得以重生的良机。他的这种观点给当时的日本社会带来了震撼。在《堕落论》中,坂口列举了战败后半年间世态的巨大变化,他认为"不是人变了。人本来就是这样,变的只是世态的表皮"①,这表明他将战败后世态的变化看成人性的回归,而不是人性的丧失。他以战争期间军部禁止作家写战争遗孀的恋爱故事的做法为例,对武士道和天皇制的本质进行了剖析。他认为"古代武士需要通过武士道来抑制自己和部下的弱点"②,因为如果没有武士道这种规则的约束,武士就不会成为"忠臣孝子",就会心甘情愿被俘以保全性命,就不会去冒死作战。因此,坂口认为"武士道是对人性和本能的禁止规定,是非人道的、反人性的"③,而且他认为"天皇制与武士道性质相同"④。在坂口看来,贵族和武士了解日本人的特性,他们通过崇拜傀儡天皇来体现自己的权威,天皇是他们玩弄权术的"大义名分"。总的来说,他将这一切归结为统治者的需要。他说"我喜欢伟大的破坏,顺从命运的人的姿态有一种莫名的美感"⑤,这表达了他希望这种传统统治秩序早日瓦解的强烈愿望。在《续堕落论》中,坂口对以农村文化为代表的日本传统文化以及以天皇制为象征的日本传统支配体制进行了批判。就农村文化而言,坂口认为其特点并非淳朴,而是排外、缺乏对他人的信任、多疑、斤斤计较、狡猾自私、背信弃义等。就天皇制而言,他认为"只要天皇制继续存在,这种历史的骗术就将残留在日本人的观念中发挥作用,因此无法期待日本有真正的人性存在"⑥。他将天皇制视为扼杀人性的制度,呼吁"我们必须从这种充满封建遗制骗术的'健全道义'堕落,赤身裸体地降临到真实的大地上。我们必须从'健全道义'堕落,回归到真实的人"⑦。在1946年6月的《天皇小论》一文中,坂口指出"要想从日本的知性中消除封建的欺瞒,就必须使天皇成为普通的天

---

① 坂口安吾:"堕落论",前引《定本坂口安吾全集》第7卷,第197页。
② 坂口安吾:"堕落论",同上书,第198页。
③ 坂口安吾:"堕落论",同上书,第199页。
④ 坂口安吾:"堕落论",同上书,第200页。
⑤ 坂口安吾:"堕落论",同上书,第201页。
⑥ 坂口安吾:"续堕落论",同上书,第242—243页。
⑦ 坂口安吾:"续堕落论",同上书,第243页。

皇,使历代皇陵以及三种神器等成为科学研究的对象,消除其神性"①。即使在今天,坂口的这种言论也是非常大胆的,宫内厅至今仍不允许对天皇陵进行考古调查,本乡和人将这种情形称为"科学的历史的空白"②。坂口在1948年1月称"没有人对天皇的权威进行批判。这是一种宗教般的狂热信仰,其性质与邪教教主与信徒的结合丝毫无异。跪地膜拜超人的高贵者,这种行为是不自然的狂热信仰,是令人悲伤的蒙昧之举"③,他将天皇称为邪教教主,其批判之激烈非同一般。在1948年10月发表的《战争论》一文中,他对日本战败表示欢迎,因为在他看来,战败所带来的好处大于损失,因为"德川时代以来,准确地说,从记纪时代起开始,一直以来存在的唯我独尊性和封闭性终于第一次有了打破的机会……我认为仅凭这一点就足以说明它是日本史上最大的收获"④。他还指出,"军人利用天皇制,导致了日本今天的悲剧。战败之后仅仅过了三年,不汲取教训再次犯下愚蠢的错误!为了求得一时的安定,这样做或许很方便。但这种安逸是一种罪恶,不汲取教训也是一种罪恶"⑤,对天皇制未被废除表示出了强烈愤慨。由此可以看出,坂口的"堕落论"坚决拒绝以天皇制国体为代表的日本传统价值体系,其目的在于恢复被颠倒的价值体系,使被扼杀的人性获得新生。他以"自甘堕落"的方式来否定批判现实,这种方式更加适合孤军奋战的文学家,因为它既不需要复杂的理论,也无需组织运动,只需呼吁读者。他说"文学是血肉之躯的文明批判之书。……文学的作用常常是反叛的、斗争性的、破坏性的。通过破坏促进内涵的增加,起到建设的萌芽作用,文学能发挥这种破坏作用就足够了"⑥,表明了他以文学为武器开展文化批判的态度。实际上,坂口战后的日本文化评论产生了巨大影响,使他一跃成为最受关注的作家,他的创作也因此迎来高产期。据高畠纯夫考证,坂口在战后10年里共发表

---

① 坂口安吾:"天皇小论",《文学时标》1946年6月1日。
② (电子版)本乡和人:《空白的日本史》,(东京)扶桑社,1919年,第1章"神话的世界——科学的历史的空白"。
③ 坂口安吾:"献给天皇陛下的话语",前引《定本坂口安吾全集》第7卷,第403页。
④ 坂口安吾:"战争论",同上书,第496页。
⑤ 坂口安吾:"战争论",同上书,第500页。
⑥ 坂口安吾:"文学总是叛逆的",前引《定本坂口安吾全集》第7卷,第26页。

了388篇作品,总计近250万字。① 坂口对天皇制的批判,也是政治学家丸山真男所共有的课题意识。可以说,坂口对日本传统文化的批判推动了战后民主改革的浪潮。

第二节　丸山真男对"超国家主义"的批判

丸山真男(1914—1996年),日本政治思想史学者,日本战后民主主义倡导者,曾任东京大学法学部教授。他在少年时代受到知名记者长谷川如是闲的民主主义思想的影响,在第一高等学校就读期间曾参加"唯物论研究会"组织的活动,并因此遭拘留。1934年考入东京大学法学部政治专业,就读期间受到"讲座派"马克思主义的影响。毕业后留校任助教,在南原繁的建议下研究日本政治思想史。1944年被征兵至朝鲜,次年8月15日作为一等兵在广岛迎来战败。丸山被拘以及从军的经历使他对日本军国主义的危害有了更具体更直观的认识。其学术研究被称为"丸山政治学"或者"丸山思想史学",对日本战后思想产生了极其深远的影响。

一、解构儒教思维方式

丸山刚留校担任助教时,主要关注江户时代荻生徂徕的古学以及本居宣长的国学思想,他"尝试将从朱子学到徂徕学的过程作为朱子学思维方式瓦解过程来把握"②,以"探寻儒教乃至国学的展开过程中隐约出现的某种近代性的源泉"③。在战败后的1947年,他在题为《福泽向"实学"的转换》的论文中指出,"儒教中的天人合一思想在宋学中以太极即理作为支撑,人与社会、自然由太极贯通起来了。由此形成的天理(天道)构成宇宙秩序,当天理内在于人性时成为本然之性,当天理体现在社会秩序时则成为君臣、父

---

① 高畠纯夫:"坂口安吾的成果及其背景",东洋大学《日本文学文化》16号,2016年。
② 丸山真男:"日本思想史的古层问题",《丸山真男集》第11卷,(东京)岩波书店,1996年,第161页。
③ 同上书,第188页。

子、夫妻、兄弟、朋友之'伦'"①。在丸山看来,宋学主张人们皈依社会秩序,是因为这种秩序是人性的根本规范,无法被取代。同时,社会秩序与宇宙世界是相互连接的,它们在永恒循环中不断被再生产。人类受制于社会的束缚,而社会受制于自然。这三者之间贯穿着太极或天理的原则即"诚为天道"。伦理性的核心概念"诚"本来就是与自然和人类相统一的。丸山将人类社会与自然现象之间的类比关系视为以朱子学为代表的儒学思维方式的最大特征。在丸山看来,在这种思维方式当中,人类社会的规范与自然规律之间没有明确的界限,而是具有某种共通性,这种共通性构成等级社会秩序的正当性的源泉。丸山还说"在等级社会关系贯穿全社会的地方,人从出生时就被指定在一定的社会位置上,其环境对他来说被固定成命运般的东西。所有人将对他来说的先天位置作为'本分'来遵守,这成为整个社会秩序稳定的基础。生活意味着传统和因袭的单纯再生产,就如同四季循环。在这里,社会不是由主体的人来担负,对作为所与的社会秩序的依存成为人的本来状态。这种对先天环境的依存成为一种'价值',而试图从中脱离则是'反价值'"②,他将安分守己视为儒教道德规范最本质的特征。1948年,丸山担任东京大学法学部"东洋政治思想史"课程,对江户时代的政治思想史的变迁进行了全面深入的解读。他指出,以儒教思维来看,近世初期的封建社会是宇宙秩序的一部分,其基本社会关系是宇宙秩序的延伸。"五伦"和"五常"是表征这种基本社会关系的重要规范,它们与支配宇宙秩序的自然法则相连续,也与人的先天本性相一致。在这种观念中,个人、社会和自然三者构成了一个不可分割的整体,它们被一根"粗线"贯穿。五伦和五常既是人的本性,也是自然法和自然规律。因此,宇宙的自然秩序在构成万物的内在关联中形成了大的和声,并与此相对应,被纳入社会中的有序的"等级制度"当中。每个人根据自己的命运履行着与其社会地位和职能相应的责任,从而确保了封建社会的有机统一。总而言之,"对于封建社会的人来说,封建统治关系是无形的自然秩序在社会关系中的体现……在这种

---

① 丸山真男:"福泽向'实学'的转换",《丸山真男集》第3卷,(东京)岩波书店,1995年,第119页。

② 同上文,同上书,第120页。

观念中,人被社会身份所束缚,而社会身份又被自然所束缚。因此,人类的存在方式除了顺应并皈依于永恒循环的所谓无时间性的自然秩序之外,别无他法。因此,人类的终极境界是与宇宙秩序同一,即将社会秩序与自我之间的紧张关系缩小到最小程度"①。丸山认为,在这样的思维方式下,不可能形成对"独立于人类价值的纯粹外在客观的自然"②的认识,无法科学客观地认识世界。因此,对上述儒教思维方式的解构,是丸山思想史研究的第一步。当然,他在解构旧的思维方式的同时,也试图建构新的思维方式,即近代的理性思维。

二、近代日本思想特质的析出

丸山从部队复员的1945年12月,撰写了《近代思维》一文,表明要静下心来深入研究"日本近代思维的成熟过程"③。在他看来,太平洋战争爆发前后风行一时的"超越近代"论让人感到"悲惨和滑稽"④,日本不曾真正形成近代的理性思维,因此根本谈不上如何超越,这是他对战败后自身学术研究出发点的重新确认。丸山指出,"将近代理性的这种行动性格表现得淋漓尽致的,就是所谓的实验精神。将近代的'穷理'从中世纪分离出来的正是实验。理性不仅仅停留在对本质的观察上,还通过实验对自然进行主体性的重构,不断向新领域前进。近代科学的惊人成果就在这里开花结果"⑤。他认为近代理性思维的最大特点在于重视实验,而且这种实验的精神并非只局限于自然科学,还可以适用于政治、社会等人文领域。丸山研究日本政治思想史,就是为了以这种科学的态度探寻日本何以迅速走上近代化道路,却又未能真正成为近代国家的深层原因。

丸山在日本战败后次年3月撰写了长篇论文《超国家主义的逻辑与心理》,该文发表于《世界》杂志1946年5月号,引起了极大的反响。该文旨在

---

① 丸山真男:《丸山真男讲义论》第1册,(东京)东京大学出版会,1998年,第92—93页。
② 丸山真男:"福泽向'实学'的转换",前引《丸山真男集》第3卷,第119页。
③ 丸山真男:"近代思维",前引《丸山真男集》第3卷,第3页。
④ 同上。
⑤ 丸山真男:"福泽向'实学'的转换",前引《丸山真男集》第3卷,第122页。

对"长期奴役日本国民,并向世界发动这场侵略战争的意识形态的主要因素"①,即对被同盟国称为"超国家主义"或者"极端国家主义"的思想进行深入剖析。他认为"国民意识如此低下,不单单有外部权利组织方面的原因,渗透到这种机构当中并使国民心理倾向和行为都流向相同方向的心理强制力才是问题的核心之所在"②,因为日本"不存在自由的主体,每个人不是凭自己的良心来制约其行动,而是由上级(因此接近终极价值)来规定"③,在这样的精神状态下,人们往往通过将上级对自己的压抑随意依次转嫁给下级来维持整体上的平衡,他认为这是"近代日本从封建社会继承下来的主要遗产之一"④,主张以这个问题为线索来探寻"真正变革"日本国民精神的途径。丸山日本思想研究的成果凝结在《日本的思想》(1961年)一书当中,他分析出的近代日本思想特征主要有三个,即(1) 思想坐标的缺失,(2) 近代天皇制的宗教性,(3) 近代天皇制下臣民的无限责任与统治者的无责任。

就第一点的思想坐标的缺失而言,丸山认为日本在历史上没有形成自己的思想坐标轴,这使得外来文化"杂乱相处,相互间的逻辑关系及其应处的位置毫不明确"⑤,因此"无论传统思想如何随着日本的近代化或者现代化而消失,它仍然深深地潜入在我们的生活感情和意识深处"⑥。丸山指出:"新事物,甚至连原本异质的事物与过去没有进行充分的对决而相继被摄取,因此新事物很快就能获得胜利。过去没有作为过去自觉地面对现在,而是被推到一边或者下沉,从意识中消失,被'忘却'。有时又突然作为'回忆'喷发出来。……日本社会或者个人内在生活中向'传统'思想的回归,屡屡以人在受惊时突然冒出久未使用的方言般的方式来进行。"⑦在丸山看来,新事物与旧事物没有经历冲突与重组的过程,因此新事物取代旧事物只是表面现象,旧事物并未真正被摧毁,而只是暂时隐蔽起来了,新旧事物难

---

① 丸山真男:"超国家主义的逻辑与心理",前引《丸山真男集》第3卷,第17页。
② 同上文,同上书,第18页。
③ 同上文,同上书,第32页。
④ 同上文,同上书,第33页。
⑤ 丸山真男:《日本的思想》,(东京)岩波书店,1991年,第6页。
⑥ 同上书,第11页。
⑦ 同上书,第12页。

以实现交融。丸山认为这种思维方式与日本的固有信仰（神道）的特质有关,因为神道"既没有所谓普遍宗教所共通的创始人,也没有经典"[1],"这种神道的'无限包容'性和思想杂居性集中体现了上述日本思想的'传统'"[2]。换言之,由于神道没有以某种核心价值对事物进行判断和取舍,在面对新事物涌来时,只好随波逐流,来者不拒。

就第二点近代天皇制的宗教性而言,丸山指出,在制定明治宪法的过程中,伊藤博文意识到日本的所谓"传统"宗教不像基督教那样具有内在的"机轴"作用,因此他让天皇制同时承担了"基督教的精神代用品这一极其重要的使命"[3],这使得日本近代的"国体"成为"非宗教的宗教"[4],发挥了"魔术般的力量"[5]。

就第三点臣民的无限责任与统治者的无责任而言,在"国体"的名义下,日本人作为天皇的"臣民"要承担无限责任,因为"国体不仅仅是'思想'问题,它超出了对外部行为的限制——这是市民法制国家的本质之所在,暴露出作为精神'轴心'的无限制的内在同质化的功能"[6]。丸山认为在日本近代"国体"下统治者可以不负责任。他将日本与欧洲、中国进行对比,认为欧洲大陆存在理性主义和"法制国家"的传统,英国存在经验论和"法的支配"的传统,中国存在儒教的自然法思想和规范意识,而日本重视"恩情"与"报恩"的关系,这种意识渗透到封建制或者家长官僚制内部。一方面统治者通过"辅弼"天皇获得其统治的正统性,另一方面通过向天皇提出建议赋予天皇意志以具体内容,丸山认为"在这种机制中,无限责任的严格伦理总是包含坠落到毫无责任的可能性"[7]。在这样的国体下,形成了对权威的崇拜。"由于权力垄断了客观价值（真善美）,人们对权力的服从趋于绝对,即人的行动价值标准不可能脱离权力而独立存在。"[8]在崇拜权威的政治意识下,不仅民主主义无法走向成熟,而且还给日本社会带来了各种病理现象,他在

---

[1] 丸山真男:《日本的思想》,(东京)岩波书店,1991年,第20页。
[2] 前引丸山真男《日本的思想》,第21页。
[3] 同上书,第30页。
[4] 同上书,第31页。
[5] 同上书,第33页。
[6] 同上。
[7] 同上书,第38—39页。
[8] 丸山真男:"日本人的政治意识",前引《丸山真男集》第3卷,第323页。

《日本人的政治意识》一文中论及的"转嫁压抑"便是其中之一。

丸山指出"越是在缺乏政治自由的社会,国民越容易对外膨胀产生共鸣。被压抑的自我在国家的对外膨胀中寻找发泄口,产生自己似乎与国家共同发展的错觉,将自己投射到英雄身上,自己与强者合为一体。另外,统治者利用这一点发动战争,让不满爆发"①。丸山这样从政治意识的角度来说明日本法西斯主义肆虐的精神土壤,并主张追究昭和天皇的战争责任。在他看来,天皇作为主权者总揽统治大权,可以自由任免国务大臣,战败时因为有天皇的裁决才得以解除数百万日军的武装。他认为"在此重要时期,天皇未必就是傀儡"②,天皇对于日本发动的侵略战争不仅在法律上、道义上负有责任,而且还对日本人的精神结构产生了不良影响。丸山表示:"明确并继续追究天皇个人的政治责任,是推翻官僚制统治模式之精神基础的紧要课题。官僚制统治模式至今仍是民主化的最大毒瘤"③,认为"天皇只能以退位的方式承担责任"④。

由此可见,丸山对近代日本思想特质的分析,基本上是以西洋近代的理性思维、市民法制国家的本质为基准来展开的。但丸山表明他并非像一些人"误解"的那样,是"将西欧的近代'理想'化,并以日本与西欧之间的落差来剖析日本的思想传统"⑤。关于这一点,佐藤瑠威认为"使'近代主义'成为现代思想的契机,一方面是近代主义者对近代日本精神进行了深刻且彻底的批判,另一方面,在与这种彻底批判密不可分的视角上,他们主要是从近代欧洲思想的研究中发现了近代人类理念的普遍性"⑥,他对丸山的普适主义态度表示理解。

三、从"原型""古层"到"执拗低音"

对于上述日本的思维方式的形成原理,丸山先后使用"原型""古层"以

---

① 丸山真男:"日本人的政治意识",前引《丸山真男集》第3卷,第327页。
② 丸山真男:"战争责任的盲点",《丸山真男集》第6卷,第163页。
③ 同上。
④ 同上。
⑤ 前引丸山真男:《日本的思想》,第185页。
⑥ 佐藤瑠威:《丸山真男与卡尔·洛维特——现代精神与批判精神》,(东京)日本经济评论社,2003年,第11页。

及"执拗低音"这三个比喻来指称。"原型"在1963年授课时开始使用,他说"所谓原型是指社会结合方式、政治行为方式的原始形态,以及出现在神话传说中的思考方式和价值意识"①。

1972年,他在讲义的基础上撰写了题为《历史意识的"古层"》的长篇论文。丸山的"古层"论是在江户时代国学家本居宣长的启发下提出来的,他认为本居反复主张的凝缩在"神话时代"的"历史之理"触及了历史哲学的重要问题,并依此假设日本在神话时代已经形成了一种思考与叙述方式。丸山指出:"从以所谓记纪神话为代表的神话,特别是从开天辟地到三贵子诞生的一系列神话当中,不仅可以探索上古时代的历史意识,而且还可以从这种思维与叙述方式中发现持续到近代的、在历史意识的基底中展开并执拗地持续流传的思考框架的线索。"②古层这一概念估计是从"地层"借用而来。地层指地质史上某一时代由于火山喷发等地质运动而形成的成层的岩石和堆积物,日本是地震和火山喷发频发的国家,人们对这个词自然比较熟悉。而且,地层是一个时间性概念,新层覆盖旧层,新旧层之间没有关联,自然也不会"混合",这与日本摄取外来文化的方式有相似之处。而且,在发生火山喷发等地质运动时,旧层的堆积物时常会冒出地表,这与"传统"思想对现实产生影响(回归传统)的形象也相当吻合。由此看来,作为一个比喻"古层"论是非常巧妙的。但"古层"并不限定于"神话时代",因为在日语中"古"与"旧"是同义词。正如新旧是相对的一样,丸山的"古层"也是相对的,是动态的。丸山指出:"近代日本人的意识以及思维在时髦的外表下,深深地被无常感、'物哀'、固有信仰的幽冥观以及儒教伦理所规定。"③在丸山看来,相比于近代,无常感、物哀、固有信仰的幽冥观以及儒教伦理这些都算"古层"。丸山用"古层"替代"原型",一是因为担心"原型"容易被纳入历史发展的系列,让人误以为那是指最古老的阶段,二是因为担心"原型"容易给人带来宿命论的感觉。

后来,他又将"古层"变更为"执拗低音",那是因为有读者误以为他在主

---

① 丸山真男:《丸山真男讲义录》第4册,(东京)东京大学出版会,1998年,第41页。
② 丸山真男:"历史意识的'古层'",《丸山真男集》第10卷,(东京)岩波书店,1996年,第4页。
③ 前引丸山真男《日本的思想》,第11页。

张"各种意识形态'基本上'或者'最终'受到'古层'的制约"①。"执拗低音"这个术语借自音乐术语,那是指"低音部执拗地出现在一定旋律的乐句,与上中声部一起响起。虽然那是一种音型,但不一定是主旋律"②。在他看来,构成日本思想史主旋律的在明治以前是从中国传入的儒教佛教,明治以后则是西方思想,作为日本固有思维方式的执拗低音虽然未必清晰,但一直在奏响。

丸山曾在《近世日本政治思想中的"自然"与"作为"》中指出"维新通过排除等级制约似乎确保了针对新秩序的主体自由的人,不久那就被庞大的国家彻底吞没。'作为'的逻辑结束了漫长的忍耐之旅,当它正要讴歌自己的青春时,前方早已有荆棘之道在等候。如果说德川时代绝不全是封建性的,那么与此相反,明治时代从未有过全市民的即近代化的瞬间"③,表明了他对明治以来近代化的不彻底性的批判。可以说丸山战后关于日本政治思想史的研究基本上是围绕他在《超国家主义的逻辑与心理》当中提出的课题展开来的,正如许多论者所指出的那样,丸山基本上是倡导以民主、理性、系统思维等这些普世价值为理想来改造日本人的意识。他一方面指出日本人思维惯性的强大,另一方面又希望日本人凭借善于吸收外来文化的特长带来新的变化。

第三节　加藤周一的"创造的希望"

加藤周一(1919—2008年)是评论家、小说家,出生于东京涩谷。他父亲是开业医生,母亲是基督徒,他们对孩子的教育非常重视,也非常开明。加藤聪慧过人,先后就读于涩谷的小学、东京府立一中、旧制第一高等学校,最后进入东京帝国大学医学部。加藤文理兼长,从小就对日本古典和汉文感兴趣。上高中时,他学习了英语和德语,上大学时还学习了法语和拉丁语。他还特别喜爱文学,在东京大学就读期间,曾与福永武彦等人一起开展

---

①　丸山真男:"原型、古层、执拗低音",《丸山真男集》第12卷,(东京)岩波书店,1997年,第152页。

②　同上。

③　丸山真男:"近世日本政治思想中的'自然'与'作为'",《丸山真男集》第2卷,(东京)岩波书店,1996年,第124页。

文艺活动，并创作了诗歌。1943年，加藤提前从大学毕业，并留在东京帝国大学医学部附属医院工作。日本战败后不久，他作为由日美专家组织的"原子弹影响共同调查团"的成员，前往广岛进行了两个月左右的实地调查。1951年，他作为法国政府资助的留学生赴法，在巴黎大学等地进行血液学研究，同时在日本杂志和报纸上发表评论文章。回国后，他出版了《日本文化的混合性》等评论集，引起了极大的反响。1958年，加藤放弃医学，成为一名独立的评论家，他曾在加拿大的不列颠哥伦比亚大学等国外大学，以及日本的上智大学、立命馆大学任教。他还是"九条会"的召集人之一，该会的其他成员有鹤见俊辅、大江健三郎等知名人士。2000年，加藤被法国政府授予荣誉军团勋章。2008年去世前不久，他接受了天主教洗礼。

一、对天皇制的批判

在战败后不久的1946年，加藤在当时的《东大新闻》上发表了题为《论天皇制》的长篇评论。这篇文章开门见山地提出了两个问题，即"为什么要废除天皇制？为什么要迅速废弃天皇制？"[①]就第一个问题即"为什么要废除天皇制"而言，他说"为什么一定要废除天皇制？原因很简单，因为天皇制是导致战争的根源，如果不废除天皇制，日本或许会再次发动战争"[②]。具体来说，加藤认为天皇制是以天皇为核心的君主制和国家制度，是一种不合理的封建统治制度。这种制度排斥一切理性和批判精神，扼杀了一切文明的萌芽，削弱了人民乃至统治阶级自身认识现实的能力。加藤认为，日本发动对外侵略战争，暴露出日本人缺乏认识现实的能力和对文明的敬意。就第二个问题即"为什么要迅速废弃天皇制？"而言，加藤认为有国际和国内两方面的原因。国际方面的原因是：日本作为一个发动残酷侵略战争的国家，必须向世界负责。天皇制和封建主义是导致日本发动战争的根源，为了消除这个根源，必须废除天皇制，用实际行动向世界表明日本不会再次发动战争。这不仅是一种道义上的责任，也是恢复日本在国际社会中信誉的一种手段。国内方面的原因是：日本面临通货膨胀的危机，要解决这个问题，就

---

① 加藤周一："论天皇制"，《加藤周一文选》5，(东京)平凡社，1999年，第191页。
② 同上文，同上书，第192页。

必须牺牲旧统治阶级的利益和财富,但不能指望旧统治阶级自己会做出这样的牺牲。因此,必须推翻以天皇制为支柱的统治阶级才能克服经济危机。①

1957年2月,加藤又在《知性》杂志上发表了题为《关于天皇制》的长篇评论。他对有人试图恢复天皇以往权威的"倒退路线"表示担忧,进一步分析阐述了天皇制的本质。他指出,"权力世袭制显然与民主主义的原则相矛盾……并以欺瞒为前提"②。加藤认为天皇制是世上史无前例的大规模的阴险的社会虚假结构,而"'天皇制在日本人的血液中流淌'之类的说法只不过是在玩弄辞藻"③,他这样批判了试图掩盖天皇制的不合理性的反民主主义言论。此外,他还引用了远东国际法庭首席检察官基南的话,认为不起诉天皇是由于政治上的考虑,驳斥了天皇是爱好和平的明君的言论。加藤说,"我认为,开战当时的天皇没有责任即天皇是政府的傀儡这种说法,和投降当时的天皇非常难能可贵即天皇是通过自己的意志下达了投降命令这种说法,这两者同时存在,在道理上是说不过去的,必须有一方是错误的"④。在加藤看来,如果天皇不是傀儡,那么他不能逃避战争的责任,而如果他是傀儡,那么他个人可能没有责任,但发表投降声明就不是他的功劳了。

加藤之所以对天皇制展开如此激烈的批判,首先是因为他从小就有独立、理性和科学的思维习惯。他曾回忆说"我们小时候觉得家庭是一个完美的封闭世界,有自己可以遵守的善恶标准,只要自己不做错事,就不会受到任何处罚。我们生活在一个合理的、可以理解的小世界里,而无法理解的事物都在这个世界之外"⑤。他对军国主义十分反感,太平洋战争爆发的那天晚上,他在空荡荡的东京新桥剧场观看文乐演出。他说"'珍珠港'事件爆发那天,我不是欢呼的人群中的一员。在'珍珠港'事件爆发的日子里,净琉璃的'日本'离我越近,胜利的军国'日本'就离我越远"⑥。学医以后,他的科学思维更是坚定了。他说"自然科学的方法和知识具有超越国界的普遍

---

① 加藤周一:"论天皇制",前引《加藤周一文选》5,第192—204页。
② 加藤周一:"关于天皇制",前引加藤周一著,彭曦、邬晓研译《何谓日本人》,第94—95页。
③ 同上文,同上书,第84页。
④ 同上文,同上书,第92页。
⑤ (电子版)加藤周一:《羊之歌——我的回想》,(东京)岩波新书,2015年。
⑥ 同上。

性……我研究过,在一般情况下,人类白细胞在某种血清学环境下会受到怎样的影响。在日常生活方面的第一印象是,由于有科学思考的习惯,我的知识也增加了"①。其次,他目睹了战争的惨状。他曾这样回忆作为"原子弹影响共同调查团"成员在广岛看到场景:"广岛连一棵绿树都没有。放眼望去,到处都被夷为平地,平地被纵横交错的道路和水渠分隔开来。……在那些残垣断壁中,总有人像幽灵一样游荡。身穿国民服的男人满脸灰土,神情恍惚、茫然无措。孩子们的脸上布满了烧伤的痕迹,头发脱落的女人用围巾遮住脸颊,在阳光下像逃命一样奔跑。离爆炸中心较远未被炸毁的郊区医院里挤满了病人,他们牙龈肿胀,伤口化脓,日夜忍受着高烧的折磨。"②这样的经历使他对天皇制的侵略性、压迫性、不合理性等有了深刻认识。

二、"混合文化"论

加藤在留学法国期间周游了欧洲各国,撰写了详细的游记。他将旅欧见闻的收获总结为两点:一是认为自己在欧洲思考日本与欧洲,与一般日本人在日本思考、一般西洋人在西洋思考有所不同;二是他强烈意识到欧洲是一个具有历史传统和强固统一性的感性且知性的世界。③ 第一点表明加藤形成了将日本和欧洲相对化的视角,第二点表明他意识到了日本的欧式事物与真正的欧洲的事物在本质上存在差异。这样的经历又使他能够更加客观地看待日本文化,以及日本文化与西洋文化的联系和区别。

20世纪50年代中叶,加藤提出了著名的"混合文化"论(日语汉字形式为"杂种文化")。在此之前,他对日本文化采取的是"国民主义"的立场。他说"在旅欧途中,我认为国民主义的内容是未受到西洋影响的日本式事物。我觉得西洋的影响除了技术方面,在精神上、文化上都是非常表面的、肤浅的"④。因此,他在整体上自觉关注扎根于日本的风土和悠久历史的思维方式以及艺术形式等,即关注那些不同于西洋的、具有日本特色的事物,例如

---

① (电子版)加藤周一:《羊之歌——我的回想》,(东京)岩波新书,2015年。
② (电子版)加藤周一:《羊之歌续——我的回想》,(东京)岩波新书,2015年。
③ 加藤周一:《一个旅行者的思想》,(东京)角川书店,1955年,第221—222页。
④ 加藤周一:"日本文化的混合性",(电子版)加藤周一《混合文化——日本的小小希望》,(东京)讲谈社,2019年。

日本的传统美术、建筑等。然而,当他乘海轮经由马来和新加坡回到日本时,他的想法发生了转变。他曾这样描述回国时的感受:"夸张一点说,当我在回日本的海轮甲板上看到日本陆地的那一瞬间,就产生了明确的想法。我回到日本的第一印象是:海边的山和松树林,松树林后面渔村的白色房屋,这些如同水墨画般展现了日本古老而美丽的风貌,这是一个与西欧截然不同的世界。当船驶入关门海峡,我从海轮右侧看到了北九州地区的玄海滩,那里的烟囱和高炉显示了国民的活力和勤劳,他们正在不断建设新的'现代化'的日本,这是一个与东南亚迥异的世界。"[1]由此可见,加藤认识到日本既有古老而美丽的传统文化,又吸收了充满活力的现代工业文化,这两种元素相互渗透,构成了独特的日本文化。他将这种文化称为"混合文化",认为这不同于一般意义上的对外文化交流,其最大特征是向外国寻求本国文化所缺乏的基本原理。他把"混合文化"与英法等"纯种文化"进行对比,认为"混合文化"广而博,而"纯粹文化"则具有悠久的传统。[2] 加藤还指出,日本文化的混合性并非近代才有的现象,从飞鸟时代到江户时代,日本文化与中国文化已经有过彻底的融合。可以看出,加藤将日本文化形成和发展的历史视为摄取外来文化的历史,并对其意义积极加以肯定。加藤指出,常有人试图将日本文化纯粹化,既有纯粹的日本化,也有纯粹的西洋化,明治以后两种情况就像钟摆一样交替出现。明治新政府成立后,实施了以富国强兵为目的的一系列欧化政策,不久出现了强调日本文化独特性和优越性的国粹主义思潮,太平洋战争爆发前后发展为"超越近代"论,战败以后转为向美国一边倒。他将这种交替称为"恶性循环"。对此,加藤开出了以下药方:"截断这种恶性循环的方法大概只有一个,那就是舍弃将日本文化纯粹化的愿望,不论是纯粹的日本化,还是纯粹的西洋化。"[3]舍弃纯粹的日本化愿望,实际上是舍弃"独创胜于借鉴、模仿"这一通行的价值判断,而舍弃纯粹的西洋化则容易被理解为对"落后"的容忍,这样做需要非常大的勇气。

---

[1] 加藤周一:"日本文化的混合性",前引(电子版)加藤周一《混合文化——日本的小小希望》。

[2] 前引(电子版)加藤周一《羊之歌续——我的回想》。

[3] 加藤周一:"日本文化的混合性",前引(电子版)《混合文化——日本的小小希望》。

对此,加藤提出了自己的标准,即"大众……原原本本地接受混合,相当热心地在生活方式上开动脑筋"[①]这一看重现实结果的价值判断。他眼中的"现实结果"是"19 世纪中叶技术上还处于落后地位的日本,在那之后的一百年里成了世界上技术最为发达的国家之一。不仅工业技术发达,而且教育得以普及,幼儿死亡率降低,形成了由富有才干的官吏组成的高效率的行政机构。这些都可以称得上是'日本的奇迹'"[②]。而且,加藤认为明治以来日本着重引进技术,现在有必要在精神上对外开放,精神上的对外开放不仅不会毁灭传统,而且"恢复传统之路会因为对外开放而开辟出来"[③]。也就是说,他认为日本文化的混合程度还不够。既然在技术上的混合带来了如此大的成就,那么精神上的混合则可以使日本成为真正的民主国家。尽管加藤表示他对于"混合文化"既不赋予褒义,也不赋予贬义,而是作为中性概念使用,但他是以现实结果作为判断依据,而在他看来日本所取得的成就远远优于亚洲其他国家,因此实际上赋予了褒义。另外,他还撰写过题为"日本混合文化的希望"的评论,指出"中国文化曾经是日本文化诞生的契机,但西方文化还没有起到同样重要的作用。我们不能回到过去,我们应该从西方文化中发现对我们有益的东西"[④],对日本文化与西方文化的进一步融合寄予了希望。

三、日本文化的"创造的希望"

加藤对天皇制进行批判,并肯定了日本摄取外国优秀文化的积极意义,这表明他是站在世界主义的立场,而不是狭隘的民族主义立场来看待日本文化。他的观点与强调日本文明独特性和优秀性的梅棹忠夫的"文明生态史观"存在原则上的分歧。梅棹是文化人类学、民族学家,曾任国立民族学博物馆名誉教授、综合研究大学院大学名誉教授和京都大学名誉教授。他在 20 世

[①] 加藤周一:"日本文化的混合性",前引(电子版)《混合文化——日本的小小希望》。
[②] 加藤周一:"何谓日本人",前引加藤周一著,彭曦、邬晓研译《何谓日本人》,第 9 页。
[③] 加藤周一:"日本的艺术风土——精神上的对外开放与传统的继承",同上书,第 37 页。
[④] 加藤周一:"日本文化的混合性",前引(电子版)《混合文化——日本的小小希望》。

纪50年代中叶提出了著名的"文明生态史观",将旧大陆分为两个地区:第一地区包括西欧和日本,这些地区经历了封建时代,现处于高度发达的资本主义阶段,第一地区以外的地区被他分为第二地区。第二地区没有经历封建时代和资本主义时代。梅棹认为,属于第一地区的日本的近代化不是欧化的结果,而是自身内在发展的结果,因此日本与西欧经历了"平行进化"的过程。[①] 梅棹的这一学说,既肯定了日本作为发达资本主义国家的地位,同时又能保持日本文明的原创性。对此,加藤撰写了《近代日本文明史之特征》一文,批判了梅棹观点并对日本近代文明史的定位进行了分析。加藤指出,梅棹在主张"日本未必曾以西洋化为目标"时,至少需要对以下三个问题进行具体说明:(1)日本的近代化中有许多自发因素,(2)其理念和观点并没有向西欧化倾斜,(3)形成了与西欧不同的日本固有的近代文明。加藤认为,明治维新后日本人是通过"和魂洋才"的精神移植了西洋的技术与制度。因此,梅棹所主张的日本自发形成了作为近代化重要条件的"近代市民精神",并独立实现了类似于西欧各国的发展,这不过是一种想象。加藤还以医学、油画、文学、音乐等领域为例,说明日本的自然科学、人文科学、艺术等一直处于西洋化的阶段,日本并不存在与西洋平行发展起来的近代文明。[②]

加藤在批判梅棹的日欧"平行进化"论的同时,也阐明了他对日本文化的发展脉络及其特征的基本认识。在他看来,在佛教、儒学从中国传入之前,日本存在着一种原始民间信仰体系,其中包含万物有灵思想、祖先崇拜、占星术等元素。这些信仰将自然界事物、日常生活用具、死者的灵魂等视为"神",各个地区都有其独自的神,彼此之间不存在上下关系,因此神的世界中并不存在系统性,而且神的世界与人的世界之间没有绝然的界限。这样形成的民间信仰成为日本人意识的基本结构,那并没有因神道与天皇联系起来,以及佛教、儒学甚至基督教的传入而消失。加藤认为,日本的泛神论世界观受到佛教和儒学的影响并一直延续至今,对日本人的思维和行为方式产生了极大的影响。在基于这种信仰体系的世界观中,日常世界没有超

---

① 梅棹忠夫:"文明的生态史观序说",久野收编《战后日本思想大系》15,(东京)筑摩书房,1974年,第148—169页。

② 加藤周一:"近代日本文明史之特征",前引加藤周一著,彭曦、邬晓研译《何谓日本人》,第54—65页。

越的权威,人们也不会联系这种权威来定义善恶、正义非正义。现世就是日常世界,那具体表现为共同体(集团)。对于居住在村落共同体中的人来说,现实就是村落。村落的善恶不是由神而是由村人决定,因此在日本本土的世界观中,价值的根据在于村落,而不会超越村落。加藤把日本文化的这一特征称为"现在主义"或者"现世主义"①。他充分意识到日本人的这种世界观中存在的弊端,他在多种场合主张日本人应该养成超越性科学思维的习惯,形成超越共同体的普遍的善恶观念,以对日本发动的对外侵略战争进行反省,但他同时也主张日本人应该发挥其感性主义的优势。加藤指出"在日本两千年的历史中,感性的'自然'起到了相当于西洋的神的作用,其结果不是形而上学,而是独特的艺术得以繁盛;不是思想的文化,而是感性的文化得以升华"②。基于上述认识,加藤认为"我们有理由希望我们自身的民主主义建设在某种意义上比西洋的榜样做得更加完善,或许有一条通往'更加幸福的生活'的道路,这种经验主义没有宽容和不宽容的区别"③,他认为这对于日本来说是一种"创造的希望"。

这一章对坂口安吾、丸山真男、加藤周一的主张和观点进行了分析。坂口敢于面对残酷的现实,将生活的需求作为价值判断的基础,对以农村为代表的日本传统文化以及以天皇制为象征的旧统治制度进行了尖锐的批判,并寄希望于日本以战败为契机获得新生。丸山致力于探究日本迅速走上近代化道路却又未能真正成为近代国家的深层原因,指出了日本传统思维方式的巨大惯性。他希望日本人通过积极摄取外来文化形成理性思维,使日本成为真正的民主国家。加藤与坂口一样,都是以生活的现实为基础思考文化问题。他提出的"混合文化"论强调文化的功能而非源头,并通过这种价值取向来打破将日本文化纯日本化或者纯西洋化的恶性循环。这三人的主张和观点代表了战后日本知识分子对普世价值的追求。

---

① "现世主义"这个词 1987 年才在《从现世到净土》(平凡社,1998 年)正式使用,不过强调日本人对"现在"的关注,是加藤周一的一贯分析框架。

② 前引加藤周一:"近代日本文明史之特征",前引加藤周一著,彭曦、邬晓研译《何谓日本人》,第 74 页。

③ 同上文,同上书,第 75 页。

第八章 对文化特殊性的探求

唯我独尊的日本"神国"观在近代与实际政治联系起来,导致日本走上了自我毁灭之路。对此,既有人像上一章所论及的坂口安吾、丸山真男、加藤周一那样对军国主义及其思想文化背景进行反思,也有人试图通过回归传统来保持日本在文化上相对于欧美的独立性,并通过强调文化特殊性来应对各种现实问题。本章首先对现代政经商学各界代表人物的尊皇论以及与之相关的日本民族优越论进行分析,然后分别对历史学家津田左右吉的尊皇论、禅宗学者铃木大拙的"东洋的特色"论,以及哲学家梅原猛的"水稻文明"论进行探讨。

第一节 现代日本各界的尊皇论与日本民族优越论

一、昭和天皇的"人间宣言"

日本的天皇制在战败后被保留下来有相当大的偶然性。首先,苏美英三国波茨坦会议时计划由同盟国军队共同占领日本,但随着冷战的开始,结果变成由美国单独占领。其次,美国政府内部的对日占领政策可分为中国派和日本派,前者以曾任蒋介石顾问的欧文·拉铁摩尔(Owen Lattimore)等中国问题专家为代表,后者以曾任驻日大使的约瑟夫·克拉克·格鲁(Joseph Clark Grew)为代表。中国派在占领军司令部(GHQ)民政局等部门有一定的影响力,他们主张追求天皇的战争责任、废除天皇制、解散财阀,彻底推行民主化政策。然而,日本派控制了GHQ参谋部情报班,他们主张利用天皇、财阀等现有政治势力以减轻占领军的负担。① 1945 年 9 月 22 日，美国政府向盟军最高司令官发出了关于日本投降初期占领和管理的基本指令。该指令表明"这项政策利用而不是支持日本现行政治体制，我们允许并支持对日本政府封建权威主义倾向进行修改和变更。为了实现这样的变更，日本国民在行使实力时，贵官作为最高司令官，在保障贵官所辖军队安全的情况下，可以调遣军队进行干涉"②，表示可以"利用"包括天皇制在内的日本现行政治体制。麦克阿瑟曾在回忆录中描述天皇免遭东京审判的经过：当时"盟国中的一些国家，特别是苏联和英国强烈要求将天皇列为战争罪犯。实际上，在这些国家最初提交的战犯名单中，天皇的名字就列在最前面。我清楚地意识到这种不公正的行为可能带来多么悲剧性的后果，因此我坚决反对这种做法。当时华盛顿倾向于支持英国的观点，我提醒他们，如果这样做，将至少需要百万士兵。在我看来，如果天皇被起诉为战争罪犯，恐怕会被处以绞刑，那样的话我们不得不在日本实行军政来应对日方的游击战。结果，天皇的名字从名单中被删除了"③。这说明麦克阿瑟是出于占领统治的需要才没有起诉天皇。山崎丹照也指出："天皇制能在战败后保留下来，主要是因为天皇在日本投降时发挥了美国所预期的作用。这让美国认识到，天皇制不仅在战争结束时有用，而且在日后对日事务上也同样有用。美国一直考虑从实利、算计的观点出发，因此他们决定保留天皇制。"④

最终，日本派占据优势，天皇制这样被保留下来了。但在东京审判开始之前，形势是变幻莫测的，天皇自己也有很强烈的危机感。天皇发布《人间宣言》，就是为了自保。币原喜重郎的传记中描述了《人间宣言》的出台过程。1945 年晚秋的某一天，首相币原前去拜见天皇。公事后结

---

① 参见佐藤功："波茨坦公告与天皇制"，日本外交学会编《太平洋战争终结论》，（东京）东京大学出版会，1958 年，第 121—148 页；R.E.沃德："战时对日占领计划——处置天皇与修改宪法"，坂本义和、R.E.沃德编《日本占领的研究》，（东京）东京大学出版会，1987 年，第 47—94 页。
② "投降后美国的初期对日方针"，辻清明编：《资料——战后二十年史》1 政治，（东京）日本评论社，1966 年，第 16 页。
③ 道格拉斯·麦克阿瑟：《麦克阿瑟回想录》下，津岛一夫译，（东京）朝日新闻社，1964 年，第 142 页。
④ 山崎丹照：《天皇制研究》，（东京）帝国地方行政学会，1959 年，第 312—313 页。

束,天皇向币原讲述了一个故事,说从前有一个天皇生病了,想请医生来诊治。但宫里人说这太荒唐,因为天皇是神,绝不能让医生触碰玉体。结果没叫来医生,天皇病情恶化去世了。币原意识到天皇不希望自己继续被神化,便对天皇说:"这是因为国民对陛下的拥戴太过神化,军队才会恶意利用这一点,发动这次战争,给国家带来灭亡的危机。这次必须加以纠正。"天皇点头说:"明年新春,我想发布一项具有这种含义的诏令",然后让币原起草诏令案。币原立刻向麦克阿瑟元帅和惠特尼将军转告天皇的意愿,两人都表示赞成。于是,12月25日,币原独自待在永田町首相官邸的房间里,用英文起草了《人间宣言》,然后才翻译成日文。① 之所以使用英文起草,是为了首先告知占领军方面,以获得理解和支持,从而逃避被追究战争责任。

1946年元旦昭和天皇发布诏书称"朕和诸等国民之间的纽带,是依靠互相信赖互相敬爱所形成,并非是单靠神话传说而生出。而说朕是神,日本民族有比其他民族更优越的素质,拥有能扩张统治世界的命运,这种架空事实的观念,也是没有根据的"②。天皇不仅否定了自己的神性,同时也否定上述基于"神皇"观的日本民族论。在同年11月3日发布的《日本国宪法》中,天皇被规定为"国与国民统合的象征",主权不再归天皇所有。另外,《治安维持法》于1945年10月被废除,时隔一年之后修订《刑法》时"不敬罪"被废除,与天皇相关的历史或者现实的话题不再是禁忌。

之前对日本民族优秀性不遗余力进行赞美的白柳秀湖战败后表示忏悔,他说"以往的日本历史,特别是日本被卷入第二次世界大战的战火之后的日本历史,在时间、地点以及人种几个方面自以为是,在世界上无法被人接受"③。他表示:就时间方面而言,571年钦明天皇去世之前的历史都不可考,公元前660年神武创业等都是虚构;就地点方面而言,高天原被认为是日本民族的故乡,对其所在地不能进行真正自由的探讨;就人种方面而言,在日本民族的起源以及发展方面的研究与生物进化论以及人类学的常识相

---

① 币原平和财团:《币原喜重郎》,(东京)币原平和财团,1955年,第666—668页。
② "关于建设新日本的诏书",《官报》号外,1946年1月1日。
③ 白柳秀湖:《民族日本历史建国篇》,千仓书房,1946年,第1页。

抵触，①白柳这样对近代以来皇国史观的虚构性进行了自我批判。1946年12月，吉田茂内阁文部大臣田中耕太郎在贵族院预算委员会上就历史教科书问题答辩时称："对以往宣扬民族自豪感的意识形态当然必须加以清算……关于上古时代的部分，神话和史实的区别随着研究的进展会越来越清晰"②，表示要依照民主主义原则对以往缺乏事实根据的历史教育进行整改。像这样，战败后日本近代以来以"神皇"观为核心的价值体系丧失了其作为国家意识形态的地位。但由美国主导的日本战后民主化改革并不彻底，明治宪法下基于神话的"神皇"观在象征天皇制下改头换面成为以天皇为中心的国家民族观，依然具有广泛的舆论基础。

二、现代的尊皇论

尽管战败后昭和天皇发表了"人间宣言"，但尊皇者依然大有人在，在此仅列举几个代表人物，即政治家中曾根康弘、企业家松下幸之助，学者渡部昇一、中西辉政，作家百田尚树，以及与他们立场一致的民间团体"日本会议"。

中曾根康弘（1918—2019年）是自民党鹰派政治家，他主张扩军和修改宪法。他于1982—1987年担任首相，1985年8月曾以首相身份参拜靖国神社，事后他这样描述他当时的心情："日本战败后，由于麦克阿瑟下令禁止，首相无法前往靖国神社参拜。然而，英灵们无处可归，他们要先回到这里，然后再回到自己的墓地，无论是基督教徒还是神道教徒都一样。我想，英灵们一定在心中埋怨：'首相作为国家行政权首脑，居然不来参拜，甚至没有一句辛苦了，这不是国家在违约吗？麦克阿瑟在日本时没办法，但他已经回国了，难道首相就不能来参拜一下吗？'毕竟国家曾经承诺：如果英灵们战死，会将他们供奉在靖国神社"③他把参拜靖国神社当作履行战败前军国

---

① 白柳秀湖：《民族日本历史建国篇》，第1—3页。
② "第91回帝国议会贵族院预算委员会第4号"，1946年12月23日 https://teikokugikai-i.ndl.go.jp/#/detail？minId=009103541X00419461223&current=1，2023年9月阅览。
③ （电子版）中曾根康弘、梅原猛：《政治与哲学——探求日本人的新使命》，（东京）株式会社PHP研究所，2017年，Ⅱ"向世界发出日本声音"。

主义政府的承诺。不仅如此,中曾根还积极推动天皇参拜靖国神社,他说"自古以来,不论是敌人还是友军,在战死后都会平等地受到祭奠,这是日本的传统风俗。……我自己也失去了许多战友,包括我的弟弟,他们也作为英灵被祭奠在靖国神社。英灵和遗族最高兴的事情莫过于天皇陛下的参拜了。首相应该尽快考虑实现天皇参拜的方案,这是首相对于历史的责任"①。这一方面说明他对日本发动的对外侵略战争缺乏反省,同时也表明他试图凭借天皇制增强日本民族的凝聚力。因此,他极力赞美天皇制,主张"天皇制是世界上无与伦比的日本独特的制度。天皇制以具有浓厚泛神论色彩的神道为基础,祭政一致。天皇具有鲜明的神主统领的特性"②。他认为天皇制是"祭政一致"的制度,这种认识基本上沿袭了明治宪法对天皇地位的规定。中曾根还说,"现行宪法将天皇的地位规定为'国民统合的象征',我考虑在此基础上迈出一步,在新制定的宪法中明确规定'天皇是作为象征的元首'。如果要建立领导力强大的政府,最好是让天皇正式成为元首,这样就能形成天皇和首相这种(将政治权力分为)两个级别的国家(体制)"③。他主张在宪法中明确天皇作为国家元首的地位,试图借助天皇的权威建立强有力的政府。他还曾多次在国会发表类似言论,这说明尊皇以及主张日本民族优越性是他的一贯立场(参见下一小节)。

松下幸之助(1894—1989年)是松下电器的创始人,被誉为"经营之神"。他在战败后不久的1946年设立了智库型出版社PHP研究所。PHP是Peace and Happiness through Prosperity(通过繁荣带来和平与幸福)的缩写,这表明希望通过发展经济来振兴日本民族。对他来说,天皇制是日本民族的精神支柱。松下在各种场合发表尊皇言论,主张"天皇家族是日本建国的始祖,传统精神体现在天皇制之中,这是日本天皇制的重要意义所在。因此,天皇制在日本建国两千年来一直连绵持续,天皇是日

---

① (电子版)中曾根康弘、梅原猛:《政治与哲学——探求日本人的新使命》,(东京)株式会社PHP研究所,2017年,Ⅱ"向世界发出日本声音"。
② (电子版)中曾根康弘:《想对日本人说——致生活在21世纪的诸君》,(东京)PHP研究所,2014年,第六章第二节"日本文化的深层与表层"。
③ (电子版)中曾根康弘:《日本的首相学》,(东京)PHP研究所,2015年,第三章"宪法修改试行方案"。

本国民的精神核心和敬爱的对象,任何当权者都没有夺取天皇的地位"①。松下为天皇制感到自豪,称"日本这个国家以历代天皇为中心,拥有两千数百年的历史传统。……日本人在悠久历史中获得的各种体验非常宝贵。发扬这样的传统,使日本全国在物质和精神方面同时获得发展,我认为这是我们的重要任务"②。松下将天皇家族视为日本建国的始祖,很显然这沿袭了天孙民族史观。

上智大学名誉教授渡部昇一(1930—2017年)是代表性的保守派论客,他否定南京大屠杀,试图为东条英机等甲级战犯翻案,主张与"东京审判史观"诀别,将战后对军国主义的反思称作"自虐史观"。渡部出版了大量书籍,并频繁在电视报刊等媒体露面,拥有一定的社会影响力。他引用了汤因比和前美国驻日大使赖肖尔等人的观点,主张日本是一个独立的文明圈。他认为,"虽然佛教和汉字都是外来的,但日本成功地将它们发展成了日式风格,创造了独特的文化。日本文明的核心是皇室和神社,它们自神话时代就延续至今,这是中国文明圈所不具备的"③。渡部强调日本文化的独特性,认为天皇和神社对于日本文化具有特别重要的意义。他主张"日本天皇的祖先可以追溯到神武天皇、天照大神、伊邪那岐和伊邪那美,甚至还可以追溯到七代以前。天照大神至今仍然被供奉在伊势神宫。神话时代一直持续到现在,这是日本文明的最大特色。神话以及从古代传承下来的世界观与太古时代一样在发挥作用,这就是民族的'烙印'"④。的确,渡部对天孙降临神话的理解完全停留"太古时代"的水准。他还专门撰写过题为《皇室为何尊贵》等书(PHP研究所,2011年)宣扬"神国"观。

京都大学名誉教授中西辉政(1947年生)也是皇国史观的信奉者。他认为"我们应该将宪法等法律条文放到一边,来探究'内在的天皇像'。在大

---

① (电子版)松下幸之助:《日本的传统精神》,(东京)PHP研究所,2008年,第二章"日本的天皇制"。
② (电子版)松下幸之助:《一种气魄及其由来》,(东京)PHP研究所,2011年,"思考日本"。
③ (电子版)渡部昇一:《日本人论》,(东京)扶桑社,2019年,"为什么说日本是一种文明一个民族"。
④ 同上书,第2章第8节。

部分日本人心中,天皇是国王、君主,这一形象深入人心,这是现代人思考天皇问题的出发点"①。中西并不是立足于新宪法下的"象征天皇"的定位,而是回到明治宪法中的总揽统治权的"国家元首"的定位。他这样定位的理由是,"追溯起来,在文献上(天皇)具有与众神谱系相连接的渊源关系,是罕见的存在。对此,我们日本人不得不抱有一种只能称为'宗教的'敬畏之念"②。作为国际政治学、国际关系史的教授,中西不是用历史学、政治学的方法来分析天皇制,而是"'宗教的'敬畏之念",即从情感的角度来理解天皇制。

百田尚树(1956年生)于2006年发表了小说《永远的0》,赞美"二战"时期日军飞行员。该作品销售超过500万册,2013年又被改编成电影,引起了强烈的社会反响。他还效仿《日本书纪》的写作风格,创作了名为《日本国纪》的一本书。该书的封面广告语为"我们国家日本与神话一起诞生,以万世一系的天皇为中心实现了独立发展",他将一部日本史写成了天皇统治的历史。百田还专门出版了一本名为《〈日本国纪〉的天皇论》的书,来解读《日本国纪》中的天皇观。在该书中,他称"日本人不仅拥有对日本这个国家的认知,还意识到'这个国家以万世一系的天皇、皇室为中心,大家是一个整体'。此外,由于日本有着这种'万世一系'的皇统,世界上许多国家都带着敬畏和惊叹之情来看待'世界上最古老的王朝'"③。不过,他并没具体说是哪些国家。总之,百田对军国主义战争以及天皇制的赞美程度已经达到了极致。无论他是将神话与史实混淆还是自恋,他的书仍然畅销,他的言论仍然有很多人拍手叫好。

"日本会议"是由"守护日本之会"和"守护日本国民会议"于1997年合并而成的右翼民间团体,该会的活动目标主要包括尊皇、修宪、参拜靖国神社和向海外派遣自卫队。尊皇方面,该会称"敬爱皇室的国民之心,千古不变。这种皇室和国民之间的强烈羁绊,克服了无数历史的考验,也孕育出了

---

① (电子版)中西辉政:《作为日本人必须知道的事情》,(东京)PHP研究所,2011年,第三章"日本人心目中的天皇"。

② 同上。

③ (电子版)百田尚树、有本香:《〈日本国纪〉的天皇论》,(东京)产经新闻出版,2020年,第一章"天皇的权威与万世一系"。

丰富的日本文化。……有着125代悠久历史的绵延不绝的皇室的存在,可以说是世界上独一无二的我国值得骄傲的瑰宝。……我们相信,以皇室为中心,共同拥有相同历史、文化、传统的历史认识,才能培养出'同为日本人'的同胞感,这将成为引导社会稳定,进而壮大国家力量的原动力"①,他们不遗余力地宣扬皇国史观。该会在日本全国各都道府县设有本部,目标会员人数为10万人。他们通过所谓"国民运动"向政府施加压力,曾多次发起请愿活动,如1989年的"保持大尝祭传统国民委员会"请愿活动和1995年的反对战后50周年谢罪决议的请愿活动,分别获得了约600万人和506万人的签名。同时,该会还发展了一批保守政治家入会,成立了"日本会议国会议员恳谈会",成员约为200人。其中,第三次安倍晋三内阁(2014年12月至2015年10月)大臣中有19名是该会成员,占比80%以上,第三次安倍内阁也因此被称为"日本会议的伙伴内阁"。② 可以看出,"日本会议"是当今日本一股不可小觑的保守势力。

三、"单一民族"论

在美国的大力扶持下,日本经济从20世纪50年代初开始复苏,到1955年工业已经恢复到1937年时的水准。1960年7月,池田勇人内阁成立后提出"所得倍增"计划,日本经济进入高速增长期。在这样的背景下,"日本是单一民族"的论调开始广为流行,这种说法被用来解释战后经济复苏和腾飞的原因。小熊英二将单一民族论分为两种情形,即(1)主张国家与天皇一体化的保守立场,以及(2)对日本进行批判的立场,他在第一种情形中列举了庆应大学教授小泉信三、政治家石原慎太郎、作家三岛由纪夫,在第二种情形中列举了社会人类学家中根千枝、文化人类学家增田义郎、精神医学家土居健郎等人的观点。③ 笔者认为,第二种情形即对日本进行批判其实是一种假象,这与"某某的唯一缺点是为人太老实"的说法有些相

---

① "保持日本的优良传统",http://www.nipponkaigi.org/about/mokuteki,2023年9月阅览。

② (电子版)菅野元:《日本会议研究》,(东京)扶桑社,2017年,第一章"日本会议简介"。

③ 小熊英二:《单一民族神话的起源》,(东京)新曜社,1995年,第357—361页。

似,即批判中包含了褒奖。将中根千枝等人视为文化保守主义者未必合适,但从整体上来说,他们对日本社会文化的赞美多于批评。文化学家青木保在《日本文化论的变迁——战后日本的文化与认同》(中央公论社,1990年)一书中将中根千枝、土居健郎的日本文化论划分在"对特殊性的肯定"认识一类,是有其道理的。

为了更准确地把握"单一民族"论在日本社会的实际影响,笔者以"单一民族"检索了日本"国会会议录",共检索出1958年至2019年直接相关的230余条记录。国会是日本的立法机构,国会上的讨论直接关系到国家方针以及相关法规的制定,历届内阁首相、大臣、国会议员以及参考人在国会上关于"单一民族"论的发言,集中体现了该说法在日本被人接受的状况。从检索结果可以看出,这种用法已经广为渗透,长期被频繁使用。此外,这种用法的应用范围也非常广泛,从最初用来解释战后日本经济的复苏和高速增长的原因,到20世纪70年代起用于拒绝接受难民和拒绝开放劳动力市场,再到80年代用于应对贸易摩擦等,呈现出以不变应万变的状况。下面我们先来看一下以单一民族论解释日本经济发展原因的言论。

1958年2月,东京银行常务理事伊原隆在众议院预算委员会上就振兴贸易对策进行陈述,他说"我一直坚信,长远来看,日本的未来是非常光明的。我经常对来日本的外国人说,日本是人口过亿的单一民族,而且勤劳能干,教育普及率98%,有通信、交通广播、电视等,使用单一语言,我们具有齐心协力发挥巨大国力的基础"[①]。很显然,伊原将民族的单一性视为日本人团结的原因,并主张通过发挥日本民族的优势来振兴贸易,增强日本的国力。1960年12月,池田勇人内阁外务大臣小坂善太郎在众议院外务委员会上表示,日本在新安保体制下要站在资本主义阵营,而不能采取中立的立场,理由之一是"日本是一个教育水平、工业水平都很高的国家,九千万国民构成一个单一民族,国民能力强、勤劳工作"[②]。实际上,在是否为单一民族

---

① "第28回国会众议院预算委员会公听会第1号",1958年2月24日 https://kokkai.ndl.go.jp/#/detail?minId=102805262X00119580224&current=1,2023年9月阅览。

② "第37回国会众议院外务委员会第2号",1960年12月15日 https://kokkai.ndl.go.jp/#/detail?minId=103703968X00219601215&current=1,2023年9月阅览。

与采取什么立场之间很难看有何关联。笔者大胆猜测,小坂大概是想说,日本人如果想过上美国人那样的富裕生活,就要和美国站在一起,单一民族论近乎用作一种咒语。1971年5月,自民党所属众议员龟井久兴在言及日本的安全保障问题时,称"日本是单一民族、单一国家,国民非常勤奋且知识水准非常高"[①],并将这一点视为日本在经济上取得成功的内部原因。1982年4月,农林水产省政务次官玉泽德一郎在众议院农林水产委员会上对日本顺利克服石油危机的原因进行分析时,谈到了日本的劳资关系。他说"日本人是具有平衡感、协调性、团结的单一民族,很容易沟通并达成共识。……日本的终身雇佣制具有非常明显的家族主义的色彩,员工和经营者在遭遇困难时会团结一致"[②]。他还谈到日本人响应政府号召节约能源、政府加大公共投资扩大内需等方面的情况,认为"整个日本一起应对危机,这种想法一直持续到今天,因此日本能够顺利应对这些状况,经济发展顺利"[③]。在企业层面劳资关系融洽,在全国层面官民紧密配合,玉泽认为这是日本经济发展顺利的原因之所在。此外,在20世纪80年代日美贸易摩擦激化时,这种逻辑还用于日本方面的自我辩护。

1983年,民社党所属众议员横手文雄在众议院商工委员会上针对美国试图大幅度提高关税来控制纤维产品贸易赤字这一做法发表了看法。他称"在美国看来,日本这个国家发展得太顺利。公司的方针一出台,员工就拼命工作。而且,产品质量非常好。他们嫉妒找碴,我们也没有办法……日本是单一民族,历史悠久,有自己的文化和民族性"[④]。横手认为日本政府有必要向美国解释日本的民族性和历史,以得到美方的理解。在横手看来,日美贸易摩擦根源在于美国对日本的历史传统和民族性缺乏了解。1969年1月中曾根康弘说"我们日本有一亿人口,而且大家都受过高质量的义务教

---

① "第77回国会参议院外务委员会第8号",1971年5月21日 https://kokkai.ndl.go.jp/#/detail?minId=107713968X00819760521&current=1,2023年9月阅览。

② "第96回国会众议院农林水产委员会第18号",1982年4月22日 https://kokkai.ndl.go.jp/#/detail?minId=109605007X01819820422&current=1,2023年9月阅览。

③ 同上。

④ "第98回国会众议院商工委员会第16号",1983年5月20日 https://kokkai.ndl.go.jp/#/detail?minId=109804461X01619830520&current=1,2023年9月阅览。

育,是富有爱国心的民族。这一亿人被称为天照大神以来的大和民族,是纯生酒,不是勾兑酒"①。1970年4月,时任佐藤荣作内阁防卫大臣的中曾根言及中国以及美国担忧日本复活军国主义的问题,他说"日本的经济实力增长迅猛,而且是单一民族,非常优秀……只有日语这一种语言,因此非常团结……有时整个日本就像一个大家庭"②。从中曾根关于天皇制、日本民族、日美关系的言论当中,可以看出这样一种逻辑:日本是天孙民族,因此优秀,而美国是多民族国家,国民素质参差不齐;日本产品价廉物美,对美贸易顺差是必然结果。这种逻辑与以往"文明对野蛮"的帝国主义逻辑有相似之处。

此外,专修大学教授鹤田俊正在参议院产业资源能源调查会上的陈述中,也从单一民族论的角度来解释日本企业竞争力强的原因。他以美国的通用和日本的丰田两家汽车制造商进行对比,指出两家企业的产量大致相同,但员工人数通用有40万人,而丰田只有7.5万人。这是因为通用采取一贯生产的方式,也就是从零部件到组装都是通用独立完成,而丰田采取的是社会分工的方式,因此丰田更有竞争力。在鹤田看来,这种社会分工是以企业之间的信赖关系为前提,他说"日本是被称为单一民族的国家,人种起源虽有几个,但人们拥有共同的语言、共同的思考方式,我想这是商业活动的基础"③。尽管国民素质和国民性是经济发展的重要因素,也绝不能成为决定因素。战后日本经济的复苏和高速增长是日本国内外多方面因素复合作用的结果。如果以民族性的优劣来解释经济的成败,从战后的经济复苏和高速增长来主张日本民族优越的话,那么从20世纪80年代末泡沫瓦解之后日本经济的持续萧条局面就只能得出相反的结论,这显然是不合适的。因此,从民族性的角度来谈论经济发展的问题,大概只有两种作用:一种是心理暗示,使自己保持一种积极进取的心态。还有一种是强调其必然性,以

---

① "第107回国会众议院预算委员会第1号",1986年10月3日 https://kokkai.ndl.go.jp/♯/detail? minId=110705261X00119861003&current=5,2023年9月阅览。
② "第63回国会众议院内阁委员会第19号",1970年4月24日 https://kokkai.ndl.go.jp/♯/detail? minId=106304889X01919700424&current=1,2023年9月阅览。
③ "第128回国会参议院产业资源能源调查会第4号",1993年12月3日 https://kokkai.ndl.go.jp/♯/detail? minId=112814379X00419931203&current=1,2023年9月阅览。

获得一种优越感。总之,这是一种不切实际的自我陶醉。特别是在处理贸易摩擦时采取单一民族论,不仅不能说服对方,反而容易使经济摩擦扩大为文化摩擦,只会加深对立,使问题复杂化。1987年4月,美国总统里根以日本进行倾销为由对日本产家用电脑和彩电实施100%的制裁关税,东芝因为违反规定向苏联出口大型铣床等高技术产品受到美国制裁等事件相继发生,说明强调日本民族优秀性的言论不但不能解决问题,反而将矛盾激化了。

下面我们来分析一下日本政治家用单一民族论应对难民和外国非专业型劳工问题时的逻辑。20世纪60年代初越战爆发,越南在之后20多年的时间里一直处于动荡不安的状态,这导致了大量难民的产生。其中一部分难民乘船抵达日本海域并获得救助。难民的流入会给接收方带来沉重的负担,因此几乎没有哪个国家或地区乐意接收。但出于人道主义考虑,中国大陆和香港,美国以及欧洲都接收了大量越南难民。当时,日本作为发达国家在国际社会中被要求承担更多人道主义责任,而日本政府却以单一民族论来拒绝越南难民。1978年12月,公明党所属众议员中川嘉美称"日本是由单一民族形成的罕见国家,这一点带来的最大缺点是,日本民族很难与其他民族融合。因此,即便我国接收难民,那些人也不一定能在日本幸福生活。例如,生活环境的差异、就业上的歧视、语言上的困难,这些障碍很难消除"[①],中川主张通过加大经济援助力度来避免直接接收难民。相比于这种委婉拒绝的方式,直接表示不愿意的意见更多一些。1981年5月,东京学艺大学副教授殿冈昭郎作为参考人在国会众议院外务委员会上陈述时称:日本民族"一直作为单一民族在这里生活,今后也想这样继续下去,这一点不可否认,这是我们在思考难民问题时必须考虑的最基本要件"[②],他的说法比较直白,认为难民会打破日本民族的单一性。对此,铃木善幸内阁法务大臣奥野诚亮表示出相同的态度,他称"日本是一个岛国,一亿人形成一个

---

① "第86回国会众议院外务委员会第2号",1978年12月20日 https://kokkai.ndl.go.jp/#/detail?minId=108603968X00219781220&current=1,2023年9月阅览。

② "第94回国会众议院外务委员会第14号"1981年5月14日,https://kokkai.ndl.go.jp/#/detail?minId=109403968X01419810514&current=1,2023年9月阅览。

民族,其他民族很难融入其中"①。

另外,单一民族论还被用来拒绝外国非专业型劳动者。例如,1977年5月,福田赳夫内阁劳动大臣石田博英在众议院社会劳动委员会上表示,"日本是单一民族国家,这一点非常难得,我们希望把这种状态留给子孙后代。如果现在遇到困难就引进劳动力,几年之后让他们回去,一定会发生滞留,滞留会给子孙后代带来很大的负担,我们希望避免这一点"②。石田的说辞与前面提及的拒绝难民时的说法基本一致,都是以维护日本民族的单一性为理由。

从以上对现代日本各界的尊皇论以及日本民族优越论的梳理分析可以看出,即使战败后天皇的地位发生了根本性转变,天皇也否定了自己的神性,但尊皇论以及以之为基础的日本民族优越性论并没有消失。为了更全面深入把握现代日本人对文化特殊性的执着,让我们再次聚焦代表性学者的相关言说。

第二节 津田左右吉的尊皇论

津田左右吉(1873—1961年)出生于岐阜县美浓加茂。小学就读期间,他在校长森达的指导下学习汉文,这为他后来从事历史研究打下了语言基础。15岁时,他升入大谷派的普通中学,次年退学前往东京,在东京专门学校旁听,随后编入该校政治专业。毕业后,先后在富山、群马、栃木、东京等地的中学任教。1908年,东京帝国大学教授白鸟库吉受南满洲铁道株式会社的委托设立满鲜历史调查部并担任该部主任,津田担任其助手,撰写了《朝鲜历史地理》,正式投身历史研究。1918年,他担任早稻田大学讲师,讲授东洋哲学,两年后晋升为教授。在早稻田大学任教期间,出版了《神代史研究》等多部日本古代史研究著作。津田对史料进行文献学批判,既不赞同

---

① "第94回国会众议院法务委员会外务委员会社会劳动委员会联合审查会第1号",1986年5月27日,https://kokkai.ndl.go.jp/#/detail?minId=109405219X00119810527&current=1,2023年9月阅览。

② "第80回国会众议院社会劳动委员会第19号",1977年5月17日,https://kokkai.ndl.go.jp/#/detail?minId=108004410X01919770517&current=1,2023年9月阅览。

新井白石立足于儒学理性主义对不合理的神代物语进行"合理"解释,也反对本居宣长将记纪神话视为史实的做法。1940年,他被国粹主义者蓑田胸喜、三井甲之指控亵渎日本国体,被迫辞去早稻田大学的教职,1941年津田本人以及其著作出版人岩波茂雄被判有罪。战败后,津田主张尊皇,为昭和天皇开脱战争责任。1947年,他成为帝国学士院会员,1949年被授予文化勋章。

一、"东洋非一体"论

津田对中国思想宗教史进行过系统研究,相关著作主要有《道家思想及其展开》(1927年)、《左传思想史研究》(1935年)、《支那思想与日本》(1938年)、《论语与孔子思想》(1946年)、《儒教研究》(1950年)、《支那佛教研究》(1957年)等,他曾表示他自己的中国研究是"现代的学术研究和批判,而不是以往意义上的学习",其目的在于"在学术上引导中国人,向中国人展示日本现代文化的力量"①。换言之,他研究中国思想宗教的目的在于批判中国文化,并撇清日本文化与中国文化的关系,以突显日本文化的特殊性和独立性。他说"一个显而易见的事实是,现代日本人生活在与中国、印度的古代文化截然不同的世界。说日本文化、日本人的思想具有东洋特色,并将之与西洋对立起来,那不过是不了解自己当今生活的妄想罢了"②,并认为"将日本文化、日本思想视为东洋文化、东洋思想,将其与中国、印度的文化、思想视为一个整体,那是给东洋史这种地理上的称呼赋予文化上的意义,而且只看到文字上的知识,不对生活进行反思产生出来的妄想"③,反复强调要关注日本人的"生活"。卢沟桥事变以后,他试图割断日本文化与中国文化的关联的观点还与时局论有紧密的关系。

他在《支那思想与日本》初版(1938年10月)的序言中称:"我认为日本与中国、日本人与中国人在所有方面都完全不同……越了解日本,越了解中

---

① 津田左右吉:《支那思想与日本》,(东京)岩波书店,1938年,"前言"第12页。
② 津田左右吉:"东洋文化、东洋思想、东洋史",《津田左右吉全集》第28卷,(东京)岩波书店,1963年,第367页。
③ 同上文,同上书,第368页。

国,就会强烈感受到日本人与中国人是身处两个完全不同世界的居民。"①他认为尽管日本过去从中国摄取了许多文化,但并没有被中国文化同化,因此具有自己的特色,他认为卢沟桥事变后中国抗日意识的高涨与中国人的日本文化观不无关联。他说"中国人当中,似乎有不少人抱有一种错误的想法,他们认为日本没有自己的文化,过去不过是模仿中国,现代不过是追随西方。我想,这是他们轻蔑日本的心理根据之一。如果真是这样,那与所谓抗日的态度不无关系"②。在他看来,消除中国人对日本文化的蔑视,就可以削弱中国人的抗战意识。另一方面,他也指出一些日本人对日本文化的独特性缺乏坚定的信念,将日本文化称为东洋文化,将日本文化视为中国文化的分支,他认为这种姿态迎合了中国人的文化优越感。他在卢沟桥事变后撰文尽量少用汉字,就是为了表明在文化上摆脱对中国的依赖这样一种态度。他认为日本要得到中国人的尊敬,就要排除以汉字为代表的阻碍日本文化发展的因素,使日本文化具有世界性。在该书正文部分,他通篇都在举例说明日本文化与中国文化的差异。例如,他说汉诗集《怀风藻》的序言中针对天智天皇使用"天命"这个词欠妥,因为其中包含儒教政治学说中的革命的意义,这与日本神代物语所讲述的日本皇位的由来相违背。另外,日本人虽然受到儒学的影响,但从未采用儒学中的礼,因为日本人的生活方式完全不同。他认为日本人"从中国的书籍中获得的知识是零碎的、表面上的,当时的学者很难领会其思想"③。就佛教而言,他认为虽然佛教融入了日本人的生活,但他认为"与其说佛教改变了民族生活,不如说民族生活改变了佛教"④。总之,他认为儒佛文化的影响始终流于表面,而没有真正融入日本人的生活意识之中。他对日本文化发展的脉络进行梳理,称"通过打破从中国模仿来的律令制,形成了日本独自的政治形态摄关政治机构,独自的文化相应地逐渐在贵族间形成。平安中期以后,从民众中逐渐兴起了武士这样一种新势力,并在摄关政治之后建立了日本独特的幕府政治。镰仓

---

① 前引津田左右吉《支那思想与日本》,"前言",第3页。
② 同上书,第5—6页。
③ 同上书,第85页。
④ 同上书,第106页。

时代以后,武士、民众逐渐成为文化的主体,日本文化的根基日益坚实"[1],因此日本人的"人性没有受到政治、社会、经济上的权威的压制"[2]。尽管津田提倡实证史学,对本居宣长的研究方法持批判态度,但在将日本文化的发展过程理解为抵制中国文化影响的过程这一点上,两者之间有共通之处。日本摄取儒佛文化的历史长达千余年,津田一直强调由于日本人的生活方式与中国、印度不同,因此儒佛文化的影响仅仅流于表面,一直没有渗入到日本人的意识深处。然而,在论及不过数十年的西洋近代科学的影响时,他却说"到了近代,日本民族摄取各种在欧洲发展起来的事物,其中最典型的是自然科学及其应用。这些现在普及到日本民族生活的各个方面。日本由此展开了不同往昔的生活,还在不断从这种生活中形成新的精神和道德。没有这些,日本民族的生活立刻就会停止或者瓦解"[3]。他还说"通过逻辑的、实证的思考方式形成的人文科学与自然科学一并构成当今日本的学术,对现实的民族生活进行批评并加以引导"[4],对西方文化给日本文化带来的新变化给予了肯定。他之所以厚此薄彼,是因为在他看来"日本人要想对中国施加有效影响,就必须提升现代日本文化水准,使日本文化具有世界性,使日本文化胜于欧美文化,这样才能让中国人理解和尊敬日本"[5],津田列举的现代文化要素有:科学、尊重人权的思想、正确的自由主义和个人主义、人道主义、社会连带意识、保守的心情、传统教养、自制的习惯、基督教等,[6]很显然他是以"现代文化"的有无来作为区分日本文化与中印度文化的主要标准。尽管他强调日本与亚洲其他国家在文化上的差异的观点与日本战时"大东亚共荣圈"的国策相悖,并因此受到了极右学者的攻击,例如松田福松在《原理日本》杂志的 1939 年 3 月和 4 月号分上下发表了《津田左右吉的东洋抹杀论批判》,但其实两者在日本中心主义这一本质上并无不同,两者的不同之处只在于津田采取了分离方式,而"共荣圈"论采取的是包含方式。

---

[1] 前引津田左右吉《支那思想与日本》,第 8 页。
[2] 津田左右吉:"日本历史的特性",前引《津田左右吉全集》第 28 卷,第 100 页。
[3] 同上文,同上书,第 106—107 页。
[4] 同上文,同上书,第 106—107 页。
[5] 前引津田左右吉《支那思想与日本》,初版"前言",第 9 页。
[6] 津田左右吉:"亚洲并非一体",前引《津田左右吉全集》第 28 卷,第 432 页。

二、对近代文明的批判

津田认为"历史是生活的过程。了解历史在本质上来说,就是在意识上原原本本地再现具体的生活过程"①。在他看来,历史是由人的行动构成的,而人的行动不仅包括外在行为,也包括内心思想和情感,因此历史是人的行动和思想的记录。然而,由于史料的局限性和不完整性,人们无法完全了解历史的全部。因此,研究历史的人需要具备对人的敏锐的洞察、深厚的共情力和丰富的想象力。历史研究的意义在于了解人们通过行动不断创造新生活和改变社会状况的过程。上田正昭将津田的这种历史观称为"欲求的历史学"②,而渡边孝则称之为"生活史观"③。津田认为分析某个时代的政治形态、社会组织等社会状态或者探寻历史发展规律,会使得历史学等同于社会科学,因此对唯物史观明确表示反对。日本战败后,他还立足于这样的历史观对近代文明展开了批判。

津田认为,机械文明给现代社会带来了两大危害。首先,人与机械的地位被颠倒。他说"机械文明创造了这样一种状态,即并非机械为人类工作,而是人类被机械所驱使;不是人类使用机械,而是机械使用人类。即使没有达到这种程度,人类的生活也受到机械的限制,失去了自由,生活本身也趋向于机械化,试图适应机械的运动。因此,现代人特别是城市人和依赖机械力的人,他们的心理失去了自然性,失去了'人'的特质,变得奇异"④。如前所述,津田在强调日本与中国、印度的差异时,对普及在日本人生活各方面的西方文化进行了肯定,可知他并不完全否定以机械文明为代表的近代文明的作用,但他在主张日本针对西方的优势时,对近代文明更多持否定态度。在他看来,人对机器的依赖导致"人"作为个体和整体的权威和作用被剥夺,逐渐失去了文艺复兴的精神,并直接或者间接地引发了道德、社会和

---

① 津田左右吉:"历史学中的人的回归",《津田左右吉全集》第20卷,(东京)岩波书店,1970年,第136页。
② 上田正昭:《日本古代国家成立史的研究》,(东京)青木书店,1959年,第404页。
③ 渡边孝:"如何把握津田史学之③——与马克思主义的对决",《师与友》1973年4月号。
④ 津田左右吉:"历史学中的人的回归",前引《津田左右吉全集》第20卷,第150页。

政治上的混乱。此外,他还指出"这种机械文明与其他政治和社会因素结合在一起,使人们的生活变得集体化或群体化,从而压制或忽视个人的权威和作用"[①]。在津田看来,近代社会中的群体具有特殊的性格、形态和规模,其力量变得异常强大,这给个人带来了压迫。因此,人们更多的是被群体所驱动,而不是自主进行群体行动。在组织化的群体中,个人的存在几乎被抹杀;而在思想上,人们往往难以抵挡时代潮流的冲击来保持自己的独立思考能力。其次,他认为日本人的审美感受也受到了机械文明的不良影响。他说"今天生活在日本都市的人,几乎感受不到四季的变化。例如,花草等由于盛行在温室栽培,春天的东西在冬初就已经上市了,都市人对花草的欣赏完全脱离了自然的气候和风景。这样感受不到花的真正情趣。可以说,温室里培育的花无异于假花。因此,日本人自古以来对花的感受被彻底摧毁了。这是因为欧美人的机械文明进入了日本"[②]。他还列举了取暖设备的使用让人的季节感淡化、罐头的出现让人不再有时鲜的感觉这类事例来说明机械文明的消极影响。他批判以机械文明为代表的近代文明的逻辑与战败前的"超越近代"论十分相似。津田认为,日本需要通过两种方式来弥补这些缺陷,以克服近代文明带来的危害。具体来说,一是改变日常生活方式,二是发挥思想的作用。在他看来,日本近代化起步晚于欧美,因此保留了在近代文明中几乎丧失殆尽的"人"性。他主张通过"恢复正在逐渐失去的'人',确立'人'的权威,明确'人'的责任,全面地促进'人'的作用,让'人'成为机器的主人,让组织为'人'活动,人要坚持自我,而不是随大流"[③]。在津田眼中,日本的落后性反过来又成了克服近代文明弊端的良药。

三、尊皇论

如上所述,津田一方面强调日本文化与中国文化的差异,另一方面主张以日本传统的"人"性来克服西洋近代文明所带来的弊端。因此,强调日

[①] 津田左右吉:"历史学中的人的回归",前引《津田左右吉全集》第20卷,第151页。

[②] 津田左右吉:"任凭庭院杂草丛生",《津田左右吉全集》第21卷,(东京)岩波书店,1970年,第568页。

[③] 同上文,同上书,第155页。

的特殊性,这成为他的必然归结,而尊皇论集中体现了他的这一立场。如前所述,1946年元旦,昭和天皇裕仁发表了所谓"人间宣言",对自己的神性进行了否定。同年4月,津田在《世界》杂志上发表《建国的状况与万世一系的思想》一文,主张天皇诞生于日本民族内部,不是外来征服者,天皇主要以和平方式统一日本,但天皇亲政的时期很短暂,一般不与民众直接形成关联,而且天皇总是顺应时势,因此构成日本文化的核心,是日本人心目中的精神权威。他认为日本之所以走上歧路,是因为大多数日本国民未能真正形成现代国家的精神,他们将国政委托给横暴的政客,皇室也因此受到连累,日本国民应该对此承担责任和进行反思。他称"皇室是国民的皇室,天皇是大家的天皇",是"国民团结的中心,是国民精神活生生的象征"①,呼吁日本人热爱皇室。津田在言论受到压制的战败前大胆批判皇国史观,而在获得言论自由的战败后却主张尊皇,这是他令人费解之处。该文引起了极大反响,保守势力借此主张天皇制存续的合理性,同年11月颁布的《日本国宪法》第一条中的"天皇是日本国民统合的象征"的表述与津田的上述观点十分相似,曾经依据津田实证史学研究成果批判天皇制法西斯主义的革新势力则认为津田变节了,②其实津田战时的日本古代史研究当中已经包含了尊皇思想,只不过与狂热的尊皇派相比要理性一些,再加上他曾受到压制,其尊皇思想没有引起足够重视罢了。

1946年9月,津田在东北大学的毕业典礼上做了题为《关于我国思想界的现状》的演讲,他指出日本战败后虽然获得了思想和学术的自由,但同时也面临了一种新的束缚,那就是革新派以"民主、人民、勤劳大众"为旗帜,对保守派进行批判和打压,阻碍了学术研究的冷静和自由。③他把战后革新派的崛起和战时军国主义政府的专制相提并论,这反映了他的文化保守主义立场。此后,他在不同场合反复主张尊皇和日本文化的特殊性。例如,1955年1月他在《心》杂志上发表《亚洲并非一体》一文,对冈仓天心的"亚洲一体论"进行反驳。他认为"日本与中国、印度在地理、族群、语言上有很

---

① 津田左右吉:"建国的状况与万世一系的思想",《思想》1946年4月4日号。
② 参见松本信广:"批'建国的状况'",《书评》1947年9月第7号。
③ 津田左右吉:"关于我国思想界的现状",《津田左右吉全集》第23卷,(东京)岩波书店,1965,第18—44页。

大差异,民族之间的交流很少,历史发展也完全不同。在衣食住行、家庭制度、社会组织、政治形式以及由此衍生出来的生活情感、生活需求、生活态度、事物观念、道德观、世界观等等各方面的生活方式上,也几乎找不到共同点"①。关于与中国文化的关系,他强调日本人只是借用了汉字,日语的结构并没有因此发生改变。而且日本人把儒教当作知识来学习,儒教并没有真正融入日本人的生活中,所以"对日本人的实际道德生活没有产生很大的影响"②。总之,他承认日本文化受到中国文化的影响,但他认为"那是把文字、工艺等零散的文化从整体的中国文化、中国人的生活中分离出来后吸收的,并没有像朝鲜那样被中国文化同化。日本人有着自己独特的历史,依靠在接触中国文化之前就已经形成的自己的能力和生活情感、生活需求,把从中国吸收的文化日本化,并以此为基础发展出了与中国完全不同的传统生活,创造出了自己的文化,形成了与中国不同的特殊的文化世界"③。他认为,日本战败的原因在于日本"国民没有充分领会现代文化作为一个整体的精神和本质,也没有让它渗透到国民的生活之中"④,这致使日本人缺乏知识、缺乏批判意识、思想简单幼稚。他说"武力战争已经结束,文化战争、生活战争才刚刚开始"⑤,呼吁提高日本的文化水平,使日本成为一个文化强国。1954年4月,昭和天皇的生日那天,他在自由学园做了题为《发扬传统创造日本的未来》的演讲,称"天皇和国民是一体的,是国民的象征……皇室和全国民自建国以来就有着精神上道德上的联系"⑥,呼吁在日本独特的文化基础上创造日本的未来。总之,津田主张通过尊皇来提高日本国民的凝聚力。其尊皇论与战败前强调日本文化与中印文化的差异,以及战败后批判近代文明的主张其实是互为表里的,其目的在于宣扬日本文化的特殊性,以建立民族文化自信。

---

① 津田左右吉:"亚洲并非一体",前引《津田左右吉全集》第28卷,第424—425页。
② 同上文,同上书,第438页。
③ 同上文,同上书,第425—426页。
④ 津田左右吉:"日本人知性的作用",前引《津田左右吉全集》第28卷,第133页。
⑤ 同上文,同上书,第139页。
⑥ 津田左右吉:"发扬传统创造日本的未来",前引《津田左右吉全集》第23卷,第407页。

第三节 铃木大拙的"东洋的特色"论

铃木大拙(1870—1966年)是禅宗学者,原名贞太郎,出生于石川县金泽市。他父亲是一位藩医,在他6岁时去世。他从小受母亲的影响,对佛教抱有浓厚的兴趣。在上中学时,在数学教师北条时敬的影响下开始学习禅宗。19岁时,他放弃了高中学业,成为一名小学英语教师。两年后,他辞去教职前往东京,在东京专门学校和东京帝国大学选科学习。同时,他在镰仓圆觉寺跟随今北洪川和释宗演两位禅师修行。1897年,在释宗演的推荐下,赴美在Open Court出版社从事东洋学书籍编译工作。1909年4月回国后,他先后在国学院大学和东京帝国大学任教。1911年,他与美国人阿特丽斯·莱恩结为夫妻。1921年,经西田几多郎推荐转任大谷大学教授,并定居于京都。同年,他创立了东方佛教徒协会,并创办了英文杂志《东方佛教徒》,致力于向西方传播佛教思想,让西方世界了解日本以及东方文化。他1949年获得了日本文化勋章,并成为日本学士院会员。1950年至1958年间,他在美国以及欧洲讲授佛学,引起了一股佛学热潮。他与鲁迅、泰戈尔、荣格、海德格尔等有过交流。

一、理想与现实的落差

在旅居美国期间,铃木经历了美国基督教徒对日本佛教的误解和诋毁。对此,他深感不平,并因此撰文为佛教辩护。此外,他还给日本的杂志撰写了一些介绍美国国情的文章。1900年,他撰写了《驳基教徒之谬见二、三》,反对从基督教与佛教的差异来解释为何西洋进步、东洋落后。他以黄金发光为例,说明发光的不一定都是黄金,认为西洋的进步与基督教之间没有必然联系。[1] 1901年,他撰写了《来自美国的通信》一文,在该文中他曾说"美国是不可思议的国家",虽然美国人宣扬自由,但实际上美国人的自由是建立在金钱的基础之上,有钱人可以在政治上和社会上逃避法律的制裁。[2]

---

[1] 铃木大拙:"驳基督徒之谬见二、三",《铃木大拙全集》别卷1,(东京)岩波书店,1971年,第78页。

[2] 铃木大拙:"来自美国的通信",同上书,第110页。

他认为这样的自由是没有意义的,是美国自由主义的虚伪表现。铃木认为,虽然日本在物质文化和知识方面不占优势,但日本拥有大乘佛教。他指出,大乘佛教尽管是中国创立的,但现在"只有在东洋孤岛的富士山脚下才保留着一线生机"[①],如果日本能够通过现代化的方式弘扬佛教,必定会引起世界的关注。他主张"我们作为佛教徒肩负着传播佛教的使命"[②],这是他对旅美期间工作的总结,同时也成了他今后工作的重心,他后来的佛教研究都是围绕这一课题展开的。

日俄战争期间,铃木称"这次战争虽然是在不得已的情况下发动的,但却向世界展现了日本人的精神和实力。今后,日本责任重大,我们必须努力回应这种期待"[③],他把俄罗斯人视为傲慢无礼的滑稽存在,嘲笑俄国人向列国求助,称赞日本人是黄种人的精华,这类言论体现了当时铃木试图以民族主义对抗人种歧视问题的态度。

铃木对东方文化因西洋文明的冲击而走向衰退表示忧虑,并呼吁西方人要认识到东方文化的真正价值,不要让东西方文明对立,而应该让两者共存。他认为,作为东方国家的日本应该继承发扬东方的传统,为全人类的进步做出贡献。东西方文明各有长短,日本人不应该盲目追随西方文明,而应该尊重、保存、弘扬东方固有的文化。他指出,虽然日本受到了中国和印度古老文明的影响,但日本以适合自己国家的方式吸收了这些文化,并产生了日本独特的文化。如果在日本文化中加入西方理性的学问,日本就能创造出更加特别的文化。他说,"没有像中国和印度那样固有的文明,反而正是这一点成为了我们国家未来发展的动力"[④]。

1909年,铃木时隔12年从美国回到日本,他切身感受到了日本与美国在物质生活方面的巨大差距。在《归朝杂感》《归朝漫录》等文当中,他列举了各种问题。例如,日本人时间观念淡薄、书籍杂志的出版缺乏长久计划、小商贩不太热情、房屋不防潮、老鼠横行、日本人的生活没有规律、和服不方便、东京道路脏乱泥泞、路灯昏暗、日本人不珍惜生命和财产,等等。我们可

---

① 铃木大拙:"我日本大乘佛教徒在世界的宗教责任",同上书,第84页。
② 同上。
③ 铃木大拙:"来自美国乡村的通信",前引《铃木大拙全集》别卷1,第171页。
④ 铃木大拙:"来自美国乡村的通信",前引《铃木大拙全集》别卷,第191页。

以看一看他对东京道路脏乱泥泞、路灯昏暗的描述:"东京市区怎样呢?江户时代三百年来,道路一直非常脏乱,一下雨就泥泞不堪。没有人考虑如何消除这种不便,如何去对抗自然的力量。出国归来的人可能马上就会注意到,但江户时代三百年来,日本人对此毫不在意。明治(维新)已经快五十年了,依然没有任何变化。……另外,东京的路灯太暗也是个问题。晚上出门一片漆黑,只有各家点着几盏昏暗的煤油灯,让人感觉很不舒服。点上煤气灯不就好了吗?在街道的拐角处打开碳化的电灯不就好了吗?这样一来,就没有必要家家都点上一盏又小又暗的煤油灯了。东方人总是输给自然,不想战胜自然。"①铃木甚至将广告牌、与电灯不协调的纸拉门、燕尾服、繁文缛节、奴性等称为"愚劣的日本文明"②现象,让人感觉是在以美国标准评判日本的事物。他的这种心态,与从农村到城市生活的人日日思念农村生活,而一旦回到故乡又难以适应的情形颇为相似。当人在接触外国文化时,由于习惯和思考方式与母国文化存在很大差异,可能会感到困惑或者受到心理打击,这种现象被称为"文化冲击"(Culture Shock)。而铃木回国时经历了一场反向的文化冲击,这种经历引发了他对文化差异发生原因的思考。他在《东西文明的差异》一文中主张东洋文明与西洋文明的差异源于知识类型的差异。铃木认为,"尽管东洋人拥有两千多年的文明,却没有得到很好的发展,原因在于东洋的知识是非逻辑性的"③。在他看来,知识类型与宗教相关,西洋宗教强调个体事实、分门别类和主客观对立,而东洋宗教则强调融合、重视整体、注重冥想和直觉。因此,西洋人强调人类征服自然,而东洋人则倾向于融入自然。他说"融入自然的结果就是向自然屈服,不得不说这是东洋人的弱点"④。铃木刚从美国回到日本时,由于生活上的不便,他对日本文化的不足之处有所反思,这与他旅居美国时将日本理想化、批评美国现代文明弊端的立场大不相同。然而,随着他在学习院获得教职,生活因此稳定下来,或者因为回国时间长了以后逐渐适应了日本的生活,他批评日本现状的言论逐渐减少,之后他主要从禅宗的角度宣扬日本文化的独特价值。

---

① 铃木大拙:"东西文明的差异",前引《铃木大拙全集》别卷,第212—213页。
② 铃木大拙:"愚昧的日本文明",同上书,第234页。
③ 铃木大拙:"东西文明的差异",前引《铃木大拙全集》别卷,第209页。
④ 同上文,同上书,第211页。

二、日本与东洋的关系

在谈论日本的事物时,铃木常常使用"东洋的……"这种说法,例如"东洋的视角"(東洋的な見方),"东洋的事物"(東洋的なもの)。那么,铃木是如何理解日本与东洋的关系的呢?

铃木曾多次谈及他1908年经过苏伊士运河时的感受。例如,1947年他在《东洋的事物》一文中针对质疑存在东洋文化的观点,他回应说"不得不说,我对这方面不太了解。但如果和其他方面进行比较,就会发现东方的事物和西方的事物是分开的。当然,这只是一种感觉,而并不是坚实的事实。不过,从伦敦乘船出发,越过地中海,接近苏伊士运河时,就会不可思议地被东方的气氛所吸引。运河两岸随处可见或坐或立的骆驼。虽然这是几十年前的经历,但当时的心情至今无法忘怀"[①]。晚年,他还曾回忆说:"60年前,我第一次去美国,待了10年左右,在欧洲转了1年左右,然后回到日本。坐船经过地中海,经过苏伊士运河时,一边是阿拉伯,那里的沙漠里躺着骆驼,后面躺着赶骆驼的人。看到那样子,我恍然大悟,原来这就是东洋。美国的建筑高得离谱,英国的建筑都很古老。因为建筑年代久远,虽然不高,却显得古色古香。然后到了欧洲,欧洲果然是有传统的国家。从新的国家来到古老的欧洲,经过苏伊士运河时,遇到了东方的事物。……到达神户时,感觉那里跟乡下一样,日本的房子用英语说就是 shed(棚屋),我觉得很可悲。"[②]像这样,铃木在经由欧洲回到日本时,深切感受到了西洋与东洋的差异,这与其说是文化上的差异,不如说是生活水准上的差距。在西洋占据主导地位的近代,亚洲各民族的经济社会发展水平相对落后,这种共性状态可以成为连接亚洲各民族的纽带,他将埃及也视为东洋,就是基于这样的区分标准。可以说铃木对亚洲其他民族的亲近感源自感性的生活体验。

那么,铃木如何看待日本与东洋的关系呢?他说"佛教起源于印度,所以具有印度特性。佛教经中亚传播,又带有那里的地方特性。后来在中国

---

① 铃木大拙:"东洋的事物",《铃木大拙全集》第19卷,(东京)岩波书店,1969年,第28页。
② 铃木大拙:"东洋思想的特殊性",《铃木大拙全集》第20卷,(东京)岩波书店,1970年,第29页。

发生了一大转变,所以带有浓厚的中国特性。最后传入日本,实现了日本灵性化。因此,日本佛教具有所有的东洋特性。此外,佛教还通过南亚传入日本,因此南亚的特性也包含在其中。因此,'日本'佛教兼有北方民族和南方民族的特性、印度的直觉力和中国的实证心理。而且,这些特性并不是杂乱无章地在物理上、空间上排列在日本佛教当中,而是以日本灵性为中枢,使它们活跃并发挥作用"①。他认为日本佛教融入了印度、中国、南亚佛教的特性。他还指出:尽管日本在奈良平安时代崇尚佛教,但当时那并没有成为真正的宗教信仰,"直到进入镰仓时代,人们才开始对这种精神产生宗教冲动,才看到了日本灵性的觉醒"②。在铃木看来,祈愿前往阿弥陀佛西方极乐净土的信仰才是日本佛教的代表,灵性又是净土信仰的最大特征。他所说的"灵性"与一般所说的精神作用不同。在他看来,"精神具有伦理性,而灵性超越了伦理性。超越并不是否定的意思。精神以分别意识为基础存在,而灵性则是无分别意识。……灵性的直觉力比精神处于更高层次"③。铃木将灵性视为一种崇尚直觉的信仰状态。换言之,日本的净土信仰融入了印度、中国、南亚佛教的特性,成为亚洲即东洋宗教的象征,而佛教又构成日本文化的核心,因此日本文化就成了东洋文化的象征或者说代表。可以说,铃木是以这种逻辑来看待日本特色与东洋特色的关系的。然而,铃木所说的东洋基本上仅限于印中日三国,偶尔会提一下南亚,对朝鲜只字不提。不得不说,在铃木的话语体系中,亚洲其他国家都无条件地被日本代表了。

三、东西文化"二元论"

铃木指出:"西洋立足于二分性的思考方式和感受方式,而东洋则关注尚未区分之处,换言之,就是关注万物未分以前的无意识状态。"④也就是说,他认为西洋思维是基于对立、分析、逻辑和理性,而东洋思维则是基于

---

① 铃木大拙:"日本的灵性",《铃木大拙全集》第 8 卷,(东京)岩波书店,1968 年,第 71 页。
② 同上文,同上书,第 33 页。
③ 同上文,同上书,第 22 页。
④ 铃木大拙:"东洋的视角",前引《铃木大拙全集》第 20 卷,1970 年,第 157 页。

统合、直觉和生命。西洋思维从二元论的角度,而东洋思维则从"不二论"的角度来看事物。不二论是从事物的相对关系来理解,即认为一个事物中必然存在另一个事物。铃木认为,西洋思维往往将造物主与被造物、自己与他人、善与恶、罪人与圣人、黑与白、开始与结束、生与死、地狱与极乐、幸运与不幸、伙伴与敌手、爱与憎等视为对立的事物,而东洋思维则不这样区分,而是在相辅相成的关系中来把握所有事物。铃木还举例说,西方人从外部观察纸和橘子,分析其颜色、形状、材质等,而东方人只在纸和橘子上体验其感觉和意义。西方的思维方式是客观的、分析的,通过事物的特征和构成要素来理解事物。东方的思考方法是主观的、综合的,试图根据事物的本质和整体性来理解事物。这是铃木对西洋与东洋思维差异的基本认识。

如前所述,铃木承认日本与西洋在科学发展、工业技术进步、法律严谨、团体组织完善程度方面存在差距,而这些差距与东西方文化差异紧密相关。他指出"西洋人具有彻底的二元思维,科学的起点是将自身与其他事物分离开来。科学需要一个相对于五官的客观体作为其对象,然后再发挥知性的作用。理性建立在主体和客体的二元关系上。没有主体与客体,就不可能有智慧,人类的感觉也无法成立"[①]。铃木认为二元思维具有将个别事物一般化和抽象化的能力,有助于实现工业化和大量生产,可以节约生产费用和人力,这也是西方国家发展进步的原因。但这同时也会削弱个体的特性和创造欲望,使人成为机器的奴隶,还会带来无限的分裂与对立,可能破坏人与自然以及人与人之间的和谐。铃木将二元思维方式带来的问题概括为排他性和主我性。相反,铃木认为东方民族不会将事物细分思考,不存在这种思维方式带来的优缺点。在他看来,"这是因为东洋的文化人不像欧美的文化人那样重视知性。我们东洋人的心理,处于知性形成以前、逻辑万能主义之前的阶段,并在此基础上获得了发展"[②]。铃木以这种方式阐述了东洋思维相对于西洋思维的优越性。他关于"自由"观念的东西方对比,就是基于这样的意图进行的。铃木指出,"'自由'在西洋意味着逃离某种东西,即从

---

① 铃木大拙:"东洋的视角",前引《铃木大拙全集》第20卷,第158页。
② 同上文,同上书,第286页。

束缚和诱惑中解放出来。这种自由是消极的、相对的,总是以否定的对象为前提。而在东洋,'自由'是以自己为主的思考方式,不受压制和束缚,是'自然而然'出现。自由这个词原本很少有政治上的意思,它用来表达自然规律。大自然不受任何人命令,也不受任何制裁,它自然出现并运转,这就是自由"①。总之,铃木认为东洋的自由才是真正的自由,因此也优于西洋的自由。

铃木的主张与以尼采、海德格尔、弗洛伊德等人为代表的西方后结构主义思潮有相似之处。后结构主义是西方思想家对结构主义所提倡的"主体"概念提出疑问的思想,他们受到德国哲学和心理学的影响。在现代人类观中,个人或主权者被视为自由自立的存在,但后结构主义者认为"主体"实际上是由社会和文化等潜在的结构所形成或限制的。因此,"主体"并不是自我完成的,而是在与他人和外界的交互过程中发生变化的。后结构主义者对个人主义、进步主义、自然观和合理性等采取了批判的立场。铃木从1949年至1958年在夏威夷、耶鲁、哈佛、康奈尔、普林斯顿、哥伦比亚等大学讲授日本文化与佛学,在欧洲巡回演讲,并得到海德格尔等西方重要哲学家的关注。②

铃木曾长期在欧美旅居讲学,对西方发达国家的国情和文化都有非常深入的了解和认识,他既不像国粹主义者那样无条件地美化日本,也不像"超越近代"论者那样主张西洋末日已近。相反,他主张日本人应该坚持自己的文化传统和价值观,不应该盲目模仿或者全盘接受西洋文化,这些都是铃木作为禅宗学者的过人之处。然而,他把禅从历史脉络中剥离出来,用禅来象征东洋文明,不得不说这种做法过于简单粗暴。此外,他通过著述讲学向西方人阐释禅宗,这本身就违背了其"不立文字"的原则。正如他自己所言,"用楔子把楔子敲出来,用逻辑使逻辑失去逻辑,用语言打消语言,这些

---

① 铃木大拙:"自由、空、当下",同上书,第230页。
② 岩波书店版《铃木大拙全集》第11卷扉页收录了铃木与海德格尔1953年在德国弗莱堡的合影。另外,美国哲学家巴瑞特(W. Barrett)也证言海德格尔热衷于阅读铃木的著作。参见赖贤宗《海德格尔与禅道的跨文化沟通》(宗教文化出版社,2007年)第91页。

都不是入不二法门"①。然而,人又不能不用语言交流。他一直批判二元思维,却不得不在东西方对比的框架下来阐释日本文化,陷入了自相矛盾之中。

第四节 梅原猛的"水稻文明"论

梅原猛(1925—2019年)是哲学家和评论家。他出生于宫城县仙台市,成长于爱知县知多郡,在中学时代接触到教师椎尾弁匡的共生思想。在就读于旧制第八高等学校文科时,他阅读了西田几多郎以及田边元等人的著作,对哲学产生了浓厚兴趣。尽管他父亲希望他学习理科,但他违背父亲的意愿,1945年4月考入京都帝国大学文学部哲学专业。他入学不久即被征召入伍,战败后复学,并于1948年进入京都大学研究生院深造。他曾回忆说"我本科3年和研究生5年,时间都花在阅读海德格尔和尼采上"②。毕业后,梅原先后在龙谷大学文学部和立命馆大学文学部任教。他说自己"在快到四十岁时,意识到自己在研究西方哲学方面,无论如何努力都难以赶上西方人的水平。然而,这个发现也促使我开始反思西方思想,结果发现它已经陷入了僵局,我的思想也因此迎来了转机"③。此后,他致力于探讨日本人的精神特征,对在希腊主义和基督教的基础上形成的西方哲学以及进步主义展开批判。20世纪80年代,他主持筹建了国际日本文化研究中心,并担任首任主任。他的日本研究被称为"梅原日本学"。此外,他还创作过歌舞伎和能剧作品,1992年获得文化功劳者称号,1999年获得文化勋章。

一、对近代文明的批判

在20世纪60年代至70年代,日本经济持续增长,实现了工业化和城市化的跨越式发展,国民收入和生活水平显著提高。然而,经济繁荣也带来了环境的恶化,工厂和汽车排放的煤烟、硫氧化物等有害物质对人类的健康

---

① 铃木大拙:"东洋的视角",前引《铃木大拙全集》第20卷,第161页。
② (电子版)梅原猛:《梅原猛讲授佛教——法然、亲鸾、一遍》,(东京)PHP研究所,2015年,"讲授共生"。
③ (电子版)濑户内寂听、梅原猛:《活下去》,(东京)株式会社KADOKAWA,2014年,第五章"震灾后的日本,复苏的思想"。

和生态系统造成了严重危害。其中,富山县的骨痛病、熊本县的水俣病、三重县四日市的哮喘和新潟县的水俣病被称为"四大公害"。当时,公害问题引起了日本社会各界的思考,梅原对欧洲哲学以及西方文明的批判就是在这样的背景下展开的。梅原说"我们可以明显感受到,一个崭新的世界正在崛起,欧洲世界的解体也不可避免。这并非仅仅因为欧洲各国的实力正在下降,更是因为欧洲文明已经失去了揭示新世界原理的理论能力。或者说,欧洲文明缺乏谦虚地确立新世界原理,以及对自己在其中扮演的角色进行反思的能力"[1]。也就是说,梅原认为欧洲文明已经走向没落。他认为欧洲哲学存在两大根本问题:一是不关注和平的问题,二是忽视科学技术文明对自然环境的破坏。[2] 而且,他认为这些问题与欧洲文明的特性有关。他指出,近代欧洲思想的渊源可以追溯到希腊文明和希伯来文明。希腊文明强调理性和智慧,认为人类通过理性和逻辑思维可以把握事物的本质。而希伯来文明则强调历史和神的启示。这两种文明深刻影响了近代欧洲思想。欧洲人强调理性和智慧,认为人类可以通过科学的方法和哲学推理来认识世界。他们也重视历史,认为历史是一种进步和演化的过程,通过研究历史可以发现规律并预测未来。此外,梅原指出,希腊文明和希伯来文明的理性和历史观念都强调了永恒性。希腊人认为理性是不朽的,它能够超越时空界限;而希伯来人则相信神的启示是永恒的,不会因为时间而改变。这种永恒性的思想也深刻影响了近代欧洲思想,许多重要的哲学和政治思想都强调了理性和历史的永恒性。梅原还以欧洲近代哲学的开创者笛卡尔为例,对欧洲文明的特性与欧洲哲学的关系进行了分析。

说起笛卡尔,人们往往会想到"我思故我在"这个命题,该命题立足于二元论的哲学观。笛卡尔从理性和经验这两个不同的侧面进行思考,他致力于解决如何获取知识这样的哲学难题。笛卡尔认为人的精神和身体是两个不同的实体,人的精神属于非物质性世界,人的意识是可以思考的,而身体则具有物理能力,两者是不同的存在。笛卡尔通过对所有事物进行质疑,发现了最确切的"思维的自我"。对他来说,人作为个体生命是有限的,但作为

---

[1] 梅原猛:《哲学的复兴》,(东京)讲谈社,1972年,第70—71页。
[2] 同上书,第12页。

思维的人则是不死的。梅原正是着眼于这一点,认为在以笛卡尔为代表的近代欧洲哲学中,死的概念几乎被人们忘却,其结果是和平问题被忽视。梅原还指出,具有这种特性的欧洲文明的背后隐藏着大自然任凭人类支配这样一种想法,这种想法过于强调人类与自然界的对立,导致了人类与自然的对立以及人类对自然环境的破坏。他认为"现代科学技术文明存在这种'缺陷'并非偶然,而是必然的结果"①,特别强调现代科学技术文明的负面影响。梅原还在其他多个场合表达了类似观点。在1992年出版的《佛教的思想》上卷中,他指出"欧洲思想并不具有普适性,不能适用于所有人类。当前,世界正面临着巨大的变化,欧洲思想已不能完全适应这种变化。因此,在这个时代,我们需要创造新思想,而不是固守旧思想。在新思想的形成过程中,东方思想应该被赋予平等的地位和作用。我认为,东方或者日本的思想将与欧洲思想共同形成世界的原理,甚至前者会超过后者。在这一点上,我既是东洋主义者,也是日本主义者"②。他对欧洲思想的批判的措辞非常激烈,在标榜其东方主义、日本主义的立场时,语气非常坚定。1996年6月,他在上海举行的"东方思想研讨会"上发表了题为《拯救地球与人类的东方思想与文明》的主题演讲。他在演讲中称西洋文明"给人类带来了新的灾难,例如工业文明生产出了原子弹这样的大规模杀人武器……使人类陷入生存危机。此外,自然环境的破坏比原子弹问题更为严峻"③。总之,梅原认为现代日本和整个人类所面临的各种问题都是西方文明所带来的危害。他主张借助佛教、儒学等亚洲的智慧来解决这些问题,关于这一点将在后文中论述。他批判西方文明的逻辑和解决问题的方案与第六章第三节中所论述的"超越近代"论十分相似。

在1990年的《何谓日本——国际化浪潮中》序章中,梅原探讨了日本研究繁荣的原因,并引用江户学热作为例子。他指出:"现在,有一股'江户学'的热潮……现在,各个领域都认为江户时代在一定程度上具备了实现近代

---

① 前引梅原猛《哲学的复兴》,第24页。
② (电子版)梅原猛:《佛教的思想》上,角川文库,1992年,第一章"佛教的现代意义"。
③ 梅原猛、后藤康男编著:《东洋思想的智慧》,(东京)PHP研究所,1997年,第26页。

化的要素。如果将明治以后视为第二个近代,那么江户时代就是第一个近代。"①该文的目的是阐述日本文化的本质,特别是强调日本人具有独特的文化创造力,并主张这种创造力使得日本成功实现了近代化。在该文中,日本文化不是用来克服西方文明弊端的药方,而成了顺利摄取西方文明的条件。这种观点的不一致性,说明梅原并非真正相信西方文化的困境需要依靠日本文化来拯救,他批判西方文明,最终目的是彰显日本文化的特色。

在 2011 年"3·11"日本大震灾后,梅原猛与尼僧濑户内寂听进行了对话,他再次指出现代文明所带来的危机。他说"近代文明的弊端在于,它没有探讨我们应该如何生活的问题"②。"我认为现在人类必须创造一种不同于近代文明的文明"③。梅原谈到他曾经三次患癌,但由于早期发现和及时有效的治疗,每次都没有危及生命。他说这是"有神佛庇护"的缘故,因此他开始信仰神佛。梅原从欧洲哲学的视角对欧洲文明进行反思,并积极发掘东亚和日本文化的精髓,这种做法有一定的积极意义,但如果因此忽视甚至否定近现代文明的贡献与意义,那就只能是自欺欺人了。按照他的逻辑反过来说,神佛虽然告诉他应该如何生活,但无法给他治病,治病最终还是需要依靠近代文明的手段。

二、"拯救地球危机"的水稻文明

如前所述,梅原毫不掩饰地称自己既是东洋主义者,也是日本主义者。他的东洋主义的立场体现在他对儒佛道三种思想的推崇上。他认为,儒佛道是在水稻农业的自然环境下诞生发展的。水稻农业需要用水灌溉,因此必须尊重具有保水功能的森林,对森林的尊重是道教和神道的重要内容。另外,水稻农业需要进行共同劳动,因此派生出重视人与人之间的关系以及重视控制欲望的思想。在水稻农业发达的东洋形成的这种思想,与在小麦农业和畜牧业发达的欧洲形成的思想形成鲜明对照,后者过于强调满足个

---

① 梅原猛编著:《何谓日本——国际化浪潮中》,(东京)日本放送协会,1990 年,第 6 页。
② 前引(电子版)濑户内寂听、梅原猛《活下去》第二章"佛教现在能做的就是治愈心灵"。
③ 同上书,第五章"震灾后的日本,复苏的思想"。

人利益和欲望，因而对自然环境具有破坏性。① 然而，梅原很少对儒学和道教进行具体论述，他最重视的还是佛教。他说"如果说欧洲文明的特点是理性，那么佛教文明的特点又是什么呢？佛教不仅仅是一种信仰，它还蕴含着丰富的、具有智慧的传统。基督教有固定的经典《圣经》，而佛教却没有。正因为如此，佛教才能形成自由的思想。而且，佛教已经演变成一个多元的思想集合体"②。可以说，梅原是将佛教视为与西洋基督教相对峙的东洋的核心价值。但他不赞成像铃木大拙那样只从禅宗的角度看待日本文化。梅原指出："如果将日本的思想作为一个整体来思考，那么只从禅宗的角度来看待日本的文化和思想，那显然是一种偏见。"③梅原在晚年表示，"我对日本的思想和文化进行了长达50年的研究，最终得出的结论是：日本思想的核心是'天台本觉思想'"④。天台本觉思想是中国天台佛教创始人智𫖮提出的佛教思想，这种思想主张一切众生本来都具有佛性，而且这种佛性无始无终，"草木国土悉皆成佛"这句话便是这种思想的集中体现。梅原认为，在佛教的发源地印度不存在这样的观念。在印度，只有人和动物才被视为"众生"，因此印度佛教非常重视动物的生命。佛教传入中国后，受到了道教的影响，开始认为植物也有生命，也可以成佛。这种思想在中国天台佛教中有所体现，但并没有成为主流。而日本因为有绳文时代以来形成的自然崇拜的传统，这种思想被广泛接受并得到发展。因此，他将天台本觉思想称为人与草木国土"共生"的思想。

梅原曾在20世纪70年代末提出了贯穿于日本文化的三种思想原理的假说，他所说的三个思想原理分别指生命的思想、心的思想、地狱的思想。就第一个原理即生命的思想而言，他认为日本的佛教和神道是和谐共生的。密教认为神和佛可以融合为一，因此密教的佛像往往具有神道的特征。大日如来兼具自然神和生命神的特征，与神道的自然神和生命神在本质上相同，都具有赋予万物生命的力量。这种宗教尊重自然的神秘力量，将自然视

---

① 前引梅原猛、后藤康男编著《东洋思想的智慧》，第20—28页。
② 前引梅原猛《哲学的复兴》，第63—64页。
③ 梅原猛："贯穿日本文化的三种思想原理"，三宅刚一编《现代哲学中的人的存在问题》，（东京）岩波书店，1978年，第319页。
④ 前引（电子版）梅原猛《梅原猛讲授佛教——法然、亲鸾、一遍》，"讲授共生"。

为神。梅原还将生命的思想与存在主义进行对比,认为生命的思想对人持肯定的态度,而存在主义则持否定的态度。在生命的思想中,人类被视为与动物相连续的存在。而在存在主义哲学中,人类被视为完全独立的存在,人类与动物的联系,以及人类与社会的联系被切断。因此,梅原主张生命的思想优于存在主义。就第二个原理即心的思想而言,他认为心的思想与生命的思想紧密相关,因为日本的佛教认为山川草木都有心。他指出,心这个词无法翻译成欧洲语言,因为其中既有理性的作用,同时也有情感的作用。因此,"有心之人在日本被认为是最理想的人,这种人不仅是能控制自己激情的理性人,同时还是能敏锐地感受到他人的喜怒哀乐等情绪的人。而在欧洲,所谓理想的人是指具有人类理想的理性人,这两者有所不同"[①]。就第三个原理即地狱的思想而言,梅原认为这是一种主张世界上充满苦难,人类是这个苦难世界的生灵的思想,这种思想清楚地向人们展示了人类生活的严峻性。在梅原看来,人类不能只肯定生命,只从积极的角度看待人生。人生也存在悲剧和痛苦,人类需要得到救赎。因此,他认为地狱的思想体现了对救赎的需求。总之,梅原认为以上三种思想是三位一体的关系,他呼吁"在探讨这三种思想的历史发展的同时,还有必要创造性地思索这三种思想的未来意义"[②]。

三、"日本文化的椭圆结构"论

"椭圆结构"是梅原用来把握日本文化特质的一个模式。他认为日本固有的绳文文化与从大陆传入的弥生文化之间存在对立与综合的关系。绳文文化始于大约1万4千年前,一直持续到公元前5世纪左右。绳文之名源自当时陶器上使用的绳纹图案,狩猎和采集是该时代的主要生产方式。绳文时代之后的弥生时代从公元前5世纪左右持续到公元3世纪左右,水稻耕作是这个时代典型的生产方式。梅原认为,狩猎捕鱼和采集文化是日本文化的基础,尽管日本农民经过两千三百年左右的努力,日本农田的面积仍

[①] 梅原猛:"贯穿日本文化的三种思想原理",前引三宅刚一编《现代哲学中的人的存在问题》,第336页。

[②] 同上文,同上书,第339页。

然只占日本国土的三分之一,其余三分之二是森林。基于这样的情况,梅原指出:"即使弥生文化在日本传播开来,绳文文化的母体森林依然保留了下来了。因此,我们有必要将日本文化看作是一个椭圆的文化,它拥有两个焦点,即作为'森林文化'的绳文文化和作为'水田文化'的弥生文化。"①梅原还对绳文文化与弥生文化的对立与综合的构图进行了具体描述:绳文文化是一种重视平等的文化,在渔猎采集社会,财富无法储存,劳动成果被公平分配,因此绳文社会几乎是完全平等的社会。弥生时代开始出现阶级和等级,之后的律令制具有瓦解等级制的性质,因为巨大国家机构的运作需要超越等级任用人才。圣武天皇以及他女儿孝谦天皇继承了圣德太子的理想,彻底瓦解了日本的氏族等级制,特别是孝谦天皇彻底打破了古代等级制,桓武天皇以后的天皇试图恢复等级制,但氏姓制在平安时代中期完全失去了意义。武士的兴起进一步促进了这种平等化的趋势,下克上成为时代的潮流。江户时代确立了士农工商的等级秩序,但实际上商人拥有经济实力,幕府的最高当权者也多出身卑微,德川中期以后社会流动性增大。到了明治时代,在西洋民主思想的影响下,等级社会走向瓦解,现在日本社会平等化的倾向依然很强烈。且不谈梅原对日本历史的解读是否妥当,他用有两个圆心的椭圆形来表示日本文化的特征,无非为了强调日本固有的绳文文化针对作为外来文化的弥生文化的独立性。为了增强日本文化"椭圆形"结构论的说服力,梅原主张日本人的祖先是阿伊努人,而现代日本人是阿伊努人和大陆人混血形成的。为了探索日本古代历史的秘密,他对阿伊努人的文化、语言和基因等进行了研究,试图从中找出日本人和阿努人的渊源关系。他主张阿伊努人是日本列岛的原住民,后来被从大陆迁徙过来的人征服,才被迫移居到东北和北海道,他们保留了更多的绳文人的身体特征和文化。梅原曾在1979年9月的学术研讨会上做了题为《古代日本与阿伊努语》的主题发言,主张日语与阿伊努语同源。② 然而,他的观点遭到了语言学家大野晋等人的反对。③

---

① 前引梅原猛编著《何谓日本》,第13—14页。
② 参见江上波夫编《何谓日本人——探寻民族的起源》,(东京)小学馆,1980年,106—143页,梅原猛"提题:古代日本与阿伊努语——日本语与神话形成之谜"。
③ 参见江上波夫编《何谓日本人——探寻民族的起源》,第151页。

本章分析了现代的尊皇论、单一民族论,以及津田左右吉、铃木大拙和梅原猛关于日本文化特殊性的主张与观点。战败后,昭和天皇发表"人间宣言",明确否定了自己的"神性"。然而,尊皇论依然被保守势力当作维持日本人文化自信的重要手段。战败前以天皇为核心的"家族国家"论改头换面,演变成了"单一民族"论。这种论调或被用来说明日本民族的优秀性,或被用来应对贸易摩擦、拒绝接收难民等问题。津田为了主张日本文化的独特性,而过度强调日本文化与中国文化的差异,同时他对西洋机械文明展开了批判,最终只能将价值依托于天皇制。他在战败前因为对《古事记》《日本书纪》进行文献学批判而受到军国主义政府的压制,战败后却鼓吹尊皇,就是这种逻辑的体现。铃木和梅原将佛教视为日本文化的本质特征,不过铃木是以禅宗的"不二性"思想,梅原则是以人与自然的"共生"思想作为核心价值,两人试图以此克服西欧文明的弊端,他们的思维逻辑与战败前的亚洲主义以及"超越近代"论有相似之处,都是让日本充当亚洲文明的代表。

终章　摇摆于"中心"与"周边"之间

以上正文首先明确了构成日本人的文化认同的基础,即日本的自然人文环境以及日本文化形成与演变的脉络,然后对从13世纪到当代的与日本人的文化认同的相关问题与言说进行了深入探讨分析。由此可以看出,日本人对于文化认同的关注度高,持续时间长,并且参与面广,呈现纷繁错综的样态。尽管如此,我们还是可以从中发现一些规律。简而言之,日本人的文化认同主要有两个范式,一个是基于记纪神话的民族特殊论,另一个是与文化中心的同化。

日本没有形成自己固有的文字,其上古时代的历史不是记载在日本的,而是记载在中国的史书中,而且中国史书中关于日本的记载一般都不够详细。通过考古的发现,我们可以窥见上古的一些样貌,但无法了解其变迁的过程。这就像一个人身世不明,只能通过邻人的证言来了解一些片断。因此,我们不妨借用埃里克森的人生八阶段论把日本上古时代比作一个人的青少年时期。这样的经历给日本人的文化认同带来了周期性的焦虑,记纪神话常常被用来消除这种焦虑。另外,从世界角度来看,日本的文明化进程相对缓慢,这与日本没有形成固有的文字其实互为因果。由于日本在生产力发展水平以及文字、社会组织、国家制度等方面与相邻的文明中心中国存在相当大的差距,必然要从中国摄取先进的技术与文化。事实上,日本以中国为榜样的状态一直持续到近代。中国在鸦片战争中失败以后,日本才将欧美作为榜样,数十年后实现了工业化,并成为列强之一员。日本凭借增强的国力在亚洲进行侵略扩张,并因此与其他帝国主义国家发生了利益冲突,发动了太平洋战争。之后,经历了战败与媾和，现在日本是七国集团(G7)中的唯一亚洲国家。像这样，效仿榜样即与榜样的同化(投射性认同)一方面可以缩小与榜样的差距，得到榜样的认同与接纳，另一方面也容易忽视日本人的真实需求和价值观，并因此丧失自信。因此，将榜样与自己同化(内摄性认同)往往被用来恢复自信。

基于以上理解，我们首先可以将日本人把握文化认同的逻辑方式分为基于神话的自恋型和与文明中心的同化型这两大类型。日本历史上大致出现了两次与文明中心的同化(认同)，同化可分为投射性的与内摄性的，因此第二类型又可分为四类。难以归入以上分类的，列入其他类型。其他类型又根据论者的立场分为自我肯定型和自我反思型。当然，这只是一个便于整体把握的大致分类，同一人物在不同时期或不同场合有时会采取不同的方式。对于一个人采取多种方式的情况，我们以其主要方式进行分类。接下来，将结合正文内容对日本人的文化认同方式进行总括。

(1) 基于记纪神话的自恋型

北畠亲房、卜部兼俱、贺茂真渊、本居宣长、平田笃胤、内田良平、尊皇论者、单一民族论者

(2) 与文明中心的同化型

(A-1)将日本与东洋(中印)同化(投射性认同)

藤原惺窝、林罗山、山崎闇斋、中江藤树、熊泽蕃山、赖山阳、荻生徂徕、太宰春台

(A-2)将东洋(中印)与日本同化(内摄性认同)

山鹿素行、冈仓天心、三木清、铃木大拙、梅原猛、竹内好

(B-1)将日本与西洋同化(投射性认同)

福泽谕吉、丸山真男、加藤周一、去汉字化论者

(B-2)将西洋与日本同化(内摄性认同)

"超越近代"论者(日本浪漫派，京都学派)

(3) 其他类型

自我肯定型：津田左右吉

自我反思型：坂口安吾

以上分类图示如下：

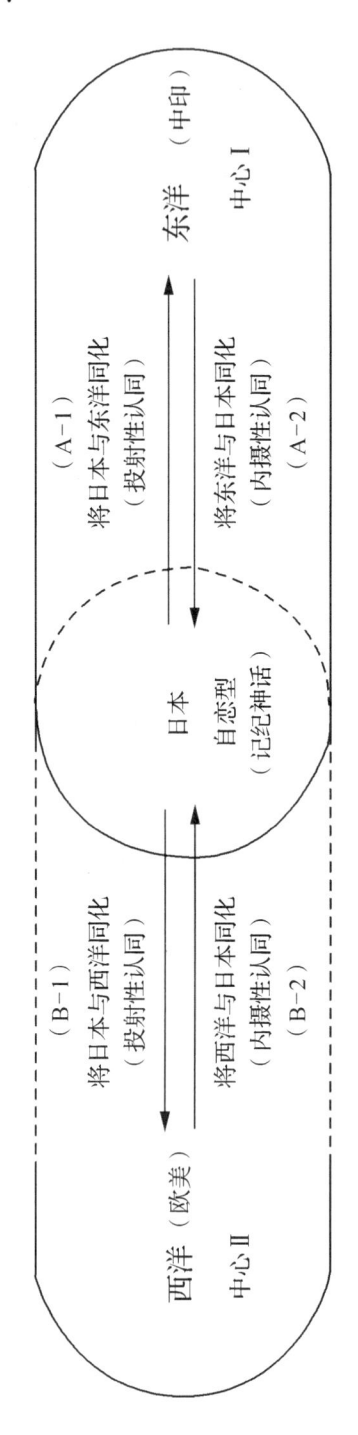

```
                    东洋（中印）
                      中心 I
                        ↑
              将日本与东洋同化
                （投射性认同）
                   （A-1）
                        ↕
              将东洋与日本同化
                （内摄性认同）
                   （A-2）

                      日本
                     自恋型
                  （记纪神话）

              将日本与西洋同化
                （投射性认同）
                   （B-1）
                        ↕
              将西洋与日本同化
                （内摄性认同）
                   （B-2）
                        ↓
                    西洋（欧美）
                      中心 II
```

日本人文化认同投射性与内摄性关系示意图

（1）基于记纪神话的自恋型

8世纪初成书的《古事记》和《日本书纪》将神代与天皇统治的历史时代直接连接在一起，其主要目的在于证明天皇统治的正统性。然而，记纪神话的作用并不限于此，后来它还被用来解释日本民族的形成过程，对日本人的文化认同产生了深远影响。个体的身份认同，简而言之，就是对"我是谁"这个问题认知。而个体的身世构成这一认知的基础，因为认同是在社会关系中形成的。对一个人来说，与父母的关系是最原初的社会关系。如前所述，埃里克森之所以关注认同理论，就是因为对自己的身世感到疑惑。如果将日本民族的形成过程与个体的身世进行类比，就不难发现日本上古历史有许多无法证实的内容。例如，《魏志·倭人传》中所记载的邪马台国的所在地至今仍无法确定，更不用说邪马台国与大和政权之间的关系了。这种状况给日本人的文化认同带来了极大的困惑。因此，当日本民族面临重大变局，或者外来文化占据绝对优势，日本固有文化的价值得不到认可，或者现实生活的困境难以改变时，日本人往往会通过回归民族起源即通过记纪神话来讲述日本民族的高贵血统，以重建自信或给生活带来一线希望。例如：元军入侵日本的13世纪后半叶，天皇以及各地寺社祈祷以神力击退敌人，元军退败被认为是神明显灵的结果；南北朝时期，南朝的北畠亲房撰写《神皇正统记》，主张皇位是从天祖继承而来，以激励南朝天皇保持皇统；江户时代，儒学作为官学广为传播时，社会经济地位低下的町人国学家主张日本是万邦无比的"神国"，在想象的世界秩序中升入社会顶层；幕藩体制被"尊皇攘夷"运动推翻之后，明治新政府宣称要重现"神武创业"的辉煌，并实施了"废佛毁释"等一系列旨在强化"神国"观的政策。后来，"神国"观被用来鼓吹对外侵略扩张。内田良平虽然标榜亚洲主义，但在本质上，他属于基于记纪神话的自恋型。他主张亚细亚是日本古名"苇原"的讹音，并据此主张亚洲原本属于日本。战后的尊皇论以及"单一民族"论强调日本民族的特殊性和优秀性，可以说是"神国"观的翻版。即便在当今，记纪神话依然被不少保守派人物当作民族认同的基石。

神话是想象和虚构的产物，不需要任何事实依据。从这个角度来看，它与个体的自大妄想有相通之处。自大妄想是一种典型的精神障碍，其患者想象自己具有高贵的血统或者显赫的家世，以此获得精神上的胜利，逃避现实的问题或者发泄对现状的不满。然而,这种不切实际的妄想终究会被现实无情地粉碎,给个体的认同带来危机。同样,基于神话的日本人的文化认同没有事实基础,是一种带有自大妄想倾向的自恋行为,或许它能短暂提升一些日本人的民族自信,但由于它无视现实、丧失理智,最终只会使日本民族迷失发展方向,给日本民族带来悲剧。因此,立足于近代理性主义的B-1型的论者,例如福泽谕吉、丸山真男、加藤周一,以及敢于面对现实的坂口安吾对这种认同方式都持严厉的批判态度。

自恋型是建立在空想的基础上,其主张者自己也会觉得缺乏说服力。因此,他们很容易倾向于A-2型,也就是把亚洲其他国家的文化都说成日本的。例如:卜部兼俱主张印度的佛教和中国的儒教都源自日本的神道;荷田春满用"智仁勇"等儒学道德规范来解释象征天皇统治正统性的"三种神器"镜玉剑;本居宣长所倡导的古道与老庄的无为之道十分相似;平田笃胤主张中国史书所记载的三皇五帝都是日本的神灵,中国和印度的创世神话都是日本神话的翻版,另外他还强调君臣之纲作为三纲之首在日本万世不变,一边排斥儒教,一边用儒教的核心价值观进行说教;内田良平主张中国关于东王父西王母的传说讲述的是日本伊邪那岐、伊邪那美两神的历史。总之,自恋型把日本想像为世界中心,属于典型的国粹主义立场。

(2) 与文明中心的同化型

(A-1)将日本与东洋(中印)同化(投射性认同)

将日本与东洋(中印)同化,是指日本从中国摄取儒教,并通过中国摄取印度佛教,在各方面向中国看齐。日本从中国摄取文化养分的时间跨度长,而且影响极其深远。直到20世纪初,正式文书一般使用汉文,汉学一直是日本社会精英的不可或缺的素养。此外,日语与汉语在文字和词汇方面具有不可分割的紧密关系。特别在江户时代,朱子学被尊为官学,儒者极力推崇中国的"圣人之道",基本上是以古代中国为标准看待日本的信仰、习俗、文字以及国家体制等。在这方面,太宰春台的态度最为彻底,荻生徂徕次之。将日本与中国同化,一方面可以缩小作为周边的日本与作为中心的中国的差距,但同时也存在将中国过度理想化和美化的倾向,容易导致对日本的失望。此外,幕府将军在形式上是由天皇任命,因此更多儒者以"不语怪力乱神"的态度对待记纪神话,即既不积极倡导,也不正面否定"神国"观,大多采取神儒融合的态度。例如,藤原惺窝主张儒道与神道虽然名称不同,其目的却是一致的。林罗山、中江藤树、熊泽蕃山以及赖山阳都用"智仁勇"来附会"三种神器"。山崎闇斋的立场比较倾向于神道,也就是倾向自恋型,但他始终是以儒学倡导神道,重心还是在与中国同化上。

(A-2)将东洋(中印)与日本同化(内摄性认同)

将中国与日本同化,是指推崇中国的价值标准,例如儒教、佛教等,但认为日本已经超过中国。山鹿素行是古学派儒者,因为批判朱子学的言论触怒了会津藩主保科正之,并被发配到赤穗藩。之后,他撰写《中朝事实》宣扬日本中心主义。在该书中,他将华裔观念颠倒过来,称日本为"中朝""中华""中国"或者"中州",而将中国称为"异朝",让日本由周边转换到了中心,让中国从中心转换到了周边。山鹿的主张同时又带有自恋型的特征。如果说山鹿称日本为"中朝"是为了将日本居于中国之上,那么冈仓天心、内田良平、三木清等亚洲主义者则更多是为了让日本能与欧美对峙,因为将日本自封为亚洲盟主,把亚洲的优点都说成日本的,这样可以增加日本与欧美对峙的砝码。此外,强调日本与亚洲的共性,意味着突显亚洲与欧美的差异,便于日本垄断在东亚已经攫取的权益。例如:冈仓倡导"亚洲一体"论,是为了使日本能在文化上与欧美对峙,同时让朝鲜和中国东北甘愿接受日本的殖民统治;三木清强调亚洲在文化上相对于西洋的优势,主张在日本的主导下建设所谓"东亚协同体",进而统一世界。他认为日本文化具有协同主义的普遍意义、包容性、进取心、知性、实践性等,也就是具有东亚人本主义的主要特征。而实际上,他所倡导的"东亚协同体"是"大东亚共荣圈"的翻版。铃木大拙主张日本佛教具有"不二性",代表了东洋思维。他认为通过这种思维方式,可以克服由西洋的二元思维带来的排他性和主我性,并解决人类沦为机器的奴隶,陷入无休止的分裂与对立的问题。梅原不赞同铃木以禅宗代表日本文化,而是同时推崇儒佛道三种思想。尽管如此,他批判欧洲文明的思路与铃木基本上是一致的。竹内好表面上是"超越近代"论者,但实际上采取了亚洲主义的立场。然而,他将亚洲主义仅仅定位于保存自我的所谓"抵抗",这使得他所主张的亚洲主义成为一种缺乏价值内核的空壳。总之,以"兴亚"论为代表的亚洲主义的一个共同点是主张以日本为亚洲的代表或盟主与西洋对抗。从这一点来看,这种观点是将中国等亚洲国家与日本同化,即与中国等亚洲国家的内摄性认同。这种同化在本质上属于日本中心主义。

(B-1)将日本与西洋同化(投射性认同)

将日本与西洋同化,是指以赶超欧美为目标。近代以来,日本人将学习的榜样从中国改为西洋。福泽谕吉倡导欧化,就是将日本与西洋同化的体现。在福泽看来,日本汲取西洋文明同时又意味着摆脱以往的陋习。换言之,将日本与西洋同化意味着日本不再与中国同化,"入欧"与"脱亚"是同时进行的。然而,福泽主张欧化是为了避免让日本沦为欧美列强的殖民地,一旦日本通过欧化使国力强大,他不再坚持个人平等、国家独立这些源自西洋的价值观,而是转向尊皇主义和亚洲主义,而亚洲主义在本质上是恃强凌弱的帝国主义。丸山真男学说的目的在于在日本形成近代的理性思维。为此,他对儒教中的"天人合一"的思维方式进行了解构,并对近代日本思想的特质进行批判。他所指出的近代日本思想的特征,基本上是以西洋近代理性思维、市民法制国家的本质为标准分析出的结论。加藤周一作为医生,形成了客观理性的思维方式,他立足于科学和民主的精神批判不合理的天皇制,他的"混合文化"同时肯定了日本与中国、印度以及与西洋的同化。但相比而言,他更加倾向于与西洋同化。去汉字化论者主张,学习汉字费时费力,不利于智力发展,并将汉字视为阻碍社会经济发展的障碍。相关论者或主张废除汉字,转而使用英语、法语、罗马字或用假名表记日语,或主张限制汉字的使用。可以说,去汉字论在语言文字层面体现了"脱亚入欧"的思想倾向。

(B-2)将西洋与日本同化(内摄性认同)

将西洋与日本同化,是指承认西洋的强大,但认为西洋正在走向没落,强调日本文化针对西洋文明的优势,将日本的各种社会问题的原因归结于欧化,主张日本应当取代西洋,主导世界史的发展趋势。例如:日本浪漫派的龟井胜一郎主张使用机械容易使人成为其奴隶,称明治以后的文明的特点是"全人格的丧失";京都学派的西谷启治主张宗教改革和文艺复兴之后,西洋文化发生了冲突和分裂,这种西欧文化传入日本后,给日本带来了混乱和危险,主张以东洋主体的"无"的立场来克服西洋近代的宗教、文化与科学的关系这些难题,这也是西田几多郎、田边元的基本观点。京都学派学者不直接以自恋型的自大妄想的方式与西洋对峙,是因为学者的矜持不允许他们直接立足于记纪神话进行论证。相反,他们需要动员亚洲文化资源,如儒教、佛教等,主张以东洋的宗教性来克服西洋近代的分裂状态。实际上,他们首先将中国与日本同化(A-2),然后凭借亚洲文化背景来克服西洋的弊端,再将西洋与日本同化。反过来,又凭借通过西洋化增强的国力,心安理得地当上亚洲的盟主。因此,"超越近代"论实际上一方面用东洋的逻辑与西洋对峙,另一方面又以西洋的逻辑压制亚洲其他国家。

(3) 其他类型

这一类型的特点是从日本寻找价值依据,但既不像自恋型那样以记纪神话作为依据,也不像A-2、B-2型那样将中心与周边的关系颠倒过来。根据论者的态度,又可以分为自我肯定型和自我反思型,津田左右吉属于前者,坂口安吾属于后者。

津田在日本战败前因为对记纪神话进行文献学批判而受到军国主义政府压制。战后,他却宣扬尊皇,这是津田令人费解之处。不过,津田一直强调日本文化的特殊性,他研究中国思想宗教的目的在于撇清日本文化与中国文化的关系。他将日本文化的发展过程描述成抵制中国文化影响的过程,并将日本从西洋摄取的以自然科学为代表的近代文明视为日本相对于中国的优势所在。同时,他反过来又用日本传统文化对西洋机械文明展开了批判。由此可见,津田在肯定日本文化的特殊性时,他的立场近似于国学,在批判西洋机械文明时,则近似于"超越近代"论。他主张历史研究的意义在于了解人们不断创造新生活和改变社会状况的过程,不认为历史发展具有规律性。尽管津田否认天皇的神性,但他仍将天皇制视为日本文化独特性的象征。从这个意义上来说,尊皇是津田的必然归结,其立场与自恋型的立场比较接近,只不过他的论调比自恋型显得"理性"一些而已。坂口安吾以"落伍者"自称,他以自甘堕落的方式否定隐藏着欺瞒的传统价值观。他立足于生活上的需要,例如电车的正常运转、钢筋混凝土建筑的安全性与实用性等来对文化进行取舍,并认为这种基于生活的文化既是日本式的,也是世界式的。从这个意义上来说,坂口的观点与加藤周一比较接近。

在以上分类中,自恋型、A-2、B-2、其他类型中的自我肯定型这四者,以及A-1、B-1、其他类型中的自我反思型这三者之间具有近似关系。前者的特点是以日本为中心进行思考,强调日本的特殊性与优秀性,对外往往采取排斥的态度,一般体现为国粹主义、亚洲主义、日本中心主义;后者的特点是承认日本与文明中心的差距,并通过追求普适性,以文明中心为榜样积极进取来缩小与文明中心的差距,对外采取开放的态度,一般体现为国际主义。

德国哲学家、精神病学家雅斯贝斯曾对"轴心时代"进行过论述。所谓轴心时代是指公元前800年至公元前200年间在中国、印度和西方出现的人类历史上第一次精神上的突破,雅斯贝斯认为当时形成的宗教和思考的基本范畴对后世产生了深远的影响。他指出"虽然轴心时代首先发端于有限的空间,但它却在历史上变得无所不包。那些没能参与到轴心时代发展中的民族,则保持在'原始民族(Namrvolk)'阶段,继续着已经延续了几万年或者几十万年的非历史生活。处于轴心时代三区域之外的人们,要么始终处于轴心时代之外,要么与这三个精神辐射中心的其中之一发生接触。而后他们才为历史所接纳。"① 很显然,日本采取的后者的方式,即与这三个精神辐射中心的中国、西洋先后发生接触。常常有人将日本文化比作洋葱或者薤头,其实就是指日本一直没有形成具有"轴心"作用的核心价值。本书序章开头部分举出了令和年号制定经过,以及日本政要在各种场合表示日本崇尚普遍价值的事例。特意从出自日本人之手的"国书"中选用年号,体现了时任首相的安倍晋三回归日本传统的意愿,属于将中国与日本同化即内摄性认同的做法。但正如江户时代国学家要弘扬未受外来文化影响的纯粹日本文化只能是徒劳一样,《梅花歌》也摆脱不了中国文化的影响。日本政要在各种场合表示日本崇尚普遍价值,实际上将欧美与日本同化了,也属于内摄性认同的做法,其逻辑与"超越近代"论的情形有些相似。如果说"超越近代"论是以将亚洲其他国家与日本同化即内摄性认同与欧美对峙的话,那么现在日本政要声称崇尚普遍价值,就是以将欧美与日本同化即内摄性认同与中国等东亚国家对峙。总之,这表明日本依然处于缺乏"轴心"的状态。

---

① 雅斯贝斯著,李夏菲译:《历史的起源与目标》,漓江出版社,2019年,第17页。

我们不应该将雅斯贝斯的"轴心时代"论理解为宿命论。实际上,"三个精神辐射中心"也都经历了许多曲折与磨难,三个中心之外的一些地区也获得了长足的发展。没有轴心的可以新造,原来的轴心时间长了也会老化或者发生故障,需要修理或者更换。笔者期待日本能造出新"轴心",不再在"中心"与"周边"之间摇摆,而是建构起更加健全、更加成熟的文化认同。

主要参考文献

中文类：

埃里克森著，罗山、刘雅斓译：《洞见与责任》，世界图书出版有限公司，2017年。

宝成关：《西方文化与中国社会西学东渐史论》，吉林教育出版社，1994年。

陈寿：《三国志》。

大庭修著，戚印平等译：《江户时代中国典籍流播日本之研究》，杭州大学出版社，1998年。

埃里克森著，高丹妮、李妮译：《童年与社会》，世界图书出版有限公司，2017年。

福泽谕吉著，北京编译社译：《文明论之概略》，商务印书馆，1992年。

福泽谕吉著，群力译：《劝学篇》，商务印书馆，1984年。

黄兴涛、王国荣编：《明清之际西学文本：50种重要文献汇编》共4册，中华书局，2013年。

加藤周一著，彭曦、邬晓研译：《何谓日本人》，南京大学出版社，2008年。

加藤周一著，彭曦译：《日本文化中的时间与空间》，南京大学出版社，2010年。

赖贤宗：《海德格尔与禅道的跨文化沟通》，宗教文化出版社，2007年。

李文：《武士阶级与日本的近代化》，河北人民出版社，2003年。

柳镛泰:"从东洋史到东亚史再到亚洲史:走向认识体系之重构",《江海学刊》2017.6。

钱穆:《从中国历史来看中国民族性及中国文化》,香港中文大学出版社,2009年。

沙夫著,闻锦玉等译:《投射性认同与内摄性认同》,中国轻工业出版社,2011年。

沈约撰:《宋书》。

汪向荣:《邪马台国》,中国社会科学出版社,1982年。

汪向荣:《中日关系史文献论考》,岳麓书社,1985年。

汪向荣编:《中日关系史资料汇编》,中华书局,1984年。

王晓秋:《近代中日文化交流史》,中华书局,1992年。

尾藤正英著,彭曦译:《日本文化的历史》,南京大学出版社,2010年。

魏徵:《隋书》。

西格蒙德·弗洛伊德著,徐胤译:《自我与本我》,天津人民出版社,2020年。

熊月之:《西学东渐与晚清社会》,上海人民出版社,1994年。

徐宗泽:《中国天主教传教史概论》,土山湾印书馆,1938年。

雅斯贝斯著,李夏菲译:《历史的起源与目标》,漓江出版社,2019年。

杨栋梁主编,赵德宇等著:《近代以来日本的中国观·第2卷》(1603—1840),江苏人民出版社,2012年。

杨栋梁主编,刘岳兵著:《近代以来日本的中国观·第3卷》(1840—1895),江苏人民出版社,2012年。

杨烈译:《万叶集》上册,湖南人民出版社,1984年。

约瑟夫·桑德勒等著,陈小燕译:《弗洛伊德的〈论自恋:一篇导论〉》,化学工业出版社,2018年。

郑彭年:《日本西方文化摄取史》,杭州大学出版社,1996年。

郑彭年:《日本中国文化摄取史》,杭州大学出版社,1999年。

中西进著,彭曦译:《日本文化的构造》,南京大学出版社,2013年。

周敦颐:《太极图说》。

周一良、中西进主编:《中日文化交流史大系》共10卷,浙江人民出版社,1996 年。

朱熹:《御纂朱子全书》。

日(本)文类:

安本美典『倭の五王の謎』講談社、1981 年。

安藤正次『国語国字問題を説く』大阪教育図書、1948 年。

安藤英男訳『頼山陽天皇論』新人物往来社、1974 年。

安西敏三『福沢諭吉と西欧思想:自然法、功利主義、進化論』名古屋大学出版会、1995 年。

奥野高広『皇室御領の話』大化書房、1948 年。

白柳秀湖『日本民族と天然』千倉書房、1938 年。

白柳秀湖『日本民族論』千倉書房、1934 年。

白柳秀湖『民族日本歴史建国編』千倉書房、1946 年。

百田尚樹、有本香『「日本国紀」の天皇論』産経新聞出版、2020 年。(電子版)

坂本義和、R.E.ウォード編『日本占領の研究』東京大学出版会、1987 年。

坂口安吾『定本坂口安吾全集』全 13 巻、冬樹社、1967—1971 年。

北畠親房『神皇正統記』。

本居宣長『うい山ぶみ』。

本居宣長『本居宣長全集』全 20 巻、別巻 3 巻、筑摩書房、1968—1977 年。

本居宣長『答問録』。

本居宣長『葛花』。

本居宣長『漢字三音考』。

本居宣長『秘本玉くじけ』。

本居宣長『鉗狂人』。

本居宣長『玉くしげ』。

本居宣長『玉勝間』。

本居宣長『馭戎慨言』。

本居宣長『直毗霊』。

本郷和人『空白の日本史』扶桑社、1919 年。

幣原平和財団『幣原喜重郎』幣原平和財団、1955 年。

博文館編『改正小学校令』博文館、1903 年。

長谷部言人『先史学研究』大岡山書店、1927 年。

池田秀雄『建国の精神と日本民族の覚悟』松山書房、1932 年。

川本芳昭「隋書倭国伝と日本書紀推古紀の記述をめぐって：遣隋使覚書」、九州大学大学院人文科学研究院『史淵』141、2004 年 3 月。

川端康成『美しい日本の私』角川学芸出版、2015 年。(電子版)

村上直次郎訳注『異国往復初書翰集増訂異国日記抄』駿南社、1929 年。

嵯峨隆『アジア主義全史』筑摩書房、2020 年。

嵯峨隆『アジア主義と近代日中の思想的交錯』慶応義塾大学出版会、2016 年。

大草公明『山崎闇斎言行録』。

大槻玄沢『蘭学階梯』。

大久保利謙編『森有礼全集』全 5 巻、別巻 4 巻、宣文堂、1972 年。

大日本思想全集刊行会編『大日本思想全集』全 18 巻、大日本思想全集刊行会、1931—1933 年。

大隈重信『国民教育論』通俗大学会、1915 年。

大隈重信編『開国五十年史』上巻、開国五十年史発行所、1907 年。

大野晋、土井忠生等『日本語の歴史』至文堂、1957 年。

大野透『万葉仮名の研究』明治書院、1962 年。

第二次米国教育使節団編『第二次米国教育使節団報告書』誠文堂新光社、1950 年。

荻生徂徠『辨道』。

荻生徂徠『徂徠集』。

荻生徂徠『蘐園十筆』。

荻生徂徠『蘐園随筆』。

荻生徂徠『訓訳示蒙』。

荻生徂徠『譯文荃蹄』。

荻生徂徠『政談』。

稲荷神社編『荷田全集』全7巻、吉川弘文館、1928—1932年。

渡部昇一『決定版日本人論——日本人だけがもつ「強み」とは何か？——』扶桑社、2019年。（電子版）

渡部昇一『日本人論』扶桑社、2019年。（電子版）

渡辺孝「津田史学をどうとらへるか——③マルクス主義との対決——」、『師と友』1973年4月号。

読み書き能力調査委員会『日本人の読み書き能力』東京大学出版部、1951年。

芳賀矢一『国文学歴代選』文会堂書店、1920年。

峰岸米造編『国史教科書』上、六盟館、1901年。

岡倉天心『理想の再建』河出書房、1938年。

岡倉天心『日本の覚醒』聖文閣、1938年。

岡倉天心著、日本美術院訳『天心先生欧文著書抄訳』日本美術院、1922年。

岡倉一雄『岡倉天心全集』決定版全5巻、聖文閣、1939年。

高山岩男『西田哲学』岩波書店、1939年。

高畠純夫「坂口安吾の仕事とその背景」、東洋大学『日本文学文化』16号、2016年。

高須芳次郎編『大日本詔勅謹解』第5政治経済篇、日本精神協会、1934年。

宮内庁書陵部編『図書寮典籍解題——漢籍篇』大蔵省印刷、1960年。

谷川士清『日本書紀通証』1、臨川書店、1978年、小島憲之「解題」。

広橋兼仲『勘仲記』。

関靖『金沢文庫図書目録』厳松堂書店、1939年。

亀谷聖馨『皇位の絶対と日本民族』名教学会、1912年。

国民精神文化研究所編『藤原惺窩集』巻上下、国民精神文化研究所、1939年。

黒龍会倶楽部編『国士内田良平伝傳』原書房、1967年。

黒竜会編『黒竜会三十年事歴』黒竜会、1931年。

黒田俊雄『日本の歴史8 蒙古襲来』中央公論社、1965年。

賀茂真淵『国意考』。

賀茂真淵『賀茂真淵全集』全12巻、吉川弘文館、1927—1932年。

河上徹太郎等『近代の超克：知的協力会議』創元社、1943年。

和辻哲郎『和辻哲郎全集』第13巻(日本倫理思想史下)、岩波書店、1962年。

荷田春満『荷田全集』吉川弘文館、1929—1932年。

荷田春満『万葉童蒙抄』。

河野省三『明治維新と皇道』(国民精神文化研究第38)、国民精神文化研究所、1938年。

荒木昌保『新聞記事で綴る明治史』下、亜土、1975年。

花園天皇『花園院御記』。(書写資料)

姜沆著、朴鐘鳴訳注『看羊録——朝鮮儒者の日本拘留記』東洋文庫、平凡社、1984年。

江上波夫『騎馬民族国家——日本古代史へのアプローチ』中公新書、1984年。

江上波夫編『日本人とは何か——民族の起源を求めて』小学館、1980年。

菅野元『日本会議の研究』扶桑社、2017年。(電子版)

加藤周一『ある旅行者の思想』角川書店、1955年。

加藤周一『加藤周一セレクション』全5巻、平凡社、1999年。

加藤周一『羊之歌—わが回想』岩波新書、2015年。(電子版)

加藤周一『続羊の歌—わが回想』岩波新書、2015年。(電子版)

加藤周一『雑種文化—日本の小さな希望』講談社、2019年。(電子版)

吉川幸次郎『仁斎・徂徠・宣長』岩波書店、1975年。

井上光貞『日本の歴史1 神話から歴史へ』中央公論社、1965年。

井口丑二編『豊臣秀吉言行録』内外出版協会、1910年。

井上哲次郎、蟹江義丸編『日本倫理彙編』全10巻、育成会、1901—1903年。

井上哲次郎、有馬祐政編『武士道叢書』上中下卷、博文館、1905—1909年。

井上哲次郎『日本古学派哲学』富山房、1920年。

井上哲次郎『日本陽明学派の哲学』富山房、1900年。

金関丈夫『日本民族の起源』法政大学出版局、1976年。

津田左右吉『津田左右吉全集』全28巻、別巻5巻、岩波書店、1962—1989年。

吉田孝『日本の誕生』岩波新書、1997年。

久保天随『日本漢学史』早稲田大学出版部、1905年。

久保天髄『近世儒学史』博文館、1907年。

久保天髄『日本儒学史』博文館、1904年。

久野収編『戦後日本思想大系』15、筑摩書房、1974年。

久野収編『現代日本』筑摩書房,1966年。

瀬戸内寂聴、梅原猛『生ききる』、株式会社KADOKAWA、2014年。(電子版)

頼山陽『頼山陽選集』全7巻、近藤出版社、1981—1982年。

頼山陽『日本外史』。

頼山陽『日本政記』。

頼山陽『山陽先生書後』上中下。

鈴木大拙『鈴木大拙全集』全40巻、別巻1、岩波書店、1999—2003年。

林羅山『羅山林先生文集』。

鈴木尚『日本民族の由来』(図説日本文化地理大系第18巻)、小学館、1963年。

滝木誠一編『日本経済叢書』巻3、日本経済叢書刊行会、1914年。

茅原華山『茅原華山文集:韜晦以後』内観社、1929年。

梅原猛、後藤康男編著『東洋思想の知恵』PHP研究所、1997年。

梅原猛『仏教の思想』上、角川文庫、1992年。(電子版)

梅原猛『梅原猛の仏教授業——法然、親鸞、一遍』PHP研究所、2015年。(電子版)

梅原猛『梅原猛著作集』全20巻、集英社、1981—1983年。

梅原猛『哲学の復興』講談社、1972年。

梅原猛編著『日本とは何なのか』日本放送協会、1990年。

奈良国立文化財研究所監修『西大寺叡尊伝記集成』法蔵館、1977年。

那珂通世『上世年紀考』养徳社，1948年。

内田良平『満蒙の独立と世界紅卍字会の活動』先進社、1931年。

内田良平『日本の亜細亜』黒龍会出版部、1932年。

内田良平『日本之三大急務』黒龍会、1912年。

内田良平『日米問題ニ付米国当局並ニ識者ノ熟考ヲ促ス』黒龍会、1933年。

内田良平『支那観』黒龍会、1913年。

内外教育資料調査会編『改正尋常小学国史教授細案』南光社、1922年。

能勢久雄『戦時常識』一号社、1937年。

平山洋『福沢諭吉の「脱亜論」と〈アジア蔑視〉観』常葉書房、2013年。

平田篤胤『古道大意』。

平田篤胤『霊の真柱』。

平田篤胤『平田篤胤全集』內外書籍、1931―1939年。

平田篤胤『三五本国考』。

平田篤胤『西籍概論』

平田篤胤『伊吹於呂志』。

坪井正五郎『人類学叢話』博文館，1907年。

前島密「国字国文改良建議書」(非売品)、1899年。

浅見絅斎『靖献遺言書』。

前田保夫『縄文の海と森』倉樹書房、1980年。

契冲『厚顔抄』。

青木保『「日本文化論」の変容——戦後日本の文化とアイデンティティー』中央公論社、1990年。

清野謙次『スマトラ研究』河出書房、1943年。

清野謙次『日本原人の研究』岡書院、1925年。

清野謙次『太平洋における民族文化の交流』創元社、1944年。

慶応義塾編『福沢諭吉全集』全21巻、別巻、岩波書店、1958—1971年。

契沖『万葉集代匠記』。

日本外交学会編『太平洋戦争終結論』東京大学出版会、1958年。

日本文部省総務局『日本教育史資料』全10巻、臨川書店、1969—1980年。

日下部重太郎『現代国語思潮』中文館書店、1933年。

三木清『三木清全集』全20巻、岩波書店、1966—1986年。

三宅剛一編『現代哲学における人間存在の問題』岩波書店、1978年。

三宅清『荷田春満』畝傍書房、1943年。

森浩一編『倭人伝を読む』中央公論社、1982年。

舎人親王『日本書紀』。

杉本良夫、ロス・マオア『日本論の方程式』ちくま学芸文庫、1995年。

杉本まゆ子「宮内庁書陵部における古典籍資料—保存と公開」、『情報の科学と技術』65巻4号、2015年。

上山春平『神々の体系』中公新書、1972年。

上田正昭『日本古代国家成立史の研究』青木書店、1959年。

山口県教育会編『吉田松陰全集』全12巻、別巻、岩波書店、1936—1940年。

山鹿素行『配所残筆』。

山鹿素行『山鹿素行集』目黒書房、1943年。

山鹿素行『謫居童問』。

山鹿素行『中朝事実』

山崎闇斎『垂加文集』。

山崎闇斎『文会筆録』。

山崎丹照『天皇制研究』帝国地方行政学会、1959年。

山室信一『思想課題としてのアジア—基軸・連鎖・投企—』岩波書店、2001年。

山泰幸『江戸の思想闘争』角川選書、2018年。

山田孝雄『国語の中における漢語の研究』宝文館、1940年。

山田孝雄編『荷田東麻呂創学校啓文』宝文館、1940年。

杉田玄白『蘭学事始』。

山下芳太郎『国字改良論』山下芳太郎、1920年。

神宮皇學館惟神道場編『詔勅』神宮皇學館惟神道場、1941年。

辻清明編『資料・戦後二十年史』1 政治、日本評論社、1966年。

石田英一郎『東西抄:日本・西洋・人間』筑摩書房、1965年。

石田一良『日本文化史』東海大学出版会、1989年。

矢野文雄『日本文体文字新論』報知社、1885年。

司法省刑事局編『不敬事件』司法省刑事局、1928年。

松本信広「『建国の事情』批判」、『書評』第7号、1947年9月。

松島義章、前田保夫『先史時代の自然環境縄文時代の自然史』東京美術、1985年。

松村明『国語史概説』秀英出版、1990年。

松平直亮『泊翁西村茂樹伝』下巻、日本弘道館、1932年。

松下幸之助『その心意気やよし』PHP研究所、2011年。(電子版)

松下幸之助『日本の伝統精神』(電子書籍版)PHP研究所、2008年。(電子版)

太安万侶『古事記』

太宰春台『斥非』。

太宰春台『経済録』。

太宰春台『乱婚考』。

太宰春台『親族正名』。

太宰春台『倭読要領』。

太宰春台『倭書要領』。

藤島亥治郎『ブルーノ・タウトの日本観』日本放送出版協会、1940年。

藤田徳太郎『平田篤胤の国学』道統社、1942年。

藤田親昌編『世界史的立場と日本』中央公論社、1943年。

藤原道長『御堂関白記』日本古典全集刊行会、1926年。

田辺元『田辺元全集』第8巻、筑摩書房、1964年。

田丸卓郎『ローマ字国字論』日本のろーま字社、1914年。

田中寛一『日本民族の力』蛍雪書院、1941年。

田中祐吉『日本人の祖先』精華堂書店、1921年。

同文館編輯局編『日本教育文庫家訓篇』同文館、1910年。

図書刊行会編『文明源流叢書』全3巻、図書刊行会、1913—1914年。

丸山真男『日本的思想』岩波書店、1991年(第52刷)。

丸山真男『丸山真男集』全16巻、岩波書店、1995—1997年。

丸山真男『丸山真男講義録』全7冊、東京大学出版会、1998—2017年。

尾崎行雄『卒翁夜話』弘文堂、1948年。

尾崎行雄『咢堂漫筆』大阪毎日新聞社、1923年。

尾崎行雄『民主政治読本』日本評論社、1947年。

尾佐竹猛『日本憲法制定史要』育生社、1938年。

文部省『日本における教育改革の進展』文部省、1950年。

文部省『学制百二十年史』ぎょうせい、1992年。(ネット版)

文部省調査普及局国語課『国語審議会の記録』文部省、1952年。

文部省訳『米国教育使節団報告書』東京都教育局、1946年。

文部省総務局『日本教育史資料』臨川書店、1969年。

呉秀三『シーボルト先生其生涯及功業』吐鳳堂書店、1926年。

呉秀三訳注『シーボルト日本交通貿易史』駿南社、1929年。

下村英時編著『天心とその書簡』日研出版、1964年。

小坂国継『西田幾多郎の思想』講談社学術文庫、2002年。

小倉鏗爾『平易なる日本国体の話』文政社、1934年。

小泉苳三『日本語文の性格』立命館出版部、1944年。

篠田謙一『新版日本人になった祖先たちDNAが解明する多元的構造』NHK出版、2019年。(電子版)

小熊英二『単一民族神話の起源』新曜社、1995年。

小金井良精『日本石器時代の住民』春陽堂、1904年。

西村真次『日本民族理想』東京堂、1934年。

熊沢蕃山『集義和書』。

西田幾多郎『西田幾多郎全集』第12巻、岩波書店、1966年。

西郷信綱『国学の批判』未来社、1965年。

西原慶一『近代国語教育史』穂波出版社、1965年。

亜細亜協会編『東洋の危機』文昭堂、1920年。

伊藤博文『伊藤公全集』全3巻、伊藤公全集刊行会、1927年。

伊藤俊太郎編『比較文明学を学ぶ人のために』世界思想社、1997年。

伊藤銀月『大日本民族史』隆文館、1913年。

伊藤整等編『日本現代文学全集』90、講談社、1967年。

有馬祐政、黒川真道編『国民道徳叢書』第1篇、博文館、1911年。

原敬『漢字減少論』大阪毎日新聞社、1900年。

原念斎『先哲叢談』

早川純三郎編『神道叢説』図書刊行会、1911年。

志賀直哉『志賀直哉選集』第8巻、改造社、1951年。

埴原和郎編『日本人の起源〈増補〉』朝日新聞社、1994年。

中村郁一編『葉隠全集：鍋島論語』6版、佐賀郷友社、1936年。

中島岳志『アジア主義――西郷隆盛から石原莞爾へ』潮出版社、2017年。

中江藤樹『藤樹先生全書』。(書写資料)

中橋孝博『日本人の起源――人類誕生から縄文弥生へ』講談社文庫、2019年。

中外堂編『御雇外国人一覧』中外堂、1872年。

中西輝政『日本人としてこれだけは知っておきたいこと』PHP研究所、2011年。(電子版)

中原康富『康富記』。

中曽根康弘、梅原猛『政治と哲学――日本人の新たなる使命を求めて』PHP研究所、2017年。(電子版)

中曽根康弘『日本の総理学』PHP研究所、2015年。(電子版)

中曽根康弘『日本人に言っておきたいこと――21世紀を生きる君たちへ』PHP研究所、2014年。(電子版)

竹内好『竹内好評論集』第3巻、筑摩書房、1966年。

自治館編輯局編『国語改良異見』自治館、1900年。

足利学校遺跡図書館編『足利学校沿革誌』足利学校遺跡図書館、

1917年。

佐藤瑠威『丸山真男とカールレーヴィットーー近代精神と批判精神をめぐって』日本経済評論社、2003年。

佐藤雅美『知の巨人荻生徂徠伝』角川書店、2016年。

佐原真『大系日本の歴史1日本人の誕生』小学館、1987年。

佐佐木信綱編『契沖全集』全11巻、朝日新聞社、1926—1930年。

ハルミ・ベフ『イデオロギーとしての日本文化論』思想の科学社、1987年。

フリードマン著、鈴木眞理子、三宅真季子訳『エリクソンの人生：アイデンティティの探求者』上下、新曜社、2003年。

マッカーサー著、津島一夫訳『マッカーサー回想記』下、朝日新聞社、1964年。

レーヴィット著、柴田治三郎訳『ヨーロッパのニヒリズム』筑摩書房、1974年。

英文类：

Deborah J. Schildkraut, "National Identity in the United States," Seth J. Schwartz, (Ed.), *Handbook of Identity Theory and Research*, London: Springer, 2011.

Erik H. Erikson, *Identity and Life Cycle*, New York: Norton, 1959.

Laurent Licata, Margarita Sanchez-Mazas, and Eva G. T. Green, "Identity, Immigration, and Prejudice in Europe: A Recognition Approach," Seth J. Schwartz, (Ed.), *Handbook of Identity Theory and Research*, London: Springer, 2011.

Erik H. Erikson, *Childhood and Society*, The Hogarth Press, 1965.

后　记

　　中日两国是一衣带水的邻国,有着长达两千多年密切交往的历史。在近代以前,中日关系主要是文化中心与周边的关系。而在近代,两国一方面是受害者与加害者的关系,另一方面也是欠发达国家与发达国家的关系,清末民初时期的留日潮对中国的近代社会发展产生了重要影响。邦交正常化后,中日两国在经贸文化以及人员交流等方面取得了长足发展,但同时在历史认识、领土归属、价值观等方面也存在分歧。中日两国作为"无法搬迁的邻居",通过"求同存异"来维持发展友好关系才是明智的选择,而文化研究有助于我们更准确地认识两国之间的同与异。

　　中国人与日本人在外貌上、语言文化上有很多相似之处。这种相似性既是两国间长期紧密的交往的结果,也是这种关系长期持续不断的原因,也就是两者互为因果关系。然而,这种相似性也容易使我们忽视彼此间的差异,而忽视差异显然不利于以客观的态度观察和认识对方。本书探讨的日本人的文化认同问题可以说是日本人独特的意识,也是两国之间的核心差异,从这个角度,我们更容易深入理解日本人和日本文化。此外,日本人的文化认同既是对过去和现在的认知,也是对未来的展望,也就是日本人讲述的"日本故事"。这个案例,无疑也可以作为我们"讲中国故事"的借鉴。

　　2010年末,南京大学日语系启动"日本社会与文化研究丛书"项目,我提交了这本书的撰写计划。当时,我担任日本文化方面的课程已经十年,接触了一些日本文化方面的论著,想把自己的一点学习心得整理出来。当初计划用两三年完成本书,没想到居然拖到临近退休才得以完成。尽管过程有些曲折,总算了却了一桩心事。之所以拖延了十余年,有几个方面的原因。首先,当初低估了收集和解读资料的难度。本书内容时间跨度大,涉及的人物也很多,古日语,特别是江户时代国学家的著作读起来十分费力。其次,中途经常因为各种杂事而中断,一旦中断,重新进入状态又需要一段时间。第三,眼疾也在一定程度上影响了进度。当然,任何事情都可以辩证地看待。拖延带来的最大好处是使我一直有读书的动力,这便于我看清日本各个时代的各种观点之间的关联,从而从整体上把握日本人的文化认同的演变历程及其特质。常言道"十年磨一剑",这样拖拖拉拉磨出来的到底是利剑还是无用的钝刀,只能请读者去判断了。

最后,衷心感谢南京大学出版社田雁老师和郭艳娟老师。田老师始终关注本书的进展,并给予我热情鼓励。郭老师为本书的出版付出了辛勤劳动。两位老师的敬业精神让本人深受感动。

彭 曦

2023年11月吉日于宝华山麓

图书在版编目(CIP)数据

日本人的文化认同 / 彭曦著. —南京：南京大学出版社，2025.4
(日本社会与文化研究丛书)
ISBN 978-7-305-27419-0

Ⅰ.①日… Ⅱ.①彭… Ⅲ.①文化研究－日本 Ⅳ.①G131.3

中国国家版本馆 CIP 数据核字(2023)第 226324 号

出版发行	南京大学出版社
社　　址	南京市汉口路 22 号　　邮　编　210093
丛 书 名	日本社会与文化研究丛书
书　　名	**日本人的文化认同** RIBENREN DE WENHUA RENTONG
著　　者	彭　曦
责任编辑	郭艳娟
照　　排	南京开卷文化传媒有限公司
印　　刷	南京玉河印刷厂
开　　本	718 毫米×1000 毫米　1/16　印张 20　字数 317 千
版　　次	2025 年 4 月第 1 版
印　　次	2025 年 4 月第 1 次印刷
ISBN	978-7-305-27419-0
定　　价	78.00 元
网　　址	http://www.njupco.com
官方微博	http://weibo.com/njupco
官方微信	njupress
销售热线	025-83594756

* 版权所有，侵权必究
* 凡购买南大版图书，如有印装质量问题，请与所购
　图书销售部门联系调换